3931

AF874786

महिला विकास

महिला विकास

रमा शर्मा
एम. के. मिश्रा

arjun अर्जुन पब्लिशिंग हाउस

महिला विकास

© प्रकाशक

प्रथम संस्करण, 2025

ISBN 978-81-8330-209-8

प्रकाशक :

अर्जुन पब्लिशिंग हाऊस

4831/24, गोविन्द लेन,

अंसारी रोड, दरियागंज,

नई दिल्ली—110002

फोन : 23272541, 23242541

e-mail : arjunbooks2001@gmail.com

टाइपसेटिंग :

डिम्पल कम्प्यूटर्स

दिल्ली

प्रिन्टर्स :

डिवाईन डिजीटल प्रेस

दिल्ली

भूमिका

हमारे समाज में कोई सबसे अधिक हताश हुआ है तो वे स्त्रियाँ ही हैं और इस वजह से हमारा अधः पतन भी हुआ है। स्त्री-पुरुष के बीच जो फर्क प्रकृति के पहले है और जिसे खुली आँखों से देखा जा सकता है, उसके अलावे मैं किसी किस्म के फर्क को नहीं मानता। गाँधीजी ने स्त्रियों को देश की लड़ाई के साथ जोड़कर साथ ही आश्रम में उनको समान हक व स्वतंत्रता प्रदान कर समाज में स्त्रियों का दर्जा कैसा होना चाहिए, इसकी अच्छी मिसाल कायम की है। दरअसल हमें समाज में ऐसा वातावरण निर्मित करना चाहिए कि जिस प्रकार स्त्री घर के कामकाज को आत्म-विश्वास तथा उत्साहपूर्वक करती है उसी तरह समाज के कामकाज में भी साझेदारी करने लगे और स्त्री-पुरुष दोनों स्वाभाविक सह-जीवन का आनन्द उठा सकें। मनुष्य के रूप में यदि स्त्री का मूल्य प्रतिष्ठित नहीं होता तो स्त्री की प्रकृति संभव नहीं है।

"स्त्रियों के मूल्य को लेकर जबरदस्त अज्ञान व्याप्त है। केवल पुरुष वर्ग में ही नहीं अपितु स्त्रियों में भी । स्त्रियों के क्या-क्या कर्त्तव्य हैं, उनका क्या योगदान है? समानताएँ व विभिन्नताएँ क्या हैं? इन सबका हिसाब लगाया जाना चाहिए? देश में कौमें, धर्म, जातियाँ हैं, उनके रीति-रिवाज हैं, किन्तु किसी भी समाज में स्त्री अनुकूल जीवन जी रही है ऐसा देखने में नहीं आया। सब कहीं जैसे स्त्री हताश हो, ऐसा ही लगता है।

स्त्रियों की परिस्थिति के सम्बन्ध में मैं अवश्य कुछ कहना चाहूँगा कि स्त्रियों को जिस दृष्टि से समाज द्वारा देखा जाता है और लिंग में अन्तर करके उन्हें पुरुषों के समकक्ष न समझना इस विकसित समाज की एक बड़ी विडम्बना है। देखने व सुनने में स्त्रियों की स्थिति स्पष्टतः पुरुष वर्ग के पीछे है। यह सत्य है कि वर्तमान में स्त्रियों ने पढ़-लिखकर कुछ विशेष स्थानों तथा पदों पर पुरुषों की बराबरी कर

ली है किन्तु इनका प्रतिशत बहुत कम है। स्त्री को किसी खास पेशे में नहीं बाँधना चाहिए, उन्हें हर पेशे व व्यवसाय की विभिन्न भूमिकाओं में देखना चाहिए। किसी भी काम का अधिकार लिंग नहीं होना चाहिए। स्त्री-पुरुष दोनों को विमान-चालक, इंजीनियर, अंतरिक्ष यात्री, मिस्त्री, कारीगर आदि भूमिकाएँ भी देनी चाहिए। ठीक इसी तरह से पुरुषों को नर्स, सेक्रेटरी, बच्चों को सँभालने वाला कार्य करना चाहिए।

स्त्री का वर्णन पुरुष के साथ और साझीदार के रूप में हो, मिल्कियत के रूप में नहीं। पुरुष की तुलना में स्त्री का दर्जा नीचा तो दुनिया भर में है। समानता तो किसी भी देश में नहीं है, फिर भारत में ही स्त्रियों के लिए इतने सारे बंधन क्यों? पतिपरायणता, त्याग, धर्मपालन का इतना सारा बोझ स्त्रियों पर ही क्यों है? ऐसा कैसा है हमारा समाज कि आज भी पाँच साल की बेटी को ब्याह दिया जाता है, नौ साल की विधवा को उम्र भर वैधव्य का जीवन जीना पड़ता है। कोख से बेटा पैदा न होने पर ससुराल वाले घर से निकाल देते हैं। कुँआरी माँ को आत्महत्या करनी पड़ती है। विश्वविद्यालय में गोल्ड मेडल प्राप्त करने वाली छात्रा शादी के बाद ससुराल वालों की इजाजत के बिना नौकरी नहीं कर सकती है। जैसा कि भारत में एक सर्वेक्षण में पाया गया कि हर 52वें मिनट में एक महिला के साथ बलात्कार, प्रति 26वें मिनट में किसी एक स्त्री पर शारीरिक हमला, प्रति 43वें मिनट में किसी महिला का अपरहरण, प्रति 102वें मिनट में दहेज के कारण हत्या होती है। हमारे देश में दहेज के कारण 1000 स्त्रियाँ हर साल मारी जाती हैं। भारत में स्त्रियों की साक्षरता की स्थिति भी अच्छी नहीं है। यहाँ प्रत्येक 100 पुरुषों के पीछे 44 स्त्रियाँ ही साक्षर हैं। राजनीतिक एवं प्रशासनिक स्तर पर भी यहाँ महिलाओं का प्रतिनिधित्व बहुत ही न्यून है। दुनिया में सांसदों तथा प्रबन्धकीय पदों पर क्रमशः 11 एवं 12 प्रतिशत तथा भारत में यह प्रतिनिधित्व क्रमशः 7 एवं 2 प्रतिशत बताया गया है।

रमा शर्मा

एम.के. मिश्रा

अनुक्रमणिका

*****

1

महिला विकास के प्रतिमान

आज यह प्रश्न हमारे सामने उठता है कि हिन्दी साहित्य की लम्बी परम्परा में नारी का क्या स्थान है? उसके विकास में नारी का क्या योगदान है? और हिन्दी साहित्य में नारी की समस्याओं को कितना स्थान दिया गया है? मुख्य प्रश्न यह है कि हिन्दी साहित्य में नारी किस रूप में व्यक्त हुई है? आदिकाल से आधुनिक काल तक के साहित्य पर दृष्टि डाले तो रोचक तथ्य सामने आते हैं। एक महत्त्वपूर्ण तथ्य यह है कि साहित्य में नारी को प्रेम व सैन्दर्य का प्रतीक मान कर प्रस्तुत किया जाता रहा है। आशय यह कि नारी को सौन्दर्य का प्रतीक मान कर प्रस्तुत किया जाता रहा है।

आधुनिक कथा साहित्य में विशेषत साहित्य की अन्य विद्याओं में भी नारी पर जोरों से चर्चा हो रही है। आलोचक उसको नोटिस में ले रहे हैं, शोधार्थी उस पर शोध प्रबन्ध लिख रहे हैं, लेखक संघ अपने सम्मेलन कर रहे हैं और पत्र-पत्रिकाओं में भी लेखिकाओं के साहित्यिक योगदान पर लेख प्रकाशित हो रहे हैं। कभी-कभी ऐसा लगता है कि नारी लेखन और इतिहासा में हिन्दी साहित्य की मुख्य धाराएँ बनने की ओर अग्रसर है।

प्रायः अभी तक पुरुष ही नारी के सौन्दर्य पर मुग्ध होकर उस पर प्रेम लुटाता रहा है या प्रेम की याचना करता रहा है। इसका मुख्य कारण यह है कि हिन्दी साहित्य के लम्बे इतिहास में लेखन कार्य अक्सर पुरुष लेखकों द्वारा ही किया गया। मीराबाई एक अपवाद थी, जिसने ऐसे उत्तम पद लिखे जो कि आज तक कविता प्रेमियों के गले का हार बने हुए हैं। अन्यथा साहित्य पर पुरुष लेखकों का ही वर्चस्व रहा। साहित्य में नारी का स्थान केवल उसकी संख्या से निर्धारित नहीं होता, उन्होंने जो कुछ लिखा है और उनके बारे में जो लिखा गया, वह भी विचारणीय है। हिन्दी साहित्य के लम्बे इतिहास में पुरुष लेखकों ने नारी के बारे में बहुत कुछ लिखा, पर उसमें नारी की भावनाओं और उसके अन्तद्वन्द्वों का प्राय अभाव रहा। नारी की नियति

और उसकी समस्याओं के बजाए उसके रूप-सौन्दर्य, उसकी प्रेम-क्षमता, उसके समर्पण ओर उसके द्वारा काम-तृप्ति की सामर्थ्य पर लेखकों ने अधिक ध्यान दिया। तात्पर्य यह कि साहित्यकारों ने नारी को पुरुष की दृष्टि से देखा। नारी को नारी की दृष्टि से नहीं देख पाये, यद्यपि साहित्यकारों को युग निर्माता, भविष्य दृष्टा प्रकृति-दृष्टा और न जाने क्या-क्या बतलाया जाता है। तर्क दिया जा सकता है कि पुरुष होकर वे नारी को नारी की दृष्टि से कैसे देख सकते हैं।

आधुनिक काल में महिला साहित्यकारों ने रचनाएँ अवश्य छापी हैं, तथा उन्होंने साहित्य की विविध विद्याओं में अपनी पहचान भी बनाई है। महादेवी वर्मा, उषादेवी मिश्रा, मन्नू भण्डारी, मृदुला गर्ग, चन्द्रकांता, नासिरा शर्मा, कृष्णा सोबती, कृष्णा अग्निहोत्री, मैत्रेयी पुष्पा आदि अनेक महिलाओं ने साहित्य की विविधि विधाओं पर अपनी छाप छोड़ी है। इन्हें देखकर यही लगता है कि स्वतंत्रता के बाद साहित्य के क्षेत्र में महिलाओं ने पुरुषों के वर्चस्व को तोड़ा है,लेकिन संख्या में आज भी वे पुरुषों की तुलना में कम है।

अब यह देख लिया जाए कि हिन्दी साहित्य में पुरुष लेखकों ने नारी के बारे में जो कुछ लिखा उससे नारी का कैसा चित्र उभरता है ? आदिकाल से मध्यकाल तक का लगभग सारा साहित्य कवितात्मक है, और कवियों ने नारी को प्रेमिका, पत्नी, भोग की वस्तु समझकर उसका लौकिक वर्णन किया। जब वे नारी को माँ और देवी के रूप में देखते थे तो उसके उदात्त रूप का अंकन करते हुए वे उसे एक अलौकिक सत्ता का गौरव देते हुए उसे हाड़ माँस की नारी के बजाय तब वे उसके लौकिक रूप पर मुग्ध होते थे तो उसे प्राय: भोग्या ही बना कर छोड़ते थे। उसके पत्नी रूप के अंकन में तो वे धरती-आसमान एक कर देते थे। नायिका-भेद, कामदशाओं का तामझाम, इस बात का सूचक है कि मध्यकालीन हिन्दी कवियों, विशेषत: रीतिकालीन कवियों ने नारी के लौकिक, रमणीय रूप के चित्रण में अपनी सारी काव्यकला खर्च कर डाली, और जो कुछ बचा उसे नयी कविता के कवियों, प्रयोगवादियों और कविता के समर्थकों ने पूरा कर दिया।

प्रयोगवादी और नयी कविता के कवि नारी विषयक अवधारणा और नारी चित्रण से भिन्न प्रतीत नहीं होते। नारी के प्रति अपने उन्मुक्त दृष्टिकोण को, नारी में सशरीर समा जाने की लालसा और अपनी काम कुण्ठाओं को वे खुलेआम व्यक्त करते रहे और यथार्थवाद के नाम पर अश्लील प्रेम कविताएँ लिखने से भी बाज नहीं आए। अज्ञेय ही द्वारा मानव की यौन वसनाओं की खूब धज्जियाँ उड़ाई गई। कविता से जड़े कवियों ने तो नारी को प्राय: एक खिलोना ही समझा। रीतिकालीन कविता में व्यंजित नारी के भोग्या रूप का आधुनिक संस्करण था।

पत्रकारिता मे नारी का स्थान

महाश्वेता देवी जी एक ऐसी पत्रकार है, जो आदिवासियों के बीच रहकर उनके दु:ख दर्द को आत्मसात करके निरन्तर लिख रही है। उनके उपन्यास, कहानी या लेख इन्हीं के दु:ख दर्द से ओतप्रोत है। इतना ही नहीं बल्कि उनको न्याय दिलाने के लिए मुकदमा भी दर्ज करवाती है। जिसके कारण आदिवासी उन्हें अपनी बिरादरी की समझते हैं। उनका कहना है कि नारी इतिहास लेखन को मुद्दा तो एक रक्षक्षेत्र है, पर मेरे लेखन के केन्द्र में केवल औसत नहीं पूरी समाज व्यवस्था है। उन्होंने आदिवासियों की रुढ़िवादी व्यवस्था के बारे में बताया की तेलंगाना, आंध्रप्रदेश के एक जनजाति के परिवार की सबसे बड़ी लड़की को विवाह की अनुमति नहीं है क्योंकि उसका विवाह तो वेकंटेश्वर भगवान से कर दिया जाता है। बाद में वह शरीर बेचकर पैसा कमाती है। आज भारत में धनी तबका कम उम्र की बच्चियों को अनौपचारिक रूप से गोद लेकर उनका यौन शोषण कर रहा है। सवाल यह है कि क्या सिर्फ कविता कहानी लिख देने से ही हमारी जिम्मेदारी खत्म हो जाती है ? उनके इस प्रश्न को हमें गहराई से सोचना होगा। महिलाओं की दुर्दशा के लिए जो लोग जिम्मेदार है उनको क्या हम छोड़ दे? अभी कई अनछुये क्षेत्र है जिनको देखना है, उस पर लिखना है और उनकी समस्याओं को हल करने का प्रयास भी संगठित होकर करना होगा। अकेला व्यक्ति कुछ नहीं कर सकता लेकिन महाश्वेता अकेली इन समस्याओं से जूझ रही है।

अरुधंती राय को उपन्यास "गाड ऑफ स्माल थिंग्स" पर बुकर पुरस्कार मिला। वे भी खोजी पत्रकारिता की एक निर्भिक पत्रकार है। नर्मदा बचाओं आन्दोलन से जुड़ी रही। उन्होंने विकास की दोषपूर्ण परिकल्पनाओं के कारण न केवल बहुराष्ट्रीय कम्पनियों के सार्वजनिक कोषागार का मुँह खोल दिया है बल्कि मान प्रकृति और संस्कृति को निर्ममता से विनाश को अपने लेखों में बार-बार रेखांकित किया है। सरकारी और गैर सरकारी कार्य यदि उन्हें लगता है कि यह गलत है वह अपनी रचनाओं के माध्यम से उसका विरोध करती है।

नलिनी सिंह-नलिनी सिंह टी.वी. पत्रकार ने तो 'हैलो जिन्दगी' नामक सीरियल द्वारा नारी जिन्दगी के विभिन्न पहलुओं को समाज के सामने लाकर उनकी संवेदना को झकझोर दिया। वे अपने विषय के हर पहलू को ध्यान में रखते हुए इस तरह से पेश करती है जो लोगों को अपील करता है। शारीरिक एवं मानसिक उत्पीड़न की शिकार महिलाओं की व्यवस्था या रेड लाईट क्षेत्र में नारकीय जीवन जीने के लिए मजबूर, झुग्गी-झोपड़ियों में रहने वालों तक की दयनीय स्थिति, बाल आश्रम, बूथ केप्चरिंग द्वारा राजनीतिज्ञों को खामियों को उजागर किया। अवैध हथियार बनाने वाले

गिरोहों का भंडा फोड़ा, पुलिस की निष्क्रियता को बेनकाब करते हुए 'हैलो जिन्दगी' अपने आप में एक मिसाल थी जिसे नलिनी सिंह ने टी.वी. के माध्यम से समाज को दिखाया।

दुनिया के निर्माण के पश्चात् ईश्वर ने विचार किया होगा कि इस दुनिया को और अधिक सुन्दर बनाना होगा, और उन्होंने मानव की रचना की। मानव को दो रूप दिए— एक पुरुष व दूसरा नारी। ये दोनों ही एक-दूसरे के पूरक हैं किन्तु नारी के बिना दुनिया का कोई अस्तित्व ही नहीं है। ईश्वर ने नारी की शारीरिक रचना ही इस प्रकार की है कि संसार के भविष्य की वह स्वयं निर्मात्री हो गई है। कई युगपुरुष हुए हैं जो नारी के किसी न किसी रूप चाहे वह माँ, बहन, पत्नी, भाभी अथवा दाई रही हो, से प्रभावित होकर महान् बने। अत: कहा जा सकता है कि युग चाहे जो भी रहा हो, संसार की तरक्की नारी के विकास पर ही आधारित है।

''अर्ध भार्या मनुष्यस्य भार्या श्रेष्ठतम: सखा।
भार्या मूलं त्रिवर्गस्य भार्या मूलं तरिष्यत:।''

–महाभारतम्

भार्या अर्थात् पत्नी से पुरुष पूर्ण बनता है, उसकी अर्धांगिनी वह इसीलिए कहलाती है। वह उसकी सर्वश्रेष्ठ मित्र है। धर्प, अर्थ, मोक्ष और काम ये चार पदार्थ कहलाते हैं पुरुषार्थ। पुरु, होने के माइने हैं इन पदार्थों को साधे। पत्नी अर्थात् भार्या इसकी मूलाधार है।

इस प्रकार इस संसार में सफल जीवन जीने का जरिया है भार्या। गृहस्थी के भार को वहन करने के कारण उसको भार्या कहा जाता है। साथी अगर हाथ न बढ़ाये तो दूसरा साथी थक जाएगा। शिव पहले भिक्षाटन करते थे। पार्वती का हाथ जबसे उन्होंने थामा तो उनकी तो दुनिया ही बदल गई। अर्धनारीश्वर और अन्नपूर्णा का भारतीय चिंतन केवल भावनात्मक ही नहीं, अपितु व्यावहारिक भी है। संसार चक्र में मानव का रथ चक्र अपनी अलग-अलग महत्ता रखता है। गृहस्थी के रथ के दो पहिए हैं, गृहिणी-गृहवान। महाभारतकार ने दोनों को परस्पर दोस्त कहा—श्रेष्ठ सखा। न देवी, न पति परमेश्वर।

आजकल 'स्त्री विमर्श' की अत्यन्त चर्चा है। कभी-कभी इस विमर्श में अमर्श तो परिलक्षित होता है। भारतीय संस्कृति में मूल भाव पर भी विचार-विमर्श की उपेक्षा भी नजर आती है। मंत्रों और श्लोकों की अन्यथा और सुविधाजनक व्याख्या कर ली जाती है। भारतीय दर्शन में व्यास का महाभारतीय दिग्दर्शन आवश्यक है। उपर्युक्त श्लोक इसका प्रमाण है।

प्रमदा, प्रबला, वामा, पुरंध्री, स्त्री, शमा, भामिनी और महिला सम्बोधनों के भावार्थों की कौन कहे? शब्दार्थों को ही समझने की जहमत नहीं उठाई गई। माता, गृहिणी और

सचिव के रूप में उसकी पदस्थापनाओं को अनदेखा किया गया। वामा—परिवार को बुनने वाली, पुरंध्री—पुर की रक्षा करने वाली, महिला—उत्सवधर्मिणी। अन्य शब्दार्थ स्पष्ट हैं। महाज्ञानियों ने पता नहीं क्यों 'वामा' का अर्थ उल्टी/प्रतिकूल कह दिया! धन्य हो। हमारे यहाँ पत्नी को धर्मपत्नी कहने का रिवाज है। उसके बिना कोई धर्म-कर्म नहीं हो सकता। हर महापुरुष के पीछे एक महती स्त्री होती है, हमारे यहाँ हर पुरुष के आगे कोई महिला शक्ति है। वह या तो माँ है या धर्मपत्नी, यशोदानन्दन, कौशल्यानन्दन, रेवतीरमण, जानकीरमण एवं सीताराम आदि। महिला सशक्तिकरण हमारे पहले से है।

सम्पूर्ण विश्व में लैंगिक आधार पर सामाजिक स्तरीकरण पाया जाता है। अधिकांश सभ्य समाजों में पुरुष ने स्त्री को अपने उपनिवेश की तरह समझा है। बीसवीं सदी की अनेक महत्वपूर्ण घटनाएँ हैं। इन घटनाओं में एक घटना एटम बम के विस्फोट तथा परमाणु विस्फोट के परीक्षणों की श्रृंखला की है तो दूसरी महत्वपूर्ण घटना स्त्री की उस छटपटाहट की है जो उसने इस सदी में पुरुष की कैद से आजाद होने के उद्देश्य से प्रदर्शित की है। एटम बम ने जहाँ विध्वंस के चरम बिन्दु को स्पर्श किया है वहीं औरत की आजादी सकारात्मक सामाजिक समानता के स्वप्न को सँजोती है।

दुनिया बनाने के बाद ईश्वर ने सोचा होगा कि इस दुनिया को और सुन्दर होना चाहिए, और उन्होंने सत्य की रचना की। सत्य यानि मानव, और मानव को दो रूप दिए—एक पुरुष और दूसरा स्त्री। ये दोनों ही एक-दूसरे के पूरक हैं किन्तु नारी के बिना दुनिया का कोई अस्तित्व ही नहीं है। क्योंकि ईश्वर ने नारी की शारीरिक रचना ही इस प्रकार से की है कि इस संसार के भविष्य की निर्मात्री वह स्वयं हो गई है।

कई युगपुरुष हुए हैं जो नारी के किसी भी रूप चाहे वह माँ, बहन, पत्नी या भाभी हो, से प्रभावित होकर ही महान् हुए अतः हम कह सकते हैं कि आज महिलाओं के विकास पर ही संसार की तरक्की निर्भर है। पुरातन भारत में नारियों को उच्च स्थान प्राप्त था। वे केवल संतान जन्मदात्री या भोजनालय की प्रबन्धकारिणी ही नहीं थीं, उस समय उन्हें भी पुरुषों के समान सामाजिक एवं राजनीतिक, धार्मिक कार्यों में भाग लेने का अधिकार था। मनु महाराज ने मनुस्मृति में स्त्रियों का विवेचन करते हुए स्पष्ट लिखा है कि जहाँ स्त्रियों की पूजा होती है वहाँ देवता निवास करते हैं। जहाँ स्त्रियों की प्रतिष्ठा नहीं होती वहाँ सब क्रियाएँ निष्फल हो जाती हैं। निश्चित ही प्राचीनकाल में नारियों का व्यक्तित्व सुरक्षित था, वे अपना जीवनसाथी स्वयं चुनती थीं। प्राचीनकाल में स्त्रियों की स्थिति इतनी अच्छी होने के पश्चात् भी अचानक भारत की परतंत्रता के साथ-साथ स्त्रियों की परतंत्रता का भी श्रीगणेश हुआ।

स्त्री शनैः-शनैः समय और विचारधाराओं के परिवर्तन से, ज्ञात और अज्ञात कारणों से घर की ऊँची-ऊँची चारदीवारी में बन्द होकर अविधान व अज्ञान के अन्धकार में

डुबकियाँ लगाने लगी। उसका पग-पग पर अपमान होता और लगातार ठुकराए जाने के पश्चात् भी जीवन की अंतिम साँस तक इन सामाजिक असाध्य यातनाओं को चुपचाप सहती रही है। बाल-विवाह, पर्दा प्रथा, विधवाओं की दीन-हीन दशा, सती प्रथा, कन्या पक्ष का नीचा समझा जाना, उच्च शिक्षा का बहिष्कार, उत्तराधिकार से वंचित होना तथा आर्थिक परतंत्रता जैसी सामाजिक कुरीतियों ने पराधीन भारत को इतना निम्न बना दिया था कि वह नारी की पीड़ा को समझ न सके और आज स्वतंत्रता के साठ वर्षों के पश्चात् भी बार-बार सचेत किए जाने पर भी महिलाएँ पूर्ण रूप से जाग्रत नहीं हो सकी हैं।

इक्कीसवीं सदी में कदम रखने वाले भारतीय समाज में स्त्री को आज भी वह दर्जा प्राप्त नहीं हुआ जो कि उसे बहुत पहले मिल जाना चाहिए था, वधू-दहन आज भी निर्भयतापूर्वक होता है, तलाक स्त्री के लिए कलंक व पुरुष के लिए आजादी है, जहाँ बालिका भ्रूण हत्या एक लेटेस्ट फैशन है, ऐसे अमानवीय, पतनशील समाज में स्त्री फिर भी जीवित है, यह क्या किसी आश्चर्य से कम है? स्त्री ने पूरी शिद्दत के साथ विपरीत विषमतर परिस्थितियों में अपनी पहचान और महत्ता को सिद्ध किया है। स्त्री शक्ति, शौर्य और सामर्थ्य का दूसरा नाम है।

पृथ्वी पर अनेक प्राणी हैं, उनमें से मानव भी एक है। लिंग के आधार पर मानव दो वर्गों में विभाजित है—

1. स्त्री 2. पुरुष

पृथ्वी की सृष्टि के सम्बन्ध में भिन्न-भिन्न मत प्रचलित हैं। बाइबिल में पृथ्वी और प्राणियों की उत्पत्ति के सम्बन्ध में वर्णित है कि परमेश्वर ने इनकी रचना की और जैसा कि बाइबिल में लिखा है कि परमेश्वर ने आकाश और पृथ्वी की रचना की। परमेश्वर ने दिन-रात, साँझ-सकारे, जल और सब कुछ बनाया। तब परमेश्वर ने आदम (प्रथम मानव) की रचना की तत्पश्चात् यहोबा परमेश्वर ने कहा कि आदम का अकेला रहना अच्छा नहीं है। उसने उसे गहरी नींद में डाल दिया और उसकी पसुली निकालकर स्त्री बनायी और आदम ने कहा कि अब यह मेरी हड्डियों में की हड्डी, मेरे माँस में का माँस है सो इसका नाम नारी होगा, क्योंकि यह नर में से निकाली है।

जब पृथ्वी पर बुराई बढ़ गई तब परमेश्वर ने सोचा कि मैंने जिसकी सृष्टि की है, उसे पृथ्वी पर से मिटा दूँगा। परन्तु परमेश्वर का अनुग्रह नूह पर बना क्योंकि यह धर्मी था तथा परमेश्वर के साथ-साथ चलता था। उसके लिए जीवित प्राणियों की एक-एक जाति के जोड़े रखने को कहा फिर 40 दिन तक लगातार जल वृष्टि हुई जिससे सम्पूर्ण पृथ्वी जलमग्न हो गई तदुपरान्त इन्हीं प्राणियों से फिर संचार हुआ।

बाइबिल के इस तथ्य को मानवशास्त्री नहीं स्वीकारते वरन् वे मानव की उत्पत्ति, उद्‌विकास की धारणा से मानते हैं। उद्‌विकास डार्विन का सिद्धान्त है। डार्विन के

अनुसार प्राणियों का विकास सरल से जटिल यानि एककोशीय से बहुकोशीय प्राणों से हुआ। इस प्रकार छोटे-छोटे निम्न प्राणियों से बड़े प्राणियों का विकास हुआ। गोरिल्ला, चिम्पाजी, ओरोग-उठान, टारसियर, लीमर उच्चान्तर के प्राणियों के खुदाई के दौरान अनेक अवशेष प्राप्त हुए जिनसे भिन्न-भिन्न मानव प्रजातियों का उद्भव माना जाता है।

प्रारम्भ में जब मानव का उद्भव हुआ था, स्त्री-पुरुष के कार्यों में कोई भेद नहीं था। ज्यों-ज्यों मानव विकास की ओर बढ़ता चला गया तो उसके कार्यों में विभाजन भी होता चला गया, इन कार्यों में विशेषीकरण आया तथा स्त्री-पुरुष में श्रम-विभाजन हुआ। संसार का प्रत्येक समाज मातृसत्तात्मक समाज में परिवर्तित हुआ। प्रारम्भ में मातृसत्तात्मक परिवार होने के कारण सम्पत्ति पर, परिवार के नाम पर, वंश, गोत्र इत्यादि पर स्त्री का अधिकार होता था जिससे उसकी स्थिति उच्च हुआ करती थी। लेकिन धीरे-धीरे इस व्यवस्था में परिवर्तन हुआ और इसने पितृसत्तात्मक रूप ग्रहण किया। प्रत्येक मामले में पुरुष ने अपना आधिपत्य जमाना प्रारम्भ कर दिया और वह स्त्री को तुच्छ समझने लगा। उत्पादकता का सम्पूर्ण आश्रय लेकर पुरुष ने स्त्री को घर की वस्तु बना दिया और स्वयं उसका मालिक बन बैठा।

हिन्दू दर्शन के अनुसार चार युगों का वर्णन किया गया है—

1. सतयुग 2. त्रेता युग 3. द्वापर युग 4. कलियुग

वैदिक युग की सभ्यता इनके पूर्व हो चुकी थी क्योंकि इन सभी में वेदों की शिक्षा दी जाती थी। वैदिक युगीन-सभ्यता में भारत में आर्यों का राज्य था। आर्यों ने ही वेदों की रचना की। उनका जीवन सुखमय था। विवाह को संस्कार माना जाता था। स्त्रियों का समाज में आदर किया जाता था।

वैदिकोत्तर कालीन समय में शादियाँ प्रतियोगिता के आधार पर होती थीं। आर्य समाज में समय बीतने के साथ स्त्रियों की स्थिति में अपेक्षाकृत अंतर आया। निम्न व उच्च जाति की स्त्रियों में भेदभाव शुरू हुआ और ज्यों-ज्यों समय बीतता गया स्त्री की स्थिति भी नीचे सिसकती रही। हिन्दुस्तान में स्त्रियों के चरित्र के साथ सवाल जोड़कर उसे लाजवन्ती या छुई-मुई बना दिया गया।

रामायण कालीन समय में स्त्री को नैतिकता का आदर्श मान लिया गया। वह पुरुषों की दासी के समान हो गई। स्त्री का कर्त्तव्य पति सेवा तथा अंध आज्ञा का पालन हो गया।

द्वापर वह युग था जब नारी को बराबरी का दर्जा प्राप्त था। उसे योनि-शुचिता के आवरण से मुक्ति दिलाने के लिए कृष्ण ने पहला कदम उठाया। कृष्ण ने उन सोलह हजार नारियों से विवाह किया जो राक्षस की कैद में थीं।

यह कृष्ण की उदारता एवं योनि आधार के विरुद्ध क्रान्ति थी। यही नहीं उन्होंने औरत के साथ मित्र का-सा सम्बन्ध स्थापित किया और जैसा कि इस सम्बन्ध में कहा गया है कि सारे संसार के इतिहास, साहित्य, वाड्मय, किंवदंती में कृष्ण-द्रौपदी जैसा सखा-सखी सम्बन्ध नहीं मिलेगा। इसमें सभी तरह के सम्बन्धों का समावेश है, वह दुनिया को एक बनाने वाला सम्बन्ध है। नारी यदि कहीं नर के बराबर हुई है तो वह केवल बृज में, और कहीं नहीं।

इस युग में द्रौपदी ही एक ऐसी औरत थी जिसने अपनी स्थिति को समझा, उसके खिलाफ आवाज उठाई। सच्चे मायने में द्रौपदी को ही हिन्दुस्तान की आदर्श नारी का प्रतीक होना चाहिए।

बौद्ध काल में स्त्रियों की दशा अत्यन्त हीन व शोचनीय थी। जैसे नदी, पथ, शराबखाने आदि सबसे उपभोग की वस्तुएँ हैं वैसे ही स्त्रियाँ भी सबके उपभोग की वस्तुएँ हैं ऐसा जातक कथाओं के अध्ययन से ज्ञात होता है। तब दासी प्रथा भी जोरों पर थी। स्त्रियों को सामान्य रूप से रहने का अधिकार समाप्तप्राय था, उनकी विशेष जगह एवं उपयोग निश्चित कर दिए गए थे। यह पुरुष की हृदयहीनता एवं संकीर्ण मानसिकता का परिचायक है।

चाणक्य महान् अर्थशास्त्री माने जाते हैं। मौर्यकाल में उन्होंने स्त्री की दशा सुधारने तथा दास प्रथा समाप्त करने का प्रयास किया। सम्राट अशोक के समय प्रारम्भ में स्त्रियों पर काफी अत्याचार हुए किन्तु बाद में सुधार भी आए। सिकन्दर महान् को भी पंजाब में एक ऐसे राज्य का सामना करना पड़ा जहाँ एक स्त्री राज्य करती थी। मुगलकालीन औरतें पर्दे की कैद में चली गईं और शिक्षा, राजनीति, धर्म, सामाजिक व आर्थिक क्षेत्रों से ऐसे अलग कर दी गईं जैसे दूध में से मक्खी।

ब्रिटिश काल में औरतों के मामले में पश्चिमीकरण विशेष प्रभावी न हो सका। बाल विवाह, सती प्रथा, कन्या वध आदि आन्दोलन औरत की दयनीय स्थिति की ऊपरी सतह पर आघात पहुँचा सके। ब्रिटिश काल में आधुनिक शिक्षा का प्रचार हुआ। कुछ स्त्रियों ने घर के बाहर कदम रखे किन्तु उन्हें समाजविरोधी नजरों को सहन करना पड़ा था।

स्वतंत्रता संघर्ष के दौरान एक महिला महारानी लक्ष्मीबाई हुई जो देश की स्वतन्त्रता के लिए अंग्रजों से टकराई।

''बुंदेले हरबोलों के मुख हमने सुनी कहानी थी।
खूब लड़ी मरदानी वह तो झाँसी वाली रानी थी।''

– सुभद्रा कुमारी चौहान

इसे भी हिन्दुस्तान के मर्दों ने तोड़-मरोड़ कर इसका स्वरूप ही बदल दिया। झाँसी और पूना में जो पुतले झाँसी की रानी के बने हैं उनमें एक समान दोष है, वह है उसकी पीठ पर बँधा हुआ बच्चा। हिन्दुस्तान के मर्द का मन रानी को बच्चे के साथ देखना चाहता है। झाँसी के पुतले पर जो लेख है वह तो और भी असभ्य है ''भारतीय नारी का गौरव बढ़ाया है।''

राजा राममोहन राय ने सती प्रथा, बाल विवाह के विरुद्ध अत्यधिक प्रयास किया। महात्मा गाँधी ने भी स्वतन्त्रता आन्दोलन के नेतृत्व में औरत का सवाल उठाया था।

भारतीय परम्पराओं के अनुरूप वैदिक युग में आज तक हमारे साहित्य और विशेष रूप से कविता में स्त्री का गुणगान होता रहा है किन्तु उसके साथ व्यवहार में कुछ और ही होता रहा है। उसे तो सिर्फ भोग की वस्तु एवं नौकरानी माना जाता रहा है।

इतिहास, पुराणों में विवाह संस्था के चौखटे में स्त्री को मजबूती से बिठा लिया गया है। स्त्री-पुरुष का सम्बन्ध शाश्वत माना जाने लगा। मिल्कियत के अधिकार तथा विरासती अधिकार को मरणोत्तर किया कि धार्मिक विधि के साथ जोड़ दिया जिससे पुरुष बालक की महिमा बढ़ी। नारी को तो सिर्फ संतान प्राप्ति के साथ जोड़ा जाता। जब छोटी हो तब पिता की, विवाह के बाद पति की, बूढ़ी होने पर पुत्रों की आज्ञा का पालन करे। स्त्री को बेटा पैदा करने का एक साधन मात्र बना दिया गया। इसी सन्दर्भ में यह कथन महत्वपूर्ण है कि पुत्र ही पिता को नरक की खाई से बचा सकता है। इस आशय की दृढ़ धार्मिक मान्यता के चलते आर्थिक तथा आध्यात्मिक दृष्टि से पुत्र की महत्ता बढ़ गई। इसीलिए तो स्त्रियाँ पुत्र प्राप्ति के लिए, पुत्र की रक्षा के लिए मनौतियाँ मानतीं, व्रत-उपवास रखतीं, जितने पत्थर उतने देवता पूजती हैं। आज भी पुत्र जन्म पर खुशियाँ मनाई जाती हैं। जाति में ही शादी करने का रिवाज, शादी की पवित्रता एवं पतिव्रता तथा दत्तक प्रथा के रिवाजों से स्त्रियों की परतंत्रता के दस्तखत होते चले गए। सावधानी के तौर पर स्त्रियों की रक्षा पिता, पति, पुत्र, भाई आदि के द्वारा करना तय हुआ जिससे स्त्री का जीवन पुरुष के आधिपत्य में चला गया। परिणामस्वरूप स्त्रियों को गुलामी तथा समाज में पुरुषों का आधिपत्य दोनों ही समाज व्यवस्था के अनिवार्य अंग बन गये। स्त्री आज भी धर्म की रूढ़ियों और पतनशील सामाजिक परम्पराओं और पुरुष के पाखण्ड की ताकत पर षड्यंत्र का शिकार है।

जब स्त्री को एक मनुष्य के रूप में देखने-पहचानने की शुरुआत हुई तब आँख खुली कि स्त्री तो गुलाम की गुलाम रही है तमाम आबहवाओं में, तमाम संस्कृतियों समाज व्यवस्थाओं में, युद्ध में या शान्ति में, हर जगह स्त्री आक्रमित-शोषित-पीड़ित ही मालूम हुई। एक दशक पूर्व सबसे प्रमुख समस्या थी स्त्री को मनुष्य व्यक्ति के रूप में स्वीकार करने की। भारत के संविधान में निश्चित ही यह स्वीकार्य दर्जा है, लेकिन व्यवहार में क्या है? घर में, परिवार में, आस-पड़ौस में, गाँव, नगर में, खेत में, बाजार

में, बैंकों में, साहित्य पत्रिका में क्या स्थिति थी, जहाँ-जहाँ खोजा वहाँ-वहाँ से अस्वीकार की ही बू उठी। दूसरी समस्या थी अदृश्यता की, स्त्री को नजरअन्दाज करने की। स्त्री के घर के काम को श्रम माना जाये या नहीं? उसकी कोई कीमत है भी या नहीं? अगर पत्नीत्व या मातृत्व सामाजिक तथा सांस्कृतिक जिम्मेदारी है तो समाज तथा सरकार स्त्री को इस जिम्मेदारी को निभाने में सुरक्षा तथा सहूलियत सुलभ नहीं करा सकता? यदि स्त्री खेतों में, जंगलों में, खदानों में, चुनाई के कामों में, घरों में गारे मिट्टी में मजदूरी कर रही है तो अधिक से अधिक उसे रोजी ही चुकाई जाएगी। इससे अधिक उसका कोई अधिकार नहीं है? अकाल, बाढ़, भूकम्प, आग, तूफान, दंगा, लड़ाई, युद्ध, गरीबी, बेकारी, कुपोषण, बीमारी इन सबमें अंततः स्त्री को ही सब कुछ झेलना पड़ता है। स्त्री की सजगता, सहृदयता तथा जागृति और उसमें से पैदा होने वाली शक्ति सत्ता अपने महाप्रवाह में किसी को बाहर नहीं रखती, समेट लेती है, समा लेती है, उसी का नाम है स्त्री। स्त्री से प्रजीवन शक्ति, संतुलन शक्ति है। वह केवल आबादी बढ़ाने वाला उपकरण मात्र नहीं है। स्त्री तो स्वयं प्रकृति है लेकिन यह दुख की बात है कि प्रकृति के विनाश का पहला शिकार स्त्री ही होती है। स्त्री-पुरुष एक-दूसरे के सृजन के साथी हैं, इनमें से एक के भी बिना सृजन असंभव है, जैसे सृष्टि सूरज से ही संभव है उसी तरह जीवन भी स्त्री के होने से ही संभव है, वह जीवन की ऊष्मा का ही दूसरा रूप है। समाज ने स्त्री के लिए जितनी भी जीवनद्रोही स्थितियाँ निमित्त की हों पर कुदरत ने उसे अपनी सृजन क्षमता, अपना होने का वरदान भेजा है। स्त्री को अपनी क्षमता एवं इस वरदान को पहचानना होगा।

महात्मा गाँधी के अनुसार—"हमारे समाज में कोई सबसे अधिक हताश हुआ है तो वे स्त्रियाँ ही हैं और इस वजह से हमारा अधःपतन भी हुआ है। स्त्री-पुरुष के बीच जो फर्क प्रकृति के पहले है और जिसे खुली आँखों से देखा जा सकता है, उसके अलावा मैं किसी किस्म के फर्क को नहीं मानता।" गाँधीजी ने स्त्रियों को देश की लड़ाई के साथ जोड़कर साथ ही आश्रम में उनको समान हक व स्वतंत्रता प्रदान कर समाज में स्त्रियों का दर्जा कैसा होना चाहिए, इसकी अच्छी मिसाल कायम की है। दरअसल हमें समाज में ऐसा वातावरण निर्मित करना चाहिए कि जिस प्रकार स्त्री घर के कामकाज को आत्म-विश्वास तथा उत्साहपूर्वक करती है उसी तरह समाज के कामकाज में भी साझेदारी करने लगे और स्त्री-पुरुष दोनों स्वाभाविक सह जीवन का आनन्द उठा सकें। मनुष्य के रूप में यदि स्त्री का मूल्य प्रतिष्ठित नहीं होता तो स्त्री की प्रकृति संभव नहीं है।

"स्त्रियों के मूल्य को लेकर जबरदस्त अज्ञान व्याप्त है। केवल पुरुष वर्ग में ही नहीं अपितु स्त्रियों में भी। स्त्रियों के क्या-क्या कर्त्तव्य हैं, उनका क्या योगदान है? समानताएँ

व विभिन्नताएँ क्या हैं? इन सबका हिसाब लगाया जाना चाहिए? देश में कौमें, धर्म, जातियाँ हैं, उनके रीति-रिवाज हैं, किन्तु किसी भी समाज में स्त्री अनुकूल जीवन जी रही है ऐसा देखने में नहीं आया। सब कहीं जैसे स्त्री हताश हो, ऐसा ही लगता है।

स्त्रियों की परिस्थिति के सम्बन्ध में मैं अवश्य कुछ कहना चाहूँगा कि स्त्रियों को जिस दृष्टि से समाज द्वारा देखा जाता है और लिंग में अन्तर करके उन्हें पुरुषों के समकक्ष न समझना इस विकसित समाज की एक बड़ी विडम्बना है। देखने व सुनने में स्त्रियों की स्थिति स्पष्टतः पुरुष वर्ग के पीछे है। यह सत्य है कि वर्तमान में स्त्रियों ने पढ़-लिखकर कुछ विशेष स्थानों तथा पदों पर पुरुषों की बराबरी कर ली है किन्तु इनका प्रतिशत बहुत कम है। स्त्री को किसी खास पेशे में नहीं बाँधना चाहिए, उन्हें हर पेशे व व्यवसाय की विभिन्न भूमिकाओं में देखना चाहिए। किसी भी काम का अधिकार लिंग नहीं होना चाहिए। स्त्री-पुरुष दोनों को विमान-चालक, इंजीनियर, अंतरिक्ष यात्री, मिस्त्री, कारीगर आदि भूमिकाएँ भी देनी चाहिए। ठीक इसी तरह से पुरुषों को नर्स, सेक्रेटरी, बच्चों को सँभालने वाला कार्य करना चाहिए।

स्त्री का वर्णन पुरुष के साथ और साझीदार के रूप में हो, मिल्कियत के रूप में नहीं। पुरुष की तुलना में स्त्री का दर्जा नीचा तो दुनिया भर में है। समानता तो किसी भी देश में नहीं है, फिर भारत में ही स्त्रियों के लिए इतने सारे बंधन क्यों? पतिपरायणता, त्याग, धर्मपालन का इतना सारा बोझ स्त्रियों पर ही क्यों है? ऐसा कैसा है हमारा समाज कि आज भी पाँच साल की बेटी को ब्याह दिया जाता है, नौ साल की विधवा को उम्र भर वैधव्य का जीवन जीना पड़ता है। कोख से बेटा पैदा न होने पर ससुराल वाले घर से निकाल देते हैं। कुँआरी माँ को आत्महत्या करनी पड़ती है। विश्वविद्यालय में गोल्ड मैडल प्राप्त करने वाली छात्रा शादी के बाद ससुराल वालों की इजाजत के बिना नौकरी नहीं कर सकती है। जैसा कि भारत में एक सर्वेक्षण में पाया गया कि हर 52वें मिनट में एक महिला के साथ बलात्कार, प्रति 26वें मिनट में किसी एक स्त्री पर शारीरिक हमला, प्रति 43वें मिनट में किसी महिला का अपहरण, प्रति 102वें मिनट में दहेज के कारण हत्या होती है। हमारे देश में दहेज के कारण 1000 स्त्रियाँ हर साल मारी जाती हैं। भारत में स्त्रियों की साक्षरता की स्थिति भी अच्छी नहीं है। यहाँ प्रत्येक 100 पुरुषों के पीछे 44 स्त्रियाँ ही साक्षर हैं। राजनीतिक एवं प्रशासनिक स्तर पर भी यहाँ महिलाओं का प्रतिनिधित्व बहुत ही न्यून है। दुनिया में सांसदों तथा प्रबन्धकीय पदों पर क्रमशः 11 एवं 12 प्रतिशत तथा भारत में यह प्रतिनिधित्व क्रमशः 7 एवं 2 प्रतिशत बताया गया है।

स्त्री अपनी परिस्थितियों के कारण मानती है कि वह पुरुष के उपभोग व तारीफ की वस्तु है। कोई आश्चर्य की बात नहीं कि विज्ञापनों और सिनेमा में स्त्री का निर्दयता

से शोषण किया जाता है। लोक संचार माध्यमों में, मुख्यतः अखबार में, स्त्री का जो स्वरूप उभरकर सामने आता है वह गृहिणी एवं पत्नी के रूप तक ही सीमित है। इसके अलावा आम पाठक वर्ग का ध्यान देश की स्त्रियों की गंभीर समस्याओं जैसे असमानता, बेकारी निरक्षता आदि की ओर आकर्षित करने या उनका हल खोजने में नजर नहीं आता। यहाँ पर यह भी उल्लेखनीय है कि पत्र-पत्रिकाओं के विषयानुसार विश्लेषण में ऐसा एक निष्कर्ष निकलता है कि 1950-60 के दौरान विधवा विवाह विरासती हिन्दू कोड बिल जैसी समस्याओं पर काफी चर्चाएँ एवं विचार-विमर्श देखने को मिले किन्तु 1960 के पश्चात् तो इनका कहीं अता-पता नहीं था। स्वतंत्रता आन्दोलन के दौरान स्त्रियों में जागृति लाकर उन्हें स्वराज्य की लड़ाई में सक्रिय बनाने के ध्येय को भारत के पत्रकारों ने स्वीकारा था किन्तु स्वतंत्रता प्राप्ति के पश्चात् यह उत्साह शनैः-शनैः ठंडा होता गया और उसकी जगह ले ली व्यावसायिक पत्रकारिता ने। पत्र-पत्रिकाओं में जीवन के प्रति नजरिया गुणात्मक हो सके ऐसी सामग्री क्यों नहीं दी जाती? मनुष्य के रूप में अपनी शक्ति को विकसित करने में ये स्त्री की किसी प्रकार सहायता नहीं करते। लोक संचार माध्यमों में फिल्म भी एक प्रमुख माध्यम है। फिरोज रंगूनवाला के अध्ययन के निष्कर्ष के अनुसार हिन्दी-फिल्मों में स्त्री का निरूपण रूढ़िगत ढंग से ही किया गया है। उसे थोड़ा-भी स्वतन्त्र, प्रगतिशील, अपने अधिकारों के प्रति सजग शायद ही कहीं चित्रित किया गया हो। समाज भी स्त्री को गृहिणी तथा पुरुषनिष्ठ पात्र के अलावा किसी दूसरे रूप में सह नहीं पाता।

अन्ततः उसे समाज के नियमों के अनुसार "Second Citizen" में ही बिठाया गया है। भारतीय फिल्मों ने भारत में स्त्रियों के दर्जे के सन्दर्भ में लोकतंत्र, समानता तथा सामाजिक न्याय पर निर्मित समाज को गढ़ने में, उपकारक मूल्यों को विकसित करने में, नकारात्मक भूमिका निभायी है। मनोरंजन के इस शक्तिशाली माध्यम ने स्त्री को एक यौन वस्तु बना देने में कोई कमी नहीं छोड़ी। स्त्री के वास्तविक स्वरूप को, उसकी समग्र प्रतिभा को पहचानने से साफ इंकार कर करके फिल्म उद्योग ने समाज की बड़ी कु-सेवा की है तो कहा जा सकता है कि औद्योगिक समाज में अपना माल बेचने के लिए, स्त्रियों के शरीर का, स्त्रियों के पत्नीत्व तथा मातृत्व की भावनाओं का जितना दुरुपयोग विज्ञापनों ने किया है उतना किसी और ने नहीं किया।

शिक्षा जगत में भी चाहे वे हिन्दी पाठ्यपुस्तकें हों या अंग्रेजी; स्त्रियों को दबा हुआ, अनपढ़, दुर्बल तथा मूर्ख सा दिखाया गया है। दूसरी ओर पुरुषों को स्वतंत्र वर्चस्व वाला तथा स्त्रियों से बढ़कर दिखाया गया है। भारत की पाठ्यपुस्तकों की प्रमुख समस्या स्त्री-पुरुष अलगाववाद की है। इन पुस्तकों को पढ़ने वाले किशोर लड़के-लड़कियाँ स्वाभाविक ही मान लेंगे कि स्त्री पुरुष वर्ग की तुलना में निम्न स्तर की है। बाल कथाओं में दिए उदाहरणों से पता पड़ता है कि स्त्री शिक्षा नहीं देती, बदलाव नहीं लाती, किसी किस्म

का जोखिम नहीं उठाती, स्त्री घर का काम करती है जिसमें वह पुरुषों की सहायता लेती है। पुरुष स्वतंत्र रूप से कार्य करता है, हर काम में निर्णयकर्ता पुरुष होता है।

भारतीय नारी का विकास आज भी काफी धीमा है। इसका कारण हमारे पूर्वजों द्वारा स्त्री को किसी प्रकार की स्वतंत्रता देने का विरोधी होना है। दहेज जैसी घिनौनी प्रथा दकियानूसी लोगों की देन रही होगी। दहेज व्यवस्था करने वाले लोलुप रूढ़िवादियों ने ही विधवा विवाह पर रोक लगा दी थी। दहेज के कारण पति-पत्नी का चुनाव अनुचित तथा प्रतिकूल हो जाता है। इसका समाधान एक तरीके से हो सकता है कि युवक-युवतियों का सान्निध्य प्राप्त हो। दहेज प्रथा दूर न होने के कारण हमारे देश के युवक भी दहेज के आधार पर अपना जीवनसाथी चुनते हैं न कि गुणों के आधार पर। जो राष्ट्र के माथे पर एक कलंक का टीका है।

आधुनिक भारत में स्त्रियों में शिक्षा का पर्याप्त विकास हो गया है किन्तु शिक्षा प्राप्त करके भी लोगों के यहाँ तक कि स्वयं स्त्रियों के विचारों में भी विशेष परिवर्तन नहीं आया है। मनोवैज्ञानिकों का मानना है कि पुरुष लोग व्यवस्थाबद्ध ढाँचे में विश्वास रखते हैं जबकि स्त्रियाँ परिणामलक्षी होने की वजह से तात्कालिक परिस्थिति को सुधारने पर जोर देती हैं। स्त्री के ढाँचे में मानव सम्बन्धों का स्थान नीति-नियमों की अपेक्षा कहीं अधिक महत्त्व रखता है। स्त्रियों को चाहिए कि वे पुरुष के वर्चस्व रूपी विचार से स्वयं मुक्त होकर न्याय व समानता के तत्त्व पर अपना दृष्टिकोण विकसित करें, और ऐसे भी देखा जाए तो स्त्रियों की संख्या अल्पमत में नहीं है, पर स्त्रियों की विडम्बना तो यह है कि उनकी हालत अल्पमत वालों से भी बुरी है। आर्थिक कमजोरी, सामाजिक रूप से निम्न वर्ग और फिर स्त्री, स्वयं तीनों इकट्ठा हो तो फिर राजनीतिक ताकत नहीं के बराबर ही हो सकती है न?

गाँधी के कथनानुसार, ''स्त्रियों को मताधिकार तो होना ही चाहिए। उन्हें कानून के तहत समान दर्जा भी मिलना चाहिए।'' संविधान की कलम 15 के तहत ''स्त्री-पुरुष के बीच किसी भी मामले में भेदभाव नहीं बरता जा सकेगा।'' अमेरिका और ब्रिटेन में स्त्रियों को मताधिकार पहले विश्व युद्ध के बाद जाकर मिला। जापान में भी 1946 के करीब, फ्रान्स में 1945 और स्वतन्त्रता की सबसे अधिक गुहार लगाने वाले स्विट्जरलैण्ड में तो 1971 में जाकर मिला। जबकि भारत में तो आजादी मिलने के प्रथम पल से ही स्त्री को समानाधिकार प्राप्त है। आजादी का आन्दोलन व गाँधीजी का नेतृत्व—इन दो शक्तियों ने भारत की स्त्रियों को राजनीतिक रूप में समान दर्जा दिया है। राष्ट्र के सर्वोच्च स्थान से अप्रैल, 1976 को लोकसभा में बोलते हुए इंदिराजी ने कहा था—''यहाँ मैं प्रधानमंत्री की हैसियत से नहीं बल्कि संसार के सबसे बड़े अल्पसंख्यकों के प्रतिनिधि की हैसियत से बोल रही हूँ। किसी भी वर्ग में स्त्रियाँ सबसे अधिक शोषित हैं। स्त्रियों

के सम्पूर्ण विकास में कई तरह की बाधाएँ आती हैं, इसकी सबसे बड़ी वजह है मानसिक गतिरोध। पुरुषों का मानसिक रवैया जो समाज ने उसके मन में बैठा दिया है, वह बाधक बनाता है स्त्रियों को चाहे वे किसी भी तबके की हों, उन्हें जरूरत है अपने अधिकारों के प्रति जाग्रत होने की। अन्ततः तो स्त्रियों का राजनीतिक दर्जा उन्हें अपने समाज में कितनी समानता तथा स्वायत्तता प्राप्त है इसी बात पर निर्भर करता है।

भारत की लगभग आधी आबादी महिला मतदाताओं की है। संविधान के मुताबिक मतदाताओं को सजग रहकर अपने अधिकारों का उपयोग करना पड़ता है। हमारे संविधान ने यह अधिकार स्त्रियों को भी दिया है। मगर इस अधिकार का वैसा प्रभावी अमल नहीं होता। स्त्रियों के कितने प्रश्न बीच अधर में लटके हुए हैं, जिनका कोई निराकरण नहीं होता। भारत की आजादी को 60 वर्ष से अधिक समय व्यतीत हो चुका है, संविधान में समान अवसर तथा हिफाजत का आश्वासन भी दिया है, कानूनी अधिकारों में भी सुधार किया गया है, व्यापक स्तर पर अक्षर ज्ञान देने के लिए राष्ट्रीय नीति बनाई गई है। इन सबके बावजूद हमारे समाज में स्त्रियों का मूल्य एवं स्थान उस स्तर तक नहीं उठ पाया जितना उठना चाहिए था। आज स्त्रियाँ कुछ जाग्रत तो हुई हैं किन्तु उनमें निराशा व्याप्त है। आजादी से पहले एवं बाद में भी स्त्रियों ने पर्याप्त सामाजिक कार्य किए हैं, वे कल्याण के काम भी करती रहीं किन्तु वे अपनी नारी शक्ति का निर्माण नही कर पायीं। संगठित नारी शक्ति या राजनीतिक शक्ति हो तो स्त्रियों के काम भी हो सकते हैं, फिर भीख माँगने की जरूरत नहीं पड़ती। लेकिन फिलहाल हमारे पास ऐसी कोई ताकत नहीं है। ताकत पैदा करने के लिए ठोस स्पष्ट कल्पना होनी चाहिए कि किस तरह के समाज की रचना करनी चाहिए। बड़ी दुखद स्थिति है कि आज राजनीतिक तख्ता कुछ इस तरह जमाया गया है जिससे कि स्त्रियों की आवाज उसके चलते सुनाई नहीं देती। वर्तमान भारतीय समाज व्यवस्था पुरुष प्रधान है, इसमें कोई दो मत नहीं। सभी धर्मों के पारिवारिक कायदों ने भी स्त्रियों के न्याय एवं समानता का अधिकार नकार दिया है। समानता के आदर्श की बातें जोर-शोर से करने वाले लोग राजनीतिक दल, लोकसभा, विधानसभा, स्थानीय स्वराज संस्थाओं या ग्राम पंचायतों में स्त्रियों को लेते ही नहीं जो एक अत्यन्त शोचनीय बात है। राष्ट्रीय आयोजनाओं के निर्माण में तथा उससे सम्बन्धित कार्यक्रमों को कार्यान्वित करने में जब स्त्री को भी साझेदार बनाया जाएगा तभी सही अर्थों में लोकशाही स्थापित हो सकेगी।

वैसे तो आज लगता है कि स्त्री-पुरुष में बराबरी स्थापित हो गई है परन्तु यह छलावा मात्र है। पुरुष प्रधान समाज में औरत का स्थान गुलाम जैसा है, वैवाहिक जीवन में पुरुष ही फैसला करता है और औरत उस पर अमल करती है। यह सब समाप्त होना चाहिए। आज भी नारियों का जीवन यह प्रकट करता है कि अधिकांशतः वैधानिक अधिकार

संविधान के पन्नों में धरे के धरे रह गये हैं। भारतीय कानून में अनेक ऐसे उदाहरण हैं जो स्त्री को उन मौलिक अधिकारों से वंचित रखते हैं जहाँ पर उनका अधिकार होना चाहिए था। स्त्रियाँ भी चाहें तो अपने आँचल के दूध व आँखों के पानी को इस लायक बना सकती हैं कि जागरूकता का सतत् प्रवाह बन सके। परन्तु सफलता के लिए स्वाभिमान को जगाने की आवश्यकता है। यदि स्वाभिमान व आत्मस्वतन्त्रता जाग्रत नहीं होगी तो नारी समानता की कल्पना हमेशा सपना बनकर रह जाएगी। पंडित नेहरू ने कुछ प्रसंगों में कहा कि विधानसभाएँ, नगर पालिकाएँ, जिला परिषद, संसद आदि के प्रतिनिधियों में औरतों की संख्या 50 फीसदी होनी चाहिए। बर्नार्ड शॉ का कथन है कि महत्त्वपूर्ण जगहों पर एक पुरुष एक स्त्री दोनों की नियुक्ति हो, उन दोनों द्वारा दिए गए निर्णय उचित व दूरगामी होंगे।

स्त्रियों की अभी भी बहुत बड़ी संख्या ऐसी है जो मुश्किल से पेट पालने की स्थिति में हैं, गरीब है, निरुपाय सी है, रीति-रिवाजों के जालों में उलझी हुई है। इन्हें गौरवपूर्ण जीवन सुलभ हो सके, इसके लिए प्रयत्न करना उच्च एवं मध्य वर्ग की स्त्रियों की जिम्मेदारी है। गरीब तबकों में पुरुषों की अपेक्षा रोजी कमाने वाली स्त्रियों की संख्या ही बड़ी है। इतना ही नहीं गरीब परिवारों में एकमात्र कमाऊ व्यक्ति स्त्री ही होती है। ऐसे गरीब परिवार 20–25 प्रतिशत होंगे। गरीब परिवारों में ही स्त्रियाँ एवं कन्या अधिक कठिन एवं उपेक्षित जिन्दगी जीती हैं। सामान्यत: परिवार की यह भ्रामक कल्पना है कि पति नौकरी करने जाए और पत्नी घर संभाले, कढ़ाई, बिनाई करे और शाम को जब पति नौकरी से लौटकर आए तो गर्म चाय पिलाए। ताजी रोटियाँ बनाकर खिलाए। घर में शान्ति फैलाए। हमारी स्त्रियाँ घर की रानियाँ हैं। घर की देवियाँ है, वे ही तो पर्दे के पीछे घर चलाती हैं। उन्हीं के पास तो सारी सत्ता है, ये तो सिर्फ उच्च वर्ग की फैंटेसी है। जहाँ पेट भरने के लिए स्त्री, बच्चे, पुरुष सभी परिश्रम कर रहे हों वहाँ शाम को तीनों घर में बैठकर खाना खाएँगे, विचारों का आदान-प्रदान करेंगे, ऐसा मान लेना भी एक भ्रामक सत्य है। परिवार तो एक विश्व अणु इकाई है। गरीबी और लाचारी की वजह से हमारे देश में आदमी का जीवन कितना सस्ता हो गया है कि इन्सान में स्त्री की देह तो एक माँ की देह है। नई पीढ़ी को जन्म देने वाली के मातृत्व की रक्षा हो यह किसी भी समाज के लिए अत्यन्त आवश्यक है। यदि देश के किसी छोटे-छोटे एवं सिरे पर जीने वाले मनुष्य की परिस्थिति में किसी प्रकार की राहत नहीं पहुँचेगी तो देश कैसे आगे बढ़ पायेगा?

देश में स्त्रियों की 26 करोड़ की आबादी में से 21 करोड़ स्त्रियाँ तो गाँवों में बसती हैं और गरीबी रेखा के नीचे ही जी रही हैं। लगभग तमाम गरीब स्त्रियाँ आर्थिक गतिविधियाँ चलाकर कुछ न कुछ कमाई तो करती हैं। हमारे देश में पीढ़ी दर पीढ़ी चले

आने वाले कामों में स्त्रियों का महत्त्वपूर्ण योगदान रहा है। अन्न बोना, लुनाई करना, बीजों का संग्रहण करना, खेत में निराई करना, हिफाजत करना, पशुपालन करना, सिलाई, मटके, सुपे, टोकरे, झाड़ू बनाना, नमक पकाना, कताई बुनकर गिरी करना, पापड़ अचार बनाना, छोटी-मोटी पैदावार की बाजार में बिक्री करना, पानी भरना, खाना पकाना, घर का काम करना, बच्चों का लालन-पालन करना, बीमार की देखभाल करना, किफायत करके, छोटी-मोटी बचत करना आदि कार्य जो राष्ट्र की सम्पदा को बढ़ाने वाले बुनियादी किस्म के हैं गाँवों तथा शहरों की श्रमजीवी जनता करती आई है। भारत की जनता का सचमुच का आर्थिक योगदान सरकारी बही में आज तक भी दर्ज नहीं हुआ। चूँकि विद्वान अर्थशास्त्री सवेतन रोजगारी को ही आर्थिक गतिविधि मानते हैं। स्त्रियाँ अर्थोपार्जन के क्षेत्र में सख्त मेहनत का काम करती हैं। राष्ट्र के लिए बुनियादी किस्म की सेवाएँ करती हैं। इसके बावजूद समाज या राष्ट्र उनके बच्चों की हिफाजत नहीं करता। छोटे गरीब बच्चों के लिए आँगनबाड़ी, पोषक आहार खेलकूद आदि की सुविधाएँ पर्याप्त मात्रा में प्राप्त हों यह आवश्यक है। बेटे व बेटी की एक सी परवरिश हो, बेटा हो या बेटी वे हमारी संतान हैं, वारिस हैं, उन्हें एक समान मानकर एकसा महत्व दिया जाना चाहिए।

सम्पूर्ण विश्व में समाज दो प्रकार से विभक्त है। एक प्रकार का विभाजन वर्गीकृत है और दूसरी तरह समाज संस्तरीकृत व्यवस्था में विभक्त है। मूल रूप से समाज को कार्ल मार्क्स ने आर्थिक वर्गों के आधार पर वर्गीकृत किया गया है। मार्क्स के अनुसार दुनिया का आज का इतिहास वर्ग संघर्ष का इतिहास है। मार्क्सवादी दृष्टिकोण से समाज पूँजीवाद ही व्यवस्था में श्रमिक और पूँजीपति दो वर्गों में विभक्त हुआ है।

कार्ल मार्क्स का सम्पूर्ण जीवन जर्मनी या इंग्लैण्ड जैसे देशों में बीता है। इसलिए उनके चिन्तन में इन्हीं देशों की पूँजीवादी व्यवस्था परिलक्षित होती है। यदि कार्ल मार्क्स ने भारतीय समाज को अपनी आँखों से देखा होता तो उन्हें दुनिया के एक अन्य वर्गीकरण का अहसास भी पूरी गंभीरता से होता, और यह वर्गीकरण है पुरुष और स्त्री की असमानता का। डॉ. राममनोहर लोहिया ने पूरी दुनिया में सात क्रान्तियों का उल्लेख किया है। उनके कथनानुसार, ''यदि हमें विश्व को खूबसूरत बनाना है तो हमें सात क्रान्तियों को लाने का प्रयास करना होगा उनके द्वारा प्रस्तावित क्रान्तियाँ इस प्रकार हैं—पहली रंग भेद, दूसरी वर्ण भेद, तीसरी जाति भेद, चौथी नर-नारी असमानता, पाँचवीं वर्ग भेद, छठवीं हथियार भेद तथा सातवीं भाषा भेद।

लोहिया का चिन्तन सामाजिक असमानता के संदर्भ में सही हो सकता है किन्तु उन्होंने सामाजिक असमानताओं के एक महत्वपूर्ण पक्ष को प्रमुखता प्रदान नहीं की, और वह सामाजिक पक्ष है नर-नारी असमानता का। पूरी दुनिया में लगभग आधी-आबादी स्त्रियों की है और दुनिया के प्रत्येक समाज में वे उपेक्षित रही हैं। मार्क्स एवं लोहिया

के चिन्तन में दो बातें उभर कर आती हैं। मार्क्स के मतानुसार पूरी दुनिया दो वर्गों में विभाजित है---मालिक और मजदूर जबकि लोहिया के अनुसार पूरी दुनिया नर-नारी में विभक्त है।

नर-नारी असमानता की प्रक्रिया आज के औद्योगिक युग और मुक्त समाज में भी परिवर्तित नहीं हो सकी। वैज्ञानिक आविष्कारों के उपरान्त भी आज तक समाज म वैज्ञानिक चिन्तन का उद्भव नहीं हुआ। औद्योगीकरण को प्रमुख रूप से आर्थिक प्रगति एवं उच्च जीवन स्तर की कुंजी के रूप में स्वीकार किया गया है। यदि आर्थिक प्रगति का केवल उत्पादन की दर से सम्बन्ध स्थापित किया जाए तो औद्योगीकरण की वर्तमान अवस्था को निर्विवाद रूप से स्वीकारा जा सकता है किन्तु वर्तमान औद्योगीकरण को सामाजिक सन्दर्भों में देखा जाए तो कहना होगा कि घरेलू उद्योगों की अवस्था में जिस शोषण का प्रारम्भ हुआ था वह शोषण वर्तमान उन्नत अवस्था में आज भी जीवित है। विशेषत: पूँजीवादी समाज में जहां पूँजी पर पूँजीपतियों का स्वामित्व है वहाँ श्रमिकों का आज भी शोषण हो रहा है। भारतीय समाज में औद्योगीकरण की अंतिम अवस्था का प्रारम्भ पूँजीपतियों के माध्यम से ही हुआ है।

उद्योगों ने विशेषत: विशाल उद्योगों ने जिनका चरमोत्कर्ष 20वीं सदी से ही प्रारम्भ हो चुका था और चारों ओर के वातावरण को प्रदूषित करना प्रारम्भ कर दिया था। शक्कर, मिल, कपड़ा उद्योग, लोहा, चमड़ा, कोयला उद्योग, तेल शोधक एवं अन्य उद्योगों ने न केवल वायु को बल्कि नगरीय क्षेत्रों के जलाशयों नदियों आदि को भी प्रदूषित किया। साथ ही 20वीं शताब्दी के आधुनिक उद्योगों ने सामाजिक प्रदूषण को भी जन्म दिया। नगरों में अनियोजित औद्योगीकरण एवं नगरीय अभियोजन के आधार पर गन्दी बस्तियों का विस्तार, दरिद्रता, व्यापारिकता, मनोरंजन, औद्योगिक थकान, शोर, मानसिक चिन्ता, स्त्री-पुरुषों के वृहद आनुपातिक भेद, आदि समस्याओं का जन्म केवल औद्योगिक एवं नगरीय जनसंख्या प्रक्षेपण के आधार पर हुआ।

आर्थिक जीवन के औद्योगीकरण ने विशेष विकासशील देशों में जहाँ जनसंख्या अधिक थी वहाँ उद्योगों के मशीनीकरण ने मानवीय श्रम के महत्व को कम किया जिसके परिणामस्वरूप समाज में एक दरिद्रता एवं बेरोजगारी विकसित हुई तथा दूसरी ओर पूँजीवादी स्थितियों को प्रश्रय मिलता चला गया। पूँजीवादी स्थितियों का जन्म किसी भी समाज के लिए मार्क्सवादी धरातल पर विकास की अवस्था हो सकता है किन्तु पूँजीवादी अपने विशिष्ट गुणों के आधार पर व्यक्तियों में वस्तुओं के आकर्षण उपयोग की भावना को जन्म देता है जिसके परिणामस्वरूप सम्पूर्ण समाज विलासित की ओर अग्रसर होता है। दरिद्रता पारिवारिक व सामाजिक विघटन का एक महत्त्वपूर्ण कारक है किन्तु पूँजीवादी चिन्तन दरिद्रता के सकारात्मक पक्ष की चर्चा करता है। जैसा कि गन्स लिखता

है कि ''दरिद्र व्यक्ति सम्पूर्ण समाज को स्वच्छ एवं निरोग रखने हेतु सकारात्मक योगदान देते हैं दरिद्रता पारिवारिक व सामाजिक विघटन का एक महत्वपूर्ण कारण है किन्तु पूँजीवादी चिन्तन दरिद्रता के सकारात्मक पक्ष की चर्चा करता है'' जैसा कि गन्स ने लिखा है कि ''दरिद्र व्यक्ति सम्पूर्ण समाज को स्वच्छ एवं निरोग रखने हेतु सकारात्मक योगदान देते हैं।'' इस प्रकार यह कहा जा सकता है कि औद्योगीकरण की प्रक्रिया ने सामाजिक एवं आर्थिक जीवन को प्रभावित किया है जिसका प्रभाव प्रत्येक समाज के सांस्कृतिक, सामाजिक एवं धार्मिक जीवन पर परिलक्षित होता है। दूसरा दर्जा राष्ट्रीय अभ्यास समिति द्वारा निकाले गए निष्कर्ष के अनुसार है। कुल कामकाजी स्त्रियों में से 94 प्रतिशत असंगठित क्षेत्र में हैं। रोजगार के साथ ही शिक्षा, स्वास्थ्य, राजनीतिक अवसर एवं पारिवारिक व्यवहार में भी स्त्रियों को दूसरा दर्जा प्राप्त है। असंगठित क्षेत्र की जानलेवा स्थिति, कम वेतन एवं पोषण के सभी प्रकार की परेशानियाँ स्त्रियों के हिस्से में आई हैं। बेरोजगारी की बलि बनी ग्रामीण क्षेत्र की महिलाओं की संख्या 60 प्रतिशत एवं सम्पूर्ण देश का आँकड़ा 56 प्रतिशत है।

देश के कुल उत्पादन में 55-60 प्रतिशत योगदान जिन श्रमजीवी स्त्रियों का है, वे अब भी काफ़ी सीमा तक अदृश्य हैं। उन्हें दृश्यमान बनाना, अर्थतंत्र में उनके लिए जगह पैदा करना, समाज में आत्मगौरव के साथ जी सकने के लिए न्यायपूर्ण स्थितियाँ निर्मित करना, फिर उनकी, उनके बच्चों की शिक्षा, स्वास्थ्य, पोषण, आहार, घर अर्थात् उनके सम्पूर्ण विकास की दिशा में प्रयत्न करना होगा। ऐसा अनुभव होता है कि स्त्रियों को अपनी योग्यता के उचित मूल्याँकन की जरूरत है। एक गृहिणी के रूप में किए जाने वाले उसके कार्यों को भी ऊँचा माना जाना चाहिए। देश की लगभग आधी आबादी स्त्रियों की है। देश के विकास में स्त्रियाँ पूरी तरह योगदान दे सके।

ईश्वर यदि स्त्री-पुरुष की भूमिकाएँ इत्तफाक से बदल दे तो तय मानना चाहिए कि पुरुष दूसरे दिन ही ईश्वर के सामने गिड़गिड़ा उठेगा। कोई भी पुरुष स्त्री के जीवन को एक दिन तो क्या एक क्षण भी नहीं जीना चाहेगा, क्योंकि स्त्री बनकर उसे झुकना पड़ेगा, सृजन की पीड़ा को सहना पड़ेगा और सबसे बड़ी बात उसे समझौते करने होंगे। सच तो यह है कि पुरुष हर तरह से स्त्री पर निर्भर होकर भी उसकी भूमिका और महत्व को स्वीकार नहीं कर पाता है। दरअसल स्त्री उसके लिए एक आदत है, अस्तित्व नहीं। यदि स्त्री का अस्तित्व होगा तो उसकी उपस्थिति होगी। पर यह पुरुष नहीं चाहता कि उसके अलावा उससे अलग भी कुछ हो। अब भी स्त्री बँटी हुई है, कई स्तरों पर वह खंडित है, कई कोणों से। सचमुच स्त्री कोई भी हो उसे उसके दोहरे दायित्वों से निजात नहीं है।

उसे घर-गृहस्थी चलानी है, पति व परिवार के सारे दायित्वों को निभाना है, बदलते परिवेश में उससे बराबर आर्थिक सहयोग की उम्मीद भी की जाती है फिर भी उसे निर्णय लेने का हक नहीं है। जन्म देने का नैसर्गिक अधिकार रखने वाली स्त्री यह तय नहीं कर सकती है कि बच्चे कब हों और कितने हों? आखिर क्यों स्त्री के ही हिस्से में आती है सारी जिम्मेदारी? कहते हैं स्त्री और पुरुष गाड़ी के दो पहिए हैं फिर इन पहियों में कहीं संतुलन नजर क्यों नहीं आता? इस गाड़ी में तो सिर्फ स्त्री ही जुती है, वही खींच रही है। घर देखे, बच्चों को देखे, नौकरी करे, सामाजिक बंधन माने, रिश्ते, त्यौहार और परम्पराएँ निभाए, और जिसके लिए वह यह सब करती है उसकी नजर में इन कामों का क्या मोल है? अधिकांश पुरुष इन्हें स्त्री का फर्ज मान लेते हैं। स्त्री कई स्तरों पर व्यस्त है और पुरुष एक ही आसन पर विश्राम कर रहा है। यह अक्सर दिखता और चुभता अन्याय है, पर न्याय कौन करेगा जरा सोचिए?

आधुनिक परिवेश में नारी को जहाँ अधिक स्वतंत्रता प्राप्त हुई है वहीं वह अनेक समस्याओं से घिर भी गई है। आज की नारी की जिम्मेदारियाँ बहुत हद तक बढ़ गई हैं? समाज में महत्त्वपूर्ण स्थान पा लेने के पश्चात् उसके उत्तरदायित्वों में वृद्धि हो गई है। वह आर्थिक समस्याओं को सुलझाने के लिए निरन्तर संघर्ष कर रही है। नौकरी जीविका का साधन है। नौकरी आर्थिक समस्याओं का एक समाधान है। नौकरी स्वावलम्बन के प्रश्न का उत्तर है। नारी सौन्दर्य-बोध का मूर्तरूप है। वह मातृत्व और करुणा की सजीव मूर्ति है, उसके नयन। कोर उज्ज्वल चाँदनी की बौछार हैं। इन सबके बावजूद वह नौकरी करने के लिए विवश हुई। वह पुरुष के समान दफ्तर जाती है या कोई व्यवसाय चलाती है क्योंकि इसका एकमात्र उत्तर आर्थिक दबाव और विषमता तो है ही, पर इसके साथ-साथ युगों-युगों के बंधनों से मुक्ति की चिर कामना भी है।

नारी को नौकरी क्यों करनी पड़ती है? इस प्रश्न के कई उत्तर हैं। एक तो यह है कि इस प्रकार वह घर-परिवार की आर्थिक स्थिति सुधारने में सहायक होती है। दूसरे, अनेक प्रकार की विषम आर्थिक स्थितियों में उसे नौकरी करने को विवश होना पड़ता है। तीसरे, स्वतंत्र आर्थिक स्थिति का प्रलोभन उसे नौकरी की ओर आकर्षित करता है। चौथे, पुरुष पर उसकी आर्थिक निर्भरता मिटती है। इस निर्भरता के कारण उसे अनेक बार शारीरिक और मानसिक यंत्रणा झेलना पड़ती है। आर्थिक आश्रय देकर पुरुष वर्ग ने नारी को गुड़िया या मन बहलाव का खिलौना समझ लिया है, अत: नारी उसके चंगुल से मुक्ति-कामनावश नौकरी की राह पर चल रही है।

नारी के नौकरी की ओर आकर्षित होने ने अनेक समस्याओं को भी जन्म दिया है। परिवार की सुख-सुविधा का मुख्य दायित्व नारी पर ही है, पर नौकरी के चक्कर में घर की स्थिति होटल सी हो गई है। कार्य की अधिकता ने नारीसुलभ कोमलता को छीन

लिया है और वह नीरस होती जा रही है। नौकरी करने वाली स्त्री मातृत्व का दायित्व भी कुशलतापूर्वक नहीं निभा पाती है। ममता और वात्सल्य के अभाव में बच्चों का जीवन पूर्णतः विकसित नहीं हो पाता। परिणामतः नई पौध बौनी होती जा रही है। नारी के नौकरी करने से पुरुषों के लिए नौकरी के अवसर कम रह गए हैं। इन सब समस्याओं को दृष्टिगत रखते हुए इसके लिए उनका स्वयं का विकास होना अत्यन्त आवश्यक है।

नारी का नौकरी करना इस दृष्टि से उचित कहा जाएगा कि नौकरी की बदौलत ही उसे समाज में उचित सम्मान मिल रहा है। दहेज जैसी विकराल समस्या का एकमात्र समाधान नारी की नौकरी ही है। आर्थिक दृष्टि से परतंत्र नारी आत्महत्या की ओर दौड़ती है, क्योंकि उसे अपना जीवन भार स्वरूप प्रतीत होने लगता है। नौकरी करने पर उसे आर्थिक सुरक्षा मिलती है जिससे वह पुरुष के अत्याचार को सहन करने से इन्कार कर सकती हैं। स्त्री गृहिणी है। कामकाजी है। माँ है। अफसर है। स्त्री को उसके एक फ्रेम में तो रखना होगा इसलिए पुरुष ने स्त्री के कई टुकड़े कर डाले। उसे सब करना होगा। पर खण्डों में बँटी स्त्री की अपनी मर्जी है ही कहाँ...। यदि हमें परिवार की समस्याओं को भी ध्यान में रखना है तो कुछ विशाल कार्यक्षेत्रों को नारी के लिए सुरक्षित करना होगा। शिक्षा, चिकित्सा, शिशु संरक्षण, कुटीर उद्योग आदि में कार्य करने से उसे घर के लिए भी पर्याप्त समय मिल सकेगा। अंशकालीन कार्य (Part time job) उसे धन भी दे सकेगा तथा समाज का सामंजस्य बना सकेगा। नौकरी उसमें आत्मविश्वास का संचार करती है। नारी को घर-परिवार का भी ध्यान रखना होगा।

नारी को अपने सम्मान की रक्षा के लिए भी संघर्ष करना पड़ रहा है। अस्मिता का प्रश्न उसके सामने खड़ा है। वह दहेज प्रथा से भी जूझ रही है। प्राचीन भारत के इतिहास पर दृष्टिपात करने से हमें ज्ञात होता है कि यहाँ महिलाओं को आदरपूर्ण स्थान दिया जाता रहा है। हमारे पूर्वजों का कथन था---

"यत्र नार्यस्तु पूज्यंते रमन्ते तत्र देवता:"

अर्थात् जहाँ स्त्रियों की पूजा होती है वहाँ देवता निवास करते हैं। इससे स्पष्ट है कि भारतीय परिवारों में नारियों की महत्वपूर्ण स्थिति थी। यह संसार परिवर्तनशील है। यहाँ प्रत्येक क्षण स्थिति बदलती रहती है। नारी वर्ग की स्थिति में बदलाव आया है। मुगलकाल में नारी की दशा गिरावट की ओर चली गई। स्वतंत्रता प्राप्ति से पूर्व तक नारी जाति को शोषण का शिकार बनाया जाता रहा है। कुछ समाजसुधारकों ने इनकी इस दशा के विरुद्ध आवाज उठाई।

आधुनिक युग नवजागरण का युग है। विश्व भर में नारी स्वातंत्र्य का युग चल रहा है इसका प्रभाव भारत की नारियों पर भी पड़ा है। विगत दो दशकों में नारी जागरण में प्रगति दृष्टिगोचर हो रही है। इसका अन्य कारण नारी शिक्षा में विकास भी है। आज

की नारी आधुनिकता के परिवेश में जी रही है। वह अनेक समस्याओं के साथ संघर्ष कर रही है। सामाजिक समस्याओं के अतिरिक्त उसे आर्थिक समस्याओं से भी जूझना पड़ रहा है। इसलिए उसे नौकरी करनी पड़ रही है। वह इस प्रकार परिवार को आर्थिक संकट से उबारने का प्रयत्न कर रही है।

नारी के नौकरी करने से जहाँ परिवार का जीवन सुखद एवं सम्पन्न बनता जा रहा है वहाँ अनेक समस्याएँ भी जन्म ले रही हैं। इससे उसके परिवार को वे सहूलियतें नहीं मिल पा रही हैं जिनकी उससे अपेक्षा की जाती है। उसके बच्चे सहज स्नेह से वंचित रह जाते हैं। परिवार के वातावरण में एक अनकहा तनाव व्याप्त हो जाता है। कई बार उसे गुण्डागर्दी, बलात्कार एवं छेड़छाड़ का शिकार भी बनना पड़ता है। नारी को नौकरी करते हुए सादा जीवन उच्च विचार पर अमल करना लाभप्रद होगा। फैशनप्रियता के चक्कर में पड़कर वह अपना सम्मान गिराएगी तथा अपव्यय का शिकार भी बनेगी। नारी वर्ग को अपने अधिकारों के प्रति सचेष्ट होना चाहिए पर अपने कर्त्तव्यों के प्रति भी सजग रहना चाहिए।

कामकाजी महिलाओं के संवैधानिक एवं कानूनी अधिकार

भारतीय संविधान के अनुच्छेद 39 में राज्य द्वारा अनुसरणीय नीति तत्वों में उपबन्धित है कि राज्य अपनी नीति का विशेषत: इस प्रकार संचालन करेगा कि सुनिश्चित रूप से पुरुष और स्त्री सभी नागरिकों को समान रूप से जीविका के पर्याप्त साधन प्राप्त करने का अधिकार हो, पुरुषों एवं स्त्रियों दोनों का समान कार्य के लिए समान वेतन हो तथा इन कर्मकारों के स्वास्थ्य और शक्ति का तथा बालकों की सुकुमार अवस्था का दुरुपयोग न हो एवं आर्थिक आवश्यकता से विवश होकर नागरिकों को ऐसे रोजगार में न जाना पड़े जो उनकी आयु या शक्ति के अनुकूल न हो। इसी प्रकार अनुच्छेद 42 काम की न्यायसंगत और मानवोचित दशाओं का तथा प्रसूति सहायता के लिए उपबंध करने का निर्देश देता है। अनुच्छेद 43 स्त्री एवं पुरुष कर्मकारों के लिए निर्वाह मजदूरी आदि की व्यवस्था करने का निर्देश देता है क्योंकि राष्ट्र के आर्थिक विकास में भागीदार स्त्री-पुरुष श्रमिकों की गरिमा एवं उनके व्यक्तित्व को बनाए रखने के लिए उन्हें निर्वाह योग्य मजदूरी दिया जाना तथा उन्हें सामाजिक सुरक्षा प्रदान करना अपरिहार्य है। अभी हाल ही में जोड़े गए अनुच्छेद 43-क के अनुसार उद्योगों के प्रबन्ध में स्त्री-पुरुष कर्मकारों की भागीदारी सुनिश्चित करने का राज्य को निर्देश है।

महिला विकास हेतु राष्ट्रीय कार्यक्रम

वर्तमान समय में विश्व में आतंकवादी एवं विनाशकारी घटनाओं के बढ़ने के कारण विश्व समुदाय के सामने जो प्रमुख समस्या आकर खड़ी होती हैं, वह व्यक्तियों के अपने अधिकारों के संरक्षण की समस्या है। जहाँ हम संयुक्त राष्ट्र संघ द्वारा घोषित

मानवाधिकार दशक (1995-2004) में, यदि मानवाधिकार की स्थिति की चर्चा करें तो अत्यंत भयावह तस्वीर हमारे सामने आती है। समाज में जिस प्रकार से एक व्यक्ति दूसरे व्यक्ति के अधिकारों के हनन में किसी प्रकार का संकोच या हिचक महसूस नहीं करता है। उससे प्रत्येक दिन मानव अधिकारों की समस्या विकट होती जा रही है। मानव अधिकारों के बढ़ते हुए मामलों की संख्या के पीछे प्रमुख प्रमुख कारण मानव का गिरता हुआ व्यक्तित्व एवं गिरता हुआ नैतिक स्तर है। इसी के साथ वर्तमान समय में प्रत्येक व्यक्ति अपने अधिकारों को प्राप्त करना तो चाहता हैं, परन्तु अपने कर्त्तव्यों की पूर्ति की ओर ध्यान नहीं देता है। जब तक मानव अधिकारों के साथ प्रत्येक व्यक्ति को उसके कर्त्तव्यों से परिचित नहीं कराया जायेगा, तब तक समाज शान्ति एवं सुख में वृद्धि की उम्मीद नहीं की जा सकती है। मानव अधिकारों के संरक्षण एवं उनके बारे में जानकारी प्राप्त करने से पूर्व अनिवार्य हो जाता है कि मानव अधिकारों का अर्थ एवं परिभाषा समझी जाये।

समाज में मनुष्य के व्यक्तित्व के विकास के लिए कतिपय अधिकारों की आवश्यकता होती है। जिसके अभाव में उसके व्यक्तित्व का विकास समाज में असम्भव है, इन्हीं को मानव अधिकार कहा जाता है, जो कि अन्य असंक्रामय होते हैं। अत: हम व्यक्ति और मानवाधिकार को अन्तर्राष्ट्रीय समुदाय का जो नियम बनता है, वह अन्तर्राष्ट्रीय विधि होती है। अन्तर्राष्ट्रीय समुदाय में राज्य के साथ-साथ व्यक्ति भी अन्तर्राष्ट्रीय विधि का विषय हो गया है। जहाँ अरस्तु ने मनुष्य को एक सामाजिक प्राणी माना, वह आज के युग में भी लागू है, परन्तु अब कार्यवाही द्वारा मानव अधिकारों का अतिक्रमण नहीं किया जा सकता, क्योंकि वे राज्य कार्यवाही पर निर्बंधन आरोपित करते हैं।

मानव अधिकार का अर्थ

मानव अधिकारों से तात्पर्य मानव के लिए मनुष्य को मानव होने के लिए आवश्यक अधिकारों से होता है अर्थात् मानव अधिकारों से तात्पर्य मानव के उन न्यूनतम अधिकारों से है, जो प्रत्येक व्यक्ति को आवश्यक रूप से प्राप्त होने चाहिए, क्योंकि वह मानव परिवार का सदस्य है। मानव अधिकारों एवं मानव गरिमा की धारणा के मध्य घनिष्ट सम्बन्ध है अर्थात् वे अधिकार जो मानव गरिमा को बनाये रखने के लिए आवश्यक हैं, उन्हें मानव अधिकार कहा जाता है। मानव गरिमा को बनाये रखने के लिए आवश्यक हैं, उन्हें मानव अधिकार कहा जाता है। मानव अधिकारों का सम्बन्ध मानव की स्वतंत्रता, समानता एवं गरिमा अधिकार कहा जाता है। मानव अधिकारों का सम्बन्ध मानव की स्वतंत्रता, समानता एवं गरिमा के साथ जीवन कायम कर पाते हैं। प्रो. लास्की ने कहा था कि ''अधिकार सामाजिक जीवन

की वे परिस्थितियाँ हैं, जिनके बिना सामान्यत: कोई व्यक्ति अपने व्यक्तित्व का पूर्ण विकास नहीं कर सकता।'' मूलत: पश्चिम से आयतित मानवाधिकार शब्द की मूल संकल्पना कुछ ऐसी ही है, जिसमें मानव अधिकारों की धारणा को आवश्यक रूप से न्यूनतम मानव आवश्यकताओं पर आधारित माना हैं। मानवाधिकार ''शब्द की विश्व में कोई एक स्वीकृत परिभाषा नहीं मानी जा सकती हैं। यद्यपि यह संकल्पना उतनी ही पुरानी हैं जितनी कि प्राकृतिक विधि पर आधारित प्राकृतिक अधिकारों का प्राचीन सिद्धान्त तथापि ''मानव अधिकारो'' की अवधारणा की नये रूप में उत्पत्ति द्वितीय विश्वयुद्ध के पश्चात् अन्तर्राष्ट्रीय चार्टरों और अभिसमयों से हुई। सर्वप्रथम, अमरीकन तत्कालीन राष्ट्रपति रूजवेल्ट ने 16 जनवरी, 1941 में कांग्रेस को संबोधित अपने प्रसिद्ध संदेश में ''मानव अधिकार'' शब्द का प्रयोग किया था, जिससे उन्होंने चार मूलभूत स्वतन्त्रताओं पर आधारित विश्व की घोषणा की थी। इनकों उन्होंने इस प्रकार सूचीबद्ध किया था-1. वाक् स्वतंत्र्य, 2. धर्म स्वतंत्र्य, 3. गरीबी से मुक्ति और, 4. भय से स्वातंत्र्य इन चारों स्वातंत्र्य से देश में अनुक्रम में राष्ट्रपति घोषणा की, '' स्वातंत्र्य से हर जगह मानव अधिकारों की सर्वोच्चता अभिप्रेत हैं। हमारा समर्थन उन्हीं को हैं, जो इन अधिकारों को पाने के लिए या बनाये रखने के लिए संघर्ष करते हैं। '' अटलांटिक चार्टर (1941) में पुन: मानव अधिकार एवं मूलभूत स्वतंत्रताओं का प्रयोग किया गया। इसके पश्चात् मानव अधिकारों का लिखित प्रयोग संयुक्त राष्ट्र संघ के चार्टर में किया गया।

प्रसिद्ध फ्रांसिसी दार्शनिक जीन जैक्स रूसों ने भी अपनी पुस्तक ''शोशल कांन्ट्रेक्ट'' में लिखा है कि ''मनुष्य स्वतंन्त्र पैदा हुआ है, परन्तु वह जंजीरों में जकड़ा हुआ है।'' इन्होंने इसके माध्यम से समाज में अव्यवस्था शोषण तथा असमानता के बंधनों से जकड़े हुए असाधारणा की स्वतन्त्र होने की और स्वाधीनता, स्वतंत्रता तथा समानता का उत्तम जीवन प्राप्त करने की आकांशा को व्यक्त किया था। द्वितीय विश्वयुद्ध के पश्चात् व्यक्तियों की स्थिति में रुपान्तरण हुआ हैं जो कि समसामयिक अन्तर्राष्ट्रीय विधि में सबसे अधिक महत्त्वपूर्ण विकास हैं। राज्यों के अतिरिक्त, व्यक्ति अन्तर्राष्ट्रीय विधि से व्युत्पन्न अधिकारों और कर्त्तव्यों से मुक्त होने के कारण अन्तर्राष्ट्रीय विधि का विषय हो गया हैं, जबकि क्तिपय नियम प्रत्यक्ष रूप से व्यक्ति के कारण अन्तर्राष्ट्रीय विधि का विषय हो गया है, जबकि कतिपय नियम प्रत्यक्ष रूप से व्यक्ति की स्थिति ओर कार्यकलाप के विनियमन से सम्बन्धित हैं। मानव अधिकार की परिभाषा से अधिक महत्त्वपूर्ण यह कि मानव अधिकारों की विशेषताओं के बारे में जाना जाए।

मानव अधिकारों की विशेषताएँ

मैक्फारलेने ने अपनी पुस्तक द थ्योरी एण्ड प्रेक्टिस ऑफ ह्यूमन राइट्स मानव अधिकारों की पांच प्रमुख विशेषताएँ बतलाई हैं जो निम्नलिखित हैं-

1. सार्वभोमिकता-मैक्फारलेने के अनुसार, मानव अधिकारों को सार्वभौमिक इसलिए कहा जाता है, क्योंकि ये अधिकार सभी व्यक्तियों, सभी समयों पर तथा सभी स्थितियों में प्राप्त होते हैं। इसी के साथ संयुक्त राष्ट्र संघ के चार्टर के अन्तर्गत भी कहा गया है कि मानव अधिकार ऐसे अधिकार होते हैं जो कि प्रत्येक व्यक्ति को प्राप्त होते हैं अर्थात् ये अधिकार किसी एक विशेष राजनीतिक एवं सामाजिक स्थिति से प्रतिबद्ध नहीं होते हैं।

2. व्यक्तिगत-मानव अधिकारों की अवधारणा की व्युत्पत्ति मानव के स्वतंत्र व्यक्ति के रूप में जन्म लेने से सम्बन्धित हैं। जिसके अन्तर्गत माना जाता है कि व्यक्ति के पास सोचने एवं समझने की शक्ति होती है अर्थात् वह बौद्धिक प्राणी हैं। इस बौद्धिकता के कारण व्यक्ति स्वयं अपना भला, बुरा सोचने एवं नैतिक स्वतंत्रता के रूप में उसे अपने कार्यों के निर्धारण की स्वतंत्रता होनी चाहिए।

3. सर्वोच्चता-मानव अधिकारों को सर्वोच्च इसलिए माना जाता है, क्योंकि राज्य द्वारा जनहित के आधार पर इन अधिकारों का अतिक्रमण नहीं किया जा सकता है। विश्व के प्रत्येक देश में इन अधिकारों को संवैधानिक एवं कानूनी आधार पर संरक्षण प्रदान किया जाना अनिवार्य होता है।

4. व्यावहारिकता-मानव अधिकारों की व्यावहारिकता से तात्पर्य है कि मानव अधिकार सभी व्यक्तियों के लिए होते हैं तथा उन्हें व्यावहारिक तभी माना जा सकता है कि, जबकि वह समाज के प्रत्येक व्यक्ति को कम से कम इतना अवसार एवं सुविधाएँ प्रदान करें, जिनमें वह अपना जीवनयापन कर सके। मानव अधिकार केवल कानून एवं नियमों तक सीमित न रहकर उन्हें व्यावहारिक रूप प्रदान करने के लिए प्रयास किये जाना ही मानव अधिकारों की वस्तविकता को प्रदर्शित करता है।

5. क्रियान्वयन योग्य-मानव अधिकारों से तात्पर्य ऐसे अधिकारों से होता है जो कि वास्तविक रूप सं क्रियान्वयन किये जाने योग्य होते हैं, अर्थात् ऐसे अधिकारों को कोई महत्त्व नहीं होता है। जिन्हें क्रियान्वयन करना सम्भव नहीं होता है। परन्तु मानव अधिकार ऐसे अधिकार होते हैं, जिन्हें राष्ट्रीय एवं स्थानीय मानव अधिकार संरक्षण ऐजेन्सियाँ द्वार क्रियान्वयन किया जाना सम्भव होता है।

मानव अधिकारों की प्रकृति

मानव अधिकार ऐसे अधिकार होते हैं, जिनका राज्यों द्वारा आदर किया जाना अनिवार्य होता है। साथ ही ये अधिकार ऐसे मानदण्ड होते हैं, जिनके माध्यम से

राज्य के कार्यों का मूल्यांकन किया जाना सम्भव हो पाता है। द्वितीय विश्व युद्ध के बाद मानव अधिकारों को उनकी प्रकृति के आधार पर दो रूपों में विभाजित किया जा सकता है।

1. मानव अधिकारों के संरक्षण में राज्य का नकारात्मक रूप-मानव अधिकारों से नकारात्मक रूप से तात्पर्य ५से अधिकारों से हैं, जिनके द्वारा राज्यों को कुछ करने से रोका जाता है। जिसके अन्तर्गत किसी भी व्यक्ति को कानूनों के उल्लंघन के बिना बन्दी नहीं बनाया जा सकता है। किसी भी व्यक्ति को अकारण ही अपने विचार व्यक्त करने से नहीं रोका जा सकता है। व्यक्तियों को किसी भी धर्म एवं संप्रदाय के अनुसार आचरण करने से नहीं रोका जा सकता है आदि। इन नकारात्मक अधिकारों की सीमाएँ किसी भी देश की सामाजिक, आर्थिक एवं राजनीतिक दशाओं के अनुसार अलग-अलग होती है।

2. मानव अधिकारों के संरक्षण में राज्य का सकारात्मक रूप-मानव अधिकारों के सकारात्मक रूप से तात्पर्य ऐसे अधिकारों से हैं जिसके अन्तर्गत राज्य द्वारा अपने नागरिकों के लिए कुछ सुविधाएँ या स्वतंत्रता प्रदान करने के लिए प्रयास करता है, अर्थात् राज्य अपने यहाँ इस प्रकार की दशाओं का निर्माण करेगा, जिससे प्रत्येक स्वतंत्रता एवं गरिमा के साथ जीवनयापन कर सके। उदाहरण स्वरूप सरकारों द्वारा गरीबों के खाने एवं रहने की व्यवस्था करना, किसानों के लिए छूट के प्रावधान, बच्चों के लिए मुफ्त शिक्षा प्रदान करना, महिलाओं के लिए समानता एवं सम्पूर्ण विकास के अवसर प्रदान करना, गरीब एवं असहायों के लिए मुफ्त कानूनी सहायता प्रदान करना आदि।

मानव कर्त्तव्यों का अर्थ

मानव कर्त्तव्य से तात्पर्य मानव को मानव होने के नाते नैतिक आधार पर समाज के अन्य व्यक्तियों एवं जीवों को जीने एवं विकास के लिए अवसर प्रदान कराने में सहयोग प्रदान करे। मानव कर्त्तव्य के अन्तर्गत मनुष्य अन्य मनुष्यों को भी अपने समान ही इस समाज का ही एक अंग मानते हुए उसके महत्त्व को स्वीकार करे तथा उसे भी वहीं अवसर एवं सुविधाएँ प्राप्त करने के अवसर सुनिश्चित कराने में अपना सहयोग प्रदान करें। जिससे उसे समानता के अवसर प्राप्त होता हैं। अर्थात् मानव कर्त्तव्य एकाधिकार के विपरीत अवधारणा हैं जिसमें मानव अपना ही वर्चस्व रखना चाहता है ।

नैतिक आधार पर कुछ कार्य करना अनिवार्य होता हैं। मानव अधिकारों की तरह मानव कर्त्तव्य हालाकि न्यायालय या अन्य विधि द्वारा सुनिश्चित कराना बाध्य नहीं हैं। परन्तु समाज में शांति एवं व्यवस्था बनाये रखने के लिए अनिवार्य हैं कि प्रत्येक

व्यक्ति को मानव कर्त्तव्यों से परिचित कराया जाए। यदि प्रत्येक व्यक्ति अपने मानव कर्त्तव्यों का पालन करने लग जाए तो विश्व में मानव अधिकारों के हनन की समस्या ही समाप्त हो जायेंगी। परन्तु वर्तमान आर्थिकवादी समाज में **''मछलियों के सिद्धान्त''** लागू होता हैं। जिसके अन्तर्गत बड़ी मछली छोटी मछली को खा जाती है। इसी प्रकार विश्व में आज मनुष्य अपने कर्त्तव्यों को भूलकर अपने अधिकारों की प्राप्ति के आधार पर अन्य समाज के अधिकारों का ध्यान नहीं रख पाता है। जिसका परिणाम समाज में अशांति एवं संघर्ष के रूप में सामने आ रहा हैं।

मानव कर्त्तव्य पालन द्वारा न केवल स्वयं के अधिकारों की अपितु, अप्रत्यक्षत: अन्य के अधिकारों की रक्षा करता है। गाँधीजी के अनुसार, अहिंसा, सत्याग्रह, रचनात्मक कार्यक्रम एवं सर्वधर्म समभाव से संचालित कर्त्तव्यों की पूर्ति कर वैयक्तिक एवं सामूहिक, दोनों स्तरों पर ही स्वतंत्रता एवं बंधुत्व के अधिकारों का किया जा सकता है।

मानव कर्त्तव्यों का महत्त्व विश्व स्तर पर ही नहीं बल्कि भारत में भी स्वतंत्रता के समय इसकी कमी महसूस की गई और संविधान के अनुच्छेद 51 (अ) में 10 नागरिक कर्त्तव्यों के अन्तर्गत रखा गया हैं और वर्तमान में संविधान के अर्न्तगत कुछ 11 नागरिक कर्त्तव्यों का उल्लेख किया गया है।

मानव कर्त्तव्यों का सीधा सम्बन्ध मानवता से है मानवता के द्वारा ही मानव कर्त्तव्यों के पालन के लिए मनुष्य को प्रोत्साहित किया जा सकता हैं। मानवता को गांधी जी द्वारा निम्नलिखित रूप में परिाााषित किया है।

मानव अधिकार एवं कर्त्तव्य-आधुनिक युग संविधान और प्रजातंत्र का युग हैं तथा प्रत्येक प्रगतिशील और सभ्य राज्य अपने नागरिकों को अधिक-से अधिक अधिकार प्रदान करने का प्रयास करता हैं। जिसका उपयोग नागरिकों को वैधानिक सीमाओं में रहकर करना होता हैं। अधिकारों का दस्तावेज राज्य की प्रकृति का निर्णय करता हैं और राज्य एवं नागरिकों के सम्बन्धों का समुचित निरूपण करता हैं। अधिकारों द्वारा प्रदत्त सुअवसरों के अभाव में उत्तम जीवन की कल्पना करना कठिन है। जब कभी हम मनुष्यों के अधिकारों अथवा मानव अधिकारों की बात करते हैं तो उन में यह मान्यता अर्न्तनिहित होती हैं कि अधिकार समाज सृष्टि हैं, राज्य उन्हें प्रदान करता हैं और उनका आधार कल्याण होता हैं। मानव अधिकारों के संरक्षण के लिए लेनदेन की भावना के आधार पर कार्य किया जाता हैं। जो कुछ हम अपने लिए चाहते हैं दूसरों को भी वैसा ही करने दें। यह बात अधिकारों की धारणा में स्वत: निहित हैं, और इसे ही मानव कर्त्तव्य कह सकते हैं। सार रूप में अधिकार और कर्त्तव्य एक-दूसरे से जुड़े हुए हैं। अर्थात दोनों एक ही सिक्के के दो पहलू के समान हैं। एक मनुष्य का अधिकार समाज में प्रत्येक अन्य मनुष्य का कर्त्तव्य है। पुनश्व अधिकारों

का महत्त्व उनके पूर्ण उपयोग में हैं। यद्यपि उनके पीछे समाज की नैतिक शक्ति निहित होती हैं, तथापि यह राज्य सत्ता का कर्त्तव्य हैं कि वह अधिकारों का पालन करवाये। केवल लिखित रूप से अधिकार प्रदान कर देना ही पर्याप्त नहीं होता अधिकारों की सार्थकता तब ही हैं, जब राज्य उनके उपयोग के लिए समुचित वातावरण मानव को कानूनों की अनुपालना के लिए नैतिक रूप से तैयार करें।

मौलिक तत्त्व

व्यक्ति से तात्पर्य उस जीवन इकाई से होता है जो कि समाज के निर्माण की महत्त्वपूर्ण इकाई है, व्यक्ति ही वह तत्व है, जिनके मिलन से समाज, समूह एवं राज्य का निर्माण होता है, व्यक्ति के बिना न समाज की कल्पना की जा सकती हैं, न ही राज्स व समूह की। यदि व्यक्ति ही न होता तो मानवाधिकरों अवधारणा के सन्दर्भ में सोचना ही निरर्थक होगा अर्थात व्यक्ति ही वह प्राथमिक ईकाई हैं, जिसके लिए मानव अधिकारों का सबसे बड़ा हननकर्ता है। अर्थात मानवाधिकार के अर्न्तगत वे सभी अधिकार सम्मिलित किये जा सकते हैं, जो व्यक्ति को उसमें निहित मूल प्रवृत्तियों के पूर्ण विकास के लिए आवश्यक हैं। यदि यह कहा जाये कि इनका सम्बन्ध मानवीयता से हैं, तो गलत नहीं होगा। मानव के सुखपूर्वक रहने के अधिकार को सुरक्षित रखने के लिए ही मानव अधिकारों एवं कर्त्तव्यों की कल्पना की गई। व्यक्ति की संवेदना, सहयोग एवं वैचारिक आदान-प्रदान तक ही इनकों सीमित नहीं किया जा सकता, अपितु इसका सम्बन्ध गरिमा, न्याय, निष्पक्षता, शोषण रहित समाज से भी रहता हैं। जिसके द्वारा सभ्य एवं सुसंस्कृत समाज की स्थापना की जा सकती हैं। जिसके अन्तर्गत व्यक्ति की अभिवृत्ति में परिवर्तन लाकर मानवाधिकारों एवं कर्त्तव्यों की गहरी आस्था बनती है।

व्यक्ति की स्थिति का वर्णन उदारवाद, मार्क्सवाद, गाँधीवाद एवं दलित्तोद्धार में अलग-अलग तरीके से किया गया है। कुद विचारकों द्वारा व्यक्ति को साधन एवं राज्य को साध्य माना हैं, अर्थात व्यक्ति राज्य के लिए होता हैं न कि राज्य को सर्वोच्च माना गया। जिसके अन्तर्गत व्यक्ति दूसरी तरफ कुछ विचारकों द्वारा व्यक्ति को साध्य एवं राज्य को साधन माना है। उदाहरणार्थ-उदाहरणवादी विचारधारा के समर्थक, गाँधीजी आदि जो कि व्यक्ति को साध्य एवं राज्य को साधन मानते थे। गाँधीजी के लिए राज्य से अधिक महत्त्वपूर्ण व्यक्ति था और वह व्यक्ति के विकास के लिए राज्य द्वारा किये जाने वाले प्रयासों को राज्य का कर्त्तव्य एवं व्यक्ति का अधिकार मानते थे।

मानव अधिकारों की अवधारणा की शुरूआत ही व्यक्ति से होती है, अर्थात व्यक्ति के बिना अधिकारों की कल्पना करना ही व्यर्थ प्रतीत होता है क्योंकि जब

तक व्यक्ति नहीं होगा, तब तक किसके अधिकारों की बात की जायेगी। व्यक्ति ही वह महत्त्वपूर्ण आधार होता हैं, जिसके लिए राज्य का निर्माण किया जाता है। व्यक्ति को सुविधाएँ प्रदान करने के लिए ही राज्य की स्थापना की गई थी। बाद में धीरे-धीरे राज्य के कर्त्तव्यों में वृद्धि होती गई और अन्तर्राष्ट्रीय एवं राष्ट्रीय कानूनों एवं प्रावधानों के माध्यम इन ही कर्त्तव्यों को न्यायालयों द्वारा प्रवर्तनीय मानव अधिकारों के रूप में विकसित किया जाता रहा है।

समूह

समूह अपेक्षाकृत बारम्बारतापूर्ण अंतक्रियाओं की प्रतिमानित प्रक्रियाओं से बनता है। पर्याप्त रूप से प्रतिमानित होने के कारण समूह की गतिविधियों की निर्धारित अथवा विशिष्ट, दिशाएँ, लक्ष्य या प्रयोजन होते हैं।

समूह का अभिप्राय सामान्यतया एक से अधिक व्यक्तियों को साथ रहकर कार्यरत रहने को कहा जाता है, परन्तु समूह शब्द का तात्पर्य हैं कि एक से अधिक व्यक्तियों के विचारक रूप से साथ रहते हुए कार्य करना जिसमें कि शारीरिक उपस्थिति अनिवार्य नहीं होती अर्थात् समूह को एक गतिविधि पुंज समझा जाना चाहिए। समूह मानवीय गतिविधियों का पुंज है, परन्तु उसके निष्पादन करने वाले अन्य ऐसी ही समूह गतिविधियों में सहभाग करने के लिए स्वतंत्र होते हैं।

कई शताब्दियों तक राजनीति के अध्ययन का केन्द्रीय विषय 'समूह' रहा है। गोलम्बीस्की, वेल्श एवं क्रोटीन्नय के अनुसार, ''समूह की अध्ययन इकाई हमें सीधे अनुशासन ह्रदय तक ले जाती है।'' जहाँ बहुलवादी विचारक समाज में समूहों और संस्थाओं की बहुलता अथवा अनेकता को स्वीकार करते हैं, वहीं एकात्मकवादी राजय के भीतर ही सबको समाहित मानते हैं।

समूह के माध्यम से व्यक्ति अपने अधिकारों की रक्षा करता है। और इसके माध्यम से सरकारों को अधिकारों की अवहेलना करने से रोका जाता हैं और जनता समूह के माध्यम से अपने हितों की रक्षा करता हें, सरकारें भी एक शक्ति के द्वारा समूह बनाते हैं, जिनका उद्देश्य समान होता हैं, और वे उस उद्देश्य की प्राप्ति के सतत प्रयासरत रहते हैं और यदि उद्देश्य की प्राप्ति हो जाती हैं, तो समूह द्वारा कभी भी सरकार में प्रत्यक्ष भागीदारी नहीं करना है। इसकी उत्पत्ति का एक ही कारण होता है, जब व्यक्ति अपने व्यक्तिगत प्रयासों में असफल हो जाता हैं तो वह अनेक व्यक्ति जिनके समान उद्देश्य होते है वे एक समूह के रूप में इकट्ठे हो जाते हैं। समूह समाज में मनुष्य की गतिविधियों का अंश हैं, जो उन्हें ऐसी गतिविधियों में भाग लेने से नहीं रोकता। वह समाज को भौतिक रूप से शेष मानव समाज को नहीं रोकता समूह का मूल आधार .समूह गतिविधि हैं।

समूह सिद्धान्त का ऐतिहासिक सूत्र बहुलवादियों एवं श्रेणी समाजवादियों जैसे फिगिस, मैटलैण्ड,कोल आदि के विचारों में पाया जाता हैं, किन्तु इसका स्वरूप एवं विश्लेषण निगमनात्मक आधार पर किया जाता है। बीसवीं शताब्दी के समूह अध्ययनों को यंग ने 'विश्लेषणात्मक बहुलवाद' कहा हैं।

आर्थर बैन्टले ने अपनी पुस्तक द प्रोसेस ऑफ गर्वनमेंन्ट, 1908 में समूह को एक ऐसा संगठन माना हैं, जिसकी कल्पना में वह लोग भी शामिल हैं, जो किसी कारणवश उसमें भाग नहीं लेते हैं, को समूह के रूप, हितों की पूर्ति के लिीए सतत महत्त्वपूर्ण हित कि लिए एक साथ जुड़ जाते हैं और एक साथ संघर्ष करके अपने अधिकारों को प्राप्त करने का प्रयास करते हैं। डेविड ट्रूमेन ने भी अपनी पुस्तक द गर्वमेन्टल प्रोसेस-1908 में इसका वर्णन किया हैं। इसके अलावा आर्यलैथम पेल्टेसन मॉनिपैची, एच. एम्स्टीन इत्यादि विचारकों ने समूह से सम्बन्धित नवीन अवधारणाएँ दी हैं। आधुनिक समूह विचारकों में पीटर लवड, सिडनी, वेब, जोसेफ ला पॉलोम्बरा, वेल्स, शील्स, गोलम्बीस्की इत्यादि रहे हैं। समूह एवं मानवाधिकार, दोनों आपस में सम्बन्धित अवधारणाएँ हैं जिसके अन्तर्गत समूह के अपने अधिकार होते हैं। उसी की प्राप्ति के लिए समूह के सदस्य प्रयासरत रहते हैं वास्तव में समूह के अधिकार के रूप में जिन अधिकारों को देखा जाता हैं उन्हें ही मानवाधिकार के रूप में परिभाषित कर सकते हैं क्योंकि मानव सामाजिक समूह का सदस्य होता है। मानवाधिकारों के संरक्षण में समूह की महत्त्वपूर्ण भूमिका होती है समूह के माध्यम से ही समाज के अधिकारों का संरक्षण संभव होता है।

महिला, बाल, अल्पसंख्यक एवं शरणार्थी के अधिकार

मानव अधिकार एक ऐसा विषय है जो कि विश्व के सभी लोगों को मानव समुदाय का सदस्य होने के नाते अधिकार प्रदान करता है। अर्थात् मानव अधिकार के अन्तर्गत सभी व्यक्तियों को बिना किसी विभेद के समान अधिकार प्राप्त होते हैं। परन्तु इसी के सामने समाज के कुछ वर्गों जिनमें विशेषत: महिला, बच्चे, अल्पसंख्यक एवं शरणार्थी वर्ग को रखा जा सकता है, कि विशेष परिस्थितियों एवं उन दयनीय दशा और उन्हें अन्य वर्गों के समक्ष लाने के लिए कुछ विशेष प्रावधान करना अनिवार्य होता हैं। इसी बात को ध्यान में रखते हुए राष्ट्रीय, अन्तर्राष्ट्रीय एवं स्थानीय स्तरों पर महिलाओं, बच्चों अल्पसंख्यकों एवं शरणार्थियों की स्थिति को सुधारने के लिए विशेष प्रावधान किये गये हैं। महिलाएँ जो कि समाज की जनसंख्या का लगभग आधा भाग हैं कि स्थिति भारत ही नहीं बल्कि विश्व के सभी देशों में प्रारंभिक काल से ही दयनीय रही हैं। महिलाओं के साथ हमेशा ही अत्याचार किये जाते रहे हैं। महिलाओं का अशिक्षित होना एवं आर्थिक देशों में एवं सभी स्तरों का

प्रयास किये जा रहे हैं। जिसके परिणाम भी सकारात्मक आ रहे हैं और वर्तमान में विश्व में महिला साक्षरता का प्रतिशत दिन-प्रतिदिन बढ़ता जा रहा है। इसी को आरक्षित करने के प्रावधान किये गये हैं जिससे सरकारी नौकरियों में महिलाओं का प्रतिशत बढ़ता जा रहा है। जिसके परिणामस्वरूप महिलाओं की आर्थिक स्थिति में सुधार हो रहा है। जिसके परिणामस्वरूप महिलाओं की आर्थिक स्थिति में सुधार हो रहा है और महिलाएँ आज अधिक सशक्त होती जा रही हैं। महिलाओं की राजनीतिक प्रतिनिधित्व में सहभागिता बढ़ाने के लिए उनके लिए स्थानों का आरक्षण किया जाना भी महिलाओं के अधिकार के संरक्षण की दशा में एक महत्त्वपूर्ण कदम है।

महिलाओं की तरह ही विश्व समुदाय के बच्चों के साथ प्राचीन काल से ही अन्याय हो आ रहा है। विशेषत: गरीब देशें में बाल श्रमिकों के रूप में देश के भविष्य निर्माता बच्चों को लगाकर उनके अधिकारों का हनन किया जाता है। जिसके पीछे प्रमुख कारण गरीब बच्चों की दयनीय आर्थिक स्थिति होती है जो कि उन्हें असमय ही श्रमिक के रूप में कार्य करने एवं शिक्षा या अन्य सुविधा प्राप्त करने से वंचित करती है। बाल श्रमिक के रूप में बच्चों को बहुत ही कम मजदूरी देकर अधिक कार्य लिया जाता है। बच्चों को शिक्षा प्राप्त करने के अधिकार एवं अपने विकास के साथ-साथ परिवार एवं समाज के विकास के अवसरों में कमी के कारण इनकी स्थिति के साथ-साथ गरीब देशों के समाज की स्थितियाँ दिन-प्रतिदिन बद से बदत्तर होती जा रही है। इस हेतु विभिन्न देशों द्वारा अपने-अपने स्तरों पर विभिन्न कानूनों का निर्माण किया गया है जिसमें एक निश्चित आयु से कम वाले बच्चों को मजदूरी पर लगाना अपराध घोषित किया गया है। इसके लिए अन्तर्राष्ट्रीय स्तर पर भी अन्तर्राष्टीय मजदूर संघ (ILO) कार्यरत है जो कि विश्व के सभी देशों में बाल मजदूरों की संख्या में कमी लाने के साथ-साथ उनके कार्य दशाओं एवं अन्य सुविधाओं के लिए मानक निश्चित करता रहता है और इन मानको का उल्लंघन करने वाले राष्ट्रों की सरकारों पर संयुक्त राष्ट्र संघ के माध्यम से दबाव डालता है। बाल विकास के लिए सबसे महत्त्वपूर्ण चीज उनका शिक्षिति होना है। शिक्षा को हाल ही में भारत सरकार द्वारा अनिवार्य मानते हुए 93वें संविधान के माध्यम से मूल अधिकार बनाया गया है।

अल्पसंख्यक का तात्पर्य किसी देश या राज्य में किसी विशेष समुदाय एवं धर्म के लोगों का बहुत थोड़ी मात्रा में होने से हैं। समाज में बहुसंख्यक संप्रदाय एवं धर्म के लोगों द्वारा अल्पसंख्यक लोगों पर अत्याचारों का पुराना इतिहास रहा है। विश्व के सभी देशों के अल्पसंख्यकों को अपनी समस्याएँ किसी न किसी रूप में रही हैं। अल्पसंख्यकों को उनके अधिका दिलाने एवं विकास के अवसर प्रदान करने के लिए

सभी स्तरों पर प्रयास किये गये और विभिन्न प्रावधान किये गये हैं। अन्तर्राष्ट्रीय स्तर पर संयुक्त राष्ट्र संघ के अन्तर्गत एवं सुधार लाने के लिए मानक निश्चित करने एवं उन्हें लागू कराना है।

शरणार्थी से तात्पर्य ऐसे नागरिकों से होता है जो किन्हीं कारणवश अपना मूल निवास स्थान छोड़कर अन्य जगह या जा कर रह रहा हैं। वहाँ पर उन्हें नागरिकता प्रदान नहीं की जाती है और वे एक अस्थायी निवासियों की तरह अपना जीवन व्यतीत करते हैं। शरणार्थियों को सबसे पहली एवं प्रमुख समस्या यह होती है कि उन्हें उस देश में जहाँ कि वह रह रहे होते हैं वहाँ के नागरिकों के निम्नस्तर का माना जाता है। इसी के साथ उन्हें वे सभी मूल अधिकार के बिना किसी व्यक्ति का स्वतंत्रता, समानता एवं गरिमा के साथ जीवनयापन करना असम्भव होता है अर्थात् उस व्यक्ति के मानव अधिकारों का उल्लंघन किया जाता है। शरणार्थियों के साथ निवास करने वाले देश के अन्य नागरिक ही नहीं उस देश की सरकार भी उनके साथ विभेद करती है।

महिला अधिकार

विश्व की जनगणना 2001 के अनुसार विश्व के कुल जनसंख्या लगभग 6.5 बिलियन में से लगभग आधी जनसंख्या महिलाओं की है। अर्थात् प्रारंभ से ही विश्व में महिलाएँ समाज का एक अभिन्न अंग है। अतीतकाल से ही समाज में महिलाओं का महत्त्वपूर्ण स्थान रहा है। किसी भी स्वस्थ और विकसित समाज के निर्माण एवं विकास में स्त्री तथा पुरुष दोनों की परस्पर सहभागिता व साझेदारी अत्यंत आवश्यक है। स्त्री एवं पुरुष को समाजरूपी गाड़ी के दो पहियों के समान माना जाता है। अत: समाज के विकास एवं निर्माण के लिए स्त्री-पुरुष की सहभागिता अनिवार्य होती है विकास के साथ-साथ नैसर्गिक सिद्धान्त की पालना तथा पर्यावरण संतुलन के लिए नितांत आवश्यक है। महिलाओं के अधिकारों में कमी मानव सभ्यता के विकास के साथ होती गयी है और समय के साथ-साथ महिलाओं का आर्थिक एवं शैक्षिक रूप से पिछड़ापन रहा है। आधुनिक समाज अर्थवाद का दास बन गया है जहाँ सम्पत्ति संग्रह को आत्मीयता से अधिक महत्त्व दिया जाता है। पूंजीवाद से सत्तावाद तथा सत्तावाद, सम्पत्ति विलासितावाद, भोगवाद की ओर बढ़ रहा है। वहाँ नैतिक आदर्शात्मक मूल्यों का इस वर्तमान समाज में कोई स्थान नहीं है। इस अर्थयुगीन प्राणी का नाम है। महिलाओं के अधिकारों के हनन् के विभिन्न तरीके हैं जिसमें महिलाओं के साथ-साथ मासूम और अबोध बालिकाएँ भी सदियों से पुरुषों द्वारा यौन उत्पीड़न की शिकार है। इसके अलावा महिलाओं के अधिकारों के हनन के निम्नलिखित प्रकार सामने आते हैं-

1. महिलाओं के खिलाफ हिंसात्मक अपराध-महिलाओं के अधिकारों के हनन का एक महत्त्वपूर्ण एवं प्रचलित तरीका महिलाओं के खिलाफ हिंसात्मक कृत्य हैं। जिनके अन्तर्गत परिवार में पति, द्वारा समाज में उच्च वर्ग द्वारा एवं कार्यकारी स्थान पर नियोक्ता द्वारा महिलाओं के साथ अमानवीय व्यवहार किया जाता रहता है।

2. भ्रूण हत्या-भ्रूण हत्या के माध्यम से महिलाओं को जन्म लेने के अधिकार से वंचित कर दिया जाता है। अर्थात् महिलाओं को जन्म लेने से पूर्व ही भ्रूण में ही खत्म कर दिया जाता है। भ्रूण हत्या के परिणामस्वरूप ही आज विश्व के सभी देशों में महिलाओं का प्रतिशत दिनोदिन घटता जा रहा है।

3. बलात्कार और यौन उत्पीड़न-भ्रूण हत्या के बचने के बाद जो बालिकायें जन्म ले लेती हैं। उनके बाल अवस्था में ही बलात्कार और यौन-उत्पीड़न के मामले दिन-रात सामने आते रहते हैं। बलात्कार एवं यौन-उत्पीड़न के मामलों में वृद्धि का प्रमुख कारण वर्तमान चलचित्रों एवं सिनेमा, टी.वी. आदि की प्रमुख भूमिका रही है।

4. दहेज उत्पीड़न-महिलाओं के अधिकारों के हनन का वर्तमान में प्रमुख कारण दहेज के लिए पति या उसके परिवार द्वारा विभिन्न तरीकों से परेशान करना है। दहेज उत्पीड़न कभी-कभी तो महिला मृत्यु का कारण भी बन जाता है।

5. सतीप्रथा का प्रचलन-महिलाओं के अधिकार हनन के एक परम्परागत तरीका सती प्रथा का प्रचलन है। जिसके अन्तर्गत समाज ऐसी महिलाओं को जिनके पति की मृत्यु हो गई होती है उसकी चिन्ता के साथ जिन्दा जलने के लिए मजबूर किया जाता है।

6. महिला कार्मिकों को कम वेतन दिया जाना-महिला अधिकारों के हनन का एक तरीका समान कार्य के लिए महिलाओं को पुरुषों की अपेक्षा कम वेतन दिया जाना है। इस रूप को गाँव एवं अशिक्षित महिलाओं के मध्य अधिक देखा जा सकता है क्योंकि अशिक्षा एवं पुरानी मान्यता कि महिलाएँ शारीरिक रूप से पुरुषों से कमजोर होती है, और इसलिए ही उन्हें कम मजदूरी दी जाती है।

महिला अधिकारों के हनन के उपरोक्त तरीकों के अतिरिक्त महिलाओं से सम्बन्धित अन्य समस्यायें निम्नलिखित है-

- पर्यटन एवं वैश्यावृत्ति।
- महिलाओं को यौनसुख प्रतीक के ऊपर उठाना।
- महिला और ग्रामीण तकनीक व व्यापारिक प्रशिक्षण।
- प्रवासी घरेलू सहायक एवं प्रवासी महिला कामगार।
- अल्पसंख्यक महिलाओं की समस्याएँ।

- महिलाओं पर जनसंख्या नियंत्रण नीति लागू करना।
- महिलाओं के विरुद्ध अत्याचार।
- औद्योगिक स्वास्थ्य खतरा एवं महिलाएँ।

महिला अधिकारों की विभिन्न देशों की स्थिति

महिला अधिकारों के हनन के विभिन्न देशों में देखे जा सकते हैं। जैसे ऐशियाई देशों में भारत, पाकिस्तान, बांग्लादेश, नेपाल, श्रीलंका में लड़कियों का पैदा होना अभिशाप माना जाता था। इन देशों में यह स्थिति महिलाओं के प्रति सामाजिक और आर्थिक दृष्टि से अपेक्षापूर्ण रवैया तथा पुत्र प्राप्ति की मानसिकता के कारण लम्बे समय से चली आ रही है। अमेरिका में स्त्रियाँ सबसे अधिक विकासशील देशों की परम्परागत समाज में महिलाओं को आर्थिक आत्मनिर्भरता से वंचित रखा जाता रहा है। वहाँ नारी की स्वतंत्रता को पारिवारिक जीवन के विघटन के रूप में देखा जाता है।

बांग्लादेश में सबसे ज्यादा लड़कियों को मौत गर्भ के समय जन्म के बाद और दहेज के कारण होती है। श्रीलंका में महिलाओं की भोग की वस्तु समझा जाता रहा है। आज विश्व के मुखर देशों में जो कि मानव अधिकार विकास की बात करते हैं जिसमें पश्चिमी यूरोप व अमेरिकन देश है, महिलाओं के प्रति इन देशों में अनुदार दृष्टिकोण ही जावी रहा है। अमेरिका ने अपने स्वतंत्रता में यह बात सर्वप्रथम स्वीकार की थी कि ''मनुष्य स्वतंत्र स समान पैदा हुआ है'' किन्तु उसी अमेरिका ने महिलाओं को 80 वर्ष बाद मत देने का राजनैतिक अधिकार दिया । विश्व के सम्मुख प्रत्यक्ष प्रत्यक्ष प्रजातंत्र का अनूठा उदाहरण पेश करने वाले स्विट्जरलैण्ड ने 1971 में महिलाओं को मताधिकार दिया।

द्वितीय विश्व युद्ध के बाद विश्व स्तर पर महिलाओं की स्थिति को ऊपर उठाने की दशा में विश्व स्तरीय प्रयास किये गये तथा नारी स्वतंत्रता, सहभागिता, शक्तिवाद उदय हुआ। इसके बाद भी केवल 31 देशों ने महिलाओं को मतदान का अधिकार दिया। ब्रिटेन जैसे देश ने 1948 में महिलाओं को मतदान का अधिकार प्राप्त हुआ। नारी को अधिकार देकर शक्तिशाली बनाने की बात का प्रारंभ संयुक्त राष्ट्र संघ ने किया। इस दिशा में पहल करते हुए संयुक्त राष्ट्र संघ ने 1946 में संयुक्त राष्ट्र महिला हैसियत आयोग की स्थापना की। विश्व पटल पर आज राजनीतिक उपनिवेशवाद का पटाक्षेप हो रहा है और एसके स्थान पर आर्थिक उपनिवेशवाद अपनी जड़े मजबूत कर रहा है, भारत भी इस स्थिति से अछूता नहीं है। तब प्रश्न यह उठता है कि महिलाओं को अधिकार कैसे और कब दिये जाये तथा कितनी हद तक दिये जाएँ? पर इस भी मतैक्य की स्थिति नहीं है। आज का परिवेश बताता है कि शिक्षा व

नियोजन के क्षेत्र में महिलाओं का जो पिछड़ापन है, राजनीतिक आरक्षण के लिये जो 'अवरोध है वे पुरुष की संकीर्ण मानसिकता के कारण है।

महिलाओं को सशक्तिकृत करने की दिशा में उनकों आर्थिक स्वतंत्रता प्रदान करना एक महत्ती आवश्यकता है, क्योंकि जनसंख्या का लगभग आधा हिस्सा होने के कारण किसी भी देश की आर्थिक संरचना को वे प्रभावित करती हैं। महिलाओं की क्षमताओं को राष्ट्रीय विकास तब तक अपूर्ण है, जब तक उसमें महिलाओं का विकास और विकास का आर्थिक स्थिति और विश्व-अर्थव्यवस्था में उनकी स्तरीय अवस्थिति महिला के प्रति भेदभाव को और बढ़ावा देती है।

समाज की आधारशिला वस्तुतः आदर्श जीवन व्यवस्था पर आधारित है। यह व्यवस्था नैतिक व्यवस्था कहलाती है, जो वास्तविकता के धरातल पर मानव हिताय सम्यक व्यवस्था होनी चाहिए। इसके आधार पर विधान बनाकर अपना संचालन करता है। इस आदर्श व्यवस्था के नैतिक संविधान के कारण जो सामाजिक व्यवस्था बनी उसके अनुसार जीवन जीना चाहिए था, किन्तु सशक्त मानव समुदाय ने ऐसा होने दिया चाहिए और अधिकारों का केन्द्रीयकरण कर लिया।

मूलतः मानवाधिकार की अवधारणा संयुक्त राष्ट्र संघ द्वारा 10 दिसम्बर 1948 को प्रेषित उस सार्वभौमिक घोषणा पत्र से सम्बन्धित है जिसमें सम्पूर्ण विश्व के समस्त राष्ट्रों के प्रत्येक नागरिक को सम्मानपूर्वक जीवन यापन करने का अधिकार दिया गया। इसके अन्तर्गत जाति, लिंग, धर्म, भाषा, जन्म अथवा किसी प्रकार के भेदभाव के बिना सभी व्यक्तियों के जीवन जीने का अधिकार व स्वतंत्रता दी गई है। अधिकाधिक तौर पर संयुक्त राष्ट्र ने 1948 में जो मानवाधिकार की घोषण की जिसे हासिल करने के लिए सदियों से संघर्ष चल रहा था। दासता, नस्ल, उपनिवेशवाद के विरुद्ध और मानव द्वारा श्रेष्ठ तथा सभ्य अस्तित्व को बनाये रखने के लिए अधिकारों हेतु संघर्ष जारी रहा। मानवाधिकार 20वीं सदी में दिया नया नाम है जिसकी आधुनिक संकल्पना 1945 के अंत में प्रकट हुई।

यद्यपि मानवाधिकार पुरुष व महिला दोनों वर्गों की दृष्टि से एक ही है, महिलाओं के परिप्रेक्ष्य में मानवाधिकारों का प्रश्न इसलिये अलग से विचारणीय और महत्त्वपूर्ण हो जाता है कि पुरुष सत्तात्मक विश्व में सबसे प्राचीन असमानता अथवा विभाजक रेखा है तो वह लिंगभेद ही है। जाति, धर्म, सम्प्रदाय, रंग आदि सभी विभाजक तथा भेदभावात्मक प्रक्रियाओं का जन्म इसके बाद ही हुआ है। लिंग भेद की अवधारणा ने मानव जीवन को दो ध्रुवों में बाँट कर स्त्री व पुरुष को परस्पर पूरक होन का अवसार न देकर स्त्री का पुरुष का अनुगामी घोषित किया।

महिला विकास के प्रतिमान

मानव सभ्यता के विकास, साम्यवाद एवं समाजवाद की अवधारणा की व्यापक स्वीकृति, शिक्षा एवं विज्ञान के प्रचार-प्रसार के द्वारा 20 वीं शताब्दी में महिलाओं की समानता तथा भूमिका के मुद्दे पर जागृति के स्वर लगभग प्रत्येक देश में उठे हैं। धर्म, राजनीति व सत्ता सभी महत्त्वपूर्ण बुनियादी पक्षों को इस सदी में यह स्वीकारना पड़ा है कि महिला का स्थान पुरुष के समान है और कोई भी ऐसा अधिकार, कानून या विधान नहीं हो सकता जो लिंग भेद के आधार पर स्त्रियों को द्वितीय श्रेणी का नागरिक करार दे सके। महिलाओं के मानव अधिकार के मुद्दों से पृथक-पृथक, विभाजित या अलग नहीं किया जा सकता। महिलाओं के मानव अधिकार अभिन्न ओर अविभाज्य या अलग नहीं किया जा सकता। महिलाओं के मानव अधिकार अभिन्न और अविभाज्य है क्योंकि महिलाएँ, महिलाएँ होने के नाते, और मानव होने के नाते, भेदभाव विशिष्ट रूप में और समान तौर से संसार की विभिन्न जनसंख्या का अंग होने के नाते, हर क्षेत्र के मानवाधिकार के मुद्दों से प्रभावित होती हैं। महिलाओं द्वारा मौलिक स्वतंत्रता की पूर्णता संयुक्त राष्ट्र की प्राथमिकता है। अत: संयुक्त राष्ट्र ने महिला अधिकारों हेतु अनेक उपबंध किये हैं।

संयुक्त राष्ट्र संघ एवं महिला अधिकार-

संयुक्त राष्ट्र संघ के चार्टर की प्रस्तावना में कहा गया है कि "हम संयुक्त राष्ट्रों के लोग मूलभूत मानवाधिकारों में मानव की गरिमा और महत्त्व व मूल्य में तथा स्त्री पुरुष के समान अधिकारों में आस्था व्यक्त करते हैं। साथ ही चार्टर में महिलाओं की समानता के अधिकारों में आस्था व्यक्त करते हैं। साथ ही चार्टर मे महिलाओं की समानता के अधिकार की घोषणा की गई। मानवाधिकारों का सार्वभौमिक घोषणा पत्र 1948 को सभी सदस्य राष्ट्रों द्वारा इसका सम्मान करने के लिए बाध्य किया गया। घोषणा पत्र के अनुच्छेद 2 के अन्तर्गत-प्रत्येक इस घोषणा पत्र में तय किये गये अधिकारों और स्वतंत्रता हेतु अधिकृत है। बिना प्रजाति, रंग, भाषा, धर्म सामाजिक उद्भव, सम्पत्ति के आधार पर विभेद नहीं किया जायेगा।" इस प्रकार घोषणा पत्र में महिलाओं को बिना भेदभाव के अधिकारों की प्राप्ति का अधिकारी माना गया।

अनुच्छेद 16 (1) के अनुसार वयस्क पुरुष व स्त्रियों को मूलवंश राष्ट्रीयता या धर्म के कारण किसी भी सीमा के बिना विवाह करने और कुटुम्ब स्थापित करने का अधिकार है। इसके माध्यम से महिलाओं को अपनी पसन्द एवं इच्छा के अनुसार विवाह करने का अधिकार प्राप्त होता है। विवाह करने एवं परिवार स्थापित करने में धर्म एवं अपना मन पसन्द जीवन साथी चुनने का अधिकार प्राप्त होता है जो कि सभी मनुष्यों को प्राप्त होता है।

अनुच्छेद 23 (2) के अन्तर्गत बिना भेदभाव के समान कार्य के लिये समान वेतन का अधिकार है। अर्थात् समान कार्य के लिए स्त्रियाँ एवं पुरुष दोनों को समान वेतन दिया जाना अनिवार्य कर दिया गया है।

अनुच्छेद 26(1) के अनुसार सभी व्यक्तियों को शिक्षा पाने का अधिकार है। महिला शिक्षा के प्रतिशत जो कि विश्व के सभी देशों में पुरुषों की अपेक्षा बहुत कम रही है। इस कमी को दूर करने के लिए ही मानव अधिकार की सार्वभौमिक घोषणा में यह प्रावधान किया गया है कि समाज के प्रत्येक व्यक्ति को शिक्षा प्राप्त करने का अधिकार है, चाहे वह स्त्री हो या पुरुष।

महिला अधिकारों को विशेष प्रावधान

संयुक्त राष्ट्र संघ ने मानवाधिकार घोषण पत्र में अधिकार संरक्षण और संवर्धन के उद्देश्यों को स्पष्ट कर स्त्री पुरुष दोनों को एक पूर्ण इकाई मानकर अग्रिम विकास का श्रीगणेश किया। महिलाओं के अधिकार के प्रश्न को सुलझाने हेतु संयुक्त राष्ट्र संघ ने महिला हैसियत आयोग की स्थापना की।

महिला हैसियत आयोग 1946–महिलाओं के प्रश्न पर लोगों को जागृत करने के लिये और राजनीतिक विचार विमर्श की ओर अग्रसर करने के लिये व महिला हितों की रक्षार्थ की स्थापना की। आयोग ने प्रत्येक व्यक्ति को घोषणा पत्र में प्रकाशित समस्त अधिकारों व स्वतंत्रताओं का बिना किसी भेदभाव के अधिकृत करते हुए सभी मो समान अधिकार दिया। महिलाओं के राजनीतिक, आर्थिक व सामाजिक अधिकारों को बढ़ावा देने तथा महिलाओं के लिए विश्वव्यापी नीतियों का निर्माण करने हेतु व महिलाओं को उन्नति और विकास के उचित अवसर देने के लिए आयोग ने महत्त्वपूर्ण भूमिका निभाई। आयोग ने समस्त विश्व में महिलाओं की स्थिति के सम्बन्ध में आंकड़े एकत्रित किए तथा सार्वभौम मानव अधिकार उद्घोषणा का मसौदा तैयार करने में मदद की। तथा वैद्यानिक दृष्टि से महिलाओं को 'स्पष्ट समानता' प्राप्त हो। इसके अतिरिक्त शारीरिक व्यापार और वैश्यावृत्ति को दबाने के लिये 1949 में भी नीति का निर्माण किया गया।

1952 में महिलाओं के राजनीतिक अधिकारों का आम सभा में समझौता हुआ जिसमें कानून के अन्तर्गत समान राजनीतिक अधिकारों का प्रथम विश्वव्यापी अनुमोदन किया गया। 1957 में शादीशुदा महिलाओं की राष्ट्रीयता के सम्बन्ध में करार घोषित किया गया।

1967 में अंगीकृत "महिलाओं के खिलाफ सभी प्रकार के भेदभावों के उन्मूलन की उद्घोषणा" महिलाओं के विषय के आरंभिक और दूरगामी उपलब्धि थी। इसके अन्तर्गत जीवन और कानून में महिलाओं के लिये समानता का आह्वान किया गया है

और समानता की संकल्पना को नागरिक और राजनीतिक क्षेत्रों से परे ऐसे अधिकारों के लिए विस्तृत किया जैसे-शिक्षा, रोजगार के अवसर तथा स्वास्थ्य की देखभाल। साथ ही साथ-विवाह या विवाह विच्छेद, शैक्षणिक या व्यापारिक किसी भी क्षेत्र में महिला पुरुष में भेदभाव वर्जित है।

इसी क्रम में 1970 में पुनः प्रस्ताव पारित किया गया जिसमें घोषणा की गई कि "महिलाओं के उत्थान के विकास के सभी साधनों को प्रयोग किया जाए।"

महिलाएँ एवं अन्तर्राष्ट्रीय वर्ष व दशक की घोषणा

महिलाओं के विकास के संदर्भ में सम्पूर्ण विश्व में नारी उत्थान और विकास के प्रति चेतना जगाने के लिए महासभा 18 दिसम्बर 1972 की बैठक में 1975 को **"अन्तर्राष्ट्रीय महिला वर्ष"** घोषित करने के लिए निर्णय किया गया। इसके तीन उद्देश्य स्पष्ट किये-

1. पुरुष और महिलाओं को समानता का दर्जा देना।
2. विकास कार्यों में स्त्रियों का योगदान।
3. विश्व शान्ति स्थापना की दिशा में महिला सहयोग प्राप्त करना।

अन्तर्राष्ट्रीय महिला वर्ष को ट्रिब्यून के नाम से जाना जाता है। इसमें प्रथम विश्व कार्य योजना बनाई गई और महिला समानता विकास तथा शांति के लिये प्रथम दशक (1975-1985) की घोषणा की। महिला वर्ष के कार्यक्रमों को नवीन दिशा और सहयोग के बिन्दु पर बल देते हुए इसके निम्न कार्यक्रम बनाए गए-

1. सामाजिक अन्याय समाप्त होना चाहिए।
2. महिलाओं को द्वितीय श्रेणी का मानव समझकर एक समान मानव समझना चाहिए।
3. देश व समाज के निर्माण में महिलाओं की अधिकाधिक साझेदारी।
4. विश्व शांति में महिलाओं की अधिकाधिक साझेदारी सुनिश्चित हो तथा महिला विकास व सहयोग की अपेक्षा की जानी चाहिए।
5. महिलाओं के समान वैधानिकता को सामान सामाजिक दर्जे मे बदला जाना चाहिए।
6. नारी के साथ जन्मजात, जातिगत, धर्म, राष्ट्रगत भेदभाव नहीं होना चाहिए।

अतः महिला के व्यक्तित्व विकास में सकारात्मक, रचनात्मक जीवन शैली, दिशा तथा दृष्टिकोण बदलने में शिक्षा महत्त्वपूर्ण साधन है। इस तथ्यों पर 1975 में सर्वाधिक बल दिया गया।

महिला अधिकारों से सम्बन्धित घोषणा

1967 में अंगीकृत उद्घोषणा पत्र के सिद्धान्त के बाद एक अनिवार्य अन्तर्राष्ट्रीय समझौता 1979 में आम सभा द्वारा अपनाया गया जिसे ''महिलाओं के खिलाफ सभी प्रकार के भेदभाव के उन्मूलन उद्घोषणा'' के नाम से जाना जाता है। इसमें प्रस्तावना तथा 30 धाराएँ हैं। यह समझौता विश्व व्यापी मानव अधिकार दस्तावेजों में सबसे आधुनिक है और व्यक्ति व समूह के प्रति अन्तर्राष्ट्रीय नियमों को परिभाषित करता है। यह समझौता परिभाषित करता है कि महिलाओं के विरुद्ध भेदभाव किससे निर्मित होता है और इस प्रकार के विभेद को मिटाने के लिए कार्यसूची तैयार करता है। अनुच्छेद-1 के अनुसार ''महिलाओं के विरुद्ध भेदभाव'' मानव अधिकार ओर आर्थिक, सामाजिक, नागरिक, राजनीतिक या अन्य किसी क्षेत्र में मौलिक स्वतंत्रताओं का उल्लंघन है। यह पुरुष महिला समानता पर आधारित है। समझौते को मान्यता देते हुए विश्व के स्वाधीन देशों ने महिलाओं पर होने वाले भेदभाव को समाप्त करने के लिये सहमति व्यक्त की।

समझौता-

- महिलाओं को राजनैतिक और सार्वजनिक जीवन, शिक्षा और रोजगार में समानता तथा अवसर की सुनिश्चितता कराने का आधार प्रदान करता है।
- महिलाओं के संतानोत्पत्ति अधिकार स्वयं की और उनके बच्चों के लिए राष्ट्रीयता प्राप्त करने, बदलने की स्वीकृति देता है।
- स्तंत्रत राष्ट्र महिलाओं की देह व्यापार और उत्पीड़न के समस्त स्वरूपों के विरुद्ध कदम उठाने पर सहमति देता है।
- राष्ट्र विधान रहित सभी उपायों पर सहमत है जिससे महिलाएँ अपने समस्त मानवाधिकारों और स्वतंत्रताओं को प्राप्त कर सके।

अनुच्छेद 18 व्यवस्था करता है कि जिन्होंने समझौते को माना है वे कानूनी रूप पर इसके विधानों को लागू करने के लिए प्रतिबद्ध है तथा संधि के अनुरूप कार्य करने के लिये किये गये उपायों पर राष्ट्रीय रिपोर्ट 4 साल में कम से क एक बार अवश्य प्रस्तुत करेंगे। यह समझौता 3 दिसम्बर 1981 को प्रवृत्त हुआ।

महिलाएँ तथा विश्व मानवाधिकार सम्मेलन-1993

महिलाओं के मानवाधिकार की दिशा में दूसरा चारण 1993 में संयुक्त राष्ट्र द्वारा अपनाया गया महिलाओं के विरुद्ध हिंसा की समाप्ति पर घोषणा पत्र है। 1993 में वियना में हुए विश्व मानवाधिकार सम्मेलन में उन सभी मानवाधिकारों की पुनर्पुष्टि की जो 1948 के घोषणा के घोषणा पत्र में शामिल है। 25 जून 1993 को , 171

राज्यों के प्रतिनिधियों ने सर्वसम्मति से मानवाधिकार पर विश्व सम्मेलन के लिए कार्य योजना और वियना उद्घोषणा को अपनाया। इसके अन्तर्गत महिलाओं और बच्चों के मानव अधिकार सार्वभौमिक मानव अधिकारों का एक अभिन्न, आंतरिक और अविभाज्य अंग है। राष्ट्रीय, क्षेत्रीय और अंतर्राष्ट्रीय स्तरों पर राजनैतिक, नागरिक, आर्थिक और सामाजिक तथा सांस्कृतिक जीवन में महिलाओं की पूर्ण और समान भागीदारी और स्त्री-पुरुष के आधार पर हर प्रकार के भेदभाव का उन्मूलन, अन्तर्राष्ट्रीय समुदाय के प्राथमिक उद्देश्य हैं। भेदभाव परक हिंसा, हर प्रकार का यौन दुर्व्यवहार और उत्पीड़न, सांस्कृतिक पक्षपातों और अंतर्राष्ट्रीय देह-व्यापार का उन्मूलन होना चाहिए। महिलाओं के मानव अधिकार संयुक्त राष्ट्र मानव अधिकार गतिविधियों का, अभिन्न हिस्सा होना चाहिए। मानवाधिकारों पर हुए विश्व सम्मेलन में सरकारों, संस्थाओं, अन्तर-सरकारी और गैर सरकारी संगठनों से महिलाओं और बच्चियों के मानवाधिकारों की संरक्षण ओर संवर्धन के प्रयासों को तेज करने का आह्वान किया गया।

विश्व मानवाधिकार सम्मेलन में एक नई व्यवस्था बनाई जो महिलाओं के विरुद्ध हिंसा पर रिपोर्ट करने के लिए एक रिपोर्टकर्ता की नियुक्ति की गई और महिलाओं के अधिकारों की उन्नति और रक्षा के लिये महत्वपूर्ण कदम उठाया तथा हिंसा के उन्मूलन पर घोषणा पत्र अपनाया गया। इसके अनुसार हिंसा का अर्थ भेदभाव परक हिंसा के उसा कार्य से है जिसका परिणाम महिलाओं को शारीरिक, मनोवैज्ञानिक कष्ट हो। घोषणा पत्र में 6 अनुच्छेद शामिल हैं। इसके अनुसार महिलाओं को किसी कार्य की धमकी, क्रूरता चाहे वह सार्वजनिक जीवन में या निजी जीवन में, नहीं दी जा सकती है।

1994 में काहिरा में हुए अन्तर्राष्ट्रीय जनसंख्या और विकास सम्मेलन में महिलाओं के संतानोत्पत्ति अधिकार और विकास के अधिकार की पुनर्पुष्टि की गई। विश्व में 1990 से 2000 का दशक महिला दशक के रूप में मनाया गया तथा **6 मार्च** को सारी दुनिया में **महिला दिवस** के रूप में मनाया जाता है।

नई दिल्ली सम्मेलन 1997-29 दिसम्बर से 1 अक्टूकर तक ''वीमेन्स पॉलिटिकल वाच'' नामक गैर सरकारी संगठन ने संयुक्त राष्ट्र संघ और राष्ट्रीय महिला आयोग के सहयोग से विश्व सांसद सम्मेलन नई दिल्ली में आयोजित किया। इसका उद्देश्य महिलाओं की सत्ता में भागीदारी बढ़ाना था तथा इस भागीदारी को कैसे सुनिश्चित किया जाए और इसे कैसे उत्तरोत्तर बढ़ाया जाए ?

इसी संदर्भ में 10 फरवरी से 14 फरवरी 1997 को भारत की राजधानी दिल्ली में अंतर सम्मेलन व महिला राजनैतिक भागीदारी बढ़ाने के संदर्भ में सम्मेलन का आयोजन किया गया। इस सम्मेलन में 80 देशों के 250 प्रतिनिधियों ने भाग लिया। इसमें स्त्री-पुरुष भेदभाव समाप्त करने और नारी को सत्ता में भागीदारी देने की वकालत की गई।

महिला अधिकारों हेतु विभिन्न देशों द्वारा समय-समय पर किये गये प्रयास

आज वर्तमान समय में विश्व में महिलाओं के समुचित विकास के लिये अनुकूल वातावरण बनता जा रहा है। इसी आधार पर 21वीं शताब्दी को महिलाओं की शताब्दी के नाम से पुकारा जाने लगा है। चाहि विकसित देश हो या विकासशील महिलाएँ पुरुषों के साथ कदम से कदम मिलाकर अपनी अन्तर्निहित क्षमता व आत्मविश्वास और साहस के साथ पुरुष प्रधान समाज में अपने अस्तित्व हेतु सफल क्षमता व आत्मविश्वास और साहस के साथ पुरुष प्रधान समाज में अपने अस्तित्व के सफल प्रयास कर रही है।

स्वास्थ्य, सुरक्षा तथा काम के घण्टे

कारखाना अधिनियम-1948 में कर्मकारों के स्वास्थ्य, सुरक्षा, कल्याण, काम के घण्टे तथा अल्प वयस्कों को नियोजित करने के लिए कानून बनाए गए हैं। इन नियमों में महिलाओं के लिए अलग से व्यवस्था की गई है। धारा 19 में पुरुष और स्त्री कर्मकारों के लिए अलग-अलग टायलेट (शौचालय) बनाने का प्रावधान है। धारा 27, रुई, धुनाई के स्थानों के समीप स्त्रियों और बालकों को नियोजित किए जाने पर प्रतिबन्ध लगाती है। धारा 34 के अनुसार किसी व्यक्ति को किसी कारखाने में इतना अधिकार भार उठाने, ढोने या हिलाने के काम में नियोजित नहीं किया जाएगा कि उसके द्वारा उसे क्षति कारित होने की संभावना हो जाए। यही धारा राज्य सरकार को ऐसे नियम बनाने के लिए प्राधिकृत करती है जिनमें कि महिलाओं व बच्चों के लिए अधिकतम भार विहित कर दिया जाता हो।

कारखाना अधिनियम के अध्याय 5 में कर्मकारों के कल्याण के लिए उपबंध हैं तथा धारा 42 पुरुष तथा महिला कर्मकारों के लिए पृथक और समुचित धुलाई की सुविधाएँ प्रदान करने की व्यवस्था करती है। इस प्रकार कपड़ों को इकट्ठा करने और सुखाने के सम्बन्ध में सुविधाएँ मुहैया करने, विश्राम के समय में बैठने की जगह प्रदान करने, प्राथमिक चिकित्सा उपकरण रखने, कैंटीन, शरण-गृह, विश्राम-गृह आदि व्यवस्था करने के आदेशात्मक उपबंध हैं।

अनेक कारखानों में ऐसी स्त्रियाँ नियोजित होती हैं जिनके गोद खेलते बच्चे होते हैं। स्त्रियाँ ऐसे बच्चों को अपने साथ लाती हैं। विभिन्न अधिनियम पारित किए हैं जिनमें

स्त्री-पुरुष कर्मियों की कार्यदशा सुधारने का प्रयास किया गया है, इनमें प्रसूति, प्रसूति सुविधा अधिनियम, मजदूरी संदाय अधिनियम, न्यूनतम मजदूरी अधिनियम, बोनस संदाय अधिनियम तथा कारखाना अधिनियम आदि प्रमुख हैं। कुछ अधिनियम स्त्री-पुरुष कर्मकारों के मध्य बराबरी लाने के इरादे से पारित किए गए जिनमें समान पारिश्रमिक अधिनियम प्रमुख हैं। प्रसूति, प्रसूति सुविधा अधिनियम केवल स्त्री कर्मकारों की विशिष्ट लैंगिक स्थिति के कारण उपलब्ध बनाने के लिए पारित किया गया है।

स्त्री की शारीरिक संरचना और मातृक-कृत्यों का पालन जीवन-निर्वाह के लिए उसे अलाभ की स्थिति में रखते हैं तथा उसकी शारीरिक भलाई, लोकहित और सावधानी का विषय हो जाता है ताकि उसके परिवार की क्षमता और उत्साह का परिरक्षण किया जा सके। इस कारण स्त्रियों के पक्ष में विशेष उपबन्ध आवश्यक हैं। विधायिका ने इन वैज्ञानिक तथ्यों के आधार पर स्त्री कर्मकारों के कार्य के घण्टे, स्वास्थ्य व सुरक्षा हेतु उपबंध तथा शिशु-गृह आदि की व्यवस्था से सम्बन्धित विधि पारित की है जो विभिन्न अधिनियम से परिलक्षित होती है।

जिन्हें शिशु-गृहों के अभाव में इधर-उधर खेलने के लिए छोड़ दिया जाता है। मिलों में ये बच्चे आवाज की खड़खड़ाहट और चलती मशीनों के खतरे और धूल से भरे हुए वातावरण के शिकार बनते हैं। अतः धारा 48 हर कारखाने में जिसमें साधारण रूप से 30 या इससे अधिक स्त्रियाँ नियोजित हैं छह वर्ष से कम आयु के बच्चों के उपयोग के लिए उपयुक्त कमरा या कमरे उपलब्ध कराने का प्रावधान करती है जिसे सार्वजनिक शिशु-गृह में तब्दील किया जा सके। ऐसे शिशु-गृहों में समुचित स्थान प्रदान किया जाएगा। इन्हें पर्याप्त रूप से प्रकाश और हवा से युक्त रखा जाएगा तथा ऐसा बालगृह, बालकों एवं शिशुओं की देखरेख के कार्य में प्रशिक्षित महिला के प्रभार के अन्तर्गत रखा जाएगा। इस सम्बन्ध में राज्य सरकार को यह भी शक्ति दी गई है कि वह नियमावली बनाकर ऐसे शिशु-गृहों के लिए स्थान नियत करे और उन गृहों के निर्माण, उनमें उपलब्ध स्थान, फर्नीचर और उचित साज-सज्जा के मानक स्थिर करे। ऐसे कारखानों में महिला कर्मकारों के शिशुओं की देखरेख के लिए अन्य अतिरिक्त सुविधाएँ प्रदान करने, धुलाई के लिए स्थान एवं पानी आदि की समुचित सुविधाएँ और स्त्रियों के वस्त्र बदलने के लिए उचित एवं सुरक्षित व्यवस्था करने, ऐसे शिशुओं के लिए निःशुल्क दूध या नाश्ता या दोनों के लिए व्यवस्था कारखाने में ही करने तथा आवश्यक अंतरालों पर ऐसे बच्चों की माताओं को उन्हें अपना दूध पिलाने की सुविधा देने की व्यवस्था करने का आदेशात्मक उपबन्ध करता है।

श्रम विषयक रायल कमीशन ने अपने प्रतिवेदन में यह संकेत किया था कि स्त्रियों के लिए पुरुषों की अपेक्षा काम के घण्टों की अधिकतम सीमा कम निर्धारित करने का

प्रमुख आधार यह है कि स्त्रियों को घरेलू काम भी करने पड़ते हैं अत: धारा 66 यह प्रावधान करती है कि स्त्रियों को किसी भी कारखाने में 6 बजे प्रात: से 7 बजे सायं तक की अवधि के उपरान्त की अवधि में काम करने की न तो अपेक्षा की जाएगी और न ही आज्ञा दी जाएगी। लेकिन राज्य सरकार को कतिपय परिस्थितियों में इसमें ढील देने की अनुमति है, जैसे—मत्स्य-उपचार या मत्स्य कैनिंग के कारोबार में जहाँ कि कथित निर्बंधनों की सीमा से बाहर की अवधि में काम करना आवश्यक हो ताकि कच्चे माल को बिगड़ने या क्षतिग्रस्त होने से बचाया जा सके। यह छूट सिर्फ एक सीमा तक दी जा सकती है तथा महिलाओं को 10 बजे रात्रि से 5 बजे तक प्रात: तक के नियोजन से मुक्त रखना आवश्यक है। इस प्रसंग में ओमान वूमेन बनाम ए. सी. टी. लिमिटेड (1991) का वाद उल्लेखनीय है जिसमें कर्मचारियों को नियमित रूप से आत्मसातीकरण हेतु ली जा रही आन्तरिक परीक्षा में कर्मकारों को शामिल किए जाने से इस कारण मना कर दिया गया कि वे स्त्रियाँ थीं तथा कारखाने की रात समेत सभी पालियों में काम करने में अक्षम थीं। लिंग भेद के आधार पर महिलाओं को परीक्षा से वंचित किया जाना संविधान के अनुच्छेद 14 एवं 15 का उल्लंघन करार देते हुए केरल उच्च न्यायालय ने निर्धारित किया कि स्त्रियाँ केवल रात दस बजे से प्रात: पाँच बजे तक ही उपलब्ध नहीं हैं, बाकी पालियों में वे पुरुषों के साथ काम करने में सक्षम हैं अत: उन्हें परीक्षा में बैठने का अधिकार है।

मार्च, 2005 में केन्द्रीय सरकार ने महिलाओं को फैक्ट्री में रात की पाली में काम करने की अनुमति प्रदान करने हेतु कारखाना अधिनियम, 1948 में संशोधन करने का निर्णय लिया है। वर्तमान संदर्भ में सूचना तकनीक आधारित कार्यों के कारण अनेक कार्य रात की पाली में ही सम्पन्न होते हैं अत: महिलाओं को रात की पाली में कार्य करना आवश्यक होता जा रहा है। महिलाओं को रात में कार्य करने एवं आवागमन की सुरक्षित एवं समुचित दशाएँ प्रदान करने का प्रावधान करने की घोषण भी सरकार ने की है।

मातृत्व एवं प्रसूति अवकाश

कारखाना अधिनियम की धारा 79 मजदूरी सहित छुट्टी की गणना में किसी स्त्री कर्मकार द्वारा ली गई बारह सप्ताह से अधिक की प्रसूति छुट्टी का आकलन करने का प्रावधान करती है। अध्याय 9 की धारा 87 में राज्य सरकार को यह शक्ति दी गई है कि खतरनाक या जोखिम भरी क्रियाओं वाले कारखानों में स्त्रियों तथा बच्चों के नियोजन पर रोक लगा सकती है।

मातृत्व प्रत्येक स्त्री का पवित्र अधिकार तथा ईश्वर द्वारा दिया गया दायित्व है जिसकी पूर्ति करते हुए वह स्वयं को धन्य मानती है। प्रसूति प्रसुविधा अधिनियम 1961 शिशु-प्रसव से पूर्व और उसके बाद की कुछ अवधि में स्त्रियों के नियोजन को विनियमित

करने के उद्देश्य से बनाया गया है। इसका उद्देश्य महिला कर्मकारों को सामाजिक न्याय प्रदान करना है। उच्चतम न्यायालय ने अपने विनिश्चयों में कहा है कि इस अधिनियम के उपबन्धों का निर्वचन करने में न्यायालय को उदारवादी नियम का पालन करना चाहिए जिससे कि न केवल महिला कर्मकारों का भरण-पोषण हो सके बल्कि वे अपनी क्षीण शक्ति को पुन: प्राप्त कर सकें। शिशुओं का पालन-पोषण हो सके तथा अपनी कार्यक्षमता को बनाए भी रख सके।

प्रसूति प्रसुविधा अधिनियम की धारा 4 के अनुसार उद्योग में नियोजित प्रत्येक महिला को प्रसव तथा गर्भपात के लिए 12 सप्ताह का विश्राम पाने का वैधानिक अधिकार प्राप्त है। कई राज्यों में तथा कई सेवाओं में प्रसूति अवकाश बढ़ाकर 135 दिन कर दिया गया है। इस अधिकार को प्रदान करना नियोजन के लिए बंधनकारी है क्योंकि यह प्रावधान आदेशात्मक है। अधिकारों को प्रदान न करने पर उसे दोषसिद्ध किया जा सकता है। कोई भी नियोजक जानबूझकर ऐसी महिला को काम पर नहीं लगाएगा जिसे 6 सप्ताह के अन्दर ही बच्चे को जन्म देने की संभावना है। इसी से जुड़ा हुआ दूसरा अधिकार है कि प्रसव से 6 सप्ताह की छुट्टी पर जाने के एक माह पूर्व यदि वह स्वामी से लिखित प्रार्थना करती है कि उससे अधिक और भारी काम न लिया जाए जिससे उसका तथा होने वाले बच्चे पर कुप्रभाव का डर या स्वास्थ्य पर विपरीत असर पड़ने की संभावना है तो नियोजक उसकी प्रार्थना पर कार्य करने तथा उसे श्रमसाध्य कार्य न देने के लिए अपेक्षित है।

मातृत्व लाभ के आकलन विधि पर प्रकाश डालते हुए कहा गया है कि सप्ताह में बिना मजदूरी वाली छुट्टियाँ भी सम्मिलित होंगी। 6 सप्ताह की अवधि में आने वाले रविवार तथा अन्य अवैतनिक अवकाश सम्मिलित माने जाएँगे। यदि वह स्त्री प्रसव कार्य के पूर्व ही मर जाती है तो उसकी मृत्यु के दिन तक का मातृत्व लाभ देय होगा। यदि स्त्री बच्चे को जन्म देने के बाद मर जाती है और बच्चा जीवित रहता है तो प्रसव के 6 सप्ताह का मातृत्व लाभ देय होगा, लेकिन यदि जच्चा-बच्चा दोनों ही काल-कवलित हो जाते हैं तो उनके जीवित रहने के अन्तिम दिन तक का लाभ दिया जाएगा। यदि माता की मृत्यु के समय नवजात शिशु जीवित है और माँ के मरने के बाद मरता है तो जितने दिन वह जीवित रहा उस समय तक का मातृत्व लाभ स्त्री के नामित व्यक्ति या उसके वैधानिक उत्तराधिकारी को देय होगा। मातृत्व लाभ देने का उत्तरदायित्व नियोजक का होता है। यदि वह मातृत्व-लाभ बोनस अनुचित ढंग से रोकता है तो दोषसिद्ध किया जा सकता है तथा दण्ड का भागीदार हो सकता है। बी.शाह बनाम प्रिसाइडिंग लेबर कोर्ट कोयम्बटूर (1977) के मामले में उच्चतम न्यायालय में यह मत व्यक्त किया गया है कि संविधान के अनुच्छेद 42 में अभिव्यक्त निर्देशों की बहुत उपयोगिता है तथा यह

अनुच्छेद महिला कर्मचारियों को अपने नवजात शिशु की देखरेख कार्यकर्मी के रूप में अपनी कार्यकुशलता का पोषण, अपनी कार्यक्षमता व उत्पादन शक्ति का पुन: संग्रह करने का अवसर करने की नीति प्रस्तुत करता है।

सी. बी. मुथम्मा बनाम भारत संघ (1979) में उच्चतम न्यायालय ने उस नियम को असंवैधानिक घोषित कर दिया जिसमें यह प्रतिबन्ध था कि यदि कोई स्त्री कर्मचारी विवाह करना चाहती है तो पहले सरकार से लिखित अनुज्ञा प्राप्त करे और यदि सरकार का समाधान हो जाए कि कि वैवाहिक जिम्मेदारियों के कारण सेवा में विघ्न होगा तो उसे त्यागपत्र देना होगा। ऐसे ही दूसरे नियम के अनुसार किसी विवाहित स्त्री को सेवा में नियुक्ति का अधिकार नहीं होगा। न्यायालय ने कहा कि यदि स्त्रियों के मामले में पारिवारिक जिम्मेदारियों से सेवा में विघ्न हो सकता है तो पुरुषों के मामले में भी उतना ही विघ्न हो सकता है। इसी प्रकार एयर इण्डिया बनाम नरगिस मिर्जा (1981) के मुकदमे में एयर इण्डिया कॉर्पोरेशन के विनियम में यह उपबंध था कि एयर होस्टेस चार साल के अन्दर विवाह करने या प्रथम गर्भावस्था (जो भी पहले हो) पर सेवामुक्त कर दी जाएगी। उच्चतम न्यायालय ने चार वर्ष विवाह न करने का प्रतिबन्ध उचित ठहराया, पर इस शर्त को पूरा करने के बाद प्रथम गर्भावस्था पर सेवामुक्ति करने की शर्त को अवैध घोषित कर दिया।

समान कार्य के लिए समान वेतन

यद्यपि समान कार्य के लिए समान वेतन का सिद्धान्त संविधान के भाग-3 में दिए गए मौलिक अधिकारों में नहीं दिया गया है लेकिन भाग-4 के अनुच्छेद 39 (घ) में राज्य की नीति के निदेशक तत्व के रूप में यह उपबन्ध है कि पुरुषों और स्त्रियों दोनों का समान कार्य के लिए समान वेतन हो।

स्त्रियों की 80 प्रतिशत जनसंख्या गाँवों में बसती है। अत: ग्रामीण स्त्रियों का विकास होना निहायत जरूरी है। श्रमजीवी स्त्रियाँ घर का काम, खाना बनाना, कपड़ा, बर्तन साफ करना, साफ-सफाई आदि काम तो करती ही हैं इसके अतिरिक्त वे बाहर की कड़ी धूप में लगातार एक ही स्थिति में बैठकर या खड़े होकर करने वाले कार्य करती हैं। इस तरह रोजी प्राप्त करके वे परिवार का आर्थिक पोषण करती हैं। कुल मिलाकर 14-15 घंटे कार्य करती हैं। इसके बावजूद उन्हें पोषण नहीं मिलता क्योंकि उन्हें कार्य के बदले पर्याप्त वेतन नहीं मिलता। परिणामस्वरूप उनका स्वास्थ्य कमजोर रहता है। स्वास्थ्य की दृष्टि से नुकसानदेय पदार्थ बीड़ी, तम्बाकू, धूपबत्ती, खदान का काम, पत्थर तोड़ने आदि जैसे कामों के चलते उनका स्वास्थ्य प्रभावित होता है। खेतिहर टोकरे वाले, ढुलाई वाले, मजदूरों को बरसात, ठंड, गर्मी, सब ऋतुओं में सारे दिन काम करना पड़ता है जिसका प्रतिकूल प्रभाव स्वास्थ्य पर पड़ता है। कम आयु की वजह से वे ठीक से

अपना इलाज भी नहीं करवा पातीं। इन स्त्रियों के लिए न तो बीमारी की छुट्टियाँ होती हैं और न ही स्वास्थ्य बीमा योजना जैसी कोई चीज। गर्भवती होने पर कोई अतिरिक्त देखभाल नहीं होती। प्रसव व प्रसव के बाद या गर्भपात के बाद की भी वही स्थिति होती है। पुत्र-पुत्री के जन्म के पश्चात् भी फर्क किया जाता है। पुत्री पैदा होने पर जच्चा-बच्चा दोनों की ही पूर्णत: देखभाल नहीं की जाती। बीमार होने पर सही तौर पर इलाज नहीं कराया जाता जिससे 5 साल तक के बच्चों की मृत्यु दर लड़कों की तुलना में लड़कियों की अधिक है। श्रमजीवी स्त्रियों को प्रसूति अवकाश भी नहीं मिलता है। असंगठित वर्ग की काम पर जाने वाली स्त्रियों के लिए जगह-जगह झूलाघर की सुविधाएँ, स्त्रियों के लिए मातृत्व सहायता आदि योजनाएँ होनी चाहिए। तभी वे अपनी बेटियों को भी पढ़ने भेज सकेंगी। बचपन से ही अगर उनको अक्षर ज्ञान दिया जाएगा तो उनके रूढ़ हो चुके विचारों में भी बदलाव आएगा। आरोग्य में सुधार होगा तथा बाल मृत्यु दर में कमी आएगी।

भारत की आर्थिक स्थिति शुरू से ही लड़खड़ाती रही है और आज भी स्थिति को सुदृढ़ नहीं कहा सकता। इसीलिए स्त्रियों एवं बालकों को श्रम पर जाना पड़ता है। इस आर्थिक परिस्थिति में जबकि आवश्यक वस्तुओं की कीमतें समय-समय पर बढ़ती हैं सीमित आय में समस्त आवश्यकताओं की पूर्ति करना असंभव हो जाता है। समाज का आर्थिक ढाँचा भी ऐसा ही है कि समाज में आर्थिक वर्गीकरण मजदूर वर्ग, मध्यम वर्ग, व पूँजीपतियों के आधार पर किया गया है। इसमें मजदूर तथा मध्यम वर्ग निरन्तर संघर्ष करते रहे हैं। अर्थव्यवस्था की पूर्ति करते-करते ही वे अपनी उम्र पार कर लेते हैं एवं शोषण का शिकार बने रहते हैं। हमारे देश की आर्थिक स्थिति खराब होने का एक बड़ा कारण यहाँ की जनसंख्या है। जनसंख्या की दृष्टि से विश्व में भारत का द्वितीय स्थान है। देश की जनसंख्या का एक बड़ा हिस्सा गरीबी की रेखा के नीचे जीवनयापन करता है। गरीबों में भी पुरुष की अपेक्षा स्त्री अधिक गरीब है, उस पर भी गरीब श्रमजीवी स्त्रियों के लिए तो न घर का काम है न बच्चों की परवरिश, उनकी तकदीर में तो बस मजदूरी ही लिखी है। तमाम सामाजिक-आर्थिक तबाही, पतन, मारकाट का सबसे बुरा शिकार होती हैं गरीब स्त्रियाँ।

तमाम कष्टों को झेलती हुई अपने परिवार की सुख-समृद्धि के लिए उनकी आवश्यकताओं की पूर्ति के लिए स्त्रियाँ अपना श्रम बेचती हैं, इसके बदले में भी उन्हें कोई सुविधाएँ नहीं, समाज में उनका कोई स्थान नहीं, रोजगार की सुरक्षा नहीं, और न जाने क्या-क्या। उन्हें तो न्यूनतम वेतन अधिनियम के तहत ठहराया गया वेतन तक नहीं दिया जाता। चारों ओर इन गरीब महिला श्रमिकों का बस शोषण ही किया जाता है।

मनु महाराज ने मनुस्मृति में नारी का विवेचन करते हुए स्पष्ट लिखा है कि ''यत्र नार्यस्तु पूज्यंते, रमंते तत्र देवता:।'' अर्थात् जहाँ नारियों की पूजा होती है, वहाँ देवता निवास करते हैं। निश्चित ही प्राचीनकाल में नारियों का व्यक्तित्व सुरक्षित था, वे अपना जीवनसाथी स्वयं चुनती थीं। सीता हो, कुन्ती हो अथवा कोई अन्य सुकन्या, सभी को स्वयंवर का अधिकार रहा है। प्राचीनकाल में नारियों की स्थिति इतनी अच्छी होने के बावजूद अचानक भारत की परतंत्रता के साथ-साथ नारियों की परतंत्रता का भी श्रीगणेश हुआ। नारी शनै:-शनै: समय और विचारधाराओं में परिवर्तन से, ज्ञात और अज्ञात कारणों से घर की ऊँची-ऊँची चारदीवारी में बन्द होकर अविधान एवं अज्ञान के अन्धकार में डुबकियाँ लगाने लगी, उसका पग-पग पर अपमान होता रहा तथा लगातार ठुकराए जाने के बावजूद भी वह जीवन की अन्तिम श्वास तक सामाजिक यातनाओं को चुपचाप सहन करती रही। बाल विवाह, पर्दा प्रथा, विधवाओं की दीन-हीन दशा, सती-प्रथा, कन्या पक्ष का नीचा समझा जाना, नारी की उच्च शिक्षा का बहिष्कार, उत्तराधिकार से वंचित होना और आर्थिक परतंत्रता जैसी सामाजिक कुरीतियों ने पराधीन भारत को इतना निम्न बना दिया कि वह नारी की पीड़ा को समझ न सका और आज स्वतंत्रता के साठ वर्षों बाद भी बार-बार सचेत किए जाने पर भी भारत में पूर्णरूपेण नारी जागृति नहीं हो पाई है।

दुनिया के निर्माण के पश्चात् ईश्वर ने विचार किया होगा कि इस दुनिया को और अधिक सुन्दर बनाना होगा, और उन्होंने मानव की रचना की। मानव को दो रूप दिए— एक पुरुष व दूसरा नारी। ये दोनों ही एक-दूसरे के पूरक हैं किन्तु नारी के बिना दुनिया का कोई अस्तित्व ही नहीं है। ईश्वर ने नारी की शारीरिक रचना ही इस प्रकार की है कि संसार के भविष्य की वह स्वयं निर्मात्री हो गई है। कई युगपुरुष हुए हैं जो नारी के किसी न किसी रूप चाहे वह माँ, बहन, पत्नी, भाभी अथवा दाई रही हो, से प्रभावित होकर महान् बने। अत: कहा जा सकता है कि युग चाहे जो भी रहा हो, संसार की तरक्की नारी के विकास पर ही आधारित है।

उन्नीसवीं शताब्दी के प्रारम्भ में सामंती सत्ता की ईश्वरीय स्वीकृति को रद्द करते हुए क्रान्तिकारी पूँजीवाद अथवा औद्योगिक क्रान्ति ने पहली बार मानवीय अस्मिता की बात की। इस तरह मानव केन्द्रित समाज के तहत स्वतन्त्रता, समानता एवं बन्धुत्व की सोच विकसित हुई। इसी पृष्ठभूमि पर यूरोप तथा अमेरिका में फेमिनिस्ट आन्दोलन अथवा नारीवादी आन्दोलन विकसित हुआ। उसकी प्रारम्भिक माँग मताधिकार और काम करने की अनुकूल तथा समान परिस्थितियाँ रही। धीरे-धीरे विवाह, तलाक एवं पुरुषों के बराबर अधिकार की बात जुड़ती गई। उस दौर के आर्थिक, सामाजिक हालातों ने महिला आन्दोलन पर अत्यन्त प्रभाव डाला। यही कारण है कि उग्र परिवर्तनवादी

(रेडिकल) पूँजीवादी विचारों से लेकर यूरोपियन समाजवादी, सुधारवादी, दार्शनिक, सामाजिक विचारों के अलग-अलग महिला संगठन अस्तित्व में आए। सम्पूर्णता में इन सबकी सोच प्रगतिशील थी।

उस समय नारी आन्दोलन के पास नारी शोषण के इतिहास, सामाजिक, आर्थिक, सुधार एवं इसकी पूर्ण समाप्ति की कोई स्पष्ट सोच नहीं थी। इस दिशा में सोच के स्तर पर पहला प्रयास मार्क्सवाद द्वारा किया गया किन्तु अनेक महिलावादी क्षेत्रों में इतिहास की इस सच्चाई को नकारा जाता है। मार्क्स ने गुलामी तथा शोषण के इतिहास तथा वर्तमान की व्याख्या की। स्त्री-पुरुष समानता के लिए उन्होंने पूँजीवाद को समाप्त करने का आह्वान किया। हालाँकि मार्क्स ने महिला स्वतंत्रता एवं समानता के सम्बन्ध में अपना अभिमत व्यक्त नहीं किया, पृथक संगठन पर चर्चा नहीं की। परन्तु उसी विचार को आगे बढ़ाते हुए विश्व कम्युनिस्ट आन्दोलन में प्रथम बार महिला संगठन की सोच लेनिन ने आरम्भ की और अलग से महिला संगठन खड़ा किया। क्लाराजेटकिन, अनेसा आरमाँ, रोजा लक्जेमबर्ग, अलेक्सांद्रा कोलोताई-क्रुप्सकाया जैसी नारीवादी महिलाओं से लेनिन का महिला मुद्दे पर लगातार पत्र-व्यवहार होता था। उसमें पुरुषवादी सत्ता, नैतिकता, बराबरी, मुक्ति आदि महिला से जुड़े सवालों पर मार्क्सवादी विचार में जवाब दिए गए। इस सब के पश्चात् भी लेनिन के दौर में अलग से नारी आन्दोलन की सोच विकसित नहीं हो पाई, इस समय तक यह केवल श्रमजीवी महिलाओं का संगठन बनाने तक सीमित रही। उसी दौर में रोजा लक्जेमबर्ग के नेतृत्व में अन्तर्राष्ट्रीय महिला कामगार संघ की स्थापना हुई जिसमें प्राय: यूरोप और रूस की कम्युनिस्ट महिला मजदूर आदि थीं। इस संगठन का निश्चित ही महिला आन्दोलन को बड़ा लाभ प्राप्त हुआ। किन्तु वर्गीय दृष्टि से देखने के कारण मध्यम वर्ग की महिला का इसमें कोई महत्व नहीं था। इस सबके पश्चात् भी सोवियत संघ, चीन या पूर्वी यूरोप के समाजवादी देशों में महिला के हित में जो काम हुए तथा उससे महिला की स्थिति में जो अन्तर आया वह आज तक दुनिया के किसी और देश में संभव नहीं हो सका।

स्त्री समाजवादियों के पहले और दूसरे अन्तर्राष्ट्रीय सम्मेलन (स्टूटगार्ट 1907 और कोपेनहेगेन 1910) श्रम-जीवी नारी आन्दोलन की विकास यात्रा के महत्वपूर्ण पड़ाव थे। इन सम्मेलनों ने जहाँ महिला को मताधिकार का प्रस्ताव किया, वहीं अन्तर्राष्ट्रीय महिला सचिवालय बनाने और महिला पत्रिका निकालने का भी तय किया। इसी सम्मेलन ने 8 मार्च को महिला दिवस घोषित किया। 1920 तक सर्वहारा विचारधारा पर आधारित नारी आन्दोलन में एक व्यवस्थित रूप प्राप्त कर लिया था। इस दौर में (1920-1926) महिला कम्युनिस्टों के चार अन्तर्राष्ट्रीय सम्मेलन हुए। चौथे दशक में फासिज्म के उभार और साम्राज्यवादी युद्ध विरोधी संयुक्त लड़ाई में अन्य तबकों के साथ

मध्यम वर्ग की महिलाएँ भी सक्रिय थीं। इससे ही निकलकर 'जनवादी फासिज्म विरोधी नारी आन्दोलन' का सूत्रपात हुआ। 1934 में पेरिस में ऐसे कई देशों के नारी संगठनों की पहल पर पहली 'फासिज्म विरोधी विश्व महिला कांग्रेस' हुई। बाद में ऐसे और भी सम्मेलन हुए जिसने युद्ध और फासिज्म के खिलाफ लड़ने के अलावा महिलाओं को आपस में अपनी समस्याओं को देखने, समझने तथा सोचने का अवसर दिया। चीनी क्रान्ति के अलावा एशिया, अफ्रीका और लातिन अमेरिका के राष्ट्रीय संघर्षों ने भी महिला संगठन और महिला मुद्दे को समझने का मौका दिया।

1888 में ही अमेरिका में नारीवादियों की पहल पर 'अन्तर्राष्ट्रीय नारी परिषद' की स्थापना जैसी सक्रियता दिखने लगी थी। इसी समय स्त्री चेतना के दबाव में डरकर धार्मिक और सुधारवादियों ने भी भाँति-भाँति के महिला संगठनों की स्थापना की थी। इस तरह एक लम्बे समय तक छुटपुट सक्रियता बनाए रखने के पश्चात् 1960 के दशक में अमेरिका और पूरी पश्चिमी दुनिया में एक नया नारीवादी आन्दोलन विस्फोट के रूप में फूट पड़ा जो वास्तव में यौन उत्पीड़न के विरुद्ध एक बगावती अन्धा विद्रोह था जिसकी कई शाखाएँ आगे चलकर फली-फूलीं तथा एक सीमा तक दुनिया भर की उच्च अथवा मध्यमवर्गीय महिलाओं को इसने प्रभावित भी किया। उनके पास नारी-समस्या के सभी बिन्दुओं की इतिहाससंगत, तर्कपूर्ण व्याख्या नहीं थी और न ही इस संघर्ष को आगे ले जाने का कोई ठोस कार्यक्रम। यह एक तरह से पश्चिमी उपभोक्ता संस्कृति के खिलाफ बगावत थी। वैसे नारीवाद के सिद्धान्त का पहला मील का पत्थर 1946 में फ्रांसीसी में और 1953 में अंग्रेजी में प्रकाशित 'सिमोन द बोउवा' की चर्चित पुस्तक 'द सेकेण्ड सेक्स' थी। कुछ वर्ष पहले स्त्री उपेक्षिता के नाम से हिन्दी में भी यह प्रकाशित हो चुकी है। अपनी लाख कमियों के पश्चात् भी यह पुस्तक नारीवादी आन्दोलन-कर्मियों के लिए आज भी गीता, बाइबिल के समान पवित्र है। व्यापक ऐतिहासिक परिप्रेक्ष्य, नारी आन्दोलन की दिशा तथा सामाजिक आर्थिक विश्लेषण के अभाव के पश्चात् भी साठ के दशक में नारी आन्दोलन की चेतना इससे काफी प्रभावित हुई। इसी तरह अमेरिका में 1966 में राष्ट्रीय नारी संगठन का गठन करने वाली 'बेट्टी फ्रीडन' की पुस्तक 'द फेमिनिन मिस्टिक' भी काफी चर्चित हुई जिसमें स्त्रियों की घरेलू दासता और पुरुष-स्वामित्व को स्वीकार करने के लिए उनके दिमाग की कण्डीशनिंग की प्रक्रिया की उग्र लेकिन एकांगी तथा अनैतिहासिक आलोचना की गई थी। इस दौर में ऐसी कई किताबों ने मध्यम वर्ग की नारी चेतना को जाग्रत किया।

उस समय पूरी पश्चिमी दुनिया आर्थिक सामाजिक संकट और उथल-पुथल के दौर से गुजर रही थी। लगभग सभी तबके के लोग सड़कों पर उतर आये थे। वियतनाम, क्यूबा जैसे छोटे-छोटे देशों की क्रान्ति या संघर्ष ने पश्चिम के युवाओं को काफी प्रभावित

किया था। इन सब संघर्षों में महिला की भागीदारी भी पहली बार इतने बड़े पैमाने पर हो रही थी। सामाजिक राजनीतिक सक्रियता के दायरे में बढ़ी हुई इस भागीदारी ने महिला को दोयम दर्जे की नागरिकता के खिलाफ विद्रोह के लिए प्रेरित किया।

इस महिला शक्ति के उभार ने भी महिला समस्या की कोई स्पष्ट तस्वीर प्रस्तुत नहीं की अपितु अराजकतावादी ढंग से सामाजिक-पारिवारिक संस्थाओं के अस्तित्व को ही चुनौती दी। विवाह, एकल यौन सम्बन्ध तथा परिवार को एकदम नकारा तथा पूरी लड़ाई को पुरुष सत्ता के विरुद्ध केन्द्रित किया गया। बिना यह जाने कि इसका ऐतिहासिक, सामाजिक आधार क्या है ? आखिर ऐसे आन्दोलन की परिणति ब्रा-बर्न्स सोसाइटी (ब्रा जलाओ समिति) बनाने और 'नो योर बॉडी नो योर सेल्फ' (अपने शरीर को जानो, खुद को जानो) जैसी पुस्तकें लिखने तक सिमट कर रह गई और इसी यौन-भेद में सारी असमानताओं का कारण ढूँढ़ती रही। उस दौर में नारीवादी विचारकों ने जो भी साहित्य लिखा उसमें किसी ने भी नारी शोषण-उत्पीड़न के इतिहास, परम्परा एवं सामाजिक ढाँचे को जानने की या विश्लेषण करने की कोशिश नहीं की। इस आन्दोलन का असर औरत की अपनी स्वतंत्र पहचान और स्वतंत्र संघर्ष के रूप में जरूर हुआ जिसके बाद दुनिया भर में नारेवादी छोटे-छोटे स्वतंत्र संगठन खड़े हुए। गर्भपात, बलात्कार, तलाक जैसे मुद्दों के कई संघर्ष भी इनके हक में जाते हैं। पर आम लोगों से जुड़ाव के मामले में यह काफी कमजोर रहा। आज ऐसे संगठनों का जुड़ाव मात्र मध्यम वर्ग की महिला तक ही सीमित है।

वर्ष 1975 संयुक्त राष्ट्र संघ ने महिला वर्ष के रूप में घोषित किया गया। आगे 1975 से 1985 तक महिला दशक के रूप में भी मनाया गया। इस दौरान सम्पूर्ण विश्व में महिला आन्दोलन काफी ताकतवर रूप से उभरा तथा बीच में परस्पर एकजुटता भी बनी। इसी के आस-पास अन्तर्राष्ट्रीय महिला-सम्मेलन की संयुक्त राष्ट्र संघ के नेतृत्व में शुरुआत हुई जो 1995 में चीन में हुए चौथे महिला सम्मेलन तक जाती है। महिला-सम्मेलन और महिला ताकत के इस उभार ने वर्तमान दुनिया में उभर रहे नये-नये महिला मुद्दों को अपने संघर्ष में शामिल किया। 1979 में औरत के विरुद्ध सभी प्रकार के भेदभाव को तत्काल समाप्त करने की माँग के साथ संयुक्त राष्ट्र संघ ने एक विशेष प्रस्ताव पारित किया।

आज विकसित औद्योगिक राष्ट्र की महिलाओं के एजेन्डे में वैज्ञानिक और तकनीकी प्रबन्धन की बात है अथवा इन उपलब्धियों के साथ 21वीं शताब्दी में जाने की सोच। वहाँ अब स्त्री के साथ यौन आधार पर कायम सामाजिक असमानता और भेदभाव मुख्य प्रश्न है। नारी की अस्मिता का सवाल वहाँ आज भी जिन्दा है। वहाँ नारी का आन्दोलन आज उपभोक्ता संस्कृति की विकृतियों के विरुद्ध संघर्षरत है। जबकि भारत जैसे पिछड़े

या अति पिछड़े देशों की महिलाओं की लड़ाई आज भी 18वीं अथवा 19वीं शताब्दी के मुद्दों पर ठहरी हुई है। ऐसे अधिकतर देशों में आज भी अर्द्धसामंती, अर्द्ध औपनिवेशक तन्त्र किसी न किसी रूप में कायम है। भारत जैसे देशों में समाज विकास की मंथर गति तथा जनवादी क्रान्तियों या जनवादी मूल्यों के अभाव में सामंती ढाँचा आज भी कायम है। यहाँ के मूल्य-मान्यताओं में इसका रूप साफ दिखाई देता है। इसके साथ ही सामाजिक संदर्भों की अनदेखी करके जिस ताबड़-तोड़ तरीके से खुले बाजार की नीतियाँ अपनाई जा रही हैं उसका सबसे बुरा प्रभाव भी इन्हीं महिलाओं पर पड़ने वाला है। उधर आज दुनियाभर में महिला संघर्ष का चित्र भी काफी कमजोर और बदला हुआ है। जिस तीव्रता से यह दुनिया भर में उभरा था उतनी ही जल्दी यह कमजोर भी हुआ है। अमेरिका में रेंगना मिक्स के दौर में स्थापित हुए परम्परागत मूल्यों के कारण परिवार की इकाई को फिर से महत्त्व मिलने लगा है। महिला की पुरानी भूमिका को स्थापित किया जा रहा है। यूरोपीय-संस्कृति के केन्द्र ब्रिटेन में भी नारीवादी आन्दोलन अत्यन्त कमजोर हो गया। सोवियत संघ अथवा पूर्वी यूरोप में तो साम्यवादी व्यवस्था के न रहने के बाद महिला जागरूकता कहीं दिखती भी नहीं। कुल मिलाकर पूँजीवाद ने अपने लिए नुकसानदेह मानकर नारी समाज को उत्पादन के क्षेत्र में अलग कर दिया है। पुरुष की छाँव से भी चिढ़ने वाला नारीवाद इसमें बहुत आसानी से फँस गया है।

महिला उत्पीड़न और संघर्ष के इतिहास में 8 मार्च का अपना महत्व है। आठ मार्च पूरी दुनिया में महिला दिवस के रूप में मनाया जाता है। 1857 में वह आठ मार्च ही था जब अमरीका के शिकागो और न्यूयार्क शहर में कपड़ा मिल में काम करने वाली महिला मजदूरों ने काम के घंटे 16 की जगह 10 रखने की माँग के साथ सड़क पर प्रदर्शन किया जिसे पुलिस ने बेदर्दी से दबा दिया। इसमें कई महिलाएँ शहीद हुईं, ढेरों घायल भी हुईं। आखिर किसी ट्रेड यूनियन का समर्थन न होने के कारण महिलाओं को अपनी इस पहली लड़ाई में सफलता नहीं मिल सकी। दुनिया में महिला के संगठित संघर्ष का यह पहला मुकाम था। बाद में 1912, 1915, 1917 में भी पूँजीवादी मुल्कों में महिला अधिकार और बराबरी के लिए कई संघर्ष हुए।

मनु महाराज ने मनुस्मृति में नारी का विवेचन करते हुए स्पष्ट लिखा है कि ''यत्र नार्यस्तु पूज्यंते, रमंते तत्र देवता:।'' अर्थात् जहाँ नारियों की पूजा होती है, वहाँ देवता निवास करते हैं। निश्चित ही प्राचीनकाल में नारियों का व्यक्तित्व सुरक्षित था, वे अपना जीवनसाथी स्वयं चुनती थीं। सीता हो, कुन्ती हो अथवा कोई अन्य सुकन्या, सभी को स्वयंवर का अधिकार रहा है। प्राचीनकाल में नारियों की स्थिति इतनी अच्छी होने के बावजूद अचानक भारत की परतंत्रता के साथ-साथ नारियों की परतंत्रता का भी श्रीगणेश हुआ।

नारी शनै:-शनै: समय और विचारधाराओं में परिवर्तन से, ज्ञात और अज्ञात कारणों से घर की ऊँची-ऊँची चारदीवारी में बन्द होकर अविधान एवं अज्ञान के अन्धकार में डुबकियाँ लगाने लगी, उसका पग-पग पर अपमान होता रहा तथा लगातार ठुकराए जाने के बावजूद भी वह जीवन की अन्तिम श्वास तक सामाजिक यातनाओं को चुपचाप सहन करती रही। बाल विवाह, पर्दा प्रथा, विधवाओं की दीन-हीन दशा, सती-प्रथा, कन्या पक्ष का नीचा समझा जाना, नारी की उच्च शिक्षा का बहिष्कार, उत्तराधिकार से वंचित होना और आर्थिक परतंत्रता जैसी सामाजिक कुरीतियों ने पराधीन भारत को इतना निम्न बना दिया कि वह नारी की पीड़ा को समझ न सका और आज स्वतंत्रता के साठ वर्षों बाद भी बार-बार सचेत किए जाने पर भी भारत में पूर्णरूपेण नारी जागृति नहीं हो पाई है।

21वीं सदी में कदम रखने वाले भारतीय समाज में नारी को आज भी वह दर्जा प्राप्त नहीं हुआ है जो उसको बहुत पहले मिल जाना चाहिए था। वधू दहन आज भी निर्भयतापूर्वक होता है, तलाक नारी के लिए कलंक है व पुरुष के लिए आजादी है, जहाँ बालिका भ्रूण हत्या एक लैटेस्ट फैशन है, एक ऐसे अमानवीय पतनशील समाज में स्त्री फिर भी जीवित है, यह क्या किसी आश्चर्य से कम है? नारी ने पूरी शिद्दत के साथ विपरीत और विषमतर परिस्थितियों में भी अपनी पहचान और महत्ता को सिद्ध किया है। नारी शक्ति, शौर्य और सामर्थ्य का दूसरा नाम है।

प्रारम्भ में नारी व पुरुष के कार्यों में कोई भेद नहीं था। ज्यों-ज्यों मानव विकास की ओर बढ़ता चला गया, उसके कार्यों में विभाजन भी होता गया। इन कार्यों में विशेषीकरण आया तथा स्त्री-पुरुष में श्रम विभाजन हुआ, संसार का प्रत्येक समाज मातृसत्तात्मक परिवार होने से सम्पत्ति पर, परिवार के नाम पर, वंश, गोत्र इत्यादि पर नारी का अधिकार होता था जिससे उसकी स्थिति उच्च हुआ करती थी। धीरे-धीरे इस व्यवस्था में परिवर्तन हुआ, परिवार पितृसत्तात्मक हुए, उससे हर मामले में पुरुष ने अपना आधिपत्य स्थापित कर लिया और वह नारी को तुच्छ समझने लगा। उत्पादकता का आश्रय लेकर पुरुष ने नारी को घर की वस्तु बना दिया और स्वयं उसका मालिक बन बैठा।

हिन्दू दर्शन के अनुसार चार युग हुए—सतयुग, त्रेतायुग, द्वापर युग और कलियुग। वैदिकयुगीन सभ्यता में भारतवर्ष में आर्यों का राज्य था। आर्यों ने ही वेदों की रचना की, उनका जीवन सुखमय था, विवाह संस्कार माना जाता था। नारियों को समाज में आदर-सम्मान की दृष्टि से देखा जाता था। वैदिकोत्तर कालीन समय में विवाह प्रतियोगिता के आधार पर होता था। आर्य समाज में समय बीतने के साथ-साथ नारियों की स्थिति में अपेक्षाकृत अन्तर आया। निम्न तथा उच्च जाति की नारियों में भेदभाव शुरू हुआ और ज्यों-ज्यों समय बीतता गया, नारी की स्थिति भी नीचे खिसकती गई। हिन्दुस्तान में नारियों के चरित्र के साथ अनेक सवाल जोड़कर उसे लाजवन्ती या छुई-मुई बना दिया गया।

महिलाओं पर अत्याचार

• **महिलाओं की मर्यादा का अपमान**—महिलाओं की मर्यादा का अपमान करना एक अपराध है जिसके किए जाने पर भारतीय दण्ड संहिता की धारा 354 के अन्तर्गत दो साल की सजा या जुर्माना या दोनों का दण्ड एक साथ दिया जा सकता है।

कोई भी व्यक्ति किसी महिला को डराने, तंग करने या चोट पहुँचाने की नीयत से शारीरिक बल का प्रयोग करता है तो वह उपर्युक्त धारा के अन्तर्गत दण्डित किया जाएगा।

• पत्नी को मारपीट द्वारा चोट पहुँचाना एक अपराध है जिसमें जान-बूझकर गहरी चोट पहुँचाने पर एक साल तक कैद या 1000 रुपये तक का जुर्माना या दोनों की सजा एक साथ भी हो सकती है।

पारिवारिक न्यायालय—परिवार न्यायालय अधिनियम 1984 के अन्तर्गत पारिवारिक झगड़ों के शीघ्र निपटारे के लिए परिवार न्यायालयों का गठन किया गया है। पारिवारिक झगड़ों के निपटारे के लिए कोई भी व्यक्ति इन न्यायालयों की शरण ले सकता है। समाज में स्त्री की निम्न दशा और अन्य परिस्थितियों के कारण सदैव उस पर जुल्म होते आ रहे हैं। 'बलात्कार' ऐसा ही एक खतरनाक अपराध है। यह सदियों से स्त्रियों पर होता आ रहा है। स्त्री की सहमति के बिना उससे सम्भोग करना और सोलह वर्ष से कम उम्र की लड़कीयों के साथ सम्भोग करना, दोनों कानून की दृष्टि से अपराध हैं। इस अपराध को बलात्कार कहा जाता है। इस जुर्म के लिए अपराधी को उम्रकैद भी हो सकती है।

बलात्कार एक आम अपराध है, फिर भी पुलिस में इसकी रिपोर्ट बहुत कम दर्ज करवायी जाती है, यदि किसी स्त्री के साथ बलात्कार होता है तो वह अक्सर पुलिस में रिपोर्ट नहीं लिखवाना चाहती है। वह समझती है—

• लोग समझेंगे, वह भ्रष्ट हो गई।

• घरवाले बदनामी के शिकार होंगे।

• उसकी बात का कोई विश्वास नहीं करेगा।

• बलात्कार करने वाला पुरुष अगर बड़ा आदमी है तो वह उस पर और उसके परिवार वालों पर अत्याचार करेगा।

• वह समझती है कि पुरुष से दुर्व्यवहार होना तो औरतों की किस्मत है।

• वह इतनी कम उम्र की या मासूम है कि वह समझ नहीं पाती कि उसके साथ क्या किया गया है।

• लोग उसे ही दोषी ठहरायेंगे।

क्या किसी स्त्री को बलात्कार का अपराध चुपचाप सहन करना चाहिए ? क्या वह सिर्फ इसलिए बुरी और भ्रष्ट हो गई है कि उसके साथ बलात्कार हुआ है ? क्या कोई पुरुष किसी भी स्त्री के साथ जबरदस्ती कर सकता है और इसके लिए उसे कोई दण्ड नहीं दे सकता ?

नहीं, हमारे देश में कुछ ऐसे कानून हैं जो बलात्कार की शिकार हुई स्त्रियों की सहायता करते हैं और अपराधी को दण्ड देते हैं।

कानून कैसे मदद करता है ?

• कोई भी स्त्री अपने साथ घटे ऐसे अपराध की पुलिस को शिकायत कर सकती है। वह शिकायत दर्ज कराने की स्थिति में न हो तो उसके सगे-सम्बन्धी शिकायत कर सकते हैं।

• उसके द्वारा दी गई सूचना सदैव गुप्त रखी जाएगी।

• ऐसे मामलों की सुनवाई ऐसे कोर्ट में होती है, जहाँ सिर्फ मामले से जुड़े लोग ही होते हैं, आम जनता को कोर्ट की सुनवाई देखने या सुनने नहीं दिया जाता है।

• यदि किसी औरत के साथ हवालात में या अन्य-संरक्षण में, जैसे कि अस्पताल या नारी निकेतन वगैरह में सम्भोग किया जाए तो यह माना जाएगा कि उस औरत के साथ बलात्कार हुआ है फिर उस पुरुष को ही साबित करना होगा कि वह निर्दोष है। स्त्री को बलाकार का सबूत नहीं देना पड़ेगा।

बलात्कार क्या है

जब कोई पुरुष स्त्री के साथ उसकी इच्छा के विरुद्ध सम्भोग करता है तो उसे बलात्कार कहा जाता है। आम भाषा में कहा जाता है कि किसी स्त्री के साथ 'जबरदस्ती' हुई है या उसकी 'इज्जत लूटी' गई है।

कानून की भाषा में बलात्कार तब होगा जबकि

• किसी स्त्री के साथ किसी पुरुष द्वारा उसकी इच्छा और सहमति के बिना सम्भोग किया जाए।

• सम्भोग के लिए उसे डरा-धमकाकर उसकी सहमति ली जाए।

• उससे यह कहकर सम्भोग किया जाए कि वह पुरुष उसका पति है, जबकि वास्तव में वह पति नहीं है।

• किसी ऐसी स्त्री के साथ पुरुष द्वारा सम्भोग किया जाए, जो दिमागी तौर पर कमजोर हो या जो किसी तरह के नशे के प्रभाव में हो।

• सोलह साल से कम उम्र की किसी लड़की के साथ किया गया सम्भोग भी बलात्कार कहा जाएगा चाहे वह उसकी मर्जी से हुआ हो या मर्जी के खिलाफ।

सम्भोग का क्या अर्थ है ?

आमतौर पर जब हम कहते हैं कि किसी स्त्री का पुरुष के साथ शारीरिक सम्बन्ध है या कोई स्त्री किसी पुरुष के साथ सोयी है, तो उसका अर्थ होता है कि उन्होंने सम्भोग किया है। बलात्कार के अपराध में कानून किसे सम्भोग समझता है, यह जानना आवश्यक है। कानून की निगाह में बलात्कार तभी होता है जब पुरुष के लिंग का स्त्री की योनि में प्रवेश हो। फिर चाहे किसी कारण से सम्भोग क्रिया पूरी हो या नहीं, वह बलात्कार कहलायेगा। बिना लिंग के योनि में प्रवेश किए कोई अन्य क्रिया बलात्कार नहीं कहलाएगी। हाँ, वह कोई दूसरा अपराध माना जाएगा, जिसकी सजा कुछ कम हो सकती है।

स्त्री की इच्छा के विरुद्ध का मतलब

इसका अर्थ है स्त्री की मर्जी के खिलाफ पुरुष का उसके साथ सम्भोग करना। मतलब स्त्री की अपनी इच्छा चले तो वह उस पुरुष के साथ सम्भोग नहीं करेगी।

कोई पुरुष किसी स्त्री को उसके काम करने की जगह से पकड़कर किसी एकान्त स्थान में ले जाता है, वह उसके साथ सम्भोग करना चाहता है पर स्त्री नहीं चाहती। वह उसके साथ हाथापाई करती है परन्तु पुरुष अपने हाथों से या कपड़ा डालकर उसका मुँह बन्द कर देता है।

स्त्री अपने आपको छुड़वाने की कोशिश करती है परन्तु वह अपने आपको छुड़वा नहीं पाती। पुरुष उसके साथ सम्भोग कर लेता है। स्त्री की इच्छा के विरुद्ध इस तरह का सम्भोग बलात्कार कहा जाएगा। यदि किसी स्त्री के न चाहने पर भी उसके साथ सम्भोग किया जाए तो उसे बलात्कार माना जाएगा। परन्तु इसका मतलब यह नहीं है कि उसके लिए हाथापाई झगड़ा होना या छीना-झपटी जरूरी है। स्त्री की मजबूरी का फायदा उठाकर उससे हाँ कहलवाकर उसके साथ किया गया सम्भोग भी बलात्कार ही है।

कई बार ऐसे अपराधी कोर्ट से छूट भी जाते हैं, क्यों स्त्री पर दबाव डाला गया था, यह सिद्ध नहीं हो पाता है। स्त्री इतना डरी और सहमी होती है कि ठीक से सारी बातें बता नहीं पाती। कई बार कोर्ट तक केस जाने के बाद भी स्त्री पर दबाव डाला जाता है कि अगर अपराधी को सजा हुई तो वह स्त्री के परिवार को तबाह कर देगा। ऐसे दबाव से भी कई बार स्त्री कोर्ट में सच नहीं बता पाती। परन्तु यह गलत है। यदि स्त्री या उसके परिवार को धमकी दी जाती है तो वह कोर्ट से पुलिस संरक्षण की माँग कर सकती है ताकि उसकी और उसके परिवार की सुरक्षा बनी रहे।

क्या पति-पत्नी के सम्भोग को बलात्कार कहा जा सकता है ?

केवल कुछ परिस्थितियों में। हमारे समाज में पत्नी को पति की सम्पत्ति की तरह माना जाता है। पति का यह अधिकार माना जाता है कि वह जब चाहे अपनी पत्नी के साथ सम्भोग करे, चाहे पत्नी न भी चाहती हो। आमतौर पर कानून उसे बलात्कार नहीं

मानेगा। यदि पत्नी 15 साल से कम उम्र की हो तो वह बलात्कार होगा। अगर कोर्ट के आदेश से या रीति-रिवाज के अनुसार पति-पत्नी अलग-अलग रहते हों और पति, पत्नी के साथ उसकी इच्छा के विरुद्ध सम्भोग करता है, तो वह बलात्कार माना जाएगा।

वैसे तो 18 साल से कम उम्र की लड़की की शादी ही जुर्म है परन्तु शादी हो जाए तो 15 साल से कम उम्र की पत्नी से किया गया सम्भोग बलात्कार माना जाएगा। यदि पत्नी 12 से 15 वर्ष के बीच है तो उससे किया गया सम्भोग बलात्कार है और उसकी सजा दो वर्ष की कैद या जुर्माना या दोनों हो सकती है। किन्तु पत्नी 12 वर्ष से कम उम्र की हो तो सजा अधिक भी हो सकती है। छोटी उम्र की लड़कियाँ सम्भोग-क्रिया सहन नहीं कर पातीं। कई बार उन्हें गम्भीर रूप से चोट आ सकती है। कभी-कभी उससे मौत भी हो जाती है।

नकली पति का सम्भोग भी बलात्कार होता है

हमारे देश में विशेषत: गाँवों में पति-पत्नी की पहली मुलाकात शादी के वक्त ही होती है। कई बार तो शादी बचपन में हो जाती है, परन्तु पत्नी जब तक बड़ी नहीं हो जाती अपने पिता के घर ही रहती है। उसके बड़े होने पर गौना होता है, तब लड़की अपने पति के साथ रहने जाती है। ऐसे में जब लड़की के ससुराल से उसे लाने के लिए कोई आता है तो उसे पता ही नहीं होता है कि वह उसका पति है या नहीं। कोई पुरुष, जो उसके पति का भाई, पिता, दोस्त या कोई नजदीकी रिश्तेदार भी हो सकता है, अपने आपको उसका पति बताता है, वह उसके साथ सम्भोग करता है। वह भी बलात्कार का अपराधी है। उसे वही सजा होगी जो एक बलात्कारी को होती है।

पागल या कमजोर दिमाग वाली स्त्री से सम्भोग बलात्कार है

अगर कोई पुरुष किसी पागल या कमजोर दिमाग वाली स्त्री से सम्भोग करता है तो वह बलात्कार होगा चाहे उसमें उस स्त्री की इच्छा और सहमति दोनों ही क्यों न हो।

शराब पी हुई स्त्री के साथ सम्भोग बलात्कार है

• अगर नशे के कारण कोई स्त्री अपने वश में न रहे तो उससे सम्भोग करना बलात्कार का अपराध होगा।

• यदि किसी अन्य कारण से भी कोई स्त्री होश में न हो और उसके साथ कोई सम्भोग करे तो वह भी बलात्कार होगा।

बलात्कार का अपराधी किसे माना जाता है ?

सिर्फ पुरुष को बलात्कार का अपराधी माना जाता है। चाहे वह 10 वर्ष का बालक ही क्यों न हो, अगर वह जानता है कि वह क्या कर रहा है, उसे सजा होगी। कई बार एक से अधिक पुरुष भी एक स्त्री के साथ एक-एक करके बलात्कार करते हैं, ऐसे में वे

सभी अपराधी होंगे। अगर कोई दूसरा व्यक्ति किसी प्रकार से किसी पुरुष को बलात्कार करने में मदद करे तो उसे इस जुर्म में 'सहयोगी' होने के कारण जेल होगी।

बलात्कारी को कितनी सजा होगी ?

• कोर्ट में बलात्कार करने वाले का अपराध सिद्ध होने पर उसे 7 से 10 वर्ष की सजा या उम्र कैद भी होती है। किसी विशेष कारण से, कोर्ट चाहे तो अपराधी को 7 से कम वर्ष की सजा भी दे सकता है।

• अगर कोई पुरुष, यह पता होने पर कि स्त्री गर्भवती है, उसके साथ बलात्कार करता है तो उसे कम से कम 10 वर्ष की सजा होगी।

• 12 वर्ष से कम उम्र की लड़की के साथ किए गए बलात्कार के लिए कम से कम 10 वर्ष की सजा होगी।

• कई पुरुषों द्वारा एक या अधिक स्त्री पर लगभग एक समय पर किए गए सामूहिक बलात्कार में भी हर एक अपराधी को कम से कम 10 वर्ष की सजा होगी।

• कुछ व्यक्ति जैसे कि पुलिसकर्मी, सरकारी नौकर, जेलों में काम करने वाले, अस्पतालों में काम करने वाले वगैरह विशेष रूप से दोषी हैं। अगर वे उनकी निगरानी या हिरासत में रहने वाली स्त्री के साथ बलात्कार करते हैं तो कम से कम 10 साल से लेकर उम्रकैद की सजा हो सकती है। उन्हें ज्यादा कड़ी सजा दी जाती है क्योंकि पुलिस हिरासत, नारी निकेतन, जेल, अस्पताल आदि जैसी जगहों पर, औरतें वहाँ के कर्मचारियों के नियंत्रण में रहती हैं।

बलात्कार होने पर स्त्री को क्या करना चाहिए ?

• पहने हुए कपड़े न धोएँ, न ही बदलें, बलात्कार के बाद अपने अन्दर स्त्री को बहुत ही गन्दगी महसूस होगी मगर डॉक्टरी जाँच तक उसे न तो पहने हुए कपड़ों को धोना चाहिए, न ही बदलना चाहिए।

• दोस्त या परिवार वालों को बताएँ, बलात्कार की शिकार स्त्री को इस घटना के बारे में अपने निकट के मित्र, सहेली या परिवार वालों को तुरन्त बताना चाहिए। अपने या गाँव के बुजुर्गों को लेकर पुलिस में रिपोर्ट दर्ज करवानी चाहिए।

• तुरन्त पुलिस को सूचना दे, वास्तव में जिस स्त्री पर बलात्कार हुआ होता है वह इतनी घबरायी हुई होती है कि वह सोच ही नहीं पाती कि उसे क्या करना चाहिए परन्तु फिर भी अपने-आपको सम्भालना चाहिए। अगर वह रिपोर्ट करने में एक-दो दिन का समय लगाती है तो घटना के निशान मिट जाएँगे और अपराध सिद्ध होना कठिन होगा।

डॉक्टर क्या करेंगे ?

डॉक्टर (स्त्री या पुरुष) स्त्री की जाँच करेंगे। जाँच के वक्त किसी और स्त्री को वहाँ हाजिर रहना चाहिए। डॉक्टर स्त्री की योनि की जाँच करेंगे। उसके आसपास वीर्य है या नहीं, वह यह भी देखेंगे। साथ ही स्त्री की जाँघ व उसके बीच लगी खरोंचों आदि की जाँच भी होगी। डॉक्टर स्त्री की मानसिक हालत भी अपनी रिपोर्ट में लिखेंगे। इन सब बातों की रिपोर्ट कोर्ट में यह सिद्ध करने के लिए जरूरी है कि स्त्री द्वारा लगाया गया आरोप सही है। स्त्री की उम्र का ठीक अन्दाजा लगाने के लिए खासकर यह जानने के लिए कि वह 16 साल से कम की है या नहीं, डॉक्टर उसकी हड्डियों की विशेष परीक्षा करके उसकी उम्र का अन्दाज भी लगा सकते हैं।

बलात्कार करने वाले का क्या होगा ?

स्त्री को बलात्कार करने वाले का चेहरा याद रखना चाहिए ताकि वह उसे पहचान सके। उसे पुरुष के कपड़े, रंग-रूप के बारे में पुलिस को बताना चाहिए। साथ ही स्त्री को पुलिस को बताना चाहिए कि उस घटना के बाद बलात्कारी पुरुष किस दिशा में गया। इस सूचना से पुलिस को बलात्कारी को पकड़ने में मदद मिलेगी। उसे पुलिस द्वारा पकड़ लेने पर स्त्री को उसे ठीक से पहचान लेना चाहिए। पुरुष वही है इसकी जानकारी और बातों से भी मिल सकती है। यदि उसे तुरन्त पकड़ लिया जाए तो उसकी जाँच से भी उसके अपराध का पता चल सकता है। खरोंचों के या झगड़े के निशान हो सकते हैं, उसके लिंग और कपड़ों पर ताजे वीर्य के निशान होंगे, उसके बालों, खून और चमड़ी की जाँच से पता लगाया जा सकता है कि वह वही पुरुष है। क्योंकि ऐसे ही निशान स्त्री के शरीर पर भी पाए गए होंगे। इसलिए यह जरूरी है कि स्त्री तुरन्त पुलिस में रिपोर्ट करे ताकि अपराधी इन डॉक्टरी सबूतों के साथ पकड़ लिया जाए।

अगर वह नहा लेता है या अपने कपड़े धो लेता है या बदल लेता है तो उसके शरीर पर लगे अपराध के निशान-सबूतों को वह मिटा देगा। इसलिए कार्यवाही करने में देर नहीं होनी चाहिए।

पुलिस क्या करेगी ?

• पुलिस-स्टेशन में पुलिस अधिकारी या दारोगा शिकायत को (जिसे एफ.आई.आर. भी कहते हैं) रिकार्ड बुक (शिकायत-पुस्तिका) में लिखेगा।

• स्त्री को पढ़कर बताएगा कि उसने क्या लिखा है।

• स्त्री से शिकायत पर हस्ताक्षर पर अँगूठा लगाने को कहेगा।

• स्त्री को शिकायत की एक प्रति देगा।

• अगर पुलिस स्टेशन का अधिकारी या दारोगा स्त्री की रिपोर्ट लिखने से इन्कार

करता है तो स्त्री को सारी घटना और दारोगा की मनाही के बारे में पुलिस अधीक्षक को पत्र लिखकर भेजना चाहिए। पत्र मिलने पर या तो वह स्वयं सारी जाँच करेंगे या किसी दूरसरे अधिकारी या पुलिसकर्मी को जाँच के लिए कहेंगे।

ऐसा जरूर हो सकता है कि पूरी रिपोर्ट लिखने के पहले ही पुलिस स्त्री को डॉक्टरी जाँच के लिए भेज दे और उसके पहने हुए कपड़ों को सीलबन्द थैली में रखकर जाँच के लिए भेज दे। फिर भी पुलिस अगर यह समझे कि रिपोर्ट लिखने के लिए पर्याप्त कारण नहीं है और मना कर दे तो स्त्री को चाहिए कि वह स्थानीय न्यायाधीश (मजिस्ट्रेट) को जाकर अपनी रिपोर्ट दे। अगर न्यायाधीश जरूरी समझे तो स्वयं मामले की छानबीन करेंगे या पुलिस को उचित कार्यवाही करने के लिए कहेंगे।

क्या मजिस्ट्रेट स्त्री की शारीरिक जाँच कर सकता है ?

नहीं, मजिस्ट्रेट स्त्री के शरीर को न छू सकते हैं और न ही उसकी जाँच कर सकते हैं। वह स्त्री और घटना–गवाहों से सवाल पूछकर पूरी घटना की जानकारी लिखा लेंगे। तत्पश्चात् वह स्वयं हस्ताक्षर करेंगे और स्त्री और बाकी गवाहों से भी हस्ताक्षर करवाएँगे।

अगर बलात्कारी ताकतवर और प्रभावशाली हो तो

यदि अपराध करने वाला पुरुष काफी ताकतवर और प्रभावशाली हो जिसके कारण पुलिस और स्थानीय मजिस्ट्रेट सभी स्त्री की रिपोर्ट लिखने से इन्कार कर दे तो वह इन लोगों को सीधे पत्र लिख सकती है। अपने राज्य के मुख्यमंत्री, पुलिस महानिरीक्षक, स्थानीय विधायक, कलेक्टर से मिलकर वह अपनी बात बता सकती है। यहाँ तक कि सीधे प्रधानमंत्री को भी पत्र लिखा जा सकता है। स्त्री किसी समाजसेवी या स्थानीय राष्ट्रीय समाचार पत्र को भी पत्र लिख सकती है और घटना की जानकारी दे सकती है। इससे कार्यवाही में तेजी आएगी।

पुलिस बलात्कारी का क्या करेगी ?

पकड़े जाने पर पुलिस बलात्कारी पुरुष से सवाल पूछेगी और जब तक जाँच चलती रहेगी, उसे हवालात या जेल में बन्द रखेगी। परन्तु कई बार पुरुष को जब तक कोर्ट का नतीजा नहीं आता, जमानत पर भी छोड़ा जा सकता है।

क्या जाँच के दौरान हमेशा स्त्री को पुलिस स्टेशन जाना होगा ?

नहीं। जाँच में जहाँ जरूरी होगा, पुलिस स्त्री के घर जाकर उससे बात करेगी। यदि पुलिस बहुत जरूरी समझे तो स्त्री को घटनास्थल या पुलिस स्टेशन पर बुला सकती है, परन्तु स्त्री न आना चाहे तो पुलिस उसे परेशान नहीं कर सकती है। यदि ऐसा किया गया तो पुलिस के विरुद्ध कार्यवाही की जा सकती है और सम्बन्धित पुलिसकर्मियों को दण्ड दिया जा सकता है।

बलात्कारी पुरुष को कोर्ट में कौन लाएगा ?

स्त्री द्वारा एक बार रिपोर्ट लिखवाने के बाद जाँच का पूरा काम और बलात्कारी पुरुष को कोर्ट लाने का काम पुलिस ही करेगी। कोर्ट में सरकारी वकील स्त्री का केस लड़ेगा। चाहे तो अपनी ओर से एक और वकील रख सकती है, जो सरकारी वकील की मदद करेगा।

बलात्कारी पुरुष क्या कहेगा ?

अक्सर देखा गया है कि बलात्कारी अपनी सफाई में एक ही तरह की बातें करते हैं जैसे कि, उस वक्त वह वहाँ था ही नहीं या जिस व्यक्ति का कहना है कि उसने देखा है, उससे गलती हुई है, उसने किसी और को देखा होगा।

अगर लड़की 13-14 साल की है तो वह कहेगा कि वह 16-17 साल की है और उसने सम्भोग के लिए सहमति दी थी। या फिर कहेगा कि स्त्री ने पैसे लेकर उसके साथ सम्भोग करने के लिए कहा था। इसलिए यह जरूरी है कि समय पर पुलिस को आवश्यक जानकारी दी जाए।

कोर्ट की कार्यवाही में क्या होगा ?

कोर्ट दोनों पक्षों के सबूत देखेगा। दोनों पक्षों की बातें सुनकर मजिस्ट्रेट यह भी मान सकते हैं कि पुरुष जो कह रहा है, वह ठीक है। स्त्री कोर्ट में जाकर यह कहने से ही घबराती है कि उसके साथ बलात्कार हुआ है। सारे सबूत और गवाह भी उसके पक्ष में फैसला होने के लिए जरूरी होते हैं। स्त्री यह जरूर सोचती है कि लोग क्या कहेंगे और इन बातों से हुई घबराहट में सारी जरूरी बातें कोर्ट में स्पष्ट नहीं हो पाती हैं। स्त्री को चाहिए कि वकील और पुलिस की मदद से अपने साथ हुए अपराध के लिए दोषी को सजा दिलवाए। चाहे जो मुसीबत उठानी पड़े, स्त्री को बलात्कार की रिपोर्ट जरूर करनी चाहिए, बजाए इसके कि घटना को छिपाए। परिणामस्वरूप बलात्कारी को सबक मिले और आगे इस तरह की घटनाएँ न हों।

उच्चतम न्यायालय के नए निर्णय

शारीरिक सम्पर्क, यौन कार्य की माँग, संकेत, यौनसूचक टिप्पणियों, अश्लील साहित्य दिखाना तथा अनपेक्षित शब्दों को इस कानून के तहत माना गया है। 13 अगस्त, 1997 को सुप्रीम कोर्ट ने एक ऐतिहासिक फैसले में काम करने वाली जगहों पर महिला पर होने वाले यौन उत्पीड़न को रोकने के लिए निर्देश जारी किए, सरकारी या गैर सरकारी अथवा सार्वजनिक प्रतिष्ठानों में काम करने वाली महिला पर किसी भी तरह का यौन-उत्पीड़न रोकने की जिम्मेदारी अथवा जवाबदेही अब सरकार, नौकरी देने वाले प्रतिष्ठान मैनेजमेन्ट आदि की होगी। इन्हें कार्यस्थल पर यौन उत्पीड़न रोकने हेतु नियम समुचित दण्ड सुरक्षा और महिलाओं की सुविधा का ध्यान रखना होगा। यदि किसी महिला के

साथ ऐसी घटना होती है तो प्रतिष्ठान की जिम्मेदारी होगी।

सुप्रीम कोर्ट ने अपने अधिकार का उपयोग करते हुए महिला पर होने वाले ऐसे अपराध को महिला के मानव अधिकार का उल्लंघन माना है। अब कार्यालयों एवं अन्य काम की जगहों पर महिला को पूर्ण सम्मान का दर्जा देना होगा।

सर्वोच्च न्यायालय ने बलात्कार के एक मामले में फैसला सुनाते हुए कहा है कि बच्चियों के शरीर पर किए गए अधिकांश हमलों की रिपोर्ट नहीं की जाती। फिर भी इस तरह की घिनौनी घटनाओं में वृद्धि हो रही है। इसका कारण यह है कि बच्चियों को बलात्कार की क्रिया के बारे में मालूम ही नहीं होता। इसलिए वे अपना बचाव नहीं कर पातीं और जंगली जैसे व्यक्तियों की हवस का शिकार बन जाती हैं। जो व्यक्ति बच्चियों के ऊपर अपराध करते हैं, एक सभ्य समाज के दुश्मन होते हैं। उन्हें सख्त से सख्त सजा होनी ही चाहिए।

अठारहवीं शताब्दी के पूर्वार्द्ध अथवा उन्नीसवीं शताब्दी के उत्तरार्द्ध से ही एशिया के विभिन्न देशों में महिला बराबरी या सक्रियता की हलचल दिखाई पड़ने लगी थी। भारत में जहाँ पण्डिता रम्माबाई ने हिन्दू धर्म की रूढ़िवादिता पर आघात किया और नारी स्वतन्त्रता की बात की वहीं कार्तिनी नामक महिला ने इण्डोनेशिया में महिला शिक्षा की बात की और स्कूल खोलकर परम्पराओं को तोड़ा। ईरान की करात उल ऐन जो विधर्मी थी, ने पर्दे का विरोध और बहिष्कार किया तथा लोगों के बीच बेपर्दा होकर उपदेश दिए। चीन की जिऊ-जिन अपना घर छोड़कर टोकियो पढ़ने गई और क्रान्तिकारी राजनीति से जुड़ी, जिसका परिणाम अन्त में उन्हें अपनी मौत से चुकाना पड़ा। उस समय उन्होंने कहा था कि अपने घरों में समानता का अधिकार प्राप्त करके ही क्रान्ति आरम्भ होगी। सुगला तथा गजमन नीना श्रीलंका की वे स्त्रियाँ थीं जिन्होंने नारी की निष्क्रियता और रूढ़िवादिता के खिलाफ विद्रोह किया और इसके लिए सुगला को अपने राज्य के राजा पराक्रम वाहू प्रथम से युद्ध करना पड़ा। वहीं मजमान नीना ने महिला के हक में क्रान्तिकारी कविता लिखी जिसे अश्लील करार दिया गया।

कामकाजी महिला कानून तथा सुरक्षा

समान वेतन—सरकार ने एक कानून बनाया है जिसका नाम है समान पारिश्रमिक अधिनियम 1976। यह कानून कहता है—

• एक ही तरह के काम के लिए स्त्री और पुरुष को एक जैसा वेतन मिलना चाहिए। अधिकांशतः ऐसा होता है कि स्त्री-पुरुष दोनों एक ही तरह के काम में लगे होते हैं, पर पुरुष को ज्यादा पैसे मिलते हैं। यह गलत है। यह जरूरी नहीं कि काम बिल्कुल एक जैसा होना चाहिए। 'एक या समान कार्य' उन्हें कहेंगे जो मिलते-जुलते हों और जिनमें

करीब-करीब एक जैसी मेहनत लगती हो।

• जिस काम पर पुरुषों को भर्ती किया जाए, उस काम पर स्त्रियों को भी भर्ती होने का हक है अगर वे उस काम के काबिल हैं।

• काम पर लगाने वाला व्यक्ति यानि मालिक किसी भी महिला कामगार से वेतन में, भर्ती में, बढ़ोतरी में, तालीम में या बदली में भेदभाव नहीं कर सकता। यदि कोई भी व्यक्ति आपको इसलिए काम पर लगाने से इन्कार करता है कि आप महिला हैं तो उस व्यक्ति को सजा हो सकती है।

फैक्टरियों में काम

• फैक्टरी में काम करने वाली महिलाओं के लिए कानून ने कुछ विशेष सुविधाएँ तय की हैं। ये फैक्टरी अधिनियम 1948 नामक कानून के तहत दी गई हैं।

ये सुविधाएँ हैं

• महिलाओं के लिए अलग शौचालय और दरवाजे वाले स्नानगृह होने चाहिए।

• जहाँ 30 से अधिक महिलाएँ काम करती हों, उस फैक्टरी में एक 'क्रेश' या झूलाघर यानि बच्चों की देखभाल के लिए जगह जरूर होनी चाहिए।

• महिलाओं से निश्चित वजन से ज्यादा वजन नहीं उठवाया जा सकता।

• महिलाओं से किसी चलती मशीन को साफ करवाना या तेल लगवाना मना है।

• महिलाओं से एक सप्ताह में 48 घण्टों से अधिक काम नहीं लिया जा सकता। फैक्टरी में ओवरटाइम काम नहीं लिया जा सकता।

• सप्ताह में एक दिन अवकाश जरूर मिलना चाहिए।

• 5 घण्टों से अधिक लगातार काम नहीं कराया जा सकता।

• काम सिर्फ सुबह 6 बजे से रात्रि के 7 बजे के बीच कराया जा सकता है।

प्रसूति सुविधाएँ

काम करने वाली महिलाओं के लिए एक विशेष कानून है, इसका नाम है 'प्रसूति सुविधा अधिनियम 1961'। इसके अन्तर्गत कुछ खास सुविधाएँ दी जानी चाहिए—

गर्भावस्था के दौरान

• बच्चा पैदा होने के बाद और

• मातृत्व की शुरुआत के महीनों में दी जाती है।

कामकाजी महिलाओं को कौन-कौन सी प्रसूति सुविधाएँ मिलती हैं—

• प्रसूति से पहले पूरे वेतन पर 6 सप्ताह का अवकाश।

• प्रसूति के पश्चात पूरे वेतन पर 6 सप्ताह का अवकाश। यह सारी 12 सप्ताह की छुट्टी बच्चा पैदा होने के बाद एक साथ भी ली जा सकती है।

• यदि मालिक प्रसूति से पहले और प्रसूति के बाद की आवश्यक डॉक्टरी चिकित्सा सुविधाएँ नहीं दे सकता तो उसे 250 रुपये 'मेडिकल बोनस' अर्थात् डॉक्टरी चिकित्सा का खर्च भी देना होगा।

• गर्भावस्था में, काम के आखिरी एक महीने के दौरान स्त्री से कोई भी ऐसा काम नहीं कराया जा सकता जो स्त्री को शरीर से थका दे। कोई ऐसा काम भी नहीं करवाया जा सकता जिसमें महिला को लम्बे समय के लिए खड़ा रहना पड़े या भारी वजन उठाना पड़े। आप बाकायदा ऐसा काम करने से इन्कार कर सकती हैं, जिससे पेट में पल रहे बच्चे को किसी भी प्रकार का खतरा हो।

• यदि बच्चा गिर जाता है, तो स्त्री को बच्चा गिरने के बाद 6 सप्ताह की छुट्टी पूरे वेतन पर पाने का अधिकार है।

• यदि कोई स्त्री गर्भावस्था के कारण, बच्चा गिर जाने के कारण, प्रसूति के कारण या 9 महीने से पहले बच्चा पैदा हो जाने के कारण, बीमार पड़ती है तो उसे एक महीने की अधिक छुट्टी पूरे वेतन पर दी जायेगी। कुल मिलाकर 6 सप्ताह एवं एक माह की छुट्टी मिलेगी।

• बच्चे का जन्म हो जाने के बाद जब स्त्री काम पर लौटती है, तब बच्चे को दूध पिलाने के लिए उसे दिन में दो-बार समय मिलेगा। बच्चा 15 महीने का होने तक माँ को यह सुविधा मिलनी चाहिए। यह दो समय की छुट्टी आमतौर से दिए जाने वाले आराम के समय के अलावा दी जाती है। यदि बच्चा पेट में या पैदा होने के बाद मर जाता है तो भी माँ को यह सुविधा मिलेगी।

• गर्भावस्था की सुविधाएँ लेने के लिए जरूरी नहीं कि महिला शादीशुदा से।

मातृत्व सुविधा

अधिनियम 1961 (संशोधित 1987) कामकाजी महिलाओं (विशेषकर गर्भावस्था एवं प्रसव समय में) का शोषण रोकने व माँ और बच्चे के स्वास्थ्य व हितों की रक्षा के लिए मातृत्व सुविधा अधिनियम का बनाना जरूरी था। इसको ध्यान में रखते हुए यह अधिनियम 1961 में बनाया गया तथा 1987 में संशोधित किया गया है। इस अधिनियम को बनाने के पीछे निम्नलिखित उद्देश्य रहे हैं—

महिलाओं को व्यावसायिक केन्द्रों एवं प्रतिष्ठानों इत्यादि में निश्चित रूप से लगातार रोजगार के अवसर प्रदान करना तथा बच्चा पैदा होने या गर्भपात होने की स्थिति में महिलाओं का रोजगार सुरक्षित रखना।

प्रसवकाल, गर्भावस्था के दौरान बीमार होने, अपरिपक्व प्रसव, गर्भपात होने की स्थिति में उनको छुट्टियों के दौरान वेतन, मातृत्व सुविधा तथा चिकित्सा सम्बन्धित सुविधाएँ प्रदान करना।

इस अधिनियम के अन्तर्गत महिला उपर्युक्त सुविधा प्राप्त करने की हकदार है। सुविधाएँ न मिल पाने की स्थिति में उक्त महिला को ये सुविधाएँ दिलाने के लिए कोई भी निरीक्षक, यूनियन या स्वयंसेवी संस्था न्यायालय में दावा डाल सकती है।

मातृत्व सुविधा

प्रत्येक महिला को प्रसव के दिन से 6 सप्ताह पहले और 6 सप्ताह बाद तक के पूर्ण वेतन पर अवकाश की सुविधा का प्रावधान है। यदि किसी रोजगार में प्रसव के पहले व बाद की सुविधा का प्रावधान नहीं हैं तो महिला इस अधिनियम के अन्तर्गत उपलब्ध मातृत्व सुविधा के अलावा 250 रुपये का चिकित्सा भत्ता प्राप्त करने की भी हकदार है—

गर्भपात की स्थिति में गर्भपात होने के दिन से महिला पूर्ण वेतन पर 6 सप्ताह का अवकाश लेने की हकदार है। इसके लिए उसे चिकित्सा प्रमाण पत्र देना अनिवार्य है।

यह अधिनियम किसी प्रबन्धक को महिला को गर्भपात या प्रसव से 6 सप्ताह पूर्ण होने से पहले नौकरी पर रखने की इजाजत भी नहीं देता है।

मातृत्व सुविधा या फायदा केवल वही महिला उठा सकती है जिसने प्रसव से 12 महीने पहले की अवधि में कम से कम 160 दिन तक काम किया हो।

घरेलू हिंसा निवारण कानून

पीड़ित महिलाओं को कई तरह के अधिकारों से नवाजने वाला कानून लागू होने से महिलाओं का शोषण घटने की उम्मीद बलवती हुई है। हाल ही में राष्ट्रीय अपराध अभिलेख ब्यूरो (एन.सी.आर.बी.) ने 2005 के आँकड़े घोषित किए हैं—

- हर चौथे मिनट पर एक महिला का उत्पीड़न।
- हर 15 मिनट पर एक महिला से छेड़छाड़।
- हर 53 मिनट पर एक यौन उत्पीड़न।
- हर 9 मिनट पर पति या सम्बन्धी से उत्पीड़न।
- हर 77 मिनट पर एक दहेज हत्या।
- हर 29 मिनट पर एक बलात्कार।

इस रिपोर्ट के अनुसार विगत वर्ष सम्पूर्ण देश में नारी उत्पीड़न के 1.55 लाख मामले दर्ज हुए जो कुल दर्ज अपराधों में 14 प्रतिशत से अधिक थे। विगत दो दशकों से महिला उत्पीड़न रोकने के लिए अनेक कानून बने तथा ये कानून पुरुषों को भयभीत करने के लिए काफी समझे जाते थे।

घर के भीतर महिलाओं के उत्पीड़न के मामलों में पुरुष के बच निकलने के ज़ो रास्ते समझे जाते थे, अब उनकी भी नाकाबन्दी कर दी गई है। पिछले दिनों लागू हुए

घरेलू हिंसा निवारण कानून से एक बार फिर आशा की किरण जगी है कि नारी उत्पीड़न के मामलों की वृद्धि दर में गिरावट आएगी। विगत वर्ष अगस्त में ही संसद के दोनों सदनों में पास हो चुके इस कानून को पिछले साल सितम्बर में ही राष्ट्रपति ए.पी.जे. अब्दुल कलाम ने भी स्वीकृति प्रदान की थी किन्तु इसके कुछ प्रावधानों पर राज्य सरकारों के बीच मामूली मतभेदों के चलते इसे लागू होने में एक वर्ष से अधिक समय का विलम्ब हो गया। इसके तहत महिलाओं को सबसे बड़ा अधिकार यह मिला है कि जिस रिश्तेदार के साथ वह रह रही है, विवाद प्रारम्भ होने पर महिला को वहाँ से हटाया नहीं जा सकता, भले ही वह उस सम्पत्ति की कानूनन हकदार हो या न हो।

साधारणत: किसी सम्पत्ति के कानूनन हकदार के पक्ष में मजिस्ट्रेट जो रेसिडेंस ऑर्डर जारी कर देता था, वैसा ऑर्डर अब किसी महिला के खिलाफ जारी नहीं किया सकेगा। केन्द्रीय महिला एवं बाल राज्यमंत्री रेणुका चौधरी कहती हैं ''इस कानून की यही सबसे सबसे बड़ी ताकत है, दूसरे कानूनों में यही खामी थी कि उसे सम्पत्ति का हकदार न होने के चलते बेदखल कर दिया जाता था।''

दूसरे कानून जहाँ मुकदमे दर्ज करने तथा अन्य दूसरी औपचारिकताओं को पूर्ण करने, पुलिस तथा कानून तंत्र पर निर्भर करते हैं, वहीं नए कानून में एक नया तंत्र विकसित किया जाना है। सामान्यत: प्रत्येक जिले में एक और जरूरत पड़े तो उससे अधिक संरक्षण अधिकारी नियुक्त किये जाने हैं। इन पदों पर नियुक्ति हेतु महिलाओं को वरीयता प्रदान की जाएगी। ये संरक्षण अधिकारी पीड़िता को जरूरत पड़ने पर नारी निकेतन में रखवा सकेंगे एवं चिकित्सा अधिकरियों के पास ले जाकर चिकित्सकीय परीक्षण करा सकेंगे, कानूनी सहायता दिला सकेंगे। इसमें गैर-सरकारी संगठनों की भी मदद ली जाएगी। इन खास प्रावधानों के चलते ही इसे मील का पत्थर कहा जा रहा है। चूँकि इसकी रूपरेखा पिछली राष्ट्रीय जनतांत्रिक गठबन्धन सरकार के दौरान ही बनी थी, पर मूलत: पत्नियों या महिला पार्टनरों के फायदे के लिए बने इस कानून के पारित होते-होते इसका दायरा काफी बढ़ा दिया गया है।

अत: अब न केवल पत्नी या महिला पार्टनर अपने पति पुरुष पार्टनर के उत्पीड़न के खिलाफ मजबूती से लड़ सकेगी, बल्कि घर में रहने वाली बहिन, माँ, विधवाएँ भी उस शख्स के खिलाफ आवाज उठा सकती हैं जिसके साथ वे किसी रिश्ते की वजह से रह रही हैं। यह जरूरी नहीं कि उत्पीड़न करने वाले का पीड़िता के साथ रिश्ता क्या रहा, बस पीड़िता किसी के साथ रहती है तो जरूरत पड़ने पर उसके खिलाफ शिकायत कर सकती है।

इसके अन्तर्गत महिला का शारीरिक, यौन, मौखिक, भावनात्मक या आर्थिक उत्पीड़न करना या उसके लिए खतरा उत्पन्न करना भी जुर्म हो गया है। इसके तहत

अदालत संरक्षण आदेश जारी कर सकती है जिसके जरिए उत्पीड़न करने वालों को पीड़िता का उत्पीड़न करने अथवा उत्पीड़न में किसी की मदद करने से रोका जा सकेगा। तात्पर्य है कि पीड़िता के आवास अथवा कार्यस्थल पर ऐसे व्यक्ति को जाने से रोका जा सकता है। इस संरक्षण आदेश का उल्लंघन करने वाले को एक साल की सजा या 20 हजार रुपये जुर्माना या दोनों हो सकते हैं। इसके साथ ही उत्पीड़न करने वाले के खिलाफ दूसरे कानूनों के तहत जो भी मामले बनते हैं दर्ज किए जाएँगे। संरक्षण अधिकारी ने भी ड्यूटी में कोताही बरती तो उसे भी यह दण्ड भुगतना पड़ सकता है। कानून के जानकारों के मुताबिक यह धारा काफी काम की होगी क्योंकि पुलिस विभाग में नीचे से ऊपर तक फैले भ्रष्टाचार को, जहाँ हर मामला दर्ज करने से पहले यह आकलन किया जाता है कि इसमें पैसा कितना और कहाँ से आ सकता है, देखते हुए यह प्रावधान संरक्षण अधिकारियों में भी खौफ पैदा करेगा।

दहेज कानून की तरह इस नए कानून के अन्तर्गत भी यह आवश्यक नहीं रहा कि उत्पीड़न की शिकायत पीड़िता ही दर्ज करवाए। इसकी सूचना पड़ौसी, सामाजिक कार्यकर्ता, रिश्तेदार आदि कोई भी दे सकता है और ऐसे व्यक्ति को इसमें पार्टी नहीं बनाया जाएगा। इतना ही नहीं, अदालतों में लाखों की संख्या में लम्बित मामलों को देखते हुए ही इसमें खास प्रावधान है। मामला दर्ज होने के तीन दिन के भीतर मजिस्ट्रेट को पहली सुनवाई करनी होगी और इसके दो माह के भीतर प्रकरण का निराकरण करा लेना होगा।

आवश्यकता होने पर इसके लिए पृथक अदालतों का गठन किया जाएगा। यह कहना कठिन है कि त्वरित इंसाफ दिलाने के लिए इसे कितनी सख्ती से लागू किया जाएगा क्योंकि यह सर्वविदित है कि उपभोक्ता संरक्षण कानून के तहत भी मामलों के त्वरित निबटारे के लिए समय सीमाएँ निर्धारित की गई थीं, पर जिलों-जिलों तक बने उपभोक्ता विवाद निवारण फोरमों में विवादों के अम्बार लगे हैं और सुनवाई की पहली तारीख पाने में ही कई महीने लग जाते हैं। लोकनायक जयप्रकाश नारायण अपराध और विधि-विज्ञान संस्थान (एल.एन.जे.पी.एन.आई.सी.एफ.एस.) के निदेशक और पुलिस महानिदेशक स्तर के आई.पी.एस. अधिकारी शारदा प्रसाद कहते हैं ''नया कानून महिला उत्पीड़न रोकने के लिए पहले से लागू कानूनों की परिधि को बढ़ाता है और उन्हें प्रभावी बनाता है। यही इस कानून की खासियत है।''

नारीवादियों के लिए यह एक उपलब्धि बनकर आया है तो इसके लागू होते ही वे लोग सहम गए होंगे जो कई कानूनों से जूझते हुए भी नारी शोषण से बाज नहीं आते। इसका कितना असर है यह देखने के लिए अब ज्यादा इन्तजार नहीं करना होगा, क्योंकि आखिर यह लागू हो चुका है।

घरेलू हिंसा रोकने के लिए जागरूकता जरूरी

महिलाओं की सुरक्षा के लिए घरेलू हिंसा महिला संरक्षण अधिनियम, 2005 लागू किया जा चुका है, निश्चित रूप से इसे स्वागत योग्य पहल कहा जा सकता है। हर तबके और हर वर्ग की महिलाएँ इसके दायरे में सुरक्षित रह सकेंगी। कानून के प्रावधान ऐसे हैं कि विधवा माँ, बहिन, बुआ, परित्यक्ता एवं बिना शादी के किसी पुरुष के साथ रह रही महिला अपने के साथ हो रहे अत्याचारों के खिलाफ कानून की शरण में जा सकेंगी। किसी भी स्तर पर हो रही प्रताड़ना या अत्याचारों को रोकने के लिए कड़ी सजा का प्रावधान है लेकिन इस कानून के दुरुपयोग की आशंका है क्योंकि दहेज विरोधी कानून लागू होने के बाद ऐसे कई मामले सामने आए, जिसमें निर्दोष व्यक्ति भी फँसे या फँसाए गए। हालाँकि इस कानून के लागू होने से दहेज हत्या और प्रताड़नाओं पर काफी हद तक लगाम लगी है लेकिन इसमें फँसे निर्दोषों के आँसू पोछने वाला कोई नहीं था। कई बार ऐसा भी हुआ कि बहू की हत्या के आरोप में जबरन ससुराल वालों को फँसा दिया गया। ठीक इसी प्रकार इस कानून के दुरुपयोग की आशंका है क्योंकि कानून के प्रावधान ऐसे हैं जिनके सहारे खुन्नस पालने वाला व्यक्ति सामने वाले की हवा निकाल सकता है। ऐसा भी सम्भव है कि कमाई में विश्वास रखने वाले पुलिसकर्मी इस कानून की आड़ में ऊपरी आमदनी बढ़ा लें। ऐसी आशंकाएँ निर्मूल सिद्ध हों, यह जरूरी है। यह तभी सम्भव है जब सामाजिक स्तर पर लोगों को जागरूक किया जाए। कानून की आवश्यकता क्यों पड़ी, इस पर भी गौर किया जाए। भारतीय परिवेश और परम्परा में नारी को भोग्या से ऊपर का दर्जा दिया गया है। नारी भोग्या नहीं है। नारी तो समाज की आत्मा है, जननी है फिर उसे प्रताड़ित ही क्यों किया जाए ? किसी बेसहारे को सहारा देने की बात तो हर धर्म, हर सम्प्रदाय करता है तो हम क्यों उसे क्यों सताते हैं ? इस बिन्दु पर प्रत्येक पुरुष को सोचना होगा। नारियों के प्रति संकीर्ण सोच को झटकना भर तो है फिर समस्या का समाधान अपने आप हो जाएगा। कानून लागू कराने वाले सरकारी अमले को भी इस पर गौर करना चाहिए। समाज का प्रत्येक व्यक्ति सुरक्षित रहे चाहे वह महिला हो या पुरुष, इसके लिए पहले से कई कानून हैं फिर भी इसे बनाने की जरूरत क्यों पड़ गई ? निश्चित ही कमी हमारे समाज में आती चली आई इसलिए इसकी जरूरत पड़ी अतः यह आवश्यक है कि महिलाओं के अधिकारों के प्रति जागरूक बन समाज को जागरूक बनाने के लिए सरकारी स्तर पर प्रयास तो होने ही चाहिए। साथ ही गैर सरकारी संगठनों एवं समाज के प्रतिनिधियों, जन प्रतिनिधियों को भी आगे आना चाहिए। इस कानून के लागू होने से अब भयवश लोग सुधरने की कोशिश करेंगे। मूढ़-समाज और रूढ़ व्यक्तियों को समझाना सहज नहीं होगा। अतः इस कानून के प्रचार-प्रसार के इन्तजाम भी होने

चाहिए। कानून की शरण लेने वाली महिलाओं के पुनर्वास पर भी गौर किया जाना चाहिए। हालाँकि सरकार ने प्रताड़ित परित्यक्ता महिलाओं के लिए कई कार्यक्रम चला रखे हैं, लेकिन वे अपर्याप्त हैं। यह भी गौरतलब है कि घर से प्रताड़ित होकर निकलीं खासकर एलीट क्लास की महिलाएँ थाने जाने से हिचकती हैं। उनमें पुलिस और थानों के प्रति विश्वास जगाना आवश्यक होगा। यह तभी सम्भव है जब पुलिस की छवि साफ-सुथरी हो। वैसे घरेलू हिंसा रोकने के लिए लागू यह कानून सफल होगा।

हक की आवाज

सुप्रीम कोर्ट ने विवाह पंजीकरण को अनिवार्य बनाने का निर्देश देकर महिला अधिकारों को आवाज दी है। यदि ऐसा होता है तो इससे बाल विवाह, बहु-विवाह के नाम पर फरेब और सम्पत्ति विवाद के मामलों में महिलाओं को राहत मिलेगी। सवाल है कि क्या हमारी संसद और राज्य सरकारें इस सम्बन्ध में ऐसा कानून बना सकेंगी जिसमें धर्म, जाति और लिंग का भेदभाव नहीं किया जाएगा ?

बाल-विवाह, बहु-विवाह, बेजा-विवाह और सम्पत्ति के मामलों में महिलाओं के अधिकारों का ही हनन होता है। ऐसे में सुप्रीम कोर्ट का यह निर्णय स्वागतयोग्य है जिसमें केन्द्र और राज्य सरकारों को निर्देश दिया गया है कि वे विवाह पंजीकरण को अनिवार्य करने के लिए कानून बनाएँ। सुप्रीम कोर्ट के इस निर्देश से विवाह संस्था तो मजबूत होगी ही, महिलाओं को भी उनका वाजिब हक मिल सकेगा। उल्लेखनीय है कि संयुक्त राष्ट्र के एक प्रस्ताव में कहा गया है कि अवयस्क बालिका के विवाह को कानूनी मान्यता नहीं दी जाएगी। इसके लिए न्यूनतम आयु सीमा निर्धारित होनी चाहिए और सभी विवाहों का पंजीयन भी अनिवार्य होना चाहिए।

संयुक्त राष्ट्र के इस प्रस्ताव का भारत ने समर्थन तो किया, किन्तु धर्म, परम्परा और अशिक्षा का हवाला देते हुए इसे भारत में लागू करने में असमर्थता जताई। इसके पूर्व राष्ट्रीय मानवाधिकार आयोग ने भी हिन्दू शादियों का पंजीयन अनिवार्य करने की अनुशंषा की थी, जिसे केन्द्र सरकार ने ठुकरा दिया था। इसके पहले भी केन्द्र इस तरह के प्रस्तावों को भारत की विविधता का हवाला देकर नकार चुका है। विवाह पंजीयन के सम्बन्ध में राष्ट्रीय महिला आयोग ने सुप्रीम कोर्ट में दलील दी थी कि इससे बाल-विवाह पर रोक लगेगी, जबरन विवाह नहीं हो सकेंगे, विवाह के नाम पर लड़कियों की खरीद-फरोख्त और तस्करी पर रोक लगेगी। साथ ही तलाक या पति की मृत्यु के पश्चात् सम्पत्ति में अधिकार पाने में महिलाओं को सुविधा मिलेगी तथा उन्हें उनका वास्तविक अधिकार मिलेगा। राष्ट्रीय महिला आयोग की इस दलील से सुप्रीम कोर्ट ने सहमति जताते हुए केन्द्र और राज्य सरकारों को निर्देश दिया है कि वे ऐसा कानून बनाएँ जिसमें वैवाहिक पंजीयन अनिवार्य हो।

भारत विभिन्न भाषा, जाति और संस्कृति का देश है जहाँ अधिकांश शादियाँ धार्मिक रीति-रिवाज से ही होती हैं और उनका पंजीयन कराने की कोई परम्परा नहीं है। इसके अलावा विवाह पंजीयन वही लोग करवाते हैं जिन्हें पासपोर्ट बनवाना होता है। हालाँकि सोशल मैरिज एक्ट, 1954 में शादी का पंजीयन होता है किन्तु अनिवार्यता न होने के कारण लोग ऐसा नहीं करते हैं। मुस्लिम समाज विवाह को सामाजिक अनुबन्ध मानता है जिसमें विवाह कराने वाला काजी निकाहनामा तो तैयार करता है, किन्तु वह कानूनी नहीं है। इसी प्रकार हिन्दू मैरिज एक्ट, 1954 में भी विवाह पंजीयन होता है पर यह भी स्वैच्छिक है, वैसे देश के कुछ राज्य ऐसे भी हैं जहाँ वैवाहिक पंजीयन अनिवार्य है। इन राज्यों में गोवा, महाराष्ट्र, गुजरात, कर्नाटक और हिमाचल प्रदेश हैं। इन सभी राज्यों में पंजीयन की प्रणाली इतनी पेचीदा है कि नवयुगल परेशान हो जाते हैं। इसे देखते हुए प्रस्तावित कानून में इसकी व्यवस्था होनी चाहिए कि पंजीयन सहज और आसान हो।

वैवाहिक पंजीयन न होने का सबसे अधिक खामियाज़ा महिलाओं को भुगतना पड़ता है। बाल-विवाह, बहु-विवाह जैसी सामाजिक बुराइयाँ इसी कारण पनपती हैं। तलाक या पति की मृत्यु के पश्चात् सम्पत्ति में अपना हक पाने में भी महिलाओं को ढेरों समस्याओं से जूझना पड़ता है। कानूनी सबूत के अभाव में वे अपनी शादी ही सिद्ध नहीं कर पाती हैं। नतीजतन उन्हें सम्पत्ति से बेदखल होना पड़ता है। इसी प्रकार बहु-विवाह के मामले में भी औरत अपनी शादी का सबूत पेश न कर पाने के कारण अदालती प्रकरण में न्याय से वंचित हो जाती है। बाल-विवाह के मामले में तो भारत पूरी दुनिया में बदनाम है। हर साल लाखों बाल-विवाह होते हैं और कानून बेबस नजर आता है। राजस्थान में तो बाल-विवाह का प्रतिशत अस्सी से भी अधिक है और साक्षरता में अव्वल केरल में भी बाल-विवाह होते हैं। शादी के नाम पर धोखाधड़ी भी भारत की एक प्रमुख समस्या है। ऐसे कई प्रकरण प्रकाश में आ चुके हैं जिनमें अरब शेखों ने नाबालिग लड़कियों से शादी की, उन्हें अपनी हवस का शिकार बनाया और इसके बाद उन्हें उनके हाल पर छोड़ दिया। ऐसी लड़कियों को अक्सर उनके माता-पिता भी स्वीकार नहीं करते हैं। ऐसे में उनके सामने दर-दर की ठोकरें खाने या चकलाघर जाने का मार्ग ही बचता है। इसके अलावा अप्रवासी भारतीयों द्वारा भी शादी कर औरत को उसके हाल पर छोड़ दिया जाता है। शादी के नाम पर महिला अत्याचारों के इन मामलों पर वैवाहिक पंजीयन के माध्यम से रोक लगाई जा सकती है लेकिन यह इतना आसान नहीं है। केन्द्र और राज्य सरकारों का रुख इस मामले में अभी तक स्पष्ट नहीं है। वोट बैंक की राजनीति के चलते हमारे राजनेताओं में स्वस्थ समाज के निर्माण की भावना न के बराबर है। महिला अधिकारों के सम्बन्ध में सरकारों को इस दिशा में ठोस कदम उठाने होंगे, तभी महिलाएँ न्याय पा सकेंगी।

महिला और कानून : दाम्पत्य सम्बन्धों की पुनर्स्थापना

कई बार पति-पत्नी के बीच अनावश्यक तनाव या झगड़े के कारण दोनों अलग-अलग रहने लगते हैं। कभी पति द्वारा पत्नी को मायके में छोड़कर वापस नहीं लाया जाता है तो कभी पत्नी रूठकर मायके में ही जा बैठती है, इससे वैवाहिक सम्बन्ध समाप्त नहीं होते हैं। यदि किसी कारवणवश पति-पत्नी अलग-अलग रह रहे हों तो भी उनके दाम्पत्य सम्बन्धों की पुनर्स्थापना की जा सकती है। हिन्दू-विवाह अधिनियम की धारा 9 में ऐसी व्यवस्था की गई है, जिसमें अलग रह रहे पति-पत्नी फिर से साथ रह सकते हैं। रमेश चन्द्र बनाम प्रेमलता (ए.आई.आर. 1979) का प्रकरण ऐसा ही है। रमेश चन्द्र का प्रेमलता से विवाह हुआ। इसके सालभर बाद उसने पत्नी से बुरा व्यवहार करना शुरू कर दिया। मायके से आए रिश्तेदारों को भी उससे मिलने नहीं दिया गया। रक्षाबन्धन पर प्रेमलता जिद कर मायके चली गई। इसके एक माह बाद जब प्रेमलता अपने पिता के साथ ससुराल गई तो रमेश ने उसे साथ रखने से मना कर दिया। ऐसे प्रयास जब कई बार विफल हो गए तब प्रेमलता ने धारा 9 के तहत न्यायालय में वाद प्रस्तुत किया। न्यायालय ने दाम्पत्य सम्बन्धों की पुनर्स्थापना के लिए हेमलता के पक्ष में डिक्री जारी कर दी। रमेश ने इसके विरुद्ध अपील दायर कर कहा कि प्रेमलता ने बिना कोई कारण अपने-आपको साहचर्य से अलग किया है अतः उसकी डिक्री अमान्य की जाए। इसके निर्णय में न्यायालय ने व्यवस्था दी कि कुछ समय के लिए अपने को साहचर्य से अलग करने का अर्थ वैवाहिक सम्बन्धों की समाप्ति नहीं है। चूँकि प्रेमलता अपने पति से अलग रहना नहीं चाहती है, इसलिए रमेश चन्द्र की अपील खारिज कर दाम्पत्य सम्बन्धों की पुनर्स्थापना के लिए डिक्री जारी की जाती है।

एक अन्य प्रकरण में अनीता का विवाह सुबोध घोष के साथ हुआ था। उनकी दो सन्तानें थीं। दूसरी सन्तान होने के बाद सुबोध ने पत्नी की उपेक्षा शुरू कर दी। वह उसे घर में तो रखे था, किन्तु उससे सहवास नहीं करता था। कुछ दिनों बाद उसने उसे मायके छोड़ दिया और कहा कि वह उसे वापस लेने आएगा। जब बहुत दिनों तक वह उसे लेने नहीं आया तो अनीता दोनों बच्चों के साथ ससुराल गई, जहाँ सुबोध ने उसे घर में घुसने नहीं दिया और उसके साथ मारपीट की। पड़ौसियों द्वारा बीच-बचाव करने के बाद वह मायके लौट गई। फिर उसने दाम्पत्य सम्बन्धों की पुनर्स्थापना के लिए अदालत की शरण ली। अदालत ने व्यवस्था दी कि सुबोध ने जान-बूझकर अपने को साहचर्य से अलग किया है, ऐसे में पत्नी के पास कोई विकल्प नहीं रह गया था इसलिए पति को दोषी मानकर पत्नी के पक्ष में डिक्री जारी की जाती है।

क्या करें लड़कियाँ

गुरुवार, 26 अक्टूबर, 2006 से देश में महिला हिंसा विरोधी कानून लागू हो गया, जिसका मकसद महिलाओं को घरेलू हिंसा का शिकार होने से बचाना है।

भोपाल शहर का सर्वेक्षण किया गया जिसमें निम्नलिखित तथ्य पाये गए—

• बच्चे का ठीक से ख्याल न रखने पर सुधा का पति उसे मानसिक रूप से प्रताड़ित करता था, जब-तब वह अपनी बीवी के ऊपर थूक दिया करता था। काफी समय तक यह सहने के बाद सुधा ने परिवार परामर्श केन्द्र की शरण ली।

• शाम के सात बजे रूपाली और उनकी बहन गाड़ी से ट्यूशन पढ़ने जा रही थीं। अचानक बाइक पर सवार दो युवक उनकी गाड़ी के पास आए और उनके शरीर को यहाँ-वहाँ छूने लगे। इसके बाद उन्हें चाँटा मारकर तेजी से चले गए। रूपाली बताती है—पता नहीं, उस वक्त हमारी धड़कनें रुक गईं या तेज हो गई थीं। कुछ समझ नहीं आ रहा था, बस हम डर के मारे सन्न रह गए थे।

• सिटी बस से उतर रही सरिता की चुन्नी अचानक गिर गई। पता चला कि बस में सवार एक व्यक्ति ने जान-बूझकर चुन्नी पर पैर रख दिया था। बाकी सारे लोग देखते रहे और बस चली गई।

• बी.एससी. की छात्रा लविना कुछ दिन पहले उस समय अपनी गाड़ी से गिर गई जब हबीबगंज अंडरब्रिज से गुजरते हुए एक युवक ने उसके शरीर पर हाथ फेर दिया। लविना आज तक अपने माता-पिता को यह घटना नहीं बता सकी, क्योंकि ऐसा करने पर वे हमेशा उसके लिए चिंतित रहेंगे।

• महिला थाना में परिवार परामर्श केद्र के काउंसलर आफताब अहमद के घर गुरुवार की सुबह रजनी गिरी गोस्वामी आई। अपने पति द्वारा लगातार दी जाने वाली प्रताड़ना से परेशान रजनी पिछले एक साल से मायके में रह रही है। आज वे इस बात से खुश थीं कि घरेलू हिंसा रोकने के लिए कानून लागू हो गया है। रजनी ने कहा कि वह हर उस महिला का साथ देंगी जो घरेलू हिंसा की शिकार होती है।

वास्तविक घटनाओं पर आधारित ऐसे उदाहरण यह बताने के लिए दिए गए हैं कि शहर में युवतियाँ और महिलाएँ घर के भीतर और बाहर किन परिस्थितियों में दो-चार हो रही हैं।

गोविन्दपुरा थाने में स्थित परामर्श केन्द्र की काउंसलर सुषमा संजीव बताती हैं कि घरेलू हिंसा के मामले सामने तो आते हैं लेकिन निचले तबके के मध्यम और उच्च वर्ग की महिलाएँ अपने ही पेरेन्ट्स के दबाव के कारण शिकायत करने नहीं आतीं। क्योंकि उन्हें इस बात का डर होता है कि इससे कहीं समाज में बदनामी न सहनी पड़े। उनके

अनुसार महिलाएँ घरेलू हिंसा इसलिए भी सहती रहती हैं क्योंकि उन्हें डर रहता है कि परिवार न टूट जाए। जबकि सुषमा का मानना है कि केन्द्र परिवार तोड़ने की बजाय उसे जोड़ने की कोशिश करता है।

घर की चहारदीवारी में हिंसा और उत्पीड़न की शिकार होने वाली महिलाएँ इस मसले पर बात करने को तैयार नहीं होतीं, नाम न देने का आश्वासन देने के बावजूद। वजह यह है कि किसी को नाम पता चल गया तो घर में और भी बहुत कुछ सहना पड़ सकता है, बदनामी तो अलग।

बदनामी का ही पहलू छेड़खानी के मामलों को दबा दे रहा है। सर्वेक्षण दल को अपनी आपबीती बताने वाली एक भी युवती ऐसी नहीं थी, जिसने इसके खिलाफ पुलिस में शिकायत दर्ज की हो। अनेक तो अपने घर पर भी इसका जिक्र नहीं कर सकी हैं। अधिकांश का यह कहना था कि ऐसा होने पर पुलिस की मदद लो या खुद ही लड़कों को सबक सिखा दो तो कुछ और भी बुरा होने का खतरा बना रहता है। एक लड़की का कहना था— शिकायत करें तो दिनभर में कितनी बार क्योंकि जितनी बार घर से बाहर निकलो उतनी बार छेड़छाड़ तो होनी ही है, और ऐसा करने वालों पर चिल्लाओ तो गाली-गलौच करना शुरू कर देते हैं।

गुमनाम शिकायत पर भी होगी कार्रवाई

पुलिस अधीक्षक अनंत कुमार सिंह भी मानते हैं कि छेड़छाड़ की घटनाओं की पाँच प्रतिशत रिपोर्ट भी दर्ज नहीं होती हैं क्योंकि लड़कियाँ सोचती हैं कि पुलिस क्या करेगी या संकोचवश शिकायत नहीं करतीं। श्री सिंह का मानना है कि इस समस्या से निपटा जा सकता है। वे कहते हैं कि ''कोई भी लड़की अपना नाम बताए बगैर फोन के माध्यम से ऐसी शिकायत कर सकती है। इसके लिए सिविल यूनिफार्म में महिला पुलिस सहित अन्य व्यवस्थाएँ की जाती हैं। एक बार यदि किसी बदमाश को पकड़ लिया जाए तो बाकी के हौसले अपने आप ही पस्त हो जाते हैं। हालाँकि श्री सिंह स्वीकारते हैं कि खास तौर पर लड़कियों के लिए ऐसे चैकिंग पाइण्ट फिलहाल नहीं लगे हैं। वे कहते हैं कि ऐसी शिकायत के लिए एफ.आई.आर. दर्ज कराना जरूरी नहीं है। साथ ही यदि सम्बन्धित थाने में सुनवाई ठीक तरह से नहीं हो पा रही है तो पीड़ित पक्ष अपनी बात सीधे एस.पी. अथवा एडीशनल एस.पी. सहित अन्य आला अफसरों से कह सकता है।''

कन्या भ्रूण हत्या

कन्या भ्रूण हत्या के खिलाफ कानून बनने के 12 वर्ष के पश्चात् केवल एक मामले में जेल की सजा दी जा रही है, जबकि पिछले बीस वर्ष में अकेले भारत में एक करोड़ मादा भ्रूण कोख में कत्ल कर दिए गए। ऐसा लांसेट में प्रकाशित एक शोध पत्र में कहा

गया है। यही कारण है कि आज भारत में प्रति हजार पुरुष पर **927** महिलाएँ हैं। हरियाणा के परवल की एक स्थानीय अदालत में एक डॉक्टर और उसके सहायक को भ्रूण हत्या के लिए स्वीकृति देने के आरोप में दो साल की जेल और पाँच हजार रुपये जुर्माने की सजा सुनाई गई है।

इससे पहले इस अपराध के लिए आर्थिक दण्ड तो दिए गए हैं लेकिन सजा सुनाने का मामला पहली बार सामने आया है। देश में लागू कानून व्यवस्था और समाज दोनों को इस घिनौने कार्य के लिए जिम्मेदार माना जाना चाहिए। जिस देश में ''नार्यस्तु सर्वत्र पूज्यंते'' शब्द का उद्घोष होता हो, नारी को शक्ति देवी का स्वरूप माना गया हो, उस देश में नारी की ऐसी अवमानना की जा रही है कि अवतरित होने से पहले ही उसके अस्तित्व को समाप्त किया जा रहा है।

राष्ट्रीय स्तर पर स्त्री-पुरुष अनुपात की स्थिति अत्यन्त भयावह है। वर्ष 1961 में प्रत्येक एक हजार लड़कों की तुलना में 976 लड़कियाँ थीं वहीं 2001 में यह संख्या घटकर 927 तक पहुँच गई। पिछले दशकों में शिक्षा का व्यापक प्रसार और अपेक्षाकृत शिक्षित समाज होने के बावजूद कन्या भ्रूण हत्या दर में वृद्धि हुई है। 1991 की तुलना में 2001 के आँकड़ों से यह प्रमाणित होता हैं। हालाँकि सरकार ने 1994 में द प्री कंसेप्शन एण्ड प्री नेटल डाइग्नोस्टिक टेक्निवस (प्रोहिबिशन ऑफ सेक्स सेलेक्शन) एक्ट बनाया था जिसे 2002 में संशोधित करके जन्म से पहले बच्चे के सेक्स की जानकारी देना कानूनन अपराध बना दिया गया था, साथ ही जन्म से पहले सेक्स जानने वाले व्यक्ति पर पचास हजार रुपये जुर्माना और तीन साल की कैद का प्रावधान किया गया। अजन्मे बच्चे का सेक्स बताने वाले डॉक्टर की डिग्री रद्द करने का आदेश भी है, लेकिन अभी तक किसी को इस कानून के तहत सजा नहीं दी गई।

शहरों में तेजी से बेटियों की कोख में हत्या की जा रही है। इस स्थिति में गाँव भी अछूते नहीं हैं। यह भी चिन्ता का विषय है कि अजन्मे बच्चे का सेक्स जानकर कन्या भ्रूण हत्या करने वालों में उन पढ़े-लिखे लोगों की संख्या अधिक है जो जनसंख्या वृद्धि का शोर मचाते हैं। अब सवाल यह उठाया जाने लगा है कि क्या समाज प्रसव पूर्व लिंग जाँच और मनचाहे गर्भ को गिराने की प्रवृत्ति को मौन स्वीकृति दे रहा है ? बहरहाल उत्तर चाहे जो भी हो, लेकिन यह सच्चाई है कि चिकित्सक भी अल्ट्रासाउण्ड के सहारे न सिर्फ लिंग परीक्षण करते हैं, बल्कि अनचाहा गर्भ होने की स्थिति में भ्रूण हत्या भी करने से पीछे नहीं हटते। इस तरह के अपराध से बचने के लिए गर्भवती महिला को स्वयं आगे आना होगा। उसे यह समझना होगा कि प्रसव पूर्व लिंग परीक्षण अपराध है। यदि गर्भवती महिला के साथ ही घर के सदस्य इसे गैरकानूनी मानने लगेंगे तो अल्ट्रासाउण्ड क्लिनिक में लिंग जाँच खुद ही बन्द हो जाएगी।

इसके अलावा भी जरूरत है कि लिंगानुपात में सन्तुलन और आबादी नियंत्रण के लिए ऐसी सामाजिक पहल की जाए जिसमें महिलाओं को पुरुषों के बराबर का दर्जा मिले। इसके लिए सरकार के साथ सामाजिक संगठनों को ठोस कदम उठाने की जरूरत है।

सामाजिक दायित्व

प्राचीनकाल में हमारी संस्कृति मूल्यों से परिपूर्ण थी एवं समाज में नारी का स्थान सर्वोपरि था। कालान्तर में नारी जाति की स्थिति शोचनीय हो गई। परिवार में लड़की का होना अभिशाप बन गया। परिणामस्वरूप भ्रूण-हत्या, बाल-विवाह तथा घूँघट प्रथा जैसी कुरीतियाँ समाज का अंग बन गईं। आज स्वतन्त्रता प्राप्ति के कई वर्ष बीत जाने पर भी नारी पर होने वाले अपराधों में कोई खास कमी नहीं आई है जिनमें कन्या भ्रूण हत्या का जिक्र सबसे पहले किया जाना चाहिए। इस मामले में पंजाब, हरियाणा और हिमाचल प्रदेश ही आगे नहीं हैं बल्कि सारा देश इस त्रासदी से गुजर रहा है।

कन्या भ्रूण हत्या के पीछे कई सामाजिक कारण हैं, जैसे—पुत्र की तीव्र अभिलाषा, सामाजिक परम्पराओं जैसे पुत्र के हाथ से दाह संस्कार से स्वर्ग की प्राप्ति की अवधारणा। इसके अलावा दहेज प्रथा एवं महिलाओं के विरुद्ध होने वाले अपराधों में बढ़ोतरी आदि हैं। पुत्र की चाह और सामाजिक बाध्यताओं से बँधे परिवार में एक कन्या को माँ के गर्भ में कत्ल किया जा रहा है जिसके लाखों मामले देखे और सुने जा सकते हैं।

हालाँकि लड़की के मामले में समाज उदार हुआ है। उसे शिक्षित करने की दिशा में भी चिंतित नजर आते हैं परन्तु यह सरोकार सिर्फ शहरों तक ही सीमित है। गाँवों का दृश्य अभी भी कारुणिक ही है। ऐसे में सरकारी प्रयासों को तब तक सफलता नहीं मिलेगी जब तक कि समाज इस दिशा में प्रयासरत नहीं होगा। कन्या भ्रूण हत्या मानव की संरचना के साथ खिलवाड़ भी है। जिस प्रकार प्रकृति ने अन्य तत्त्वों का बेहतर तालमेल बनाकर दुनिया को जीवों के रहने लायक बनाया, उसी तरह स्त्री-पुरुष का समानुपात भी सामाजिक मूल्यों एवं परंपराओं के सुचारु रूप से निर्वहन के लिए आवश्यक है। इस कुकृत्य को रोकने के लिए सकारात्मक जनजागरण अभियान संचालित कर सामाजिक एवं नैतिक दायित्वों को पूर्ण किया जा सकता है।

लिंगानुपात पर यूनिसेफ की ताजा रिपोर्ट

लिंगानुपात पर यूनिसेफ की ताजा रिपोर्ट आँखें खोलने वाली है। इस रिपोर्ट के अनुसार इस मामले में भारत का स्थान पाकिस्तान और नाइजीरिया से भी नीचे है। वर्ष 1991 में देश में शुरू किए गए आर्थिक सुधारों के चलते खुलापन आया है, लेकिन यूनिसेफ की रिपोर्ट बताती है कि कन्याओं के मामले में देश और भी रूढ़िवादी बनता गया है। इसी साल से देश में 80 फीसदी जिलों में लिंगानुपात में गिरावट आई है। यूनिसेफ

की ताजा रिपोर्ट 'विश्व के बच्चों की दशा-2007' के अनुसार भारत में लिंगानुपात 927 प्रति हजार है, जबकि अपेक्षाकृत अधिक रूढ़िवादी देशों नाइजीरिया और पाकिस्तान में भी यह अनुपात ज्यादा है। यहाँ यह अनुपात क्रमश: 965 और 958 है। भारत के लिए केवल यही बात सन्तोषजनक है कि चीन 832 का स्थान हमसे नीचा है।

पंजाब बड़ा अपराधी

भारत में इस स्थिति के लिए सबसे अधिक जिम्मेदार अगर कोई प्रान्त है तो वह पंजाब है। वहाँ 1991 में लिंगानुपात 875 था जो 2001 में घटकर 798 रह गया।

अन्य राज्यों की स्थिति

हरियाणा में 1991 में लिंगानुपात 879 था जो 2001 में घटकर 819 रह गया। दिल्ली में 47 बिन्दुओं की कमी हुई। यहाँ 1991 में अनुपात 915 था जो 2001 में घटकर 868 रह गया। देश की आईटी कैपिटल बैंगलूर में भी यह अनुपात महज 811 है अर्थात् राष्ट्रीय औसत से भी कम।

सुप्रीम कोर्ट ने भी जताई थी चिन्ता

पिछले साल अगस्त माह में सुप्रीम कोर्ट ने केन्द्र सरकार, सभी राज्य सरकारों और केन्द्रशासित प्रदेशों को नोटिस जारी कर गर्भ में ही लिंग का पता लगाने और लिंग आधारित गर्भपात को रोकने वाले कानूनों का सख्ती से पालन करने को कहा था। यह भी कहा था कि इस सम्बन्ध में वर्ष 1994 में बना कानून अपने मकसद में पूरी तरह विफल साबित हुआ है।

अवैध गर्भपात का कारोबार एक हजार करोड़ का

भ्रूण हत्या के खिलाफ आवाज उठाने वाले एक गैर सरकारी संगठन सेंटर फार एडवोकेसी एण्ड रिसर्च (सी.एफ.ए.आर.) के डॉ० साबू जार्ज के अनुसार हर साल कम से कम दस लाख बच्चियों को गर्भ में या जन्मते ही मार दिया जाता है। जार्ज के अनुसार हमारे यहाँ अवैध गर्भपात का व्यापार एक करोड़ रुपए तक पहुँच गया है। अकेले दिल्ली में ही 97 प्रतिशत अल्ट्रासाउण्ड क्लीनिक गर्भ में लिंग का पता लगाने का काम करते हैं।

21वीं सदी में कदम रखने वाले भारतीय समाज में नारी को आज भी वह दर्जा प्राप्त नहीं हुआ है जो उसको बहुत पहले मिल जाना चाहिए था। वधू दहन आज भी निर्भयतापूर्वक होता है, तलाक नारी के लिए कलंक है व पुरुष के लिए आजादी है, जहाँ बालिका भ्रूण हत्या एक लैटेस्ट फैशन है, एक ऐसे अमानवीय पतनशील समाज में स्त्री फिर भी जीवित है, यह क्या किसी आश्चर्य से कम है? नारी ने पूरी शिद्दत के साथ विपरीत और विषमतर परिस्थितियों में भी अपनी पहचान और महत्ता को सिद्ध किया है। नारी शक्ति, शौर्य और सामर्थ्य का दूसरा नाम है।

प्रारम्भ में नारी व पुरुष के कार्यों में कोई भेद नहीं था। ज्यों-ज्यों मानव विकास की ओर बढ़ता चला गया, उसके कार्यों में विभाजन भी होता गया। इन कार्यों में विशेषीकरण आया तथा स्त्री-पुरुष में श्रम विभाजन हुआ, संसार का प्रत्येक समाज मातृसत्तात्मक परिवार होने से सम्पत्ति पर, परिवार के नाम पर, वंश, गोत्र इत्यादि पर नारी का अधिकार होता था जिससे उसकी स्थिति उच्च हुआ करती थी। धीरे-धीरे इस व्यवस्था में परिवर्तन हुआ, परिवार पितृसत्तात्मक हुए, उससे हर मामले में पुरुष ने अपना आधिपत्य स्थापित कर लिया और वह नारी को तुच्छ समझने लगा। उत्पादकता का आश्रय लेकर पुरुष ने नारी को घर की वस्तु बना दिया और स्वयं उसका मालिक बन बैठा।

हिन्दू दर्शन के अनुसार चार युग हुए—सतयुग, त्रेतायुग, द्वापर युग और कलियुग। वैदिकयुगीन सभ्यता में भारतवर्ष में आर्यों का राज्य था। आर्यों ने ही वेदों की रचना की, उनका जीवन सुखमय था, विवाह संस्कार माना जाता था। नारियों को समाज में आदर-सम्मान की दृष्टि से देखा जाता था।

वैदिकोत्तर कालीन समय में विवाह प्रतियोगिता के आधार पर होता था। आर्य समाज में समय बीतने के साथ-साथ नारियों की स्थिति में अपेक्षाकृत अन्तर आया। निम्न तथा उच्च जाति की नारियों में भेदभाव शुरू हुआ और ज्यों-ज्यों समय बीतता गया, नारी की स्थिति भी नीचे खिसकती गई। हिन्दुस्तान में नारियों के चरित्र के साथ अनेक सवाल जोड़कर उसे लाजवन्ती या छुई-मुई बना दिया गया।

रामायणकालीन समय में नारी को नैतिकता का आदर्श मान लिया गया था। वह पुरुष की दासी के समान हो गई। नारी का कर्त्तव्य पति सेवा तथा अन्ध-आज्ञा का पालन हो गया। द्वापर वह युग था जब नारी को बराबर का दर्जा हासिल था। उसे योनि शुचिता के आवरण से मुक्ति दिलाने के लिए श्रीकृष्ण ने पहला कदम उठाया था। यही नहीं, उन्होंने नारियों के साथ राधा, गोपियों आदि के साथ मित्रवत् सम्बन्ध स्थापित किया। नारी यदि कहीं नर के साथ बराबर हुई है तो वह केवल ब्रज में, और कहीं नहीं।

बौद्ध काल में नारियों की दशा अत्यन्त शोचनीय थी। जिस प्रकार नदी, पथ, मदिरालय आदि सबके उपभोग की वस्तुएँ थीं उसी प्रकार नारियों को भी सबके उपभोग की वस्तुएँ माना गया। मौर्यकाल में चाणक्य जैसे महान् अर्थशास्त्री ने नारियों की दशा सुधारने का प्रयत्न किया। दास-दासी प्रथा भी उन्हीं के प्रयासों से समाप्त हुई। सम्राट अशोक के समय प्रारम्भ में नारियों पर काफी अत्याचार हुए किन्तु बाद में कुछ सुधार भी आए। मुगलकाल में नारियाँ पूर्ण रूप से पर्दे की कैद में चली गईं।

ब्रिटिश काल में पश्चिमीकरण का विशेष प्रभाव नारियों पर नहीं हो सका। बाल-विवाह, सती-प्रथा, कन्या वध आदि आन्दोलन केवल ऊपरी सतह तक ही नारियों की दयनीय स्थिति पर प्रहार कर पाए। इस अंतराल में यदि कुछ नारियों ने घर से बाहर कदम

बढ़ाने की कोशिशें भी की तो उन्हें समाज की विरोधी नजरों को सहना पड़ा।

स्वतंत्रता संघर्ष के समय जरूर कुछ नारियों ने अपनी दृढ़ हिम्मत के बलबूते आगे आने का प्रयास किया जिसमें महारानी लक्ष्मीबाई का नाम सर्वोपरि है, जिन्होंने नारी जाति के मानस पटल पर स्वर्णिम तिलक अंग्रेजों से युद्ध करके अंकित किया।

राजा राममोहनराय तथा महात्मा गाँधी जैसे हमारे भारत के युगपुरुषों ने भी क्रमशः नारियों के लिए बनाई गई कुछ कुरीतियाँ जैसे सती प्रथा, बाल-विवाह, विधवाओं के साथ दुर्व्यवहार जैसी सामाजिक बुराइयों का नाश करने का भरसक प्रयास किया तथा स्वतंत्रता आन्दोलन में कमला नेहरू, सरोजिनी नायडू आदि को आगे लाने का प्रयत्न किया।

भारतीय परम्पराओं के अनुरूप वैदिक काल से ही उर्मिला, गार्गी, मैत्रेयी, लीलावती, अनुसूइया सदृश नारियों का अस्तित्व इस बात का प्रत्यक्ष प्रमाण है कि साहित्य और विशेष रूप से कविता में नारी का गुणगान होता रहा है किन्तु उसके साथ व्यवहार में कुछ और ही होता रहा है। उसे तो सिर्फ भोग की वस्तु एवं नौकरानी माना जाता रहा है। जब छोटी हो तो पिता की, विवाह के बाद पति की और बूढ़ी होने पर पुत्रों की आज्ञा का पालन करना ही उसका कर्त्तव्य माना गया है। वह पुत्र प्राप्ति का मशीन रूपी साधन मानी जाती रही है।

जब नारी को एक मनुष्य के रूप में देखने-पहचानने की शुरुआत हुई तब भी लगा कि नारी जैसे पहले गुलाम थी, उसी प्रकार तमाम आबोहवाओं-तमाम संस्कृतियों, सामाजिक व्यवस्थाओं, युद्ध या शान्ति में, हर जगह गुलामी की जंजीर में जकड़ी आक्रमित शोषित-पीड़ित ही एक वस्तु है।

भारतीय नारी का विकास काफी धीमा है। आधुनिक भारत में नारियों की शिक्षा का पर्याप्त विकास हो गया है किन्तु इस पुरुष प्रधान समाज में आज भी नारी को बराबरी का दर्जा देने में सुगबुगाहट है। यही नहीं, समाज की रूढ़िवादी परम्परावादी एवं कम पढ़ी-लिखी नारियों के विचारों में कुछ विशेष परिवर्तन आज भी नजर नहीं आता है। नारियों के केवल एक तबके में आया परिवर्तन पूर्ण समाज की नारियों का परिवर्तन कहना महज अतिशयोक्ति ही है।

वैवाहिक जीवन में आज भी पुरुष ही अपने फैसले करते हैं और नारी उस पर अमल करती है। यह सब अब धीरे-धीरे समाप्त हो जाना चाहिए। आज भी नारियों का जीवन यह प्रकट करता है कि अधिकांशतः वैधानिक अधिकार संविधान के पन्नों में धरे के धरे रह गए हैं। आज भी कानून में कुछ ऐसे उदाहरण हैं जो स्त्री को उन मौलिक अधिकारों से वंचित रखते हैं जहाँ पर उनका अधिकार होना चाहिए था।

नारियों की अभी भी बहुत बड़ी संख्या ऐसी है जो मुश्किल से पेट पालने की स्थिति में है, गरीब है, निरुपाय-सी है, रीति-रिवाजों के जालों में उलझी हुई है। इन स्त्रियों का जीवन सुलभ और गौरवपूर्ण बन सके इसके लिए प्रयत्न करना उच्च एवं मध्यम वर्ग की प्रत्येक नारी की जिम्मेदारी है। कई अध्ययनों ने यह प्रमाणित किया है कि गरीब तबके में पुरुषों की अपेक्षा रोजी कमाने वाली नारियों की संख्या ही बढ़ी है।

देश में नारियों की 26 करोड़ की आबादी में से 21 करोड़ स्त्रियाँ तो गाँवों में बसती हैं और कुछ गरीबी रेखा के नीचे ही जी रही हैं। लगभग तमाम गरीब नारियाँ आर्थिक गतिविधियाँ चलाकर कुछ न कुछ तो फिर भी कमा लेती हैं।

हमारे देश में पीढ़ी दर पीढ़ी चले आने वाले कार्यों में नारियों का महत्वपूर्ण योगदान रहा है। अन्न बोना, लुनाई करना, सिलाई करना, सुपे टोकरे, झाड़ू बनाना, नमक बनाना, बुनकर गिरी करना, पापड़-अचार बनाना, छोटी-मोटी पैदावार की बाजार में बिक्री करना, पानी भरना, खाना पकाना, घर का काम करना, किफायत करके थोड़ी-थोड़ी बचत करना आदि कार्य जो राष्ट्र संपदा को बढ़ाने वाले बुनियादी किस्म के हैं, गाँवों व शहरों की श्रमजीवी नारी जनता करती आई है। नारियाँ अर्थोपार्जन के क्षेत्र में सख्त मेहनत का कार्य करती हैं, राष्ट्र के हित में कार्य करती हैं, इसके अतिरिक्त भी आज का पुरुष प्रधान समाज तथा कुछ रूढ़िवादी नारियाँ उन्हें आगे बढ़ने से रोकती हैं, उसके साथ छलावा करती हैं।

❑❑❑

2

भारत में महिलाओं के विकास के कार्यक्रम

वर्तमान युग जिसको सूचना क्रान्ति का कालखण्ड कह कर सम्बोधित किया जाता है उसमें मीडिया द्वारा अभिव्यक्ति की स्वतंत्रता के नाम पर अति स्वच्छन्दता, व्यक्तिगत जीवन में अनावश्यक हस्तक्षेप, अश्लीलता एवं नारी उत्पीड़न इत्यादि को प्रोत्साहन दिया जा रहा है। वैश्वीकरण व निजीकरण के इस युग में संचार साधनों पर वित्त पूँजी के निरन्तर बढ़ते आधिपत्य एवं दबाव से स्पष्ट है कि अन्य पूँजीवादी उपक्रमों की तरह सूचना तन्त्र भी अधिकाधिक लाभ कमाने का साधन बन गया है जिस कारण वर्तमान में पत्रकारिता अपनी सशक्त भूमिका एवं दायित्व से विमुख होती नजर आ रही है। विशेषकर महिला उत्पीड़न के सन्दर्भ में पत्रकारिता की भूमिका अत्यन्त विवादास्पद होती जा रही है।

पत्रकारिता के क्षेत्र के अन्तर्गत पत्रकारिता का विधिवत अध्ययन एवं प्रशिक्षण प्राप्त करके पत्रकारिता करने वालों की संख्या वर्तमान में बहुत ही सीमित रह गई है जबकि थोड़ा-सा कागजी ज्ञान व प्रशिक्षण प्राप्त करके पत्रकारिता से जुड़ने वालों की संख्या दिन-प्रतिदिन बढ़ती जा रही है। बदलती एवं विकसित होती पत्रकारिता में ऐसे पत्रकार जो स्वयं को मात्र समाचारों एवं सूचनाओं तक सीमित नहीं रखते वरन् पत्रकारिता को लक्ष्य के साथ जोड़ते हुए पाठकों, दर्शकों एवं समाज को सही दिशा देने का दायित्व निभाते हैं उनका आज नितान्त अभाव दिखाई दे रहा है। व्यवसायीकरण की बढ़ती प्रवृत्ति, अपनी लोकप्रियता को बढ़ाने एवं पत्रकारों, प्रशासकों एवं संचालकों की अति महत्वकांक्षाओं ने विभिन्न संचार साधनों को मात्र विज्ञापनों एवं मुनाफा एकत्रित करने का माध्यम बनाकर रख दिया है। विगत कुछ वर्षों में विभिन्न संचार साधनों के द्वारा बड़े पैमाने पर नारी को एक उत्पाद के रूप में प्रस्तुत किया जा रहा है उससे निश्चित ही नारी की गरिमामयी एवं गौरवमयी छवि को ठेस पहुँच रही है। विभिन्न समाचार-पत्रों, पत्रिकाओं, टी.वी. इत्यादि के द्वारा नारी हिंसा, छेड़-छाड़, बलात्कार, देह-व्यापार इत्यादि से सम्बन्धित घटनाओं

को अत्यधिक बढ़ा-चढ़ा कर प्रकाशित एवं प्रसारित किया जाता है। ऐसा करते समय पत्रकारिता से जुड़े लोग इस बात को भुला देते हैं कि अब इन घटनाओं की सूचना केवल आँकड़ों में नहीं वरन् वह तो सचित्र है जो समाज में करुणा, रोष व उत्तेजना सब एक साथ उत्पन्न करती है। इन सचित्र घटनाओं का प्रसारण व प्रकाशन समाज को न केवल विचलित करता है वरन् उस पर नकारात्मक प्रभाव भी डालता है, समाज में बढ़ रही अश्लीलता, हिंसा, उपभोक्तावादी संस्कृति, सामाजिक-सांस्कृतिक मूल्यों के ह्रास इत्यादि के लिए जनसंचार के साधन ही उत्तरदायी हैं।

समाचार-पत्र-पत्रिकाओं में सिनेमा एवं मॉडलिंग के क्षेत्र से जुड़ी अभिनेत्रियों एवं मॉडल्स की अर्द्धनग्न व उत्तेजक तस्वीरें अधिकाधिक मात्रा में छापकर बड़ी संख्या में पाठकों को अपनी ओर खींचने का प्रयास किया जा रहा है। पुरुष-वर्ग द्वारा प्रयोग की जाने वाली निजी वस्तुओं के विज्ञापनों में देह दिखाऊ महिला मॉडल की मौजूदगी दर्ज करना, मीडिया द्वारा हो रहे महिला उत्पीड़न का ही एक उदाहरण है। ऐसी तस्वीरों एवं विज्ञापनों को समाचार पत्र, पत्रिकाओं की बिक्री को बढ़ाने की गारण्टी माना जाता है। ऐसे में किस प्रकार उम्मीद की जा सकती है कि नव युवा पीढ़ी में संचार साधनों के द्वारा जीवन मूल्यों, आदर्शों एवं नैतिक गुणों का विकास किया जा सकता है। मीडिया के द्वारा आधुनिक नारी के नाम पर जिस नारी की तस्वीर प्रस्तुत की जा रही है वह नारी को समाज में न तो सम्मान दिला पा रही है और न ही उचित दर्जा। इसके विपरीत वह नारी के विरुद्ध बढ़ रही हिंसा एवं अपराध का कारण बन रही है। हाल ही में मीडिया द्वारा राखी सावंत व मिका प्रकरण, करीना कपूर व शाहिद कपूर के प्रेम प्रसंग से जुड़े चित्र तथा फैशन शो के दौरान महिला मॉडल के वस्त्र सरकने की तस्वीरों को जिस रूप में बार-बार दर्शकों के सामने पेश किया गया तथा समाचार पत्रों में उन तस्वीरों को मुख पृष्ठ पर स्थान दिया गया वह न केवल अशोभनीय व निन्दनीय है वरन् मीडिया द्वारा किए जा रहे महिला शोषण से जुड़ा हुआ एक कदम है जो वर्तमान पत्रकारिता के बदलते हुए रूप, भूमिका एवं उसकी प्रभावशीलता पर प्रश्नचिह्न लगाता है।

वर्तमान पत्रकारिता की एक विडम्बना यह भी है कि पत्रकारिता के क्षेत्र में कई महिलाएँ भी सक्रिय रूप से जुड़ी हुई हैं परन्तु मीडिया द्वारा हो रहे महिला-उत्पीड़न को रोकने में उनके द्वारा कोई ठोस एवं सार्थक पहल नहीं हो पा रही है। वे स्वयं भी कहीं न कहीं मीडिया द्वारा किए जा रहे नारी शोषण एवं नारी की विकृत छवि को स्थापति करने में भागीदार बन रही हैं। प्रसिद्ध हिन्दी धारावाहिक निर्मात्री द्वारा विभिन्न टी. वी. चैनलों पर अपने काय्रक्रमों के द्वारा जिस रूप में नारी चित्रण पेश किया जा रहा है वह या तो आधुनिकता के रंग में रंगी कुटिलता व फैशन से लिप्त खलनायिका है या खोखले आदर्शों, संस्कारों एवं बंधनों से बँधी अत्याचार सहित नायिका है। नारी के ये दोनों ही रूप नारी

जगत को स्वालम्बन, आत्मनिर्भरता व आत्मसम्मान का पाठ नहीं सिखा सकते। अत: इन दोनों रूपों में उचित संतुलन स्थापित करने की आवश्यकता है।

विभिन्न द्वितीयक तथ्यों से प्राप्त सामग्री का विश्लेषण करने से यह भी स्पष्ट हुआ है कि संचार साधनों द्वारा महिला सशक्तीकरण, लैंगिक समानता, व न्याय, महिला अधिकार इत्यादि मुद्दों को मात्र औपचारिक एवं सतही ढंग से उठाया जाता है। ये वे मुद्दे एवं समस्याएँ हैं जिनको यदि मीडिया द्वारा पूरी ईमानदारी व निष्पक्षता से उठाया जाए तो निश्चित ही महिलाओं की खराब हो रही स्थिति को सुधारा जा सकता है तथा समाज को सही दिशा प्रदान की जा सकती है। जब कभी भी मीडिया द्वारा इस दिशा में ऐसा छोटा सा भी कदम उठाया गया तो समाज व जनता ने इस कदम को सराहनीय और प्रशंसनीय बताया। जेसिका लाल हत्याकाण्ड की पुन: जाँच की माँग करना, प्रसिद्ध गायक उदित नारायण की पहली पत्नी को न्याय और सम्मान दिलाना और नोयडा निवासी निशा द्वारा दहेज लोभियों को जेल भिजवाने में सहायता करना इत्यादि कुछ ऐसे उदाहरण हैं जो मीडिया की सक्रियता और सशक्त भूमिका को प्रदर्शित करते हैं परन्तु वास्तविकता यही है कि मीडिया का उपयोग नारी उत्पीड़न को रोकने में अंशत: ही किया गया है। अधिकांशत: संचार साधन नारी उत्पीड़न से सम्बन्धित घटनाओं को विशेष प्राथमिकता देते हैं। निम्नलिखित तालिका का विश्लेषण करने से यह स्पष्ट होता है कि विभिन्न वर्षों में दैनिक समाचार-पत्रों के द्वारा ऐसी घटनाओं के प्रकाशन में ही विशेष रुचि दिखाई गई है परन्तु मीडिया ने ऐसी घटनाओं के कारणों पर न तो कभी गंभीर परिचर्चा की है और न ही ऐसी घटनाओं को रोकने के उपायों पर ही प्रकाश डाला है। इन घटनाओं का समाज पर कितना घातक व दुष्प्रभाव पड़ रहा है इस ओर भी मीडिया ने अपनी आँखें मूँद रखी हैं—

विभिन्न समाचार पत्रों में नारी शोषण सम्बन्धी प्रकाशित घटनाएँ

	1995	1996	1997	1998	1999
बलात्कार	13754	14884	15330	15151	15468
अपहरण	14063	14877	15617	16351	15962
दहेज हत्या	5092	5513	6006	6975	6699
उत्पीड़न	31127	35246	36592	41376	43823
छेड़छाड़	4756	5671	5796	8054	8858
सती	1	0	1	0	0
वेश्यावृत्ति	8447	7706	8323	8695	9363

मीडिया की एकाधिकारवादी एवं अनुत्तरदायी प्रवृत्ति पर विशेष निगरानी रखने की आवश्यकता है। ऐसी सूचनाएँ व समाचार जो समाज व राष्ट्रहित में नहीं हैं, केवल अभिव्यक्ति की स्वतंत्रता के नाम पर उनके प्रसारण की छूट नहीं दी जानी चाहिए। पत्रकारिता से जुड़े लोगों को भी उत्तराधिकार के रूप में अशिक्षित-अप्रशिक्षित सगे-सम्बन्धियों को संपादकीय एवं पत्रकारीय दायित्व देने की प्रवृत्ति से बचना चाहिए। पत्रकारिता के समुचित विकास के लिए उत्तरदायी एवं जवाबदेह पत्रकारिता का विकास करना आवश्यक है। सतर्क, सुविज्ञ व उत्तरदायित्वपूर्ण पत्रकारिता ही समाज को सही दिशा प्रदान कर सकती है। स्वच्छन्दवादी और व्यावसायिकतापूर्ण पत्रकारिता को संवैधानिक व कानूनी तरीके से ही नियमित करना अत्यन्त आवश्यक होता जा रहा है। पत्रकारिता की जवाबदेही के मापकों एवं दायरों को सुनिश्चित करके ही पत्रकारिता को जीवन्त एवं उसकी भूमिका को सशक्त एवं सार्थक बनाया जा सकता है।

विज्ञापनों द्वारा नारी उत्पीड़न—वर्तमान युग प्रतियोगिता का युग है। आज बाजार में व्यक्ति के दैनिक जीवन से सम्बन्धित उपयोग की वस्तुएँ सरलता से प्राप्त हो सकती हैं। आज एक ही वस्तु के अनेक ब्राण्ड बाजार में देखने को मिलते हैं। ऐसी स्थिति में प्रत्येक निर्माणकर्ता अपनी वस्तु को श्रेष्ठ प्रमाणित करने के लिए विज्ञापन का सहारा लेते हैं किन्तु आज प्रतियोगिता के इस दौर में विज्ञापन केवल वस्तुओं तक ही सीमित होकर नहीं रह गए हैं। आज अपने विज्ञापन को आकर्षक बनाने के लिए उसमें अनावश्यक रूप से नारी का अश्लील प्रयोग किया जाता है चाहे उसमें नारी के चित्रण की आवश्यकता हो अथवा न हो। फिर भी आकर्षण की वस्तु के रूप में नारी को प्रस्तुत किया जाता है, जैसे—लिरिल साबुन का विज्ञापन, विभिन्न डियो के विज्ञापन, गारनियर शैम्पू के विज्ञापन आदि जो आजकल टी. वी. पर दिखाए जा रहे हैं, नारी के शारीरिक और मानसिक उत्पीड़न के उदाहरण हैं।

टी. वी. सीरियल्स द्वारा नारी उत्पीड़न—वर्तमान समय में बड़े पर्दे अर्थात् सिनेमाघरों से ज्यादा टी.वी. व्यक्तियों की पसन्द बनता जा रहा है। लोग भावनात्मक रूप से उनसे जुड़ते जा रहे हैं और सीधे-सीधे उसे अपने जीवन से जोड़ते हैं। वर्तमान समय में टी. वी. सीरियल्स में नारी का जो स्वरूप प्रस्तुत किया जा रहा है वह सामाजिक दृष्टि से नितान्त गलत है। सीरियल में एक ही नारी की दो या तीन बार शादियाँ दिखाई जाती हैं। शादी और तलाक के बीच का फासला चंद दिन या चंद महीनों का दिखाया जाता है। प्रत्येक सीरियल में नारी का किसी न किसी रूप में नकारात्मक चित्रण किया जाता है। माँ को ही संतान का दुश्मन दिखाया जाता है और धन के लिए पत्नी-पति की प्रतिद्वन्द्विता दिखाई जाती है। नारी ही दूसरी नारी के घर को तोड़ते दिखाई जाती है।

चलचित्रों द्वारा नारी उत्पीड़न—चलचित्रों की यदि वास्तविक प्रकृति का अध्ययन किया जाए तो इसका उद्देश्य व्यक्ति के मनोरंजन के सम्बन्ध में होता है। वर्तमान चलचित्रों का उद्देश्य व्यक्ति का मनोरंजन नहीं है। उसका लक्ष्य तो किसी भी प्रकार सफलता प्राप्त करना और धन कमाना है फिर चाहे इसके लिए उसे अपनी मर्यादा की सीमा ही क्यों न लाँघनी पड़े। वर्तमान चलचित्र नारी के स्वरूप को इतने विकृत रूप में प्रस्तुत कर रहा है जिससे नारी की प्रतिष्ठा को गहरा आघात पहुँचा है। आज नारी भोग-विलास की वस्तु के रूप में अश्लीलता के साथ परोसी जाती है।

आज फिल्मों में अश्लीलता सर्वोपरि हो गई है। 'जिस्म' जैसी फिल्मों की समाज को कोई आवश्यकता नहीं है। इस फिल्म के पश्चात् बिपाशा बसु द्वारा अपने साक्षात्कार में फिल्म के पक्ष में कही गई बातों को हम लिखना भी नहीं ठीक नहीं समझते? लेकिन समझ में नहीं आता कि इन फिल्मों को बनाया ही क्यों जाता है जिनसे कोई शिक्षा ही न मिले, बल्कि समाज में गन्दगी फैलती है। किसी फिल्म की लोकप्रियता के लिए स्त्री देह का प्रदर्शन सबसे सुगम मार्ग समझा जाता है। सुहाग रात, स्त्री के गुप्त भेद, यौवन का भरपूर आनन्द देने का दावा करने वाली फिल्मों से समाज में कई विकार उत्पन्न हो रहे हैं।

इलेक्ट्रॉनिक मीडिया द्वारा विज्ञापन में महिलाओं का शोषण किया जा रहा है, विज्ञापन चाहे कार का हो, कॉफी, आफ्टर शेव लोशन, सिगरेट या पान-मसाला का स्त्री का आकर्षण स्वरूप प्रस्तुत कर लोगों को रिझाने का पूरा प्रयास किया जाता है। स्त्री आकृति का सर्वाधिक प्रयोग शैम्पू, साबुन, फर्नीचर, फ्रिज, शीतल पेय, सौन्दर्य-प्रसाधन, कपड़े आदि के लिए होता है। इसके अतिरिक्त पुरुष व महिलाओं के अंत:वस्त्रों का विज्ञापन भी अधिकांश महिलाएँ ही करती देखी जाती हैं। हमारी भारतीय संस्कृति में लज्जा व धर्म महिलाओं का आभूषण माना जाता है किन्तु आज मीडिया की चकाचौंध से महिलाएँ लाज-लज्जा त्याग कर नग्नता पर उतर आई हैं। आज का समाज बौद्धिक समाज है, लेकिन इस प्रगतिशील युग के बौद्धिक लोग बुद्धिहीन प्रतीत होते हैं, तभी तो अन्त: वस्त्रों के विज्ञापनों की आवश्यकता आन पड़ी है। कार के विज्ञापन में अर्द्ध वस्त्रों को लपेट कर स्त्रियाँ कार के ऊपर बैठी हैं। यह विज्ञापन किस चीज का हो रहा है ? उन महिलाओं का, या उन कपड़ों का, या उस कार का ? निर्णय लेना भी कठिन हो जाता है।

अश्लीलता के विरुद्ध भारतीय महिलाओं के बढ़ते आक्रोश को देखते हुए अगस्त, 1986 में राज्यसभा में तत्कालीन महिला राज्यमंत्री मार्ग्रेट अल्वा के प्रयासों से एक ऐसा विधेयक बनाया गया जिसमें विज्ञापनों, पर्चों, पुस्तकों आदि के माध्यम से अश्लील चित्रण पर रोक लगाई गई। इस बिल को 'महिला का अश्लील चित्रण रोकने का बिल 1986' का नाम दिया गया। 1986 में बने विधेयक के पश्चात् वर्तमान मीडिया के द्वारा महिलाओं के शोषण में वृद्धि हुई है। वर्तमान समय में निर्वस्त्र के प्रदर्शन की कीमत इतनी

ज्यादा दी जाती है कि महिलाएँ रुपयों के लिए ऐसे प्रदर्शन से परहेज नहीं करती हैं। लेकिन मीडिया का कार्य यदि नैतिकता से किया जाए तो क्या मीडिया अपना कार्य सुगमता से नहीं कर सकेगा ? कर सकेगा, अवश्यसंभावी है।

मीडिया के इस कृत्य से समाज पर अत्यन्त ही बुरा प्रभाव पड़ रहा है। मीडिया चाहे मुद्रित हो या इलेक्ट्रॉनिक, दोनों ने ही महिलाओं का शोषण किया है। आधुनिक मीडिया नैतिकता का उल्लंघन कर रहा है। नैतिकता की पुकार है कि—

1. कामोत्तेजक और फूहड़ चित्रों का प्रदर्शन न किया जाए।
2. विज्ञापनों से कोई शारीरिक-मानसिक क्षति न हो।
3. किसी भी सामाजिक छवि का हनन न हो।
4. लोक नीति द्वारा निर्धारित व्यवस्था का उल्लंघन न हो।

आज विज्ञापनों में 'नारी आकृति' का उपयोग हो रहा है, वह चिंतनीय है। 'अश्लील चित्रण बिल 1986' और विज्ञापन आचार-संहिता के पश्चात् विज्ञापनों में नारी छवि का दुरुपयोग हो रहा है। स्त्री आकृति के दुरुपयोग के लिए दोषी लोगों के विरुद्ध कड़े कानून बनाकर हम इस क्षेत्र में सुधार की आशा कर सकते हैं। मीडिया ने नारी की छवि का दुरुपयोग किया है, उसकी छवि को धूमिल किया है। यदि मीडिया अपने नकारात्मक पहलुओं को सुधार ले तो महिलाओं में जागृति का समस्त श्रेय मीडिया को ही जाएगा।

पत्रिकाओं तथा समाचार पत्रों द्वारा नारी उत्पीड़न—वर्तमान समय में प्रिण्ट मीडिया भी नारी के उत्पीड़न में पीछे नहीं है। अपनी पत्रिका को आकर्षक बनाने के लिए नारी के अश्लील चित्र प्रस्तुत किए जाते हैं। नारी-शोषण की कहानी समाचार-पत्रों में मिर्च-मसाला लगाकर लिखी जाती है। बलात्कार जैसी घटना (जो कि एक नारी के सम्पूर्ण जीवन को पूर्णरूप से नष्ट कर देती है और नारी के अस्तित्व को गहरा आघात पहुँचाती है) की जानकारी समाचार पत्र पूर्ण रूप से दे देते हैं। नारी के शील-भंग की घटनाएँ प्रतिदिन पत्रिकाओं व समाचार-पत्रों में प्रकाशित होती रहती हैं।

इसके अतिरिक्त अन्य रूप में भी नारी का उत्पीड़न हो रहा है। व्यावसायिक दृष्टि से जहाँ एक ओर नारी का यौन उत्पीड़न होता है वहीं दूसरी ओर पुरुष महिला को अपने से आगे बढ़ता देखना नहीं चाहता है। पारिवारिक दृष्टि से नारी का उत्पीड़न परिवार के सदस्यों द्वारा किया जाता है। नारी न तो अपनी इच्छानुसार वस्त्र पहन सकती है और न ही इच्छानुसार कहीं घूम सकती है क्योंकि हो सकता है कि यदि वह ऐसा करे तो उसे उत्पीड़ित करने के लिए कोई विकृत मस्तिष्क व्यक्ति उसके सामने उपस्थित हो जाए।

नारी के इस उत्पीड़न को रोकने के लिए यह आवश्यक है कि स्वयं नारी अपने ऊपर हो रहे इन अत्याचारों के खिलाफ आवाज उठाए। अपनी सुरक्षा स्वयं करे। अपने

व्यक्तित्व को सफलता के उस शिखर तक ले जाए जहाँ पर कोई स्वार्थी व्यक्ति उस तक न पहुँच पाए। तभी नारी अपनी वास्तविक छवि को बनाए रख पाएगी।

इक्कीसवीं सदी की दस्तक के साथ आज अपने देश में और अन्तर्राष्ट्रीय क्षेत्रों में जनसंचार माध्यमों का क्षितिज बहुत बढ़ गया है। आज जहाँ जनसंचार माध्यमों में समाचार-पत्र, साप्ताहिक, पाक्षिक व मासिक पत्रिकाएँ और पुस्तकें सम्मिलित हैं वहीं कम्प्यूटर क्रान्ति के युग में रेडियो तथा दूरदर्शन जैसे जनसंचार माध्यम प्रत्येक घर में प्रवेश कर चुके हैं।

आज हमारे सामाजिक स्वरूप में बदलाव आया है। पश्चिमी संस्कृति से आकर्षित हमारी भावधारा सत्यम् शिवम् सुन्दरम् धूमिल पड़ती जा रही है। ग्लोबलाइजेशन के इस युग में समस्त पृथ्वी एक खरीदने-बेचने का मंच बन गई है। मीडिया ने भी वैज्ञानिक क्रान्ति के परिणामस्वरूप नए प्रयोगों को आत्मसात् करने का प्रयत्न किया है।

विश्व की आधी जनसंख्या नारियों की है। नारी मुक्ति आन्दोलनों के साथ-साथ नारियों ने अपनी सदियों पुरानी परम्पराओं की बेड़ियाँ उतारकर फेंक दी हैं। इस परिवर्तन के पश्चात् भी हमारे जनसंचार माध्यमों में नारी को प्रस्तुत करने की प्रवृत्ति अभी भी दकियानूसी और सामंती है। नारी के विषय में इनका दृष्टिकोण बुर्जुवा ही है। मनोरंजक एवं सामान्य कार्यक्रमों में उसका आज का सही चित्र नहीं उभर पाता। यहाँ उसे करुणा और ममता की प्रतिमूर्ति और सदियों पुराने मूल्यों की अवधारिणी के रूप में ही प्रस्तुत किया जाता है। नारी बिम्ब की प्रस्तुति आज की जीती-जागती साहसपूर्ण औरत के चित्रण के स्थान पर रोती-बिलखती सदियों पुरानी औरत के रूप में प्रस्तुत कर उसके गुणों को छिपा कर नारी का शोषण किया जाता रहा है।

एक ओर नारी का चित्रण मीडिया द्वारा उसकी दीन-हीन छवि प्रस्तुत कर किया जा रहा है वहीं दूसरी ओर नारी के विषय में मीडिया के दृष्टिकोण से उसे मात्र उपभोग की वस्तु मानकर ही पेश किया जाता है। सबसे अधिक दुर्दशा तो इन जनसंचार माध्यमों के विज्ञापनों में नारी की छवि की होती है। विज्ञापन निर्मित करने से लेकर मॉडल की चुनाव प्रक्रिया सभी में केन्द्र-बिन्दु नारी का शारीरिक सौन्दर्य ही रहता है। पहले मॉडल चुनाव में चेहरा, रंग, चाल-ढाल, उसके सलीके की प्राथमिकता रहती थी वहीं आज उस युवती की आकर्षक देहयष्टि ही चुनाव की एकमात्र कसौटी है। उपभोक्ता वस्तुओं की बिक्री बढ़ाने हेतु नारी के शरीर के आकर्षण की ओर ध्यान केन्द्रित कर विज्ञापन निर्मित किए जाते हैं। निश्चय ही विज्ञापनदाताओं की यह वृत्ति दूषित, अश्लील और सामाजिक मूल्यों को गंदला करने वाली है। इस प्रवृत्ति की पराकाष्ठा तो तब हो जाती है जब पुरुष वर्ग द्वारा प्रयुक्त वस्तुओं के विज्ञापनों में भी नारी के शरीर के चित्रों की सहायता से बिक्री बढ़ाने का प्रयास दिखाई देता है। हद तो तब होती है जब सिगरेट-बीड़ी के विज्ञापनों में नारी के

शरीर के चित्रों की सहायता से बिक्री बढ़ाने के प्रयासों को देखते हैं। यह प्रयास किसी भी दृष्टि से स्तुत्य नहीं है।

सिनेमा, टेलीविजन ही नहीं, विभिन्न समाचार-पत्रों व पत्रिकाओं में छपे अनेकानेक विज्ञापनों में आकर्षण का मूल-मंत्र महिलाओं का नग्न प्रदर्शन ही है। कहीं एक नग्न युवती के पुष्ट वक्ष में सौन्दर्य देखा जा रहा है तो कहीं सुगठित शरीर की नग्नता में। कहीं युवती की मदभरी आँखों में सौन्दर्य खोजा रहा है तो कहीं उसके क्षीण कटि-प्रदेश में।

यही नंगेपन की प्रस्तुति फिल्मों जैसे जनसंचार के सशक्त माध्यम में भी होती है। सिनेमा को आधुनिक युग का जादू कहा जाता है। ललित कलाओं के संगम स्वरूप यह माध्यम हमारे जीवन में एक ऐसा सशक्त माध्यम बन गया है जिसके प्रभाव से हम बच नहीं सकते। सिनेमा जो भ्रम उत्पन्न करने के कौशल में सम्पन्न होता है, बिम्बों को झूठा आकार प्रदान करने की इसमें सबसे अधिक क्षमता होती है। इसमें सेक्स सम्बन्धी या मुक्त विचार सम्बन्धी मूल्य उस सीमा तक सक्रिय किए जाते हैं कि उसमें हुए महिला शोषण से इन्कार नहीं किया जा सकता। अश्लील फिल्में बनाने वाले निर्माताओं का मुख्य उद्देश्य पैसा कमाना होता है। पिछले कुछ वर्षों में भारतीय तथा विदेशी अश्लील फिल्मों की बाढ़-सी आ गई है। फिल्म के माध्यम से यौन, बलात्कार आदि विषयों को दिखाकर जहाँ एक ओर नारी अंग प्रदर्शन उनका मुख्य उद्देश्य है वहीं ऐसे विषयों को दिखाकर एक भ्रष्ट समाज का निर्माण किया जा रहा है।

विश्व में आज टेलीविजन सबसे अधिक लोकप्रिय एवं सशक्त माध्यम माना जा सकता है। यद्यपि टेलीविजन के अधिकांश कार्यक्रमों में नारी का चित्रण आदर्श व खलनायिका दोनों ही रूपों में किया जा रहा है, किन्तु फिल्मों से प्रभावित टेलीविजन में भी आज अधिकांश कार्यक्रम फिल्मों पर आधारित ही निर्मित किए जाते हैं जिनमें नारी शोषण स्पष्ट परिलक्षित होता है। इसी प्रकार 1984 में टेलीविजन पर हुए एक अध्ययन के अनुसार 71 प्रतिशत विज्ञापनों में नारी अंग प्रदर्शन ही आकर्षण का मुख्य केन्द्र है। रेडियो, टेलीविजन तथा फिल्मों के साथ-साथ जनसंचार की एक नई विधा वीडियो कैसेट, रिकार्डर का प्रचलन भी बहुत बढ़ गया है। आजकल अत्यधिक लचर फिल्मों का निर्माण एक फैशन बनता जा रहा है, जिन्हें वी.सी.आर. पर बन्द कमरे में देखा जा सकता है। घर पर बने इस लघु थियेटर में देखी जाने वाली अधिकांश फिल्मों में खुलकर नारी का अंग प्रदर्शन किया जाता है। एक प्रकार से यह प्रथा नारी शोषण को बढ़ाने में काफी सीमा तक जिम्मेदार है।

नारी की गरिमा की धज्जियाँ उड़ाते पोस्टर एवं होर्डिंग्स

विश्व महिला दिवस तमाम मनाए जाने वाले दिवसों की तरह पिछले दिनों मना लिया गया। इस समाज में ऐसा ही है। एक दिवस मना लीजिए और शेष दिन जो जी में

आए, कीजिए। ऐसा भी नहीं कि इस एक दिवस हम बड़े सात्विक, शिष्ट, कुलीन और मर्यादित हो जाते हैं मगर मंच और माइक पर व्यक्त किए जाने वाले विचारों में खाली सच्चाई के बगैर यदि कुछ कहा जा सकता है तो कहने से मत चूकिए। हमारे लिए सार्थकता का पैमाना बस यही है। वास्तव में लगता यों है कि जितने ज्यादा उदासीन, स्वार्थी और मतलबपरस्त परिवेश में हम साँस ले रहे हैं वहाँ दिखाने का बस एक यही तरीका हमारे पास रह गया है। बारहों महीने देश के हर शहर के कुछ खास सिनेमाघरों में दिखाई जाने वाली घटिया और अश्लील फिल्में तथा सिनेमाघर के बाहर लगे गंदे पोस्टर निरन्तर हमारी शुतुरमुर्गी मनोवृत्ति का उपहास उड़ाया करते हैं और हम अपने ही उपहास में शामिल हो जाया करते हैं।

शहर चाहे कोई भी हो, दो-चार उसके अपने घटिया सिनेमाघर जरूर होते हैं। ये सिनेमाघर शहर की किसी भी जगह पर हो सकते हैं। हो सकता है वहाँ पर लड़कियों का कोई स्कूल या कॉलेज हो। हो सकता है वहीं कहीं लाइन लगाकर महिलाओं को बस का इंतजार करना पड़ता हो। हो सकता है उस सिनेमाघर के सामने से होकर नियमित रूप से महिलाएँ गुजरती हों। ऐसे घटिया सिनेमाघरों पर लगे अश्लील फिल्मों के पोस्टर क्या कहते हैं ? यह कभी कोई जानने की फिक्र नहीं करता। आखिर उन पोस्टरों पर भी एक स्त्री ही होती है। वह हिन्दी या विदेशी फिल्म की ऐसी हीरोइन हो सकती है जिसने अपने भविष्य के लिए सारा जमाना ताक पर रख दिया होता है मगर वह स्त्री, अपने सामने से होकर गुजरने वाली स्त्रियों की ओर किस बेशर्म निगाह से, निर्लज्जता से देखती है, यह विचारने का साहस ही किसी में हो।

शहर का घटिया सिनेमाघर हर सप्ताह चुन-चुन कर अश्लील फिल्में ला रहा होता है। आए दिन फिल्में लगा और बदला करती हैं। मगर किसी के कान में जूँ तक नहीं रेंगती। समाजसेवा करने वाले परवाह नहीं करते कि ऐसे सिनेमाघरों और उनमें लगने वाली फिल्मों के खिलाफ क्या किया जाना चाहिए ? किसी को भी इस गंदगी में झाड़ू फेरने की चिन्ता नहीं है। सालों से ये सिनेमाघर बदस्तूर चल रहे हैं। फिल्मोद्योग की अनिश्चितता, उसका बाजार चाहे जितने जोखिमों से भरा क्यों न हो, ऐसी फिल्मों का बाजार हमेशा उनके प्रचार वाक्य की तरह गर्म रहता है। जब कभी सेन्सर बोर्ड की अध्यक्ष कोई स्त्री होती है तो उम्मीद की जाती है कि कम से कम ऐसे समय में फिल्मों में स्त्री की मर्यादा की रक्षा होगी, पर ऐसा होता नहीं है।

आशा पारेख जब सेन्सर बोर्ड की अध्यक्ष थीं तब ऐसी फिल्मों की तादाद खूब हुआ करती थी। अब जब शर्मिला टैगोर हैं तब भी इस तरह की फिल्में खूब आ रही हैं, बल्कि हम इस दौर में, यह देखने में आ रहा है कि तमाम लोकप्रिय सितारों से भरी हिन्दी फिल्मों की नायिकाएँ बेहद वाहियात ढंग से परदे पर प्रकट हो रही हैं। ऐसी तमाम

हीरोइनें हैं जिनके नाम याद करना या उल्लेख करना उनको बिना वजह तवज्जो देना होगा, अगर जिनके कैरियर का अनार एक-दो फिल्मों में ही फुस्स होकर रह जाया करता है, वे भी भरपूर एक्सपोजर चाहती हैं किसी भी कीमत पर।

यह सब देखकर बड़ी शर्मिंदगी होती है कि पोस्टरों पर अश्लील स्त्री और उसकी देह किस तरह समाज की स्त्री के साथ अपमानजनक और बेइज्जत करने वाली ठिठोली करती नजर आती हैं। एक ऐसे जमाने में, जब युवा पीढ़ी ज्यादा बोल्ड और दुस्साहसी होने को तैयार हो, अश्लील पोस्टर और घटिया गाने इस पीढ़ी को कहाँ तक ले जाएँगे और यह पीढ़ी स्त्रियों का कितना आदर कर पाएगी ? समाज दे इन प्रश्नों के उत्तर।

यह बात तो है कि स्त्री का अपना अस्तित्व, उसकी अस्मिता जिन प्रश्नों के दायरे में है, वे प्रश्न लगातार सदियों और युगों से ज्यों के त्यों बल्कि समय के साथ ज्यादा ज्वलन्त होते जा रहे हैं। उसी अनुपात में आज स्त्री का समाज ज्यादा जटिल और विषम परिस्थिति में है लेकिन ऐसे दौर में जब स्त्री पोस्टरों में, स्त्री फिल्मों में, स्त्री इस समूचे वर्तमान में केवल एक्सचेंज ही की जा रही है और विश्व महिला दिवस पर केवल एक दिन अपनी सारी चिन्ताएँ व्यक्त कर अपनी सारी संवेदनाएँ प्रकट कर निरर्थक रूप से मुट्ठी भींचकर हवा में लहराने व अगले ही क्षण हवा हो जाने वाली अपनी आवाज बुलन्द कर रहे हों तो इससे अंत में हासिल क्या होगा ?

सच्चाई यह है कि अगर हम और आप यह चाहते हैं कि नारी का शोषण बन्द हो, नारी की अस्मिता के साथ खिलवाड़ न हो, नारी की इज्जत सरेआम नीलाम न हो तो आवश्यकता है हमारे जागने की, इस समाज को जगाने की, घर-घर में भारतीय संस्कृति की अलख जगाने की, आवश्यकता है पुरजोर विरोध करने की। फिर न मीडिया नारी का शोषण कर सकेगा, न किसी होर्डिंग पर नारी की नग्न अर्द्धनग्न तस्वीरें मिलेंगी, न फिर कोई हमारी बहू-बेटियों को सरे आम सड़कों पर छेड़ेगा, न फिर कोई देवियों की नग्न तस्वीर बनाएगा, न फिर कोई भारत माता को डायन कहने की हिम्मत कर पाएगा, न सरे आम गौ हत्या होगी। और फिर जैसा यह समाज चाहेगा वैसा ही भारतीय मीडिया तो क्या अन्तर्राष्ट्रीय मीडिया भी करने के लिए विवश हो जाएगा।

आज महिला उत्थान के लिए अनेक कार्यक्रम चलाए जा रहे हैं, यदि महिलाओं को शैक्षणिक, सामाजिक, आर्थिक दृष्टिकोण से सशक्त किया जाये, तो वह नई चुनौतियों एवं अपने ऊपर हो रहे अत्याचार का डटकर मुकाबला कर सकती है। इन्हीं उद्देश्यों को ध्यान में रखकर सरकार द्वारा अनेक नीतियाँ एवं कार्यक्रम अपनाये गये हो निम्नलिखित है-

1. महिला समृद्धि योजना- महिलाओं के आर्थिक उत्थान के द्वारा सशक्तिकरण करना।

2. बालिकाओं के लिए राष्ट्रीयता का कार्यक्रम-बालिकाओं के लिए राष्ट्रीय किय्रान्वयन कार्यक्रम बनाये जा रहे है जिससे राष्ट्रीय स्तर पर बालिकाएँ अपना भविष्य संवार सके।

3. प्रजातांत्रिक संस्थाएँ बनाना-प्रजातांत्रिक संस्थाओं में निम्न स्तर की महिलाओं के लिए स्थान सुरक्षित करना। जिससे अधिक से अधिक महिलाएँ प्रजातांत्रिक मूल्यों को अपना कर अपने हित में संस्थाएँ बना सके।

4. रोजगार की व्यवस्था करना-सामाजिक, आर्थिक कार्यक्रम तैयार कर जरूरतमन्द महिलाओं के लिए प्रशिक्षण एवं रोजगार की व्यवस्था करना जिससे रोजगार मिल सके।

5. नारी विकास की दूरगामी नीतियाँ-महिलाओं के विकास हेतु दूरगामी रणनीति बनाई गई है। ताकि राष्ट्रीय एवं अन्तर्राष्ट्रीय स्तर पर महिलाओं की स्थिति का विकास तय हो सके।

6. राष्ट्रीय महिला स्वरोजगार आयोग का गठन-राष्ट्रीय महिला स्वरोजगार आयोग का गठन एवं उसकी रिपोर्ट तैयार करना ताकि अधिक से अधिक महिलाएँ रोजगार से जुड़ सके।

7. महिला संसाधन केन्द्र बनाना-राष्ट्रीय महिला संसाधन केन्द्र स्थापित कर महिला हित सम्बन्धी राष्ट्रीय दीर्घकालीन नीति एवं कार्यक्रमों को प्रोत्साहित एवं शामिल करने के लिए एक सर्वोच्च संस्था की व्यवस्था की जानी चाहिए।

8. नारी सशक्तीकरण की नीति तैयार करना-समेकित राष्ट्रीय महिला सशक्तिकरण नीति महिलाओं के सामाजिक, आर्थिक व कानून सशक्तिकरण के प्रयास करें।

उपरोक्त नीतियों एवं कार्यक्रमों के अतिरिक्त, कई और नीतियाँ एवं काय्रक्रम महिला को शक्तिशाली बनाने के लिए अपनाये गए है।

1. अन्तर्राष्ट्रीय स्तर पर भारतीय नारी की स्थिति-अन्तर्राष्ट्रीय स्तर भी महिलाओं की दशा सुदृढ़ीकरण एवं सशक्तिकरण के लिए अनेक सराहनीय प्रयास किए गए हैं, द्वितीय विश्व युद्ध की समाप्ति के तुरन्त बाद 24 अक्टूबर 1945 को संयुक्त राष्ट्र संघ की स्थापना की गई। इनके तत्वाधान में एक अन्तर्राष्ट्रीय महिला आयोग का गठन कर इस ओर ध्यान आकर्षित किया गया। आयोग द्वारा महिलाओं की दशा सुधार हेतु व्यापक मसविदा तैयार कर महासभा के सदस्य राष्ट्रों के जनसमर्थन के पश्चात् इसकी घोषणा की गई। महिला वर्ष, महिला दशक, बालिका वर्ष, महिला सशक्तीकरण वर्ष तथा महिलाओं की स्थिति पर 4 विश्व सम्मेलनों का आयोजन एवं अन्य अनेक अन्तर्राष्ट्रीय बैठकों सभाओं तथा मानव अधिकार प्रपत्रों का प्रतिपादन किया गया। भारत ने भी नारियों को समान अधिकार दिलाने सम्बन्धी विभिन्न अन्तर्राष्ट्रीय कन्वेंशनों, घोषणाओं एवं मानव अधिकार प्रपत्रों का अनुसरण किया है।

2. विधि संगत नारी की स्थिति-संविधान, कानूनों, नीतियों, योजनाओं, कार्यक्रमों और सम्बन्धित व्यवस्थाओं में महिलाओं की स्थिति को बेहतर एवं सशक्त बनाने का सतत् प्रयास किया गया है। पर आज भी वास्तविक स्थिति यह है कि महिलाओं पर परिवार में दफ्तर, सफर, समाज आदि में अनाचार, दुराचार, अत्याचार, बलात्कार होते रहते हैं। महिलाओं के समक्ष अनेक ज्वलंत समस्यायें सुरसा के मुँह फैलाये खड़ी है। पुरुष प्रधान समाज में महिलाओं को शोषित किया जाता है। उन्हें अपमानजनम अभावों एवं असुविधाओं का जीवन जीने को बाध्य किया जाता है। इसका चाहे शैक्षणिक, आर्थिक,सांस्कृतिक, राजनीतिक कानूनी एवं सामाजिक मनोवृत्ति ही क्यो न हो।

3. लिंग परीक्षण-एमनियोसेटेसिस की उच्च तकनीक का दुरुपयोग सैक्स निर्धारण परीक्षणों के रूप में हो तो जन्म से पूर्व ही भेदभाव शुरू हो जाता है जिसके परिणामस्वरूप एक नए प्रकार की कन्या-भ्रूण हत्या की शुरूआत हो गई है। पश्चिमी देशों में यह लिंग परीक्षण लगभग 25 साल से हो रहा है लेकिन वहाँ इनका उद्देश्य भ्रूण हत्या न होकर गर्भस्थ शिशु की विकृतियों का पता लगाना ही है। असामान्य शिशु होने पर गर्भपात कराया जाता है, जबकि भारत में लिंग परीक्षण की इस सुविधा का दुरुपयोग हो रहा है। आज स्थिति यह है कि बच्ची के जन्म होते ही अधिकांश परिवारों में शोक छा जाता है। कन्या भ्रूण हत्या इसी कुप्रवृत्ति का परिणाम है यही कारण है कि भारत में पुरुषों की तुलना में महिलाओं की संख्या दिनोंदिन घटती जा रही है जो सभ्य समाज में शुभ का लक्षण नहीं है। अमेरिका, फ्रांस, कनाड़ा, जापान तथा आस्ट्रेलिया जैसे विकसित देशों में प्रति हजार पुरुषों के मुकाबले महिलाओं की संख्या 1000 एवं 1080 के बीच है, जबकि भारत में 2001 में प्रति हजार पुरुषों के पीछे 957 महिलाएँ है।

4. कृत्रिम गर्भाधान को प्रोत्साहन-एरिक्शन तकनीक के जरिए कन्या भ्रूण हत्या करने के बजाय पुत्र धारणा की संभावना को बढ़ाना भी संभव हुआ है। एरिक्शन कृत्रिम गर्भाधान की वह विधि है, जिसमें शुक्राणुओं को छान कर 'वाय क्रोमोसोस' को अलग कर दिया जाता हैं और उसे स्त्री के गर्भाश्य में पहुँचाया जाता है डिब को वाय क्रोमोसोम द्वारा निषेचित करने से लड़के का जन्म होता है। अर्थात् सृजन की प्रतीक महिलाओं का इस तकनीक के द्वारा पृथ्वी पर आगमन के रास्ते को बन्द कर दिया जाता है।

5. विज्ञान द्वारा नारी को कमजोर किय जाना-सोशल साइंस ने तो अनेक प्रकार से महिलाओं की स्थिति को कमजोर किया ही है, साथ ही लाइफ साइंस के आविष्कारों ने भी महिलाओं की स्थिति पर गहरा प्रहार किया है जैसे मनियोसेटेसिस, एरिक्सन, विज्ञान आदि विधियाँ महिलाओं के शोषण का एक नया संसाधन बन गया है।

6. जनसंख्या नियंत्रण के उपायों का दुरूपयोग-जनसंख्या नियंत्रण के अधिकांश वैज्ञानिक आविष्कारों ने भी महिला की कोख को ही केन्द्र बनाया चूंकि अधिकांश गर्भ निरोधक महिलाओं के लिए ही विकसित किए गए।

इन तमाम बिन्दुओं पर दृष्टिपात करने के पश्चात् यह बात स्पष्ट होती है कि महिलाओं की वास्तविक स्थिति के बीच अब भी एक बड़ी खाई है अत: महिलाओं के संरक्षण, संवर्धन एवं सशक्तिकरण के लिए सामाजिक ढाँचे में परिवर्तन करना आवश्यक है,समाज की सबसे छोटी इकाई परिवार होती है। अत: परिवारिक गठन में बदलाव लाकर अनेक समस्याओं का समाधान हो सकता है, क्योंकि समानता का सही अर्थों में बीजारोपण बालक-बालिकाओं में किया जाता है। नवीन शिक्षा प्रणाली, शिक्षा विकेन्द्रीकरण, महिलाओं को रोजगार एवं व्यावसायिक प्रशिक्षण, अनौपचारिक शिक्षा केन्द्रों द्वारा शिक्षा प्रणाली में लचीलापन लाकर, आत्मविश्वास की भावना जागृत कर, शिक्षा को व्यवसाय से जोड़कर कौशल प्रशिक्षण द्वारा आर्थिक रूप से स्वालम्ब बनाने वाली शिक्षा महिला सशक्तिकरण के लिए आज की आवश्यकता है।

नारी सुधार के प्रयास

किसी भी देश में स्त्रियाँ समाज का महत्त्वपूर्ण घटक है। भारत की संस्कृति महिला-पुरुष समानता पर बल देती है। स्त्री को शक्ति स्वरूप माना गया है, परन्तु सदियों से पितृसत्तात्मक सामन्तवादी सामाजिक ढ़ाँचे में स्त्रियाँ धर्म, मान्यताओं, परम्पराओं और रुढ़ियों के नाम पर उत्पीड़न और शोषण का शिकार रही है। सामाजिक, आर्थिक ओर राजनीतिक क्षेत्र में पुरुष वर्ग ने योजनाबद्ध तरीके से स्त्रियों को पीछे रखने का षड्यंत्र किया है सात वचन, सात फेरे, साथ जनम, वाली कहावत कहकर उसे छला गया। स्वतंत्रता पूर्व स्त्रियों की दयनीय स्थिति में सुधार के लिए धार्मिक एवं सामाजिक सुधार आन्दोलन के प्रर्वतकों, राष्ट्रवादी विचारकों तथा ब्रिटिश प्रशासन के सुधारवादी प्रशासकों ने समाज मे जागरूकता उत्पन्न कर तथा कानून बनाकर स्त्रियों को शोषण तथा उत्पीड़न से बचाने और उनके कल्याण के प्रयास किये। स्वतंत्रता पश्चात् कानूनी स्तर पर पुरुष तथा महिलाएँ समान अधिकारी है, परन्तु आज भी स्त्रियाँ राजनीतिक, सामाजिक और आर्थिक क्षेत्र में अपने अधिकारों की पहचान के लिए संघर्षरत है।

स्वाधीनता से पूर्व नारी सुधार के प्रयास-

विलियम बैंटिक ने राजा रामगोहन राय की माँग पर सती प्रथा पर रोक लगाने के लिए 1829 ई. में विधवा पुनर्विवाह विधेयक विधिवत पारित हुआ। 1860 ई. में विधवा पुनर्विवाह विधेयक विधिवत पारित हुआ। 1860 ई. में ''एज ऑफ बन्सेल्ट बिल'' पारित किया गया। इस बिल के अनुसार 10 वर्ष की उम्र में विवाह की व्यवस्था थी किन्तु 1861 ई. में बढ़ाकर 12 वर्ष कर दिया। 1865 ई. के विवाह अधिनियम के अनुसार यह व्यवस्था की गई कि 14 वर्ष की लड़की की उम्र में

विवाह हो। स्वतंत्रता के पश्चात् 1955 में हिन्दू विवाह अधिनियम बनाया गया जिसमें यह व्यवस्था की गयी कि लड़की की उम्र 15 वर्ष और लड़के की उम्र 18 वर्ष होने पर ही विवाह किया जा सकता है।

विभिन्न अधिनियमों में प्रावधान-

(1) सन् 1874 में विवाहित महिला सम्पत्ति अधिनियम का निर्माण किया गया इसमें 1929 ई. में संशोधन भी किया गया जिसके अनुसार लड़कियों को अपने पिता की सम्पत्ति में हिस्सेदार बनाया गया।

(2) 1943 ई. में मैटरनिटी बैनिफिट स्कीम लागम की गयी जिससे कारखानों में काम करने वाली स्त्रियों को बड़ा लाभ हुआ।

(3) 1952 ई. में महिलाओं की सुरक्षा के लिए एक अधिनियम पारित किया गया।

(4) 1954 ई. में विशेष विवाह अधिनियम बनाया गया।

(5) 1955 में हिन्दू विवाह तथा तलाक अधिनियम बना।

(6) 1956 ई. में हिन्दू अल्पसंख्यक तथा संरक्षक अधिनियम बना हिन्दू दत्तक मैण्टीनेन्स अधिनियम बनाया गया।

(7) 1961 ई. में दहेज अधिनियम बनाया गया।

(8) इसके अतिरिक्त भी स्त्रियों की माँगों को पूरा करने के लिए अनेक कानूनों का निर्माण किया गया। इनसे स्त्रियों की दशा में बहुत सुधार हुआ। अंग्रेजी शिक्षा, राष्ट्रीय आन्दोलन के नेताओं आदि ने भी स्त्रियों में नवीन चेतना का संचार किया जिसके परिणामस्वरूप वे अपने पैरों पर खड़ी होकर अपनी माँगों के लिए आन्दोलित हो उठीं। उन्होंने राष्ट्रीय आन्दोलन में भाग लिया। उन्होंने सामाजिक, धार्मिक तथा राजनीतिक क्षेत्र में पुरुषों के समान स्थान प्राप्त करने में सफलता प्राप्त की।

विभिन्न कुरीतियों के विरुद्ध कार्य-

19वीं शताब्दी में भी स्त्रियों की दशा में कोई विशेष बदलाव देखने को नहीं मिला, क्योंकि अभी भी समाज में बाल-विवाह, पर्दा-प्रथा, बहु-विवाह, सती प्रथा तथा दहेज प्रथा जैसी कुरीतियाँ प्रचलित थी। समाज में उन्हें पुरुषों के समकक्ष स्थान नहीं था। अभी भी वे उपभोग की वस्तु समझी जाती थी। उनकी शिक्षा की समुचित व्यवस्था नहीं थी। उन्हें पूर्णत: पुरुषों पर निर्भर होकर त्याग एवं समर्पण का जीवन व्यतीत करना पड़ता था। बाल्यकाल में पिता, युवावस्था में पति और वृद्धावस्था में पुत्र के संरक्षण में उन्हें अपना जीवन व्यतीत करना पड़ता था। समाज में विधवा-विवाह पर प्रतिबन्ध था। हिन्दू स्त्री तलाक नहीं ले सकती थी। दक्षिण भारत में देवदासी प्रथा प्रचलित थी। मुस्लिम समाज में भी स्त्रियों की दशा अच्छी नहीं थी। उन्हें अपने पिता की सम्पत्ति पर अधिकार प्राप्त था। मुसलमानों में भी बहु-विवाह

और पर्दा-प्रथा प्रचलित थी। उन्हें भी समाज में पुरुषों के समान अधिकार प्राप्त नहीं था। लगभग सात शताब्दियों के विदेशी शासन के कारण भारतीयों का भौतिक, आध्यात्मिक और नैतिक पतन हो गया था। इसका प्रभाव स्त्रियों पर पड़ना स्वाभाविक था। संक्षेप में, मध्यकाल में सर्वत्र नारी बन्धनों में जकड़ी हुई थी। पर इस सदी में उत्तरी भारत में मराठी संस्कृति के प्रभाव स्वरूप मध्यकाल की उपेक्षा कुछ आंशिक-परिवर्तन अवश्य देखने को मिलता है। कुछ इतिहास प्रसिद्ध नारियों में जीजाबाई, कृष्णाबाई, अहिल्या बाई, तुलसाबाई, बायजबाई के नाम अवश्य सामने आते हैं।

पाश्चात्य शिक्षा पर सभ्यता का प्रभाव-

19वीं शताब्दी में पाश्चात्य सभ्यता और शिक्षा के प्रभाव के कारण भारत के सामाजिक एवं सांस्कृति जीवन में आधारभूत परिवर्तन के साथ स्त्रियों की स्थिति में भी परिवर्तन आया। समाज सुधारकों और धार्मिक नेताओं ने स्त्रियों के उद्धार के लिये आन्दोलन प्रारंभ किया। इन आन्दोलनों का प्रभाव समाज में पड़ना स्वाभाविक था।

थियोसोफिकल सोसायटी

स्त्रियों की शिक्षा पर जोर देते हुए थियोसाफिकल सोसायटी ने अनेक शैक्षणिक संस्थाओं की स्थापना की। श्रीमति ऐनी बीसेन्ट द्वारा भारतीय समाज में महिलाओं की दशा सुधारने में महत्त्वपूर्ण योगदान को भुलाया नहीं जा सकता। उन्होंने भारतीय महिलाओं को प्रेरणा प्रदान करते हुए राष्ट्रीय आन्दोलन में उनका नेतृत्व किया। 1914 ई. में वे राष्ट्रीय कांग्रेस की अध्यक्ष निर्वाचित हुई। इससे महिला समाज गौरवान्वित हुआ।

मुस्लिम सुधारकों द्वारा नारी उद्धार के प्रयास

इस कड़ी में सर्वप्रथम सर सैय्यद अहमद खाँ आते हैं जिन्होंने मुसलमान स्त्रियों की दशा सुधारने का प्रयास किया। वे स्त्री शिक्षा के समर्थक और बहु-विवाह और प्रदा प्रथा और अन्य सामाजिक कुरीतियों के विरोधी थे। जिसके कारण मुस्लिम समाज की प्रगति सम्भव नहीं है।

स्त्रियोंद्धार हेतु अन्य सभा समिति के प्रयास-

19वीं शतांब्दी में सभी समाज सुधारकों का ध्यान स्त्री-शिक्षा और स्त्री-उद्धार को और आकर्षित हुआ। अतएव स्त्री शिक्षा और नारी उद्धार के लिए समय-समय पर अनेक संघ, संस्थाओं और समितियों का गठन किया गया।

(1) 1876 ई. में स्त्रियों में शिक्षा के प्रसार के लिए 'सिल्हट यूनियन' की स्थापना की गई।

(2) 1877 ई. में बंगाल में हितैषिणी सभा की स्थापना हुई।

(3) परन्तु स्त्रियोंद्धार के लिए संगठित प्रयास भारतीय राष्ट्रीय कांग्रेस की स्थाना के बाद ही प्रारंभ हुआ। कांग्रेस की स्थापना के साथ ही 'अखिल भारतीय महिला कांग्रेस' की स्थापना हुई।

(4) 1886 ई में स्वर्ण कुमारी देवी ने 'महिला समुदाय' नामक संस्था की स्थापना की।

(5)1887 ई. में शशि पद बनर्जी ने 'विधवाश्रम' की स्थापना की।

(6) महाराष्ट्र में नारी शिक्षा का उत्तरदायित्व संभालते हुए 'महाराष्ट्र महिला शिक्षा समिति' गठित की।

(7) श्रीमति रामबाई के नेतृत्व में 'हिन्दू लेडीज शोशल क्लब' की स्थापना की गई।

(8) 1907 ई. में 'भारतीय स्त्री एसोशियेसन' की स्थापना की गई।

(9) इसके पश्चात् भारत के विभिन्न भागों में विधवाश्रमों की स्थापना की गई।

महिला मण्डलों की स्थापना-

स्त्रियों के उद्धार के लिये विभिन्न प्रदेशों में महिला मण्डलों की स्थापना की गई। इनमें 'गुजराती हिन्दू स्त्रीमण्डल', 'सेवा सदन', 'महिला समिति', 'भगिणी समाज', 'भारतीय महिला परिषद्' आदि संस्थाएँ विशेष उल्लेखनीय है। इन संस्थाओं ने स्त्रियों की दशा सुधारने में महत्त्वपूर्ण भूमिका निभाई।

(अ) 1919 ई. के बाद स्त्रियों ने बड़ी संख्या में राजनीति में हिस्सा लेना प्रारंभ किया।

(ब) 1922 ई में प्रथम बार स्त्रियों को विधान सभा का सदस्य होने का अधिकार मिला।

(स) 1935 ई. में डॉ. मधुलक्ष्मी रेड्डी मद्रास प्रान्तीय व्यवस्थापिका सभा की सदस्य बनी। इसके बाद स्त्रियाँ अनेक कौंसिलों, संस्थाओं, कॉपरेशन और म्यूनिसिपेलटियों की सदस्य बनी।

(द) 1926 ई. में अखिल भारतीय महिला संघ की स्थापना हुई।

(य) 1927 ई. में वेश्याओं की दशा सुधारने के लिए रेसक्यू होम की स्थापना की गई।

(र) 1934 ई. के अधिनियम के अनुसार बालिग स्त्रियों में से करीब 10/12 प्रतिशत को मत देने का अधिकार मिला।

(ल) मुसलमान स्त्रियों में जागरण उत्पन्न करने के लिए 'अखिल भारतीय मुस्लिम महिला सम्मेलन' की स्थापना हुई।

❑❑❑

3

भारतीय समाज में महिला के विविध रूप

एक आदर्श नारी में जो गुण होने चाहिए वे सभी गुण भारतीय नारी में प्राय: मिल जाते हैं। आज की भारतीय नारी एक होते हुए भी अपने आपको अनेक रूपों में अभिव्यक्त करने में सक्षम है। वह जहाँ एक ओर आदर्श गृहिणी है वहीं पूजनीय माँ भी है। उसमें जहाँ माँ की ममता है, वहीं भगिनी का प्यार भी है, इन सबसे ऊपर वह एक सुलक्षणा पत्नी है जो अपने परिवार तथा समाज में अपना वर्चस्व बनाए हुए है।

समाज व परिवार में भी नारी की कई भूमिकाएँ हो जाती हैं, जैसे—सास-बहू, माँ-बेटी, बहिन, सखी एवं सहकर्मी, जिठानी-देवरानी, ननद-भाभी आदि।

''नारी ! तुम केवल श्रद्धा हो, विश्वास रजत-नग पगतल में
पीयूष स्रोत सी बहा करो, जीवन के सुन्दर समतल में।''

प्रसाद जी की इन पंक्तियों में नारी के विशाल हृदय में लहराने वाली श्रद्धा के किनारे से उठने वाला अमित विश्वास उसके जीवन का ही सर्वस्व नहीं, बल्कि मानव जीवन का भी सर्वस्व है। उसी के सहारे व उसी के प्रेममय अमृत-निर्झर से जीवन का क्रम चलता रहता है। श्रद्धा नारी-हृदय का अत्यन्त व्यापक एवं महान गुण है। श्रद्धा देना, और श्रद्धा पाना ही उसके जीवन की परिणति है। वही उसके जीवन का वास्तविक रूप है। इतना ही नहीं, बल्कि उसके हृदय की मिठास, जो प्रेम, करुणा और कोमलता के रूप में सहज ही बरस पड़ती है, जिससे जीवन का आनन्द निखर आता है एवं मानव जीवन जिस किसी भी रूप में नारी से जुड़ा है, वह सार्थक हो उठता है।

प्रत्येक रूप में नारी को भाँति-भाँति की पात्रता अभिनीत करनी पड़ती है। चूँकि आज नारी का कार्यक्षेत्र परिवार तक ही सीमित नहीं रह गया है, उसे अपने कार्यस्थल पर भी अनेक रूपों में अपना दायित्व भली-भाँति निर्वहन करना पड़ता है। इस प्रकार एक ही नारी को एक ही दिन में कई प्रकार की भूमिका निभानी पड़ती है। आजकल की कामकाजी नारी के रूप अत्यधिक विस्तृत हो चुके हैं। अत: स्पष्ट है कि नारी शक्तिरूपा है, जगत-जननी है। नारी के सम्बन्ध में यहाँ तक कहा गया है कि उसमें पृथ्वी के समान

क्षमा, सूर्य के समान तेज, समुद्र के समान गंभीरता, चन्द्रमा के समान शीतलता एवं पर्वत के समान उच्चता के एक साथ दर्शन होते हैं।

जहाँ नारी के इतने मर्यादित एवं चारित्रिक रूप उसे एक उज्जवल छवि प्रदान करते हैं वहीं उसके परित्यक्ता, रखैल एवं वेश्या वाले रूप उसकी छवि को धूमिल बनाते हैं। नारी रूपों का यह क्षेत्र अत्यधिक व्यापक है तथा इन रूपों को विस्तारपूर्वक अभिव्यक्त करना अत्यधिक कठिन है किन्तु सारांश में प्रत्येक रूप का वर्णन इस प्रकार प्रस्तुत है---

माँ—नारी के विभिन्न रूपों में माँ का रूप सर्वाधिक गौरवशाली है। पत्नी के रूप में उसके व्यक्तित्व का विकास अवश्य होता है, किन्तु मातृत्व के बिना उसके जीवन में पूर्णता नहीं आती, यह रूप आकर्षण, गरिमा और साफल्य का बोध कराता है। संतति को जन्म देना, उसका पोषण करना, प्रत्येक स्थिति में उसकी रक्षा करना उसके लिए अपना सर्वस्व-न्यौछावर करना और हर स्थिति में उसका कुशलक्षेम चाहना मातृत्व की पहचान है। आज की माँ यदि शिक्षित है तो अपने पारिवारिक दायित्वों को वहन करने के साथ-साथ वह अपनी संतति को स्वयं से अधिक शिक्षित करने का कर्त्तव्य भी भली प्रकार वहन कर रही है। यहाँ यह कहना अतिशयोक्ति नहीं होगा कि जिन नारियों को बच्चों को जन्म देने का सौभाग्य भले ही प्राप्त नहीं हुआ हो किन्तु वे भी ममत्व एवं वात्सल्य से परिपूर्ण हो सकती हैं एवं स्वयं के न सही, और माताओं के बच्चों का पालन-पोषण भी अपने बच्चे की तरह करने के भाव रखती हैं। इसका ऐतिहासिक उदाहरण माता यशोदा एवं पन्नाधाय ने कुशलतापूर्वक प्रस्तुत किया। इस प्रकार माँ के हृदय में छुपी अपनी संतान के प्रति कोमलता, विशालता एवं सहिष्णुता ने नारी को श्रेष्ठ पद पर आसीन कर उसे इस सुन्दर ब्रह्माण्ड की जननी से सुशोभित कर दिया।

पत्नी—नारी के जीवन में एक महत्त्वपूर्ण भूमिका है पत्नी की। पति-पत्नी के सहयोग से ही दाम्पत्य जीवन का निर्वाह होता है परन्तु उसके पारम्परिक पतिपरायण रूप के साथ-साथ नारी स्वातंत्र्य की भावना भी समाहित होती है जिसमें उसका स्वयं का अस्तित्व निहित होता है। यदि पत्नी अनपढ़ है और पति उसे किन्हीं कारणों के कारण मारता या प्रताड़ित करता है, तब भी वह नारी पतिपरायणता का उदाहरण प्रस्तुत करती है। कुछ पत्नियाँ ऐसी भी हैं जो पति के अन्यत्र सम्बन्धों को स्वीकार करके त्यागपूर्ण जीवन जीती हैं। भारतीय पत्नी अधिकांशतः तभी पति का विद्रोह करती है जब वह पति के अवगुणों से अत्यधिक दु:खी हो जाती है तथा यदि वह शिक्षित होती है तो पति का घर त्यागकर आर्थिक रूप से स्वतन्त्र होकर अपनी संतान का पालन करती है।

भारतीय समाज में पत्नी-भक्ति को अत्यन्त ही महत्त्वपूर्ण एवं भव्य बनाकर प्रस्तुत किया है जबकि पश्चिमी सभ्यता से प्रभावित एवं शिक्षित नारी पति को मित्र और सहयोगी अधिक समझती है।

प्रेमिका—नारी और पुरुष का आकर्षण एक शाश्वत एवं नैसर्गिक सत्य है। इसी आकर्षण के परिणामत: सृष्टि के क्रम का नैरंतर्य है। यह आकर्षण जिस भावना को जन्म देता है वह प्रेम है। पुरुष के जीवन का सत्य है संघर्ष, और नारी जीवन का सत्य है समर्पण। इसलिए प्राचीन काल से हमारे समाज में यह मान्यता रही है कि नारी जिससे एक बार प्रेम करती है जीवन भर उसी की होकर रहती है। नारी का अपने प्रिय के प्रति अनन्य प्रेम उसकी श्रद्धा एवं भक्ति का परिचायक है। श्रीकृष्ण के प्रति राधा एवं मीरा के अनूठे प्रेम तथा शाहजहाँ का अपनी मुमताज महल के प्रति प्रेम का इतिहास साक्षी है। प्रेम नारी के यौवन का बोध कराता है।

भारतीय हिन्दी साहित्यकारों मैथिलीशरण गुप्त ने उर्मिला का, मलिक मोहम्मद जायसी ने नागमती का तथा अमृता प्रीतम, मन्नू भण्डारी जैसी अनेक लेखिकाओं ने अपने कथा साहित्य में ऐसी प्रेमिकाओं की वेदनाजनित दशा का सहानुभूतिपूर्ण चित्रांकन किया है एवं प्रेम जैसी अनमोल भावना की पराकाष्ठा अपनी लेखनी द्वारा वर्णित की है। प्रेम में न तो जाति-पांति आड़े आती है और न छोटा-बड़ा। प्रेम-प्रेम है और प्रेमिका, प्रेमिका।

सखी—नारी अधिकांशत: अन्य नारियों के प्रति असहिष्णु होती है और परस्पर कोई भी रिश्ता हो, कहीं न कहीं कभी न कभी ईर्ष्यालु हो उठती है। बहन-बहन के बीच, माँ-बेटी के बीच, देवरानी-जेठानी के बीच, सास-बहू के बीच, ननद-भाभी के बीच कभी न कभी प्रतियोगिता या तुलना का भाव आ ही जाता है कि जो दूसरों को मिला हुआ है, वह काश मुझे मिल जाता किन्तु दो सखियों में ऐसा एकात्म एवं सामंजस्य होता है कि एक-दूसरे के लिए कुछ भी करने तथा देने के लिए सदैव प्रस्तुत रहती हैं। सखियों के परस्पर अनुराग एवं विश्वास की तुलना प्रेमी-प्रेमिका के परस्पर सम्बन्ध से की जा सकती है। कभी-कभी सखियों की मैत्री धरातल स्पर्श करती है। जहाँ सखी में वात्सल्य भी जागता है और श्रद्धा भी। कई बार सखियों में स्वभाव विपरीत होते हुए भी एक-दूसरे के प्रति पूरकता देखने को मिलती है। कभी-कभी तो सखियों की घनिष्ठता इतनी बढ़ जाती है कि एक सखी दूसरी के लिए पितृ-मातृ, सहायक, स्वामी और सखा सब कुछ हो जाती है। सखी अथवा सहेली की अंतरंगतता ही मित्रता की प्रथम शर्त होती है। मित्र और केवल मित्र को ही अपने मन का दर्द एवं रहस्य बताया जा सकता है।

इस प्रकार सखी में एक नारी का दूसरी नारी के प्रति आत्मीयता एवं ममत्व का यथार्थ बोध होता है। सखियाँ यदि घनिष्ठ हों तो एक-दूसरे के इतनी अधिक समीप होती हैं कि उस रिश्ते के आगे अन्य रिश्तों को ताक पर रख देती हैं। सखियों के बीच अधिकतर दर्द का रिश्ता होता है, वे एक-दूसरे की पीड़ा बाँटने के लिए तत्पर होती हैं, वे एक-दूसरे में कमजोरी भी नहीं देखतीं वरन् गुण देखती हैं। वे एक-दूसरे के समक्ष अपना हृदय खोलकर रख देती हैं।

बहिन—नारी जीवन का एक कोमल पक्ष बहिन के रूप में भी प्रकट होता है। बहिन के व्यक्तित्व में माँ एवं बहिन के कुछ तत्व समाहित होते हैं, जैसे बहिन यदि भाई से बड़ी है तो उसका स्नेह मातृत्व में परिवर्तित हो जाता है और यदि वह छोटी है तो भाई से उसी प्रकार की अपेक्षाएँ रखती है, जैसे कोई बच्ची अपने पिता से। बहिन के रूप मे नारी में अपनों के प्रति कोमलता, मधुरता और त्याग की भावना निहित होती है। उसका वह रूप वात्सल्य की गरिमा से मण्डित होता है।

सास—भारतीय परिवार में सास का स्थान बड़ा महत्त्वपूर्ण है। पति की माँ हो या पत्नी की माँ, दोनों ही सासें श्रद्धा की पात्र होती हैं और स्नेह-अनुराग की मूर्ति। लड़के की सास तो अपने दामाद की उन्नति की कामना करती है, लड़की की सास की छवि अवश्य खराब है। एक आतंकमयी के रूप में उसे भारतीय लोकगीतों में भी हौआ बनाकर रख दिया है। वैसे वह भी एक ममतामयी माँ होती है किन्तु बहू के आने पर अपने अधिकार क्षेत्र में हस्तक्षेप हुआ देखकर कुछ-कुछ रूखी और कभी-कभी कठोर भी हो जाती है परन्तु आज के समय में जब नारी ने इतनी प्रगति की है, सास का रूप परम्परावादी न होकर बिल्कुल परिवर्तित हो चुका है। इसलिए ऐसी सास और बहू के रिश्ते एक-दूसरे के प्रति प्रेम, सहानुभूति एवं समझौतावादी देखने में आते जा रहे हैं।

बहू—बहू नारी जीवन की वह भूमिका है जो बड़ी निरीह मानी गई है। यद्यपि वह गृह स्वामिनी के पद की उम्मीदवार होती है और गृहलक्ष्मी के रूप में उसका स्वागत होता है। वह वंशवृद्धि का पर्याय होती है, घर की खुशहाली की चाबी होती है, परिवार के सभी सदस्यों की अपेक्षाओं, आकांक्षाओं की पूर्ति करती है। एक आदर्श बहू अपनी सास एवं परिवार के अन्य सभी सदस्यों का सम्मान करती है, बहू के रूप में नारी का आज्ञाकारी, सहृदय और उदार रूप प्रतिबिम्बित होता है।

ननद-भाभी—जब नारी विवाहित होकर आती है तो अपरिचितों की भीड़ में उसे अपना-सा जो लगता है वह है उसकी ननद जो यदि हमउम्र हो तो सखी-सी लगती है और बड़ी हो तो बड़ी बहिन सी और छोटी हो तो छोटी बहिन सी प्रतीत होती है। ननद को भाभी से बड़ा लगाव होता है। वह उसे माँ का दर्जा देती है, बड़ी बहिन का भी और सखी का भी। वह ससुराल में उसका मार्ग-दर्शन भी करती है। वह अन्य परिजनों एवं नववधू के बीच परिचय का सेतु भी बनाती है किन्तु कभी-कभी सपत्नी द्रोह के दृश्य भी देखने को मिल जाते हैं। कुछ जिद्दी स्वभाव की ननदें होती हैं जो भाभी से प्रतियोगिता करती हैं व माँ से उनकी शिकायतें करती हैं। इस प्रकार नारी के ननद-भाभी के रिश्ते जहाँ आदर और वात्सल्य एवं सख्य भाव रखते हैं वहीं दूसरी ओर कहीं पराएपन का भाव भी रखते हैं। ये प्रत्येक नारी स्वभाव पर आधारित होते हैं।

परित्यक्ता—भारतीय समाज में वह नारी जो किसी कारणवश पति का घर छोड़कर आयी हो या जिसका पति उसे छोड़कर गया हो, समाज में अत्यन्त हीन दृष्टि से देखी जाती है। इसीलिए परित्यक्ता शब्द नारी के लिए गाली जैसा है। पति में कमी होने पर भी, उसके अन्यत्र अनुरक्त होने पर भी, उसके दुर्व्यवहार करने पर भी, उसके नशाखोरी करने पर भी, उसके लालची और विलासी होने पर भी नारी को उसके दहलीज से ही चिपक कर बैठा रहना चाहिए कुछ इस प्रकार की मान्यता है इस समाज की। परित्यक्ता नारी के कई प्रकार हैं—

(1) पति के कहीं अन्यत्र सम्बन्ध होने के कारण पत्नी का परित्याग, (2) पति के दुर्व्यवहार के कारण व अपने बच्चों के पालन-पोषण के लिए स्वयं पति का घर त्यागना, (3) पत्नी की साध्य बीमारी के कारण पति द्वारा परित्याग करना, (4) पत्नी के नि:संतान होने के कारण पति द्वारा उसे छोड़ना। परित्यक्ता चाहे नारी किसी भी दृष्टिकोण से क्यों न हुई हो, कलंकित केवल वहो कहलाती है। यही सामाजिक सत्यता है।

रखैल—नारी, माँ, पत्नी, बहिन और बेटी के रूप में जितना सम्मान और पारिवारिक सुरक्षा पाती है उतनी ही अपमानजनक एवं सामाजिक असुरक्षा की स्थिति से तब ग्रस्त हो जाती है, जब उसे कोई वैधानिक सम्बन्ध प्राप्त नहीं होता, अपितु इच्छा या अनिच्छा से रखैल बन जाता पड़ता है। यह नारी जीवन की समस्यामूलक स्थिति है जो सदा ही अवांछनीय है।

वेश्या—वेश्या का स्वरूप नारी जीवन की बहुत बड़ी विडम्बना है, उसका अभिशाप है, उसकी दर्दनाक स्थिति है। जीनव की बहुत बड़ी मजबूरी ही उसे इस राह पर लाती है। इस स्थिति में नारी कभी भी संतुष्ट या प्रसन्न नहीं रहती किन्तु कुछ नारियाँ अपने कामावेग के समक्ष विवश होकर भी यौन उच्छ्रंखलता की ओर अग्रसर होती हैं। शरीर का सौदा करना मजबूरी हो सकता है किन्तु पति से बेवफाई करना कोई मजबूरी नहीं। नारी की लज्जाशीलता, नारी के संस्कार ही प्रथमत: तो उसके आड़े हैं। मन विचलित हो जाए, मन अनैतिकता की राह पर चल पड़े तब भी संस्कार तन को रोक लेते हैं। वेश्यावृत्ति नारी की अधोगति है। इसमें लिप्त नारी को तथाकथित प्रेम मिल सकता है, वैभव मिल सकता है, सौ जान से न्यौछावर होने वाला प्रिय मिल सकता है किन्तु घर, परिवार और सम्मान नहीं मिल सकता।

शिक्षित महिला—शास्त्रों के अध्ययन से ज्ञात होता है कि नारी शिक्षा की ओर वैदिक काल से ही पर्याप्त जागरूक थी और शिक्षित नारी का समाज में सम्मानजनक स्थान था। उस समय की अनेक विदुषी नारियाँ भी उल्लेखनीय हैं यथा गार्गी, मैत्रेयी, शतरूपा, अरूंधती आदि। मध्यकाल में नारी शिक्षा की ओर से समाज का ध्यान हटा हुआ पाया जाता है। यवनों के आक्रमण के बाद भारतवर्ष में पर्दा-प्रथा बढ़ी, परिणामस्वरूप

नारी-शिक्षा पिछड़ गई। वीरगाथा काल से रीतिकाल तक का साहित्य इस बात का प्रमाण है कि देश में युद्ध का वातावरण रहा। देशी राजाओं की आपसी लड़ाइयों के कारण नारी शिक्षा की ओर से उदासीन हो गई।

उन्नीसवीं शताब्दी में नवजागरण एवं पुनरुत्थान की प्रवृत्ति से प्रभावित होकर महिलाओं से सम्बन्धित रुढ़िवादी धारणाएँ जैसे बाल-विवाह, अनमेल-विवाह, सती-प्रथा, पर्दा प्रथा, आदि शनैः-शनैः समाप्त हो गईं और नारी शिक्षा का प्रचार-प्रसार होने लगा। आज तो प्रत्येक क्षेत्र में शिक्षित नारी की उपलब्धियाँ बढ़ती जा रही हैं। हर व्यवसाय में यहाँ तक कि सेना, पुलिस, प्रशासन, रेल-सेवा, हवाई-सेवा, परिवहन सेवा में नारी प्रवेश कर रही है। साहित्य के क्षेत्र में भी नारी की उपलब्धियाँ उल्लेखनीय हैं। आज की शिक्षित महिला समर्थ है और आत्मनिर्भर है। शिक्षित युवती तर्कशील एवं स्पष्टवादी है। वह अपने पति को प्रत्येक स्तर पर सहयोग कर सकती है।

अशिक्षित महिला—शिक्षा जहाँ नारी की अन्तर्दृष्टि को जाग्रत करती है, दूरदृष्टि को विकसित करती है, व्यक्ति को जागरूक और आत्मनिर्भर बनाती है, उसके रोजमर्रा के क्रियाकलापों को सुगम और सुविधापूर्ण बनाती है, वहीं शिक्षा के अभाव में नारी को पग-पग पर बाधाओं-कठिनाइयों का सामना करना पड़ता है। अशिक्षित नारी के समक्ष कभी-कभी बड़ी विडम्बनापूर्ण स्थिति उत्पन्न हो जाती है। पढ़ी-लिखी घरेलू नारियाँ अवकाश का समय पढ़ने-लिखने में व्यतीत करती हैं जिससे उनमें ज्ञानवृद्धि भी होती है और मन बहलाव भी किन्तु अशिक्षित नारियों के लिए समय काटना एक समस्या बन जाता है। उन्हें अपनी जिन्दगी पास-पड़ौस वालों के भरोसे ही काटनी पड़ती है और जब अर्थाभाव की समस्या सामने आती है तो अपने हाथ-पैरों के अतिरिक्त उन्हें किसी का सहारा नहीं दिखता, उन्हें दो जून की रोटी के लिए कभी पिसाई, सिलाई या मेहरी वाले काम करने पड़ते हैं।

कामकाजी नारी—स्वतंत्रता प्राप्ति के पश्चात् समाज में जो उल्लेखनीय परिवर्तन हुए हैं उनमें नारी समाज की सापेक्षित मुक्ति भी एक है। बदलती हुई आर्थिक स्थिति के कारण नारियों की शिक्षा एवं नौकरी की दिशा में भी महत्त्वपूर्ण परिवर्तन हुए हैं। परिवार की आर्थिक स्थिति कमजोर होने पर अथवा आत्मनिर्भर और सामर्थ बनने के लिए नारी को घर-परिवार की चारदीवारी लाँघकर बाहर की दुनिया के कर्मक्षेत्र में पदार्पण करना पड़ा है। निर्धन वर्ग की कई नारियाँ तो बहुत समय से अर्थोपार्जन में संलग्न हैं। उनके निखट्टू पिता या पति उनके दिन भर की परिश्रम की कमाई शराब पीने में खर्च कर देते हैं और किंचित् भी संकोच नहीं करते।

कामकाजी नारियाँ शिक्षित या अशिक्षित दोनों होती हैं, उनकी अपनी कई समस्याएँ हैं, घर, बाहर दोनों की जिम्मेदारी उन्हें निबाहनी पड़ती हैं। वस्तुतः कामकाजी नारी की

स्थिति चक्की के पाटों में फँसे दानों की भाँति हो जाती है। अपना अस्तित्व वह बचा नहीं पाती है, उसे अपने लिए भी समय की खोज करनी पड़ती है, उदाहरणार्थ एक लेक्चरार कामकाजी महिला के पास समय नहीं रहता है, सवेरे उठकर वह बच्चों को तैयार कर स्कूल भेजती है, फिर खुद तैयार होती है, तैयार होते-होते ही वह नौकरानी को आदेश देती है। नाश्ता करते-करते ही वह अपना लेक्चर तैयार करती है, फिर काम पर निकल पड़ती है। चाहे वह जिस किसी भी वाहन से जाती हो, यातायात की परेशानी उठाती है। शाम को थकी-हारी आती है, बच्चों की पढ़ाई देखती है, घर में राशन-पानी की चिंता करते हुए शाम के खाने की तैयारी में जुट जाती है। इस प्रकार अपने स्वयं के लिए उसके पास समय कहाँ बचता है? कामकाजी नारियों को अत्यधिक मानसिक तनाव झेलना पड़ता है। उन्हें घर-गृहस्थी के साथ-साथ अपने कार्यालय के कार्य का भी बोझ सहना पड़ता है। मजदूरी पेशा कामकाजी नारियों की स्थिति और अधिक दयनीय है। दिनभर की मजदूरी उसी दिन समाप्त हो जाती है साथ ही साथ अगर पति शराबी हो तो वह भी उसकी कमाई छीन लेता है। वह अपने बच्चों को पढ़ाने में भी असक्षम होती है।

❑❑❑

4

महिलाओं का शोषण: कैसा विकास

नारी सदैव अबला नहीं रही और न ही आज के समान पराधीन रही। फिर क्या हुआ कि समाज तथा दुनिया के विकास के साथ-साथ यह पुरुष शिकंजे में लगातार कसती ही चली गई? संभवत: परतंत्रता के इस गूढ़ रहस्य को जानने के लिए हमें थोड़ा नहीं काफी पीछे जाना होगा। वहाँ जहाँ से सृष्टि की उत्पत्ति हुई अथवा दुनिया बनी। सामान्यत: इस सम्बन्ध में दो अभिमत हैं— एक धार्मिक दूसरा वैज्ञानिक।

कैसे बनी दुनिया

धार्मिक अभिमत मानने वाले कहते हैं कि नारी को गॉड, अल्लाह अथवा भगवान ने बनाया है तथा हमें भी उसी ने बनाया है किन्तु वैज्ञानिकों का मानना है कि पृथ्वी की आयु लगभग चार अरब पचास करोड़ वर्ष है। सौर परिवार के अन्य सदस्यों की भाँति यह भी आग का एक गोला थी जो कालान्तर में टूट कर अलग हो गई। वास्तव में सौर-मण्डल के सभी ग्रह-उपग्रह गुरुत्वाकर्षण शक्ति भी रखते हैं एवं सदैव घूमते भी रहते हैं, इसी प्रक्रिया में कभी एक शक्तिशाली तारा सूर्य के समीप से गुजरा। उसने सूर्य को अपनी ओर आकर्षित करना चाहा किन्तु उसकी गति इतनी तेज थी कि सूर्य का एक हिस्सा ही अलग हो गया परन्तु वह भी तारे तक नहीं पहुँच सका। हजारों-लाखों साल में ठंडा होकर आग का गोला सूरज का यह टुकड़ा ही पृथ्वी बना।

प्राकृतिक कारणों से पृथ्वी की भीतरी तथा ऊपरी सतह पर हजारों वर्षों में भारी परिवर्तन हुए जिससे जलवायु पर प्रभाव पड़ा। आज भी धरती सूर्य के चारों ओर चक्कर काटती है जिससे मौसम बदलते रहते हैं। बदलती जलवायु एवं मौसम ने भी जीवन की उत्पत्ति और विकास पर असर डाला। अनुकूल परिस्थिति होने पर पेड़-पौधों, जीव-जन्तुओं का जन्म होता है किन्तु जलवायु परिवर्तन होने पर जीवन के विपरीत मौसम होने पर अधिकांश जीव-जन्तु मर जाते हैं व पेड-पौधे नष्ट हो जाते हैं।

अत्यधिक जिजीविषा तथा शारीरिक क्षमता के कारण गाय, बैल, शेर, हाथी जैसे जानवर तथा वानर, वनमानुष जिन्दा रहने में सफल हो पाये। अनेक प्रकार के पेड़-पौधों के कारण जंगल ही जंगल उत्पन्न हो गए। नदियों में मछलियाँ तथा आकाश में पक्षी दिखाई देने लगे। इन सब जीव-जन्तुओं के अस्तित्व में आने में भी सैकड़ों वर्षों का समय लगा। हाथ एवं मस्तिष्क के इस्तेमाल के कारण वनमानुष ने पैरों पर खड़े होकर चलना सीखा, पहले वह भी जानवरों की भाँति चला करता था। आज भी बच्चा अपनी चलने की शुरुआत घुटनों के बल करता है और फिर खड़ा होता है।

अपने जीवन की रक्षा के लिए उसने प्रकृति की कठिनाइयों से लड़ने के लिए पेड़ों पर और गुफाओं में रहना शुरू किया, ठंड से बचने के लिए पत्ते लपेटे और जंगली जानवरों से अपनी रक्षा के लिए उसके शुरुआती हथियार पेड़ों की टहनियाँ और पत्थर हुआ करते थे। मनुष्य के पास अपनी भाषा भी नहीं थी। वह संकेतों तथा जानवरों की भाँति मुँह से आवाज निकालकर ही काम चलाया करता था। इस प्रकार अपने आत्मविश्वास से मनुष्य प्रकृति के साथ सम्बन्धों में जैसे-जैसे बदलाव लाता गया वैसे-वैसे वह अपने जीवन का स्वामी बनता चला गया। इसी विकासक्रम में जहाँ पुरुष ताकतवर बनता गया वहीं नारी कमजोर और परतंत्र।

मानव सभ्यता का विकासक्रम एवं नारी

1. मातृसत्तात्मक समाज में नारी।
2. कबीलाई समाज में नारी।
3. पितृसत्तात्मक समाज में नारी।
4. दास युग में नारी।
5. सामंती समाज में नारी।
6. पूँजीवादी व्यवस्था में नारी।
7. समाजवाद में नारी।

धर्मशास्त्र, सामाजिक विकास को सतयुग, त्रेतायुग, द्वापर और कलियुग के रूप में विवेचना करता है और अर्थशास्त्र में इसकी आखेट युग, चरागाह युग, कृषि युग तथा औद्योगिक युग के माध्यम से व्याख्या की गई है। जबकि मार्क्सवादी अवधारणा इसे आदिम साम्यवाद, दास प्रथा, सामंतवाद, पूँजीवाद, समाजवाद एवं साम्यवाद के रूप में स्वीकार करती है।

मातृसत्तात्मक समाज में नारी

मातृसत्तात्मक समाज से पूर्व मानव समाज के प्रारम्भ में आदमी एकदम जंगली अवस्था में अन्य जंगली जानवरों की तरह रहता था। मनुष्य पूरी तरह प्रकृति पर निर्भर था। फल-फूल खा लेना, पेड़ के नीचे-ऊपर या गुफा-कंदराओं में सो जाना, नदी या

झरनों से पानी पी लेना, फल-फूल से पेट न भरने पर जानवरों को मारकर खा लेना अथवा हिंसक जंगली जानवरों द्वारा खा लिया जाना ही उसकी नियति थी। तब नारी न अबला मानी जाती थी और न ही हेय दृष्टि से देखी जाती थी। सभी मनुष्य एक समान थे तथा जानवरों की भाँति ही उनमें प्रजनन हेतु बिना किसी रोक-टोक एवं बंधन के शारीरिक संबंध स्थापित हो जाया करते थे।

सामूहिक रूप से शिकार को जाना और शिकार मिलने पर उसका सामूहिक रूप से उपभोग, शिकार मिलने पर साझी खुशी और न मिलने पर साझा दु:ख-दर्द, न कोई सम्पत्ति न कोई परिवार, न कोई रिश्ता न कोई नाता। बस मानव समूह और जरूरत महसूस होने पर समूह के स्त्री-पुरुष के बीच शारीरिक सम्बन्ध। उस समय तक मनुष्य में विवाह तथा परिवार की परम्परा का निर्माण नहीं हुआ था। अत: बच्चों की पहचान माँ के नाम पर ही होती थी। नई पीढ़ी पिता को नहीं पहचानती थी। उस मातृप्रधान समाज में कबीले की पहचान भी कबीले की मुखिया स्त्री द्वारा ही होती थी। स्त्री भी पुरुष की भाँति सारे काम करती थी, जैसे—शिकार पर जाना, फल तोड़ना, हथियार बनाना, युद्ध करना तथा जीवन के लिए आवश्यक वस्तुएँ जुटाना आदि।

किसी भी मनुष्य से यौन सम्बन्ध बनाने के लिए वह स्वतंत्र थी। जितना ऊँचा स्थान एवं सम्मान स्त्रियों को इस युग में मिला फिर दोबारा वह सम्मान उसे आज तक प्राप्त नहीं हो सका। यही धर्मयुग (सतयुग) था, जहाँ सब बराबर थे। पुरुष स्त्री की पूजा करता था।

कबीलाई समाज में नारी

इसकी स्थापना धीरे-धीरे हुई। प्राकृतिक विपदाओं तथा जंगली जानवरों के भय से समूह बढ़ने लगे। इधर-उधर बिखरे छोटे-छोटे समूह निकट आने लगे तथा अपनी घनिष्ठता को बढ़ाने के लिए एक कबीला दूसरे कबीले से पूरे समूह में वैवाहिक गठबन्धन कर लेता था। इस प्रकार एक समूह के स्त्री-पुरुष दूसरे समूह के स्त्री-पुरुषों से भी शारीरिक सम्बन्ध स्थापित कर लेते थे। शिकार के लिए एक कबीले की दूसरे कबीले से लड़ाई भी होती थी। इस काल में भी सभी उपलब्ध वस्तुएँ पूरे समूह की होती थीं जिन्हें सामूहिकता में ही खाते-पीते-बाँटते थे। मातृसत्तात्मक समाज से पितृसत्तात्मक समाज की स्थापना इसी काल में हुई क्योंकि प्रकृति से हजारों साल के सम्पर्क-संघर्ष से आदमी ने आग की खोज कर ली थी।

पितृसत्तात्मक समाज में नारी

आग को जिलाये रखने के साथ-साथ नारी घर का आवश्यक कार्य भी करने लगी। धीरे-धीरे जब पुरुष जंगलों से बाहर आकर खेती करना सीख गया तो उसमें संग्रह की प्रवृत्ति बढ़ने लगी। चूँकि सम्पत्ति को पुरुष अर्जित करता था अत: उस पर वह अपना

निजी अधिकार समझने लगा। जैसे-जैसे उसकी सम्पत्ति बढ़ती गई, नारी के अधिकार छिनते गए। पति के लिए उसका महत्त्व सिर्फ उसके उत्तराधिकारियों को पैदा करना, उसके घर की देखभाल करना तथा उसकी सम्पत्ति के साथ-साथ उन दासियों पर भी निगाह रखना था जिनको वह जब चाहे अपनी रखैल या उप-पत्नी बना सकता था। दास-दासियाँ-पत्नियाँ पूरी तरह पुरुष की सम्पत्ति होती थीं। अत: विवाह पर शुरू से ही यह छाप लग गयी कि विवाह स्त्री के लिए एकनिष्ठ है, पुरुष के लिए नहीं। परिवार का यह पहला रूप प्राकृतिक, व्यक्तिगत, यौन, प्रेम का परिणाम न होकर आर्थिक कारणों पर आधारित था।

इतिहास में ऐसे उदाहरण मिलते हैं जब मानव समाज स्त्री और पुरुष समूहों में विभाजित हुआ है। इन समूहों में संघर्ष भी होते थे, कभी पुरुष-स्त्री समूह की सदस्य को उठा लाते थे और उसे बंधक बनाकर उसके साथ गुलाम जैसा आचरण करते थे। भले ही कम सही लेकिन कुछ उदाहरण स्त्री समूह द्वारा किसी पुरुष को बंदी बनाने के भी मिलते हैं। केरल, आसाम एवं उत्तरांचल के कुछ पहाड़ी इलाकों में आज भी मातृसत्तात्मक परिवार के चिह्न मिल जायेंगे।

नारी ने आखेट युग की अपनी समानता, सम्मान एवं अस्मिता की रक्षा के लिए लम्बे अरसे तक खूब संघर्ष किया। लेकिन कबीले की टूटन-बिखराव, व्यक्तिगत सम्पत्ति के प्रादुर्भाव, परिवार की स्थापना के रूप में बदली हुई आर्थिक सामाजिक परिस्थितियों ने धीरे-धीरे उसे घर की बेजान दीवारों में जिन्दा दफन कर दिया। हिन्दू-विवाह पद्धति में आज भी नारी के अपहरण और उसे बन्दी बनाकर रखने के सम्पूर्ण लक्षण मिलते हैं। दूल्हा कटार लटकाये घोड़े पर चढ़कर दल-बल सहित आता है, पराजित कन्या पक्ष से दहेज के रूप में हर्जाना वसूलता है, हँसता, खुशियाँ मनाता गाजे-बाजे के साथ कन्या को ले जाता है और लुटा-पिटा कन्या पक्ष रोता-बिसूरता रह जाता है।

दास युग में नारी

कबीलाई समाज के सामूहिक जीवन के खत्म हो जाने पर कबीले में जो प्रबन्ध और रक्षा का काम करते थे, वे स्वामी बन गए और शेष लोग सम्पत्ति के अभाव में गुलामों में बदल गए। अब ये गुलाम स्वामी की सम्पत्ति होते थे जो उनका अपने मनमाफिक इस्तेमाल कर सकता था।

कबीलों के आपसी संघर्ष में हारे हुए कबीले के लोगों को गुलाम बनाने एवं उनकी सम्पत्ति को लूट लेने का भी आम रिवाज था। दास पुरुषों की तरह उनकी औरतें भी स्वामी की दासी होती थीं। शायद यही समय था जब नारी को गुलाम बनाने की शुरुआत हुई। जैसे-जैसे उत्पादन के साधन और वितरण पर पुरुष का अधिकार होता गया, औरत

को उसके हिस्से और नियंत्रण से अलग कर दिया गया। इस तरह व्यक्तिगत सम्पत्ति ने महिला को भी एक सम्पत्ति में बदल दिया। पुरुष नेतृत्व में पितृसत्तात्मक परिवार की शुरुआत हुई।

सामंती समाज में नारी

जब हल द्वारा बड़े पैमाने पर खेती होने लगी और दास विद्रोहों ने दास युग के खात्मे को जरूरी बना दिया तो भूपति राजा और उसके अधीनस्थ जागीरदारों, जमींदारों ने सामंती समाज में किसान जनता को खेतों और गाँवों की जागीरों से बाँध दिया। अब जमीन का मालिक भले ही जमींदार हो और वह सभी स्त्रियों का यौन शोषण भी करने की स्थिति में हो लेकिन नारी का असली स्वामी पुरुष बन गया। अब नारी पूरी तरह पुरुष के अधीन थी जो बचपन में पिता, युवावस्था में पति और पति के मरने पर वैधव्य की स्थिति में पुत्र के रूप में उसका रक्षक था।

अब हमारे देश की तरह सारी दुनिया के धर्मग्रन्थ तथा विधि-विधान नारी के विरुद्ध पुरुष के पक्ष में घोषणाएँ करने लगे। पुरुष कई विवाह कर सकता है, एक साथ कई पत्नियाँ रख सकता है लेकिन स्त्री जीवन में सिर्फ एक बार ही विवाह कर सकती है, और अपने पति के प्रति एकनिष्ठ पतिव्रता धर्म का पालन करेगी। स्त्री वेश्या या देवदासी या नगर-वधू के रूप में पुरुष के भोग-विलास की सामग्री जुटाएगी, उसके मनोविनोद के लिए श्रृंगार करेगी। यदि पति मर जायेगा तो शेष जीवन में सुख के सभी साधन से वंचित संन्यासिनी जैसा आचरण करेंगी। समाज चाहेगा तो उस विधवा को पति के शव के साथ चिता की आग में जलकर मर जाना होगा। युद्ध में राजा के हारने या मरने पर सभी स्त्रियाँ जौहर करेगी ताकि कहीं वे सम्पत्ति पर स्वामित्व का अधिकार न कर बैठें। राजा-जमींदार-सामन्त अपने घरों में हरमों में सैकड़ों रूपसियों को भरता रहा। जन्म से लेकर मृत्युपर्यंत नारी पुरुष के संरक्षण में रहेगी, न उसका कोई सपना होगा, न आशा-आकांक्षा होगी, बस पुरुष की सेवा, उसकी इच्छा के अनुरूप आचरण और उसे सुख-संतोष देना ही उसका धर्म है।

आधुनिक युग अथवा पूँजीवादी व्यवस्था में नारी

ज्ञान-विज्ञान का विकास हुआ। मशीन बनी, मशीन से बड़े-बड़े कारखाने लगे, उत्पादन की शक्तियाँ बढ़ीं और जब पुराने सामंती रिश्ते समाज के विकास को रोकने लगे तो समानता, स्वतंत्रता, भाईचारे के नये विचारों ने समाज में नई चेतना उत्पन्न करके राजशाही के लिए मौत का फरमान जारी कर दिया। राजाओं-सामंतों की सत्ता का अवसान हुआ और स्वतन्त्र स्त्री-पुरुषों, श्रमिकों, कर्मचारियों को लेकर उद्योग और व्यापार का सिलसिला शुरू हुआ। अब महिलाएँ भी आत्म-निर्भर होकर पुरुष की अधीनता से उसके दमन-उत्पीड़न से मुक्त हो सकती हैं। लेकिन पुराने संस्कार तथा मान्यताएँ नई अर्थव्यवस्था

आने के साथ ही खत्म नहीं हो जाते, वे लम्बे अरसे तक चलते रहते हैं। विज्ञान ने काफी उन्नति कर ली है, राजतंत्र की जगह जनतंत्र की भी स्थापना हो गई है। समानता-स्वतंत्रता की विजय पताकाएँ भी लहरा रही हैं। लेकिन स्त्री के मामले में उसकी वही पुरानी धारणा आज भी बनी हुई है। आज भी पूरी दुनिया में स्त्री की स्थिति दोयम दर्जे की ही है। स्त्रियों पर कितने अत्याचार हो रहे हैं। आज भी मर्द चाहे गरीब हो या अमीर, विद्वान हो या मूर्ख, रूढ़िवादी हो अथवा प्रगतिशील, समाजसेवक हो या राजनेता अथवा एकदम शान्त प्रकृति का सीधा-सादा आदमी, वह स्त्री को अपने पैर की जूती ही समझता है। आज तो लड़की को पैदा होने से पहले ही मार दिया जाता है। गर्भ में ही टेस्ट कराकर देख लिया जाता है कि लड़की है या लड़का। रिपोर्ट के अनुसार 1978 से 1993 के दौरान भ्रूण परीक्षण के पश्चात् 1 लाख 78 हजार बालिकाओं का भ्रूण नष्ट कराया गया। अर्थात् आधुनिक युग में महिला की परतन्त्रता का रूप भी आधुनिक और नया है।

समाजवादी व्यवस्था में नारी

रूसी क्रान्ति के पश्चात् पहली बार किसी राजसत्ता ने महिला को बराबरी का अधिकार दिया। इस व्यवस्था में बराबरी का मतलब समान काम का समान वेतन, विवाह और तलाक में बराबरी का अधिकार, समान शिक्षा, हर काम और क्षेत्र में आगे बढ़ने की स्वतन्त्रता, लिंग भेद की समाप्ति आदि था। क्रान्ति के पश्चात् उसी समाज ने उत्पादन, सामाजिक मोर्चे, सामाजिक समस्याओं तथा बौद्धिक क्षेत्र में औरतों को बराबर का स्थान देकर आगे बढ़ाया। इसका परिणाम क्रान्ति के तीन-चार दशक बाद ही दिखाई देने लगा था। जबकि पूँजीवादी अमेरिका या यूरोप में आज भी महिला की हालत खराब है। बहुत बाद में स्वतन्त्र हुए चीन अथवा पूर्वी यूरोप के समाजवादी राष्ट्रों ने भी महिला को एक हद तक बराबरी और स्वतन्त्रता तक पहुँचा दिया। इसके पीछे एक समग्र सोच थी जिसमें महिला स्वतन्त्रता का मतलब सम्पूर्ण समाज के आर्थिक, सामाजिक, सांस्कृतिक और ऐतिहासिक ढाँचे पर प्रश्न करना, उसे बदलना और उस आधार पर महिला के मुद्दे को देखना था। समाजवाद भी नारी समस्या का अन्तिम समाधान नहीं बल्कि समाधान की शुरुआत है। समाजवाद एक स्थायी सामाजिक, आर्थिक व्यवस्था नहीं है, यह पूँजीवाद और वर्गहीन (समाजवादी) समाज के बीच का एक संक्रमण काल है जिसमें बचे-खुचे पूँजीवादी सोच, संघर्ष, गैरबराबरी तथा शोषण-चिह्न रहते हैं। इनसे लड़ते हुए ही किसी भी तरह की गैरबराबरी स्वतंत्रता और समानता की ओर बढ़ा जा सकता है एवं वही महिला के हक में सच्ची स्वतंत्रता या मुक्ति है। इसलिए महिला बराबरी के लिए जरूरी है महिला संगठनों की साम्यवादी सोच और दिशा।

स्त्रियों के सन्दर्भ में भारतीय समाज में दो प्रकार के दृष्टिकोण पाए जाते हैं। एक दृष्टिकोण समाज में स्त्री को पुरुषों के समकक्ष सम्मान एवं प्रतिस्थिति दिलाने

के पक्ष में है तो दूसरा दृष्टिकोण उन्हें पुरुषों से निम्न दर्जे का मानना है, अत: उन्हें अनेक अधिकारों से वंचित करने के पक्ष में हैं। प्रथम दृष्टिकोण वाले नारी को शक्ति, ज्ञान और सम्पत्ति का प्रतीक मानते हैं, उसे दुर्गा, सरस्वती एवं लक्ष्मी के रूप में पूज्य मानते हैं। उनके अनुसार स्त्री पुरुष की अर्धांगिनी हैं वे यह भी मानते हैं कि

'यत्र नार्यस्तु पूज्यन्ते, रमन्ते तत्र देवता'

अर्थात् जहाँ नारी की पूजा होती है, वहाँ देवता निवास करते हैं। यदि वास्तव में समाज में नारी को यही स्थान प्राप्त है तो नारी के प्रति किसी भी प्रकार का अपराध, अत्याचार एवं हिंसा नहीं हो सकती। नारी के दूसरा दृष्टिकोण नारी को समाज में पुरुषों के समान अधिकार दिलाने का विरोधी है। इसी कारण से समाज में नारी को उत्पीड़ित किया जाता है, उसका शोषण एवं दमन होता है, उसके प्रति हिंसा बरती जाती है, उसके साथ बलात्कार किया जाता है, उसे प्रताड़ित किया जाता है, जलाया जाता है, पीटा जाता है और उसकी हत्या तक कर दी जाती है। नारी के प्रति किए जाने वाले इन्हीं अपराधों एवं दुर्व्यवहारों को देखकर ही मैथिलीशरण गुप्त ने कहा था-'नारी जीवन हाय तुम्हारी यही कहानी, आँचल में है दूध आँखों में पानी।'

महिलाओं के प्रति हिंसा एवं अपराध कोई आज के युग में ही घटना नहीं है वरन् प्राचीन भारत में भी इसके अनेक उदाहरण मिलते हैं। महाभारत काल में युधिष्ठिर ने अपनी पत्नी द्रोपदी को जुए में दांव पर लगा दिया था और दुर्योधन ने भरी सभा में उसका चीर-हरण कर अपमानित किया था। रामायण काल में रावण ने सीता का अपहरण किया था। विधवाओं को भारत में अनेक अधिकारों से वंचित किया जाता रहा तथा नाना प्रकार के कष्ट दिए जाते रहे हैं। दहेज को लेकर नारी को जला देने या हत्या कर देना आज के युग की सबसे बड़ी त्रासदी है। सतीत्व के नाम पर महिलाओं को इसी देश में जिन्दा जलाया जाता रहा है। हम आए दिन पत्र-पत्रिकाओं में बलात्कार की घटनाएं पढ़ते रहते हैं जिनमें से कुछ में तो पुलिस और प्रशासन भी शामिल होता है।

इस प्रकार से महिलाओं का उत्पीड़न एवं शोषण, उनके साथ बलात्कार, उन्हें बहला फुसला कर भगा ले जाना एवं वेश्यावृत्ति के लिए उन्हें बेच देना, उनके साथ मारपीट एवं गाली-गलौज करना, उन्हें जला देना, उनकी हत्या कर देना, आदि महिला अपराध के कुछ प्रमुख उदाहरण हैं।

वर्तमान में समाजशास्त्र में महिलाओं के बारे में अध्ययन में रुचि का विकास हुआ है। रैडिकल समाजशास्त्री जो समाज के दलित एवं उपेक्षित वर्ग के अध्ययन में रुचि रखते हैं, भी महिलाओं के अध्ययन के प्रति काफी संवेदनशील हैं। समाज-सुधारकों, राज्य सरकारों, विश्वविद्यालयों एवं महाविद्यालयों में स्थापित महिला अध्ययन

प्रकोष्ठों, मनोरोग विशेषज्ञों, अपराधशास्त्रियो, आदि ने भी महिला अध्ययनों में रुचि दर्शाती है और महिलाओं से सम्बन्धित अनेक आयामों का अध्ययन किया जा रहा है। वर्तमान में कुछ लोग अपराध में महिलाओं की भूमिका एवं महिलाओं के प्रति हिंसा एवं अपराध विषयों में भी रुचि लेने लगे हैं। हम यहाँ महिलाओं के प्रति किए जाने वाली हिंसा व अपराधों, उनके कारणों एवं उन्हें रोकने सम्बन्धी उपयों, आदि विषयों पर चर्चा करेंगे।

महिलाओं के प्रति हिंसा: अर्थ, परिभाषा एवं प्रकार

महिलाओं के प्रति हिंसा से तात्पर्य है महिलाओं के निकट रिश्तेदारों, जैसे माता-पिता, भाई-बहन, सास-ससुर, देवर, ननद, भाभी या परिवार के किसी भी सदस्य अथवा अन्य व्यक्तियों द्वारा किया जाने वाला हिंसात्मक व्यवहार एवं उत्पीड़न जो नारी को शारीरिक मानसिक आघात पहुँचाता है।

नन्दिता गाँधी एवं **नन्दिता शाह** ने इसे स्पष्ट करते हुए लिखा है, ''महिला के प्रति हिंसा के अन्तर्गत बलात्कार, दहेज, हत्याएँ, पत्नी को यातनाएँ देने, यौनिक हतात्साहन तथा संचार माध्यम में स्त्री को गलत ढंग से सम्माहित किया जा सकता है।''

महिलाओं के विरुद्ध हिंसा उसके उद्देश्यों के आधार पर निम्नांकित प्रकार की हो सकती है-

(1) जिस हिंसा का उद्देश्य धन प्राप्त करना होता है, जैसे दहेज के लिए पत्नी को पीटना एवं यातनाएँ देना।

(2) जिस हिंसा का उद्देश्य कमजोर पर सत्ता कायम करना होता है।

(3) जिसका उद्देश्य यौन सुख प्राप्त करना होता है।

(4) जो हिंसा अपराधकर्त्ता के व्यक्तित्व सम्बन्धी विकृति के कारण की जाती है।

(5)जो हिंसा महिला द्वारा प्रेरित होती है।

महिलाओं के विरुद्ध हिंसा को एक अन्य वर्गीकरण में हिंसा को तीन भागों में बाँटा जा सकता है-

(1) अपराधिक हिंसा-जैसे बलात्कार एवं अपहरण आदि।

(2) घरेलू हिंसा- जैसे दहेज सम्बन्धी मृत्यु, पत्नी को पीटना, लैंगिक दुर्व्यवहार, आदि।

(3) सामाजिक हिंसा-जैसे पत्नी एवं पुत्र-वधू को मादा भ्रूण की हत्या के लिए बाध्य करना, महिलाओं से छेड़-छाड़, विधवा की सती होने के लिए बाध्य करना, दहेज के लिए तंग करना एवं स्त्री को सम्पत्ति में हिस्सा न देना, आदि।

महिलाओं के प्रति यौन एवं अन्य प्रकार के उत्पीड़न

भारत में महिलाओं का उत्पीड़न प्राचीनकाल से ही होता रहा है जिसका उल्लेख हमें प्राचीन धर्म ग्रन्थों एवं पुस्तकों में मिलता है। समाज में प्रचलित रीति-रिवाजों, मूल्यों, विश्वासों एवं विचारधाराओं का भी महिला उत्पीड़न में योगदान रहा है। आजादी के बाद महिलाओं के कल्याण के लिए कई वैधानिक प्रयत्न किए गए, उनके प्रति किए जाने वाले अत्याचारों को जला देने, भगा ले जाना, अपहरण करने, उन्हें मारने-पीटने की घटनाएँ आज भी अखबारों की सुर्खियों में रहती हैं। नैना साहनी हत्याकांड जिसमें नैना साहनी को उसके पति ने टुकड़े-टुकड़े करके तंदूर में जला दिया था, कि याद अभी तरोताजा है। राजस्थान के डिग्गीढाणी नामक गाँव में श्रीमति बदाम बाई को डायन बताकर उसके प्रति किया गया अत्याचार समाज पर कलंक है।

भारत में महिलाओं के प्रति किए जाने वाले अपराधों एवं हिंसा की जानकारी हमें गृह मंत्रालय, पुलिस अन्वेषण विभाग तथा नेशनल इन्स्टीट्यूट ऑफ सोशल डिफेन्स विभाग द्वारा प्रसारित आँकड़ों से होती है। 1996 से 1998 के बीच भारत में महिलाओं के प्रति किए जाने वाले अपराधों में 12 प्रतिशत की वृद्धि हुई है। इस अवधि में दहेज हत्या में अत्यधिक वृद्धि हुई।

महिलाओं के साथ किये जाने वाले अपराधों में से 2/3 अपराध भारत के पांच राज्यों मध्यप्रदेश, राजस्थान, उत्तरप्रदेश, महाराष्ट्र, तथा आन्ध्रप्रदेश में होते हैं। शेष सभी अपराध भारत के सभी राज्यों एवं केन्द्रशासित प्रदेशों में होते हैं।

आज भी हम जानते हैं कि महिलाओं के प्रति किए गये सभी अपराधों को पुलिस में दर्ज नहीं कराया जाता है तथा नारी के प्रति घर में ही किए जाने वाले अपराधों को घरेलू मामला समझ कर पुलिस उनमें हस्तक्षेप नहीं करती और स्त्रियां भी उन्हें बाहर उजागर करना उचित नहीं मानती।

नारी उत्पीड़न का एक प्रमुख रूप यौन उत्पीड़न है। स्त्रियाँ जहाँ कार्य करती हैं, वहाँ उनके मालिकों एवं बॉस द्वारा कभी-कभी कुछ स्त्रियों का यौन शोषण भी किया जाता है। उन्हें ऐसा करने के लिए आर्थिक एवं अन्य प्रकार के प्रलोभन दिए जाते हैं और समर्पण न करने की स्थिति में उनके साथ दुर्व्यवहार किया जाता है। उन्हें परेशान किया जाता है, उन पर झूठे आरोप लगाकर उन्हें फंसाया जाता है जिनसे तंग आकर या तो वे नौकरी छोड़ देती है या अपना सर्मपण कर देती हैं। ऐसी स्थिति में स्त्री में हीनता की भावना पैदा हो जाती है। सामान्यत: स्त्रियों से यह अपेक्षा की जाती है कि यदि उनके साथ कोई यौन सम्बन्धी भद्दी मजाक या छेड़छाड़ करता है तो उन्हें बर्दाश्त कर लेना चाहिए। होटलों में काम करने वाली महिलाओं से यह अपेक्षा की जाती है कि वे अपने कामुक हाव-भाव एवं मुद्राओं से ग्राहकों को आकर्षित

करें। पुरुष ऐसी स्थिति में यदि गन्दे प्रस्ताव रखता हे तो स्त्री को चतुराई से उन्हें टाल देना चाहिए। यह व्यावसायिक चतुराई है। इंग्लैण्ड में एक अध्ययन में यह पाया गया है कि 10 कामकाजी महिलाओं में से 7 यौन उत्पीड़न की शिकार थीं। यौन उत्पीड़न की स्थिति में कई बार महिलाओं को लम्बी छुट्टियाँ लेनी पड़ती हैं या नौकरी छोड़ देनी पड़ती है, किन्तु ऐसा करने पर उन्हें आर्थिक संकटों का मुकाबला करना पड़ता है।

बलात्कार

भारतीय दण्ड संहिता की धारा 376 के अनुसार बलात्कार एक दण्डनीय अपराध है जिसमें अपराधी को आजीवन कारावास तक हो सकता है। इस धारा के अनुसार जब कोई पुरुष किसी स्त्री से उसकी इच्छा के विरुद्ध या सम्पत्ति के बिना या मृत्यु का भय दिखाकर सम्मति से संभोग करता है तो वह बलात्कारी कहलाता है। बलात्कार की समस्या सभी समाजों में पायी जाती है, किन्तु भारत की तुलना में पाश्चात्य देशों में ऐसी घटनाएँ अधिक घटित होती हैं। बलात्कार के सभी मामलों की जानकारी सम्भव नहीं है। केवल कुछ मामले ही पुलिस में दर्ज करवाए जाते हैं। ऐसा माना जाता है कि सरकारी आँकड़ों की तुलना में वास्तविक बलात्कार की संख्या पांच गुना से भी अधिक है। लंदन में 1236 स्त्रियों का एक सर्वेक्षण किया गया तो पाया गया कि प्रत्येक छः महिलाओं में से एक के साथ बलात्कार हुआ है। शेष पाँच में से एक ने उसके प्रति किए जाने वाले बलात्कार के प्रयत्न के प्रति संघर्ष किया। बलात्कार के जितने मामले हुए, उनमें से आधे स्त्री के धर पर और आधे बलात्कारी के घर पर हुए। जिन महिलाओं के साथ बलात्कार हुए, उनमें से अधिकांश उस घटना को भुला देना चाहती है। वे अपना मेडिकल मुआयना करवाना एवं पुलिस व न्यायालय द्वारा जाँच करवाना नहीं चाहती क्योंकि कानूनी प्रक्रिया लम्बा समय लेने वाली एवं परेशानी पैदा करने वाली होती हैं। वकीलों द्वारा इस सन्दर्भ में पूछे जाने वाले प्रश्न भी नारी को पीड़ा पहुँचाने वाले होते हैं। पेशी का माहौल भी नारी में भय पैदा करता है तथा नारी को आरोपी से न्यायालय में आमना-सामना भी करना पड़ता है। न्यायालय भी नारी के प्रमाणों के आधार पर ही आरोपी को दण्डित नहीं करता है, उसे अन्य प्रमाण भी देने होते हैं जिन्हें जुटाना कठिन होता है। राजस्थान में आँगनबाड़ी में काम करने वाली महिला भंवरी बाई के साथ कुछ लोगों ने बलात्कार किया, किन्तु प्रमाणें के अभाव में बलात्कारियों के प्रति कोई ठोस कार्यवाही नहीं की जा सकी है। इसी प्रकार के उत्तराखंड की स्थापना की माँग को लेकर दिल्ली में प्रदर्शन करने जाने वाली महिलाओं के साथ भी पुलिस द्वारा बलात्कार किया गया, किन्तु पुलिस कर्मियों के प्रति कोई कठोर काय्रवाही नहीं की गई। बलात्कार किया

गया है इसका प्रमाण जुटाना, बलात्कारी के पहचानना और यह सिद्ध करना कि बिना स्त्री की सहमति के यह घटना घटी है, एक कठिन कार्य है। निर्जन एवं रात्रि में अंधेरे स्थानों पर किए गए बलात्कार के प्रमाण जुटाना तो और भी कठिन हो जाता है।

पति द्वारा पत्नी के प्रति किए गए बलात्कार को कानूनी रूप से बलात्कार नहीं माना जाता है क्योंकि यह विवाह का एक प्रतिफल माना जाता है। जब तक तलाक न हो जाए स्त्री-पुरुष पृथक्-पृथक् रहने की राजाज्ञा प्राप्त होने पर भी यदि कोई पुरुष अपनी पत्नी से बलात्कार करता है तो उसे बलात्कार नहीं माना जाता। विवाह में बलात्कार को अवैध नहीं माना गया है। कुछ पश्चिमी देशों जैसे-कनाडा, डेनमार्क एव नार्वे में विवाहित पुरुष यदि अपनी पत्नी के साथ बलात्कार करता है तो वह जुर्म है।

भारत में 1988 में 7,500 बलात्कार के मामले दर्ज किए गए। 1993 में 9,600 बलात्कार की घटनाएँ हुई थी। सन् 1995-2000 के मध्य बलात्कार के मामलों की संख्या में और वृद्धि हुई। सरकार की 'महिलाओं के विरुद्ध अपराध' की रिपोर्ट के अनुसार प्रत्येक 40 मिनट में एक महिला का बलात्कार होता है। इसका अर्थ यह हुआ कि एक महीने में 1,275 एवं एक वर्ष में 15,300 महिलाएँ बलात्कार की शिकार होती हैं। आयु के आधार पर इन घटनाओं का विश्लेषण करने पर ज्ञात होता है कि सर्वाधिक बलात्कार 16 से 30 वर्ष की महिलाओं के साथ होता है।

जिन महिलाओं के साथ बलात्कार किया गया, उनकी विशेषताएँ इस प्रकार है-

1. अधिकांश: बलात्कार गरीब महिलाओं के साथ हुए।

2. कामकाजी महिलाओं के साथ बलात्कार उनके ऑफिस के बॉस द्वारा किए जाते है।

3. फैक्ट्री में काम करने वाली श्रमिक महिलाओं के साथ बलात्कार उनके मालिकों द्वारा किए जाते हैं।

4. अस्पताल में मरीजों के प्रति बलात्कार अस्पताल के कर्मचारियों द्वारा किए जाते हैं।

5. जेल में महिला कैदियों के साथ बलात्कार जेल कर्मचारियों द्वारा किए जाते हैं।

6. आवारादर्गी करने वाली एवं संदिग्ध हालत में पायी जाने वाली स्त्रियों के साथ बलात्कार पुलिस कर्मियों द्वारा किए जाते हैं।

7. पागल, गूंगी, बहरी, अपंग एवं भिखारिन महिलाओं के साथ भी बलात्कार किए जाते है।

बलात्कार से पीड़ित महिलाएँ उनके प्रति किए गए अपराध की खामोशी से बर्दाश्त कर लेती हैं। विरोध करने पर उन्हें सामाजिक निन्दा एवं अपमान का डर होता है। साथ ही नौकरी छूट जाने का भय, बच्चों व परिवार का भरण-पोषण करने की चिन्ता भी उन्हें सब कुछ बर्दाश्त करने के लिए मजबूर कर देती है।

डॉ आहूजा ने राजस्थान में बलात्कार से पीड़ित महिलाओं का अध्ययन करने पर पाया कि बलात्कार की घटना सदैव अपरिचित लोगों में नहीं होती है। बलात्कार एक व्यक्ति द्वारा भी किया जा सकता है और एक से अधिक द्वारा समूह में भी। बलात्कार के लिए महिलाओं को आर्थिक प्रलोभन भी दिया जाता है और उन पर मौखिक दबाव भी डाला जाता है। उन्होंने पाया कि सर्वाधिक बलात्कार 15 से 20 वर्ष की आयु की स्त्रियों के साथ हुए तथा सर्वाधिक बलात्कार 23 से 30 वर्ष की आयु समूह के पुरुषों द्वारा किए गए। इसका तात्पर्य है कि बलात्कार में आयु एक महत्त्वपूर्ण तथ्य है और युवा अवस्था इसको प्रेरित करने में मूल रही है।

सामाजिक अध्ययनकर्ताओं से बलात्कार सम्बन्धी अध्ययन करने पर यह निष्कर्ष निकाला कि-

1. यह धारणा गलत है कि यदि महिला विरोध करे तो इसके बाद बलात्कार नहीं हो सकता।

2. बलात्कार केवल सुन्दर स्त्रियों के साथ ही होता है, यह विचार त्रुटिपूर्ण है।

3. यह सोचना भी त्रुटिपूर्ण है कि जिन महिलाओं के साथ बलात्कार होता है, वे इसका आनन्द लेती हैं।

4. यह विचार सही नहीं है कि अधिकांश बलात्कारी मानसिक रूप से परेशान व्यक्ति होते हैं।

5. यह कहना भी सही नहीं है कि अधिकांश बलात्कार स्वत: होते हैं और उनकी अग्रिम योजना नहीं बनायी जाती।

6. यह कहना भी उचित नहीं है कि बलात्कार का सम्बन्ध पुरुष में अत्यधिक काम उत्तेजना की भावना तथा उच्चता एवं शक्ति की भावना से है।

7. मैथुन की तीव्र इच्छा एवं बलात्कार में कोई घनिष्ठसम्बन्ध नहीं है।

पिछले कुछ वर्षों में पश्चिमी देशों में नारी संगठन बलात्कार के बारे में वैधानिक एवं जन सोच को बदलने के लिए प्रयत्नशील रहे हैं। वे इस बात पर बल देते हैं कि बलात्कार का यौन अपराध न माना जाए। वरन् यह व्यक्ति की निष्ठा और सम्मान पर भी आक्रमण है। इस अभियान का असर हुआ है आज कई पश्चिमी देशों में बलात्कार को वैधानिक रूप से एक विशेष प्रकार की अपराधिक हिंसा के रूप में स्वीकार किया हैं।

(1) अपने घर को अत्यधिक सुरक्षित बनाइए। घर के ताले, खिड़कियाँ एवं दरवाजे कार्य करने की स्थिति में होने चाहिए। यदि आप घर बदले हो तो भी बदल दीजिए।

(2) यदि आप अकेले रहें हो तो ऐसा प्रकट करें कि याहाँ एक से अधिक व्यक्ति रहते हैं, यह बहाना करें कि घर में पुरुष भी है। जब कोई दरवाजा खटखटाए तो आप जोर से कहे कि दरवाजा में खोल रही हूँ तुम कमरे में ही रहो।

(3) दरवाजे पर पूरा नाम लिखने के स्थन पर अपना छोटा नाम लिखे जैसे सन्तोष कुमारी अग्रवाल के स्थान पर एस.के. अग्रवाल लिखें।

(4) अजनबी से दूर रहें तथा अजनबी के आने पर दरवाजा न खोलें।

(5) निर्जन मकानों में अकेले न रहें।

(6) रात्रि में गलियों एवं विश्वविद्यालयों में अकेले न घूमें।

(7) अपने साथ हथियार, लाइटर, कांटे-छुरी एवं सीटी रखें। समूह में घूमें अकेले नहीं।

(8) यदि आप कार चलाती है तो कार के दरवाजे बिना ताला लगाए न छोड़े तथा कार में बैठने से पूर्व पीछे सीट की जाँच कर लें।

(9) आक्रमण होने पर बलात्कार-बलात्कार न चिल्लाएँ वरन् कहें गोली चलाओं-गोली चलाओं।

भगा ले जाना या अपहरण करना

भारतीय दण्ड संहिता की धार 366 के अनुसार भगा ले जाने का तात्पर्य है किसी महिला को जबरदस्ती, कपटपूर्वक या धोखाधड़ी करके उसे बहला फुसला कर ले जाना तथा उसके साथ अवैध यौन सम्बन्ध स्थापित करना या उसे उसकी अच्छा के विरुद्ध विवाह के लिए बाध्य करना जबकि भारतीय दण्ड संहिता की धारा 361 के अनुसार अपहरण का तात्पर्य है एक नाबालिग (18 वर्ष से कम आयु की लड़की व 16 वर्ष से कम आयु का लड़का) को उसके माता-पिता या वैधानिक संरक्षक की अनुमति के बिना ले जाना। अपहरण में जिसका अपहरण किया जाता है, उसकी सहमति का कोई महत्त्व नहीं होता जबकि भगा ले जाने में, जिसे भगाया जाता है उसकी सहमति अपराधी को क्षमा कर देती है।

भारत में प्रतिवर्ष लगभग 1,500 महिलाओं को भगाकर ले जाया जाता है अथवा उनका अपहरण किया जाता है। दूसरे शब्दों में प्रतिदिन 42 लड़कियों को भगाने या अपहरण के मामले होते हैं। दूसरे शब्दों में प्रति एक लाख जनसंख्या पर दो मामले भगा ले जाने या अपहरण के होते हैं। जिन्हें भगाया जाता ह उनमें से 54.8 प्रतिशत

महिलाएँ 18 से 30 वर्ष की आयु की, 35.3 30 से 50 वर्ष की आयु की, 4.5 प्रतिशत 18 वर्ष से कम आयु की तथा 5.4 प्रतिशत 50 वर्ष से अधिक आयु की होती हैं। अपहरण के सर्वाधिक मामले उत्तर प्रदेश, राजस्थान, बिहार, मध्यप्रदेश तथा असम में होते हैं।

डॉ. आहूजा द्वारा अपहरण और भगा ले जाने सम्बन्धी किए गए एक अध्ययन से ज्ञात होता है कि (i) विवाहित की अपेक्षा लड़कियों को अधिक भगाया जाता है। (ii) भगाने वाला एवं भागने वाली दोनों ही एक दूसरे से परिचित होते हैं। (iii) इन दोनों का सम्पर्क उनके घरों अथवा पड़ोस के कारण होता है। (iv) अधिकांश: भगा ले जाने में एक ही व्यक्ति का हाथ होता हैं। (v)भगा ले जाने का प्रमुख उद्देश्य मैथुन एवं विवाह होता है। 10 प्रतिशत मामलों में आर्थिक उद्देश्य से से भी ऐसा किया जाता है। (vi)भगा ले जाने के लिए माता-पिता के नियन्त्रण का अभाव, परिवार में स्नेहपूर्ण समबन्धों का अभाव, आदि प्रमुख कारण है।

हत्या

हत्या के मामले स्त्री और पुरुष दोनों ही के घटित होते हैं, किन्तु विश्व में सर्वत्र ही स्त्रियों की तुलना में पुरुषों की ही हत्या अधिक होती है। अमेरिका में प्रति वर्ष कुल हत्या का 20 से 25 प्रतिशत भाग महिला का होता है जबकि भारत में यह प्रतिशत केवल 10 ही है। भारत में हत्या में सम्मिलित लोगों में 96.7 प्रतिशत पुरुष एवं 3.34 प्रतिशत महिलाएँ होती हैं। डॉ. आहूजा द्वारा हत्या सम्बन्धी किए गए अध्ययन में यह पाया गया कि हत्या करने वाले एवं हत्या कि शिकार एक ही परिवार के होते हैं। (लगभग 94 प्रतिशत) 80 प्रतिशत हत्यारे 25 से 40 वर्ष की आयु समूह में से थे। हत्या की शिकार औरतों का प्रतिशत लगभग 50 था। जिन स्त्रियों की हत्या की गई, उनमें से आधी स्त्रियों के सन्तानें थीं। अधिकांश हत्यारे निम्न व्यवसाय एवं आयु समूह से सम्बन्धित थे। 2/3 हत्याएँ भावावेश में तथ्ताा अनियोजित ढंग से की गई थी। महिलाओं की हत्या के प्रमुख कारण स्त्री की लम्बी बीमारी, अन्य पुरुषों से यौन सम्बन्ध एवं छोटे-छोटे घरेलू झगड़े थे।

दहेज हत्याएँ

भारत में दहेज एक गम्भीर समस्या बनी हुई है। दहेज के अभाव में भारत में हजारों स्त्रियों को प्रति वर्ष जलाया जाता है, उन्हें सास-ससुर, देवर-जेठ, पति एवं ससुराल पक्ष वालों के द्वारा कई प्रकार की यातनाएँ दी जाती हैं। उन्हें भूखा रखा जाता है, अपने पीहरवालों से पैसा मंगाने के लिए तंग किया जाता है और यहाँ तक कि आत्महत्या करने एवं घर छोड़कर चले जाने के लिए मजबूर किया जाता है जिससे कि पति दसरी शादी कर दहेज जुटा सके। यद्यपि 1961 में भारत सरकार ने 'दहेज

निरोध अधिनियम' बना दिया और इस अधिनियम के अन्तर्गत दहेज लेना व देना दोनों ही अपराध माने गये हैं, किन्तु वास्तविक स्थिति यह है कि दहेज समाज में केन्सर की तरह बढ़ता ही जा रहा है और दहेज सम्बन्धी मुकदमों की संख्या नगण्य है। देश में प्रतिवर्ष लगभग पाँच हजार हत्याएँ दहेज के कारण होती हैं। सरकार की मई 2000 की रिपोर्ट के अनुसार वर्तमान में हर 90 मिनट में दहेज से सम्बन्धित हत्या होती है। यह हत्याएँ एक दिन में 16 और एक वर्ष में लगभग 6 हजार होती है। चूँकि अधिकांश दहेज सम्बन्धी हत्याएँ लड़की की ससुराल में ही होती है, अतः ससुराल वाले हत्या सम्बन्धी प्रमाण मिटा देते हैं और उसे आत्महत्या या हादसे का रूप दे देते हैं। साक्षी के अभाव में अपराधी अक्सर बच जाते हैं।

सामान्यतः यह देखा गया है कि दहेज सम्बन्धी हत्या एवं उत्पीड़न के मामले निम्न एवं उच्च वर्ग की तुलना में मध्यम वर्ग में अधिक होते हैं। दहेज उत्पीड़ित 70 प्रतिशत महिलाएँ 21 से 24 वर्ष की आयु समूह में से होती है। दहेज की समस्या निम्न जातियों की तुलना में उच्च जातियों में अधिक पायी जाती है। स्त्री की शिक्षा के स्तर एवं दहेज हत्या में कोई कार्य-कारण का सम्बन्ध नहीं पाया जाता है। सोचा यह गया था कि शिक्षा के प्रसार के साथ-साथ दहेज से सम्बन्धित बुराइयों का अन्त होगा, किन्तु हुआ इसके विपरीत और प्रतिवर्ष दहेज सम्बन्धी हत्याएँ एवं उत्पीड़न की घटनाएँ बढ़ती ही जा रही हैं जो पूरे समाज के लिए शर्म की बात है।

पत्नी को पीटना : गृह हिंसा

भारत में पत्नी के रूप में नारी की प्रतिष्ठा है और उसे यहां गृह-लक्ष्मी की संज्ञा से सम्बोधित किया गया है। पत्नी को पुरुष की अर्द्धांगिनी, सहधर्मचारिणी, धर्मपत्नी भी कहा जाता है, यहाँ पत्नी के अभाव में पति द्वारा किए गए धार्मिक कार्यों को निष्फल माना गया है, किन्तु यह तस्वीर का एक पहलू हैं। पत्नी के साथ दुर्व्यवहार करने एवं उसे मारने-पीटने की घटनाएं भी कई बार सुनने में आती हैं। विवाह के बाद पति से यह अपेक्षा की जाती है कि वह अपनी पत्नी का भरण-पोषण करेगा, उसे प्रेम करेगा और संरक्षण प्रदान करेगा। भारत में पति के लिए ''भर्ता'' शब्द का प्रयोग किया गया है जिसका अर्थ है भरण-पोषण करने वाला। सामान्यतः यह माना जाता है कि घर नारी के लिए सुरक्षा एवं प्रसन्नता की दृष्टि से स्वर्ग है, किन्तु अनेक स्त्रियों के प्रति घर में हिंसा का व्यवहार किया जाता है। उन्हें लातों, घूसों, चांटों व लकड़ियों से मारा जाता है, हड्डियाँ तक तोड़ दी जाती है। **पहल** ने अपने अध्ययन में पाया कि पतियों द्वारा अपनी पत्नियों को चाकुओं से गोदा गया। फर्नीचर फेंक कर मारा गया, सीढ़ियों से गिराया गया और कुछ स्त्रियों के तो पैरों में कीलें ठोकी गई।

19वीं सदी के अन्त तक इंग्लैण्ड में ऐसा कोई कानून नहीं था जो पुरुष को पनी पत्नी के साथ गाली–गलौज करने, चोट पहुँचाने या हत्या करने से रोके, किन्तु आज तो वहाँ नारी को अधिक कानूनी सुरक्षा प्रात हैं। कानूनी दृष्टि से आज नारी चाहें अच्छी स्थिति में क्यों न हो, किन्तु फिर भी स्त्रियाँ घर में उनके प्रति की गयी हिंसा के विरुद्ध पुलिस में शिकायत नहीं करतीं और कानून व न्यायालय की शरण नहीं लेती हैं। इस बारे में पुलिस का दृष्टिकोण भी असहयोगी ही होता है, वह इसे घरेलू मामला, पति–पत्नी का निजी मामला मान कर कोई कार्यवाही नहीं करती। जब कभी ऐसी स्थिति में पुलिस से मदद मांगी जाती है तो वह केवल झगड़े को शान्त करने तक ही हस्तक्षेप करती है, पुरुष पर दबाव डालने या उस पर आरोप लगाने में उसकी कोई रुचि नहीं होती है।

नारी की यह मजबूरी है कि उसके साथ हिंसा का व्यवहार होने पर भी वह आर्थिक व सामाजिक कारणों, बच्चों केप्रति अपने दायित्वों एवं सामाजिक निन्दा से बचने, आदि कारणों से सब कुछ शान्त भाव से सहन करती रहती है। वह इसे ही अपना भाग्य मानती है, पूर्व जन्म के कर्मों का फल मानती है। समाज के लोग भी उसे सहिष्णु होने का ही उपदेश देते रहते हैं। उसे कहा जाता है–'पति के घर में डोली में बैठ कर आयी थी, अब तो यहाँ से तुम्हारी अर्थी ही उठेगी।' और वह बेचारी जहर के घूँट पीकर जिन्दा लाश की तरह घर में बनी रहती है। डॉ. आहूजा ने अपने अध्ययन में पाया कि 25 वर्ष से कम आयु की स्त्रियों के साथ पीटने की घटनाएं अधिक होती हैं। कम आय वाले परिवारों में ऐसी घटनाएं अपेक्षतया अधिक होती है। पत्नी को पीटने के कारणों में यौन सम्बन्धों में असमायोजन, भावात्मक गड़बड़, पति की अहंभावना या हीनभावना, पति का शराबी होना, ईर्ष्या एवं पत्नी द्वारा पति के दुर्व्यवहार के प्रति निष्क्रियता बरतना, आदि प्रमुख हैं। शिक्षित स्त्रियों की तुलना में अशिक्षित स्त्रियों को अधिक पीटा जाता है।

विधवाओं के प्रति हिंसा

भारत में विशेष रूप से हिन्दुओं में विधवाओं की एक गम्भीर समस्या है क्योंकि हिन्दुओं में विवाह एक धार्मिक संस्कार माना गया है और यह पति–पत्नी का जन्म–जन्मान्तर का बधन है जिसे तोड़ा नहीं ज सकता। अत: पति की मृत्यु के बाद पत्नी को दूसरा विवाह करने की छूट नहीं है। यही कारण है कि पति की मृत्यु के बाद से ही विधवा स्त्री के दु:ख प्रारम्भ हो जाते हैं। उसके सिर को मुंडवा दिया जाता है, वह अच्छे वस्त्र नहीं पहन सकती, शृंगार नहीं कर सकती, इत्र व तेल का प्रयोग नहीं कर सकती, सार्वजनिक उत्सवों एवं शुभ कार्यों में उसकी उपथिति को अपशकुन माना जाता है। सास–ससुर एवं पति के परिवार के लोग विधवा पर अत्याचार करते

हैं, उसे डायन की संज्ञा देते हैं जिसने अपने पति को ही खा लिया है। विधवाओं के भी अनेक प्रकार हो सकते हैं, जैसे बिना बच्चों वाली युवा विधवा, एक-दो बच्चों वाली प्रौढ़ विधवा एवं अधिक उम्र वाली विधवा, अधिकांशत: युवा एवं प्रौढ़ विधवाओं की समस्याएँ ही अधिक हैं।

अधिक उम्र वाली विधवा तो अपने बच्चों के परिवार का अंग बन जाती है, वह अपने पोते-पोतियों की देखरेख करने, खाना पकाने, घर के कार्यों में मददकरने एवं मार्गदर्शन करने की दृष्टि से उपयोगी मानी जाती है। युवा एवं प्रौढ़ विधवाओं की समस्याएँ गम्भीर होती है। उनके साथ ही अनेक प्रकार के दुर्व्यवहार किए जाते है। उन्हें पीटा जाता है, गालियां दी जाती हैं, उनके साथ व्यभिचार एवं लैंगिक दुर्व्यवहार का प्रयत्न किया जाता है, उन्हें पति की सम्पत्ति से वंचित किया जाता है। भारत में स्त्रियों में अशिक्षा की अधिकता के कारण उन्हें पति के व्यापार, सम्पत्ति, बीमे की रकम और जमापूंजी आदि की जानकारी नहीं होती है। इसका लाभ उठाकर उसके ससुराल वाले उससे कागजों पर अंगूठा लगवा कर उसकी वैधानिक सम्पत्ति को हड़पने का प्रयत्न करते हैं। विधवाओं के उत्पीड़न के तीन प्रमुख कारण होते हैं-शक्ति, सम्पत्ति और कामवासना की पूर्ति। आयु, शिक्षा और वर्ग की सदस्यता का भी विधवा उत्पीड़न से घनिष्ठ सम्बन्ध है। इस दृष्टि से वृद्ध विधवाओं की तुलना में युवा विधवाओं, शिक्षित विधवाओं की तुलना में अशिक्षित विधवाओं तथा उच्च वर्ग की विधवाओं की तुलना में मध्यम एवं निम्न वर्ग की विधवाओं को अधिक उत्पीड़ित किया जाता है। विधवा स्त्री की ष्क्रिय कायरता भी उसके उत्पीड़न का प्रमुख कारक है। यद्यपि विधवाओं को पुनर्विवाह की छूट देने की दृष्टि से भारत में 'विधवा पुनर्विवाह अधिनियम', 1856 बना हुआ है, किन्तु विधवाओं द्वारा पुनर्विवाह बहुत कम ही किए जाते हैं।

वेश्यावृत्ति

एक सामाजिक बुराई के रूप में वेश्यावृत्ति अति प्राचीन काल से प्रचलित रही है। वेश्यावृत्ति को यौन तृप्ति का एक विकृत एवं घृणित साधन माना गया है। इससे व्यक्ति का शारीरिक एवं नैतिक पतन होता है, उसे आर्थिक हानि उठानी पड़ती है तथा यह मानव के पारिवारिक एवं सामाजिक जीवन में विष घोल देती है। **इलियट** और **मैरिल** लिखते हैं, 'वेश्यावृत्ति एक भेद-रहित और धन के लिए स्थापित किया गया अवैध यौन सम्बन्ध है जिसमें भावात्मक उदासीनता होती है।' वेश्यावृत्ति को रोकने के लिए 1956 में **'स्त्रियों तथा कन्याओं का अनैतिक व्यापार निरोधक अधिनियम'** पारित किया गया, फिर भी यह प्रकट और अप्रकट दोनों ही रूप में भारत में विद्यमान हैं। प्रकट समूह में वे वेश्याएं आती हैं जो रजिस्टर्ड होती हैं तथा

स्पष्ट रूप से वेश्यालय चलाती हैं। शहरों में ऐसे क्षेत्र को जहाँ वेश्याएं रहती हैं 'लाल रोशनी क्षेत्र' कहते हैं। अप्रकट रूप से वेश्यावृत्ति करने वाली स्त्रियां नौकरी या व्यवसाय के साथ-साथ यह कार्य भी करती हैं। वर्तमान में बड़े-बड़े शहरों के शराबघरों, होटलों, कैवरे स्थलों, नाचघरों तथा क्लबों में शिक्षित और उच्च घरों की लड़कियां भी इस व्यवसाय में लगी होती है। होटलों के मालिक, टैक्सी ड्राइवर, कैबरे नृत्य के संयोजक एवं अन्य दलाल अपना कमीशन लेकर इस कार्य में सहयोग देते हैं।

वेश्यावृत्ति का एक रूप **देवदासी प्रथा** भी है। इस प्रथा के अनुसार लड़कियों को मन्दिरों में देवताओं की सेवा के लिएभेंट चढ़ा दिया जाता है। ये लड़कियाँ मन्दिरों में गायन एवं नृत्य का कार्य करती ही है, साथ ही पंडितों पुजारियों एवं जमींदारों की यौन-भुख बुझाने का कार्य भी करती है। गरीबी, विलासी जीवन व्यतीत करने की लालसा, स्त्री की आर्थिक पराश्रितता, पारिवारिक परिस्थितियों, विवाह विच्छेद, विधवा विवाह पर रोक, दहेज-प्रथा, दुखी वैवाहिक जीवन, अनैतिक व्यापार, अवैध सम्बन्ध, असामान्य कामुकता एवं धार्मिक कारण लड़कियों की वेश्यावृत्ति करवाने के लिए प्रमुख उत्तरदायी कारक हैं।

नारी हत्या तथा भ्रूण हत्या

भारतीय समाज पुरुष प्रधान है तथा यहाँ लड़की की तुलना में लड़के को अधिक महत्त्व दिया जाता है। धार्मिक दृष्टि से भी पुत्र प्राप्ति आवश्यक माना जाता है क्योंकि वही श्राद्ध एवे तर्पण द्वारा मृत पिता एवं पूर्वजों के स्वर्ग पहुँचाता है। उत्तराधिकार की दृष्टि से भी पुत्र का होना आवश्यक है, किन्तु कई बार किसी परिवार में लड़कियों की संख्या अधिक होने पर लड़की के पैदा होते ही मार दिया जाता है जो नारी हत्या का ही एक रूप है। नारी हत्या हमें प्रकट और अप्रकट कई रूपों में देखने को मिलती है। माता के गर्भ में ही नारी हत्या हमें प्रकट और अप्रकट कई रूपों में देखने को मिलती है। माता के गर्भ में ही नारी शिशु को मार देना, उसका उत्पीड़न करना या ऐसी परिस्थितियाँ पैदा कर देना जिनसे नारी आत्महत्या करने के लिए विवश हो जाए, जहर देकर मार देना, गलाघोंट देना, आदि सभी नारी हत्या के प्रत्यक्ष रूप हैं। नारी हत्या का अप्रत्यक्ष रूप वह है जिससे नारी शिशु के पालन-पोषण एवं चिकित्सा की ओर उचित ध्यान नहीं देने से वे मौत की शिकार हो जाती हैं। वैज्ञानिक प्रगति ने मानव को हजारों सुख-सुविधा के साधन जुटाए हैं, आज माता के गर्भ मी जाँच जिसे 'एमनियोसेंटेसिस' कहा जाता है, के द्वारा भ्रूण की जाँच कर यह पता लगा सकते हैं कि उत्पन्न होने वाला शिशु लड़का है या लड़की। इस वैज्ञानिक ज्ञान का लोगों ने दुरुपयोग किया है और यह यदि भ्रूण लड़की का है तो उसका

गर्भपात करवा देते हैं जो भ्रूण हत्या है। लड़के की चाह में लड़की की हत्या मानवता के माथे पर बहुत बड़ा कलंक है। उल्लेखनीय है कि 2001 की जनगणना के अनुसा देश में लैंगिक अनुपात (महिलाएँ प्रति 1000 पुरुष) 933 है जो वर्ष 1991 (927) की अपेक्षा सुधरा है, परन्तु 0 से 6 आयु वर्ग में लिंगानुपात 1991 के 945 सके कम होकर 927 रह गया है। आज के युग में तो लड़का व लड़कियाँ सभी समान हैं। वास्तव में जो स्थितियाँ देखने व सुनने में आती हैं उनके अनुरूप तो लड़कों से आगे ही है। आज जीवन के हर क्षेत्र में लड़कियों को दक्षता से कार्य करते हुए देखा जा सकता है। अत: लोगों के मन में यह भ्रम निकालना होगा कि पुत्र प्राप्ति आवश्यक है और उसकी चाह में किसी भी रूप में नारी हत्या अमानवीय है एवं नैतिकता व कानून के विरुद्ध अपराध है। नारी हत्या में पुरुष की अपेक्षा स्वयं नारी का योगदान भी कम नहीं होता है। वास्तव में देखा जाए तो नारी ही नारी की दुश्मन है। अत: सर्वप्रथम तो नारी को ही नारी के विरुद्ध होने वाले अपराधों को रोकने के लिए उठ खड़ा होना पड़ेगा।

छेड़छाड़

नारी के विरुद्ध अपराधों में छेड़छाड़ भी एक बढ़ती हुई प्रवृत्ति है। महाविद्यालयों के परिसर में, रेलों एवं बसों में, बाजारों में मनचले एवं उद्दण्ड किस्म के लड़कों द्वारा लड़कियों को भद्दे और गन्दे इशारे किए जाते हैं, उन पर फब्तियाँ कसी जाती हैं, उन्हें अपशब्द कहे जाते हैं, उनके साथ गाली-गलौच की जाती है, उनको छूने का प्रयत्न किया जाता है, उन्हें नोंचने या उनके चिकुटी काटने, नाखुन चुभोने जैसी हरकते की जाती है या पुलिस की गिरफ्त में आ जाने पर अच्छी खासी मरम्मत भी हो सकती है। इस प्रकार की गुण्डागर्दी बड़े शहरों में और विशेष रूप से उत्तरी भारत में अधिक पायी जाती है। दिल्ली, कानपुर, आगरा, बनारस और अन्य बड़े शहरों में छेड़छाड़ की घटनाएँ ज्यादा होती हैं। ऐसी घटनाओं के विरोध में दिल्ली एवं अन्य नगरों में नारी संगठनों द्वारा प्रदर्शन चलाए गए हैं, किन्तु कानून की लम्बी और थका देने वाली महँगी कार्यवाही हेतु अभियान भी चलाए गए हैं, किन्तु कानून की लम्बी और थका देने वाली महँगी प्रक्रिया के कार सज्जन व्यक्ति इस पचड़े में नहीं पड़ना चाहते और इससे गुण्डों के हौंसले और बुलंद होते हैं। नारी के प्रति छेड़छाड़ की घटनाओं को सिनेमा एवं केम्पस जैसे सीरियलों से बढ़ावा ही मिला है क्योंकि इनमें प्रदर्शित अच्छाई से हनीं वरन् बुराई से ही लोग अधिक प्रभावित होते हैं। ऐसी घटनाओं से बचने के लिए स्वयं लड़कियों को ही अपने आपको समर्थ बनाना होगा, जूडो-कराटे सीख कर आत्म रक्षा के उपाय करने होंगे, समूह बनाकर ऐसे गुण्डों से उन्हें ही निपटना होगा। सब कुछ सरकार, पुलिस और कानून पर ही

नहीं छोड़ा जा सकता।

नारी के विरुद्ध उपर्युक्त अपराधों एवं बढ़ती हिंसा के अतिरिक्त भद्दे और भौंडे विज्ञापनों में नारी के नग्न एवं अर्द्ध-नग्न चित्रों के द्वारा वस्तुओं को बेचने का प्रयास भी नारी की मजबूरी का लाभ उठाना ही है। नाचघरों एवं होटलों में उससे कैबरे नृत्य करवाना भी अप्रत्यक्ष रूप से नारी की मांसल देह का शोषण ही है, किन्तु इन सब के लिए मात्र पुरुष को ही उत्तरदायी नहीं ठहराया जा सकता, स्त्री भी कम जिम्मेदार नहीं है। अत: सब से पहला प्रयास तो स्वयं नारियों को ही अपने आप को संयत करके व नैतिक बनाकर करना होगा, अन्य उपाय तो बाद में आते हैं।

हिंसा के शिकार कौन

जिन महिलाओं के साथ अपराध किया जाता है, जिनके विरुद्ध हिंसा की जाती है वे है-

(1) जो गरीब, असहाय एवं अवसादग्रस्त होती हैं, जो स्वयं अपनी नजरों में गिर चुकी होती हैं तथा उनके प्रति किए गए अपराध एवं हिंसा के कारण भावनात्मक रूप से विघटिट हो चुकी होती है।

(2) जो विघटित परिवारों में रहती हैं, तथा जिन पर परिवार के सदस्यों का दबाव बना रहता है जिससे उनमें अनेक प्रकार की कुंठाएं पायी जाती है।

(3) जिनमें मानसिक एवं सामाजिक परिपक्वता का अभाव पाया जाता है।

(4) जिनके ससुराल पक्ष के लोग विकृत व्यक्तित्व के होते हैं।

(5) जिनके पति शराबी एवं नशेबाज होते हैं।

महिलाओं के विरुद्ध हिंसा के कारण

हम यहाँ उन कारणों का उल्लेख करेंगे जो महिलाओं के प्रति हिंसा को प्रेरित करते हैं-

(1) पुरुष प्रधानता-भारत में ही नहीं बल्कि विश्व के लगभग सभी समाजों में पुरुषों की प्रधानता पायी जाती है। वह शक्ति का प्रतीक माना जाता है। पुरुष अपनी श्रेष्टता, शक्ति एवं पुरुषत्व को स्थायित्व एवं साबित करने के लिए नारी पर अत्याचार करता है।

(2) स्त्रियों की पुरुषों पर आर्थिक निर्भरता-भारत में स्त्रियों की पुरुषों पर आर्थिक निर्भरता पायी जाती है। पति ही पत्नी का भरण-पोषण करता है। ऐसी स्थिति में उसे पति के अत्याचार सहन करने पड़ते हैं। यदि उसे पति घर से निकाल देता है तो वह बेसहारा हो जायेगी एवं जीवनयापन की कठिनाई भी सामने आएगी।

(3) अशिक्षा-भारत में स्त्रियों में साक्षरता का प्रतिशत 2001 की जनगणना के अनुसार 54.16 है तथा पुरुषों में 75.85 है। शिक्षा के अभाव के कारण महिलाएँ अपने अधिकारों के प्रति जागरूक नहीं हैं तथा वे यह भी नहीं जानती कि उनके हितों की रक्षा के लिए कौन-कौन से कानून बने हुए हैं तथा उन पर अत्याचार होने पर उन्हें किन संगठनों की मदद लेनी चाहिए। अशिक्षा उन्हें घर की चहारदीवारी तक ही कैद करके रख देती है और वह अत्याचार सहने के लिए मजबूर हो जाती है।

(4) महिलाओं के प्रति विद्वेष-कई पुरुषों में महिलाओं के प्रति विद्वेष की भावना भरी होती है जिसे वे उनके प्रति अत्याचार करके शान्त करते हैं। जिन लोगों को अपने भूतकाल में किसी स्त्री ने तंग किया हो या जिसका प्रेम असफल हो गया है। उसके मन में स्त्रियों के प्रति घृणा एवं ईर्ष्या इतनी गहराई से बैठ जाती है कि उसके जीवन का उद्देश्य ही नारी उत्पीड़न हो जाता है और वह नारी को अपमानित करने में ही सुख की अनुभूति करता है।

(5) सामाजिक कुप्रथाएँ-भारत में अनेक कुप्रथाएँ प्रचलित हैं जिनमें बाल-विवाह, पर्दा-प्रथा, दहेज-प्रथा, विधवा पुनर्विवाह का अभाव, आदि प्रमुख हैं। इन कुप्रथाओं का शिकार महिलाओं को ही होना पड़ता है और उनसे सम्बन्धित अत्याचार भी महिलाओं का ही झेलने पड़ते हैं।

(6) पारिवारिक तनाव-पारिवारिक तनाव भी महिलाओं के प्रति अत्याचार के लिए उत्तरदायी है। जब पति-पत्नी के स्वभाव में सामंजस्य नहीं होता है। विचारों में अन्तर होता है तब भी पुरुष अपने को पत्नी पर थोपने का प्रयत्न करता है, उसे अपने अनुकूल बनने के लिए बाध्य करता है और अनुकूल न बनने एवं विरोध करने की स्थिति में पति द्वारा पत्नी पर जुल्म ढाए जाते हैं।

(7) पीड़ित द्वारा भड़काना-कई बार पीड़ित स्त्रियों का व्यवहार ऐसा होता है जो पति को अत्याचार करने के लिए प्रेरित करता है। उदाहरण के लिए, यदि कोई स्त्री अपने पति के सामने बुराई करती है, वह ऐसे लोगों से बातचीत करती है जिन्हें उसका पति पसन्द नहीं करता है, पति के परिवार वालों के प्रति दुर्व्यवहार करती है, धर की ओर ध्यान नहीं देती है, किसी पराए मर्द से अनैतिक सम्बन्ध रखती है, सास-ससुर की आज्ञा का पालन नहीं करती है, पति के मामले में अनावश्यक हस्तक्षेप करती है या उस पर शक करती है, उसे ताने देती है या अपमानित करती है तो ऐसी स्थिति में पति भड़क जाता है और पत्नी के प्रति मार-पीट, गाली-गलौज एवं दुर्व्यवहार करता है। कई बार यह भी देखा गया जाता है कि जिन महिलाओं के साथ बलात्कार हुआ वे ऐसी भाव-भंगिमाएं एवं मुद्राएँ प्रकट कर रही

थीं कि पुरुष बलात्कार के लिए उत्तेजित हो गया। हत्या के मामलों में भी यह पाया गया कि महिला ने बहस के दौरान ऐसी स्थिति पैदा कर दी कि पुरुष हत्या के लिए उद्वेलित हो गया। भगा ले जाने वाले मामलों में भी लड़कियों ने ऐसा करने के लिए अपनी सहमति दी थी, किन्तु पकड़े जाने पर पुलिस एवं माता-पिता के दबाव में आकर उसने पुरुष पर जबरन भगा ले जाने का आरोप लगा दिया।

(8) नशा- वे पुरुष जो शराब के पीते हैं या अन्य प्रकार का नशा करते हैं, नशे के दौरान पत्नी के प्रति अत्याचार करते हैं। बलात्कार के कई मामलों में यह पाया गया कि बलात्कारी नशे में धुत्त था। पति शराब पीकर जब घर आता है और पत्नी ने कहा सुनी हो जाती है कि नशे की हालत में व्यक्ति को अपने द्वारा किए गए कार्यों के परिणामों की जानकारी नहीं होती है जिसके लिए वह होश में आने पर पश्चाताप करता है। ऐसा भी देखा गया है कि कई बार व्यक्ति अपराध करने के लिए साहस जुटाने के लिए भी शराब का सेवन करता है।

(9) अपराधी के प्रति निष्क्रियता-कई बार अपराध की शिकार महिलाएँ अपने प्रति किए गए अपराध को बर्दाश्त करती रहती हैं और वे पुलिस या न्यायालय की शरण में जाने या अन्य लोगों से मदद लेने का प्रयत्न नहीं करती हैं। ऐसी स्थिति में अपराधी को निरन्तर अपराध करने की प्रेरणा मिलती रहती है और वह ऐसा करता चला जाता है।

(10) परिस्थितिवश प्रेरणा-कई बार परिस्थितियाँ ही ऐसी हो जाती हैं कि व्यक्ति अपराध कर बैठता है। उदाहरण के लिए, अन्धेरी रात्रि में कोई स्त्री अकेले वीरान स्थान से गुजर रही हो तो वहाँ उपस्थित व्यक्ति बलात्कार के लिए प्रेरित हो जाता है। खेत, खान या फैक्ट्री में स्त्री के अकेले होने पर भी मालिक उसके साथ छेड़छाड़ या अवैध सम्बन्ध का प्रयत्न करता सकता है।

महिलाओं के प्रति हिंसा को रोकने के उपायः सुझाव

महिलाओं के प्रति किए जाने वाली हिंसा को रोकने के लिए हम निम्नांकित उपयो अपना सकते हैं-

(1) आश्रय की व्यवस्था-सरकार और स्वंयसेवी संगठनों को ऐसी महिलाओं के लिए आवास की व्यवस्था करनी चाहिए जो पति ओर ससुराल वालों के अत्याचार से तंग आकर घर छोड़ना चाहती हैं। जिन महिलाओं का अपहरण किया गया है य जिन्हें भगा कर ले जाया गया है वे जब पकड़ ली जाती हैं तो उनके लिए तथा जिन्हें मारने की धमकियाँ दी जा रही हैं या जिनके प्रति प्रतिदिन हिंसा हो रही है, ऐसी महिलाओं के लिए सुरक्षित, स्थायी या अस्थायी आश्रय जुटाना चाहिए।

(2) रोजगार की व्यवस्था- स्त्रियों द्वारा उनके प्रति की जाने वाली हिंसा को बर्दाश्त करने का एक कारण आर्थिक है। वे अपने व अपने बच्चों के भरण-पोषण के लिए पति एवं ससुराल पक्ष के लोगों पर निर्भर होती है। यदि ऐसी महिलाओं के लिए रोजगार एवं नौकरी की व्यवस्था की जाए, उन्हें छोटा-मोटा व्यवसाय करने के लिए ऋण की सुविधा उपलब्ध करयी जाए और परामर्श की सुविधा प्रदान करायी जाए तो वे अपने प्रति की गयी हिंसा को सहन नहीं करेंगी और आत्मनिर्भर बनने का प्रयास करेंगी।

(3) शिक्षा की सुविधा प्रदान की जाए-स्त्री पर अत्याचार का एक कारण स्त्रियों का अशिक्षित होना भी है। इसे रोकने के लिए स्त्री शिक्षा का प्रसार किया जाए, जो पढ़ाई छोड़ चुकी हैं और आगे पढ़ना चाहती है, उनके लिए नि:शुल्क शिक्षा एवं व्यावसायिक एवं अन्य प्रकार के प्रशिक्षण की व्यवस्था की जाए। इससे उनमें आत्मविश्वास बढ़ेगा, वे अपने अधिकारों के प्रति जागरूक होंगी और अपने प्रति किए जाने वाले अत्याचारों का विरोध कर सकेंगी।

(4) दण्ड की व्यवस्था-जो लोग अपनी पत्नियों को परेशान करते हैं, उनकी सामाजिक निन्दा की जाए और उन्हें सार्वजनिक रूप से दण्डित किया जाए, जिससे कि अन्य लोगों को भी सबक मिले और वे ऐसा करने के लिए प्रेरित न हो।

(5) महिला न्यायालयों की स्थापना-महिलाओं के प्रति किए गए अपराधों एवं हिंसा की सुनवायी के लिए पृथक् से महिला न्यायालयों की स्थापना की जाए जिसमें अनुभवी महिला न्यायाधीश हों। इससे सामान्य न्यायालयों में जाने का महिलाओं में जो भय होता है वह समाप्त होगा और वे अपनी बात को इन न्यायालयों में साफ-साफ कह पाएंगी। ऐसे न्यायालयों की सुनवायी एवं कार्यवाही सार्वजनिक रूप से न हो। उनमें केवल न्यायाधीश, परिवादी एवं पीड़ित महिला की मदद करने वाले लोगों एवं आरोपियों को ही आने की इजाजत हो।

(1) कानूनी सहायता एवं परामर्श-पीड़ित महिलाओं को कानूनी सहायता प्रदान करने एवं उनके विवादों को निपटाने के लिए स्वयसेवी संगठनों के आगे आना होगा और वे मुफ्त में ऐसी पीड़ित महिलाओं की मदद करें एवं उन्हें उचित सलाह देकर उनका मार्गदर्शन करें ताकि वे पुन: सुखी जीवन व्यतीत कर सकें।

(1) महिला संगठनों का निर्माण-पीड़ित महिलाओं को अत्याचारों से मुक्ति दिलाने, उन्हें कानूनी एवं आर्थिक मदद देने, उन्हें नैतिक सम्बल देने एवं उनमें आत्मविश्वास जगाने के लिए अधिकाधिक महिला संगठनों की स्थापना की जाए। ऐसे संगठन पीड़ित महिला के पति, सास-ससुर एवं ससुराल पक्ष वालों से बातचीत कर, उन पर सामाजिक व नैतिक दबाव डालकर समस्या का समाधान करने का

प्रयत्न करें। व्यक्तिगत स्तर के स्थान पर यदि महिलाओं द्वारा सामूहिक रूप से प्रयत्न किए जाएंगे तो वे अधिक कारगर होंगे।

(1) वैचारिक परिवर्तन-महिलाओं के विरुद्ध हिंसा एवं अपराधों को रोकने के लिए लड़कियों के माता-पिता के विचारों में भी परिवर्तन लाना होगा। वे लड़कियों का बचपन से ही इस प्रकार का समाजीकरण करते हैं जिससे उन्हें पति परमेश्वर की धारणा सिखायी जाती है, उन्हें कहा जाता है कि पति के घर डोली जाती है और अर्थी भी वहीं से उठती है, स्त्री को सहिष्णु होना चाहिए, आदि। ऐसे संस्कारों के कारण ही स्त्री सब कुछ बर्दाश्त करती रहती है और प्रतिरोध नहीं करती। वे अपनी पुत्रियों को विवाहित एवं विधवा जिन्हें उनके प्रति पीटते हैं या ससुराल वाले दुर्व्यवहार करते हैं, को उनकी इच्छा के विरुद्ध ससुराल में रहने को मजबूर क्यों करते हैं, वे उनको अपने घर क्यों नहीं बुला लेते, सामाजिक कलंक के डर से वे अपनी पुत्री को बलि का बकरा क्यों बनाते हैं ?

दूसरी और महिलाओं को भी निष्क्रियता रूप में अत्याचार नहीं सहना चाहिए, वे अपने दमन एवं शोषण के प्रति जागरूक हों, उनका विरोध करें, न्यायालय, कानून एवं अपने परिजनों से मदद मांगे। उनके द्वारा अत्याचार सहने का प्रभाव उनके बच्चों पर भी पड़ता हैं और वे भी भीरु हो जाते हैं, उनके व्यक्तित्व का विकास नहीं हो पाता। अतः सर्वप्रथम तो स्वयं महिलाओं को ही उठना होगा, जागना होगा, विरोध करना होगा तभी वे संकट की स्थितियों से मुक्त हो पाएंगी।

❑❑❑

5

महिला अधिकार: सामाजिक विकास

18 दिसम्बर, 1979 को संयुक्त राष्ट्र संघ की आम सभा द्वारा महिलाओं के लिए किसी भी प्रकार के भेदभाव को दूर करने हेतु समझौते को स्वीकार किया गया था। 3 सितम्बर, 1981 को जैसे ही 20 देशों ने इसके प्रति समर्थन व्यक्त किया, इसने अन्तर्राष्ट्रीय समझौते की तरह जोर-शोर से काम करना शुरू कर दिया। समझौते की दसवीं वर्षगाँठ 1989 पर करीब 100 राष्ट्र इसके अनुबंधों के प्रति सहमत हो गए।

संयुक्त राष्ट्र संघ द्वारा स्थापित महिलाओं की स्थिति कमीशन जो कि महिलाओं की स्थिति और उनके अधिकारों के लिए सन् 1946 में स्थापित किया गया था, उसी की लगातार 30 वर्षों की कड़ी मेहनत का परिणाम है यह समझौता। कमीशन का काम था महिलाओं के जीवन के उन सभी क्षेत्रों को उभारना जहाँ कि पुरुषों द्वारा उनके प्रति भेदभाव किया जाता है। महिलाओं की तरक्की के लिए किए गए इन सभी प्रयासों का नतीजा कई घोषणाएँ और समझौते हैं परन्तु इनमें महिलाओं के खिलाफ हर प्रकार के भेदभाव को समाप्त करने वाला समझौता मुख्य और महिलाओं के अधिकारों का बोध कराने वाला प्रमुख दस्तावेज है।

अन्तर्राष्ट्रीय मानव अधिकारों हेतु हुए समझौतों में सीडा का मुख्य स्थान है जिसमें आधे से भी ज्यादा समाज का ध्यान मानवीय अधिकारों के लिए केन्द्रित किया गया है। समझौते की जान संयुक्त राष्ट्र संघ के लक्ष्यों में मूल रूप से निहित है जिसमें वह मानव अधिकारों के प्रति व्यक्ति के मानवीय मूल्य और गरिमा में तथा स्त्री व पुरुष के समान अधिकारों के प्रति विश्वास व्यक्त करता है। प्रस्तावित दस्तावेज बराबरी के अर्थ का खुलासा करता है और बताता है कि इसे कैसे प्राप्त किया जा सकता है। ऐसा करने में समझौता केवल महिलाओं के अधिकारों पर कार्य व पहल करने और उन्हें उपभोग करने की गारण्टी दिलाने के लिए मजबूर करता है।

महिलाओं के प्रति किसी भी प्रकार के भेदभाव को दूर करने के लिए समझौता, वास्तव में महिलाओं की विकास प्रक्रिया में भागीदारिता व उनके अधिकारों के ढाँचे का एक अन्तर्राष्ट्रीय बिल है। संयुक्त राष्ट्र महिला दशक के दौरान संयुक्त राष्ट्र कमीशन व अन्तर्राष्ट्रीय महिला संस्थाओं के अथक प्रयास, मेहनत के बाद महिलाओं की स्थिति पर संक्षिप्त तथा महत्त्वपूर्ण दस्तावेज तैयार हुआ। आज करीब नब्बे देशों ने मिलकर इसके प्रति विश्वास व समर्थन व्यक्त किया है। समझौता महिलाओं और पुरुषों में समानता प्राप्त करने के सिद्धान्तों तथा मानदण्डों की चर्चा को मद्देनजर रखते हुए किया गया है।

वैसे तो सम्मेलन की सहमति संयुक्त राष्ट्र संघ की आमसभा द्वारा 19 दिसम्बर, 1979 के दौरान ही हो गई थी परन्तु 3 दिसम्बर, 1981 के समझौते के पश्चात् ही इसने जोर-शोर से काम करना प्रारम्भ किया। 30 दिन के पश्चात् ही करीब 20 देशों के सदस्यों ने इस समझौते के प्रति अपना विश्वास तथा समर्थन प्रकट किया। जुलाई, 1993 में 126 देशों ने भी इसके लिए समर्थन और विश्वास प्रकट किया तथा कई अन्य देशों ने इस वार्ता/ समझौते के लिए हस्ताक्षर किए।

लगातार देशों द्वारा समझौते के प्रति रुझान और सहमति को देखते हुए सरकार को महिलाओं के प्रति भेदभाव को खत्म करने के लिए नीति बनाने पर बाध्य होना पड़ा। महिलाओं के प्रति भेदभाव दूर करने के लिए बनी संयुक्त राष्ट्र की कमेटी 'सीडा' को इसके लिए सुनवाई और विकास की जिम्मेदारी सौंपी गई। समर्थन प्राप्त होने के एक साल बाद ही राष्ट्रीय सरकारों से रिपोर्ट प्राप्त होगी। उसके बाद प्रत्येक चार वर्षों के पश्चात् वार्ता पर हस्ताक्षर करने के पश्चात् सरकारों का यह दायित्व हो जाता है कि बनाए गए नियमों व अनुच्छेदों का उल्लंघन न करें।

महिला भेदभाव दूर करने हेतु किए गए समझौते की शर्तों के अनुसार 23 सदस्यों की कमेटी सीडा का नामांकन हुआ तथा हस्ताक्षर करने वाले देशों की राष्ट्रीय कमेटी द्वारा सदस्यों को चुना गया। सीडा कमेटी का मुख्य उद्देश्य उन देशों की रिपोर्ट का मुआयना अथवा समीक्षा करना है, जो इस समझौते का समर्थन करती हैं। सीडा कमेटी की बैठक प्रतिवर्ष न्यूयार्क या वियना में उन सदस्यों के साथ होती है, जो चार वर्षों तक के लिए चुने गए हैं परन्तु सदस्यों का चुनाव दोबारा हो सकता है। चुने हुए सदस्य सरकार के प्रतिनिधि नहीं होते हैं बल्कि वे व्यक्तिगत तौर पर कमेटी से जुड़े होते हैं। सरकार की रिपोर्ट विश्लेषण करने के अलावा सीडा कमेटी के सदस्य कमेटी के सामने सरकार के उपस्थित सदस्यों से प्रश्न पूछते हैं तथा उसका पूर्ण ब्यौरा कमेटी के सामने पेश करते हैं।

सीडा कमेटी हर वर्ष अपनी समीक्षा के आधार पर एक वार्षिक रिपोर्ट प्रकाशित करती है और अपनी सलाह को संयुक्त राष्ट्र संघ के आधार पर विश्लेषण व अवलोकन कर देशों के समक्ष रख सकती है। वार्ता के दौरान तैयार 30 अनुच्छेदों को संक्षिप्त में दिया

गया है परन्तु यदि आप समझौते के विषय में तैयार किए गए पूरे दस्तावेज संयुक्त राष्ट्र संघ द्वारा किसी भी भाषा में प्राप्त करना चाहते हैं तो संयुक्त राष्ट्र के न्यूयार्क अथवा वियना स्थित ऑफिस की किसी भी शाखा से इस विषय हेतु पूर्ण जानकारी प्राप्त कर सकते हैं।

वे सभी देश जो समझौते के समर्थक हैं महिलाओं पर होने वाले किसी भी तरह के भेदभाव के विरोध में एक ऐसी नीति को लागू करना चाहते हैं जो इन बुराइयों को दूर करे (अनुच्छेद-2)। समझौते के तहत तैयार किए गए पहले पाँच अनुच्छेदों में महिलाओं के साथ होने वाले भेदभाव के बारे में सामान्य जानकारी तथा राष्ट्रीय पार्टियों द्वारा उन्हें दूर करने के लिए सामान्य जिम्मेदारी को बताया है। शेष 13 अनुच्छेदों में महिलाओं के लिए गठित कमेटी के कार्य करने की शैली तथा प्रशासकीय ढाँचे की स्थापना के बारे में विस्तार से बताया गया है।

अनुच्छेद-1. भेदभाव की परिभाषा— ऐसी असमानता, जो कि महिला व पुरुष का लिंग आधार पर बहिष्कार करे तथा जिसका उद्देश्य व प्रभाव मानव जीवन के किसी भी क्षेत्र में उसके द्वारा प्रयोग किए जाने वाले मूल अधिकारों का हनन करना हो।

अनुच्छेद-2. भेदभाव रोकने के लिए नीति निर्धारण—राज्य संविधान के तहत समानता के सिद्धान्त को साकार रूप प्रदान करना, उसके लिए धारा तथा नियमों का समावेश करना तथ व्यापक तौर पर यह सुनिश्चित करना कि इनको लागू किया जाए। ऐसी संस्थाओं को आधार देना जो भेदभाव के विरुद्ध सुरक्षा दें। यह निश्चित हो कि सार्वजनिक तथा आधिकारिक संस्थाओं द्वारा पहले भेदभाव दूर हो। ऐसे सभी कानून, रीति-रिवाज तथा नियमों पर रोक लगाएँ जो महिलाओं के प्रति भेदभाव पैदा करें।

अनुच्छेद-3. पुरुषों के समान मूलभूत अधिकारों और स्वतन्त्रता की गारण्टी।

अनुच्छेद-4. समानता प्राप्त करने के लिए अस्थायी विशेष तरीके—अस्थायी विशेष तरीकों को अपनाएँ, परन्तु जैसे ही समानता प्राप्त हो जाए, उन्हें छोड़ दें।

मातृत्व की रक्षा के लिए विशेष तरीकों को भेदभाव से दूर रखा गया है।

किसी भी लिंग के प्रति (चाहे स्त्री या पुरुष) ऊँच-नीच की भावना को दूर करना। पारिवारिक शिक्षा तथा बच्चों की देखभाल में पुरुष और स्त्री दोनों की समान भागीदारी।

अनुच्छेद-5. स्त्री-पुरुष के कर्त्तव्य निर्वाह करने की एकरूपता—सांस्कृतिक व सामाजिक धारणाओं में स्त्रियों द्वारा ही घर सँभालना व पुरुषों द्वारा बाहर के कामों में भागीदारिता के चलते आए ढाँचे को तथा स्त्री-पुरुष के कर्त्तव्यों में भेदभाव को दूर करना। पारिवारिक शिक्षा का प्रारूप ऐसा देना होगा जो यह बताए कि पारिवारिक बढ़ोतरी व निर्वाह में पुरुष और स्त्री की जिम्मेदारी बराबरी की है।

अनुच्छेद-6. वेश्यावृत्ति—महिलाओं के अवैध देह व्यापार और वेश्यावृत्ति जैसे शोषण और दमन को रोकने के लिए उचित कदम उठाने होंगे।

अनुच्छेद-7. राजनैतिक व सामाजिक जीवन—सभी निर्वाचित निकायों में भागीदारी के लिए उपयुक्तता व चुनावों में मतदान करने का अधिकार। सरकार की नीति-निर्धारण प्रक्रियाओं में हिस्सा तथा सभी सरकारी स्तरों पर कार्यालयों में भागीदारी। गैर सरकारी संगठनों में भागीदारी।

अनुच्छेद-8. अन्तर्राष्ट्रीय स्तर पर भागीदारी—अपने देश का अन्तर्राष्ट्रीय स्तर पर प्रतिनिधित्व करने के लिए अवसर प्रदान करना साथ ही अन्तर्राष्ट्रीय संस्थाओं में भी भाग लेना।

अनुच्छेद-9. नागरिकता—नागरिकता को प्राप्त करने, रखने व बदलने का समान अधिकार। सन्तानों को नागरिकता से सम्बन्धित समान अधिकार।

अनुच्छेद-10. शिक्षा के समान अधिकार—शिक्षा तथा व्यावसायिक प्रशिक्षण के लिए समान अवसर, पढ़ाई के लिए प्रयोग किए जा रहे तरीकों तथा परीक्षाओं के लिए समान पाठ्यक्रम एवं सामग्री।

छात्रवृत्ति तथा अनुदान प्राप्त करने के लिए समान अवसर। पढ़ाई जारी रखने, यहाँ तक कि साक्षरता कार्यक्रमों में भी हिस्सा लेने के लिए समान अवसर।

शिक्षा व पाठ्य-पुस्तकों के चले आ रहे पारम्परिक ढाँचे को खत्म करना।

महिलाओं की शिक्षा पूरी न करने की प्रवृत्ति की दर को कम करने के उपाय। खेलों तथा शारीरिक अभ्यास के लिए समान अवसर। स्वास्थ्य एवं परिवार कल्याण जानकारी हेतु बराबर अवसर।

अनुच्छेद-11. रोजगार—पुरुषों के समान रोजगार के अवसर।

व्यवसाय, रोजगार तथा प्रशिक्षण को चुनने की स्वतन्त्रता, समान वेतन व लाभ, यहाँ तक कि किए गए काम के लिए बराबरी की सराहना सामाजिक सुरक्षा।

व्यावसायिक स्वास्थ्य तथा सुरक्षा संरक्षण।

वैवाहिक या गर्भावस्था की स्थिति में नौकरी से हटाए जाने पर रोक लगाना।

प्रसूतिकाल या गर्भावस्था के दौरान जोखिम वाले कामों के प्रति सुरक्षा के विशेष प्रावधान।

अनुच्छेद-12. स्वास्थ्य तथा परिवार नियोजन—स्वास्थ्य देखभाल और गर्भावस्था के दौरान उचित उपचार सुविधाएँ।

अनुच्छेद-13. आर्थिक व सामाजिक सुविधाएँ—पारिवारिक सुविधाओं के लिए कर्ज व उधार लेने के लिए समान अवसर।

खेलकूद, मनोरंजन व सांस्कृतिक कार्यकलापों में समान भागीदारी का अधिकार।

अनुच्छेद-14. ग्रामीण महिलाएँ—ग्रामीण महिलाओं की खास समस्याओं की समझ, उनके द्वारा परिवार की आर्थिक बढ़ोतरी की विशेष जिम्मेदारी तथा उसके द्वारा बिना मजदूरी के किए जाने वाले काम का आकलन। उनके द्वारा विकास में समान भागीदारी। विकास कार्यक्रमों तथा उनको लागू करने का अधिकार। स्वास्थ्य देखभाल व परिवार कल्याण नियोजन सहायता। सामाजिक सुरक्षा के सीधे फायदे के अधिकार। प्रशिक्षण व शिक्षा का अधिकार।

सहकारी तथा स्वयं के लिए सहायता प्रदान करने वाले समूहों को संगठित करने का अधिकार। समाज की सभी गतिविधियों तथा क्रियाकलापों में भागीदारी। उधार, कर्ज, विपणन और उचित तकनीक, जायदाद तथा भूमि सम्बन्धी समझौते का समान अधिकार। रहने के लिए जरूरी व पर्याप्त आवास की सुविधाओं जैसे—घर, स्वच्छता, पानी, बिजली, वाहन तथा संचार सुविधाओं के अधिकार।

अनुच्छेद-15. कानूनी समानता—पुरुषों के समान कानूनी हैसियत की गारण्टी जैसे—अनुबन्ध, जमीन, जायदाद का संचालन तथा कोर्ट के सामने सुनवाई के लिए प्रस्तुत होना। गतिविधियों के लिए स्वतन्त्रता तथा निवास चुनने का अधिकार। कानूनन पहुँच के लिए किसी भी प्रकार का अनुबन्ध तथा सार्वजनिक रोक लगाने पर पूर्ण पाबन्दी।

अनुच्छेद-16. विवाह और परिवार कानून—पुरुष के साथ विवाह तथा पारिवारिक जिम्मेदारी में दायित्वों के लिए बराबरी व अधिकार।

विवाह हेतु मनपसन्द पति/पत्नी चुनने का अधिकार। वैवाहिक जीवन को यापन करने और उसे भंग करने की समानता। बच्चों की संख्या और उनके बीच उम्र की दूरी रखने तथा उससे सम्बन्धित सूचना, शिक्षा एवं संसाधनों की पहुँच।

बच्चों को गोद लेने व अभिभावक का समान अधिकार। पति के समान ही व्यक्तिगत अधिकार चुनना। जैसे पारिवारिक नाम, पेशा व व्यवसाय का अधिकार। जमीन-जायदाद के दायित्व, प्रबन्धन, स्वामित्व और उसे बेचने के लिए समान अधिकार। शादी के लिए एक उचित उम्र निर्धारित करना और शादी का रजिस्ट्रेशन (पंजीकरण)।

अनुच्छेद-17 से 22.—सीडा कमेटी, अर्थात् महिला अत्याचार उन्मूलन कमेटी के विस्तृत कार्यों और व्यवस्थापन की जानकारी।

अनुच्छेद-23 से 30. सम्मेलन में प्रशासन की विस्तृत जानकारी—1985 नैरोबी में महिला वार्ता के दौरान होने वाली लगातार गोष्ठियों से द इन्टरनेशनल वीमेन्स राइट्स एक्शन वाच का जन्म हुआ। इवरो का मुख्य उद्देश्य अन्तर्राष्ट्रीय स्तर पर सक्रिय संगठनों का ऐसा नेटवर्क तैयार करना है जो समझौते की गतिविधियों के पालन का काम करे। इवरो एशिया प्रशान्त के उन देशों के लिए जिन्होंने वार्ता पर हस्ताक्षर किए हैं कार्ययोजना बनाने व उसे लागू करने में मदद करती है।

राष्ट्र के विकास में महिलाओं का योगदान

संयुक्त राष्ट्र संघ की सन् 1995 की मानव विकास रपट में महिलाओं से सम्बन्धित पाँच रणनीतियाँ बताई गई हैं—

1. महिलाओं के साथ कानूनी भेदभाव दूर करने के लिए एक समय सीमा जो कि अगले दस साल की हो सकती है तय की जाए और कानूनी समानता कायम करने के लिए एक खाका तैयार किया जाए।

2. सामाजिक और संस्थागत समस्याओं के पुनर्गठन के लिए ठोस कदम उठाए जाएँ। रोजगार और राजनीति में महिलाओं को समान अवसर दिलाने के लिए घर पर स्त्री और पुरुष में जिम्मेदारियों की ज्यादा समान भागीदारी जरूरी है।

3. राष्ट्रीय स्तर पर निर्णय प्रक्रिया में महिलाओं की भागीदारी पक्की करने के लिए उन्हें 30 फीसदी न्यूनतम हिस्सेदारी देने की कोशिश करनी चाहिए ताकि जल्दी 50 फीसदी के लक्ष्य की तरफ बढ़ा जा सके। राजनीति और निजी क्षेत्र की निर्णय प्रक्रिया की भागीदारी में महिलाएँ अभी भी बहुत दूर हैं। आज संसद और विधानसभा की सिर्फ दस फीसदी सीटें महिलाओं के पास हैं। संसद या मंत्रिमण्डलों में सिर्फ डेनमार्क, फिनलैण्ड, नीदरलैण्ड, नार्वे, सिसली और स्वीडन में महिलाओं का प्रतिनिधित्व 30 फीसदी पार कर गया है। किन्तु विकासशील देशों में बड़े पदों पर अभी भी महिलाओं की भागीदारी महज 17 फीसदी के आसपास है।

4. सार्वभौमिक नारी शिक्षा, महिलाओं के लिए प्रजनन, स्वास्थ्य सेवा और वित्तीय ऋण के कार्यक्रम लागू किए जाने चाहिए। इन कार्यक्रमों से महिलाओं को आर्थिक और राजनैतिक क्षेत्र में बराबरी का अवसर मिलेगा।

5. सभी लोगों और विशेषकर महिलाओं को आर्थिक और राजनैतिक क्षेत्र में ज्यादा अवसर दिलाने के लिए राष्ट्रीय और अन्तर्राष्ट्रीय प्रयास किया जाना चाहिए। इस साल कोपेनहेगन के सामाजिक शिखर सम्मेलन में सभी को विशेषकर महिलाओं को बुनियादी सामाजिक सेवाएँ उपलब्ध कराना।

इस प्रस्ताव में कहा गया है कि जिन विकासशील देशों की इसमें दिलचस्पी है उन्हें अपने बजट का 20 फीसदी हिस्सा और दाता देशों को अपने बजट का 20 फीसदी हिस्सा मानव विकास कार्यक्रम के लिए देना चाहिए।

आज अनेक महिला संगठन व समूह हमारे देश में हैं। उनमें से कुछ के नाम नीचे दिए जा रहे हैं इनमें प्राय: हिन्दी भाषी क्षेत्र के संगठन, समूह संस्थाएँ ही हैं—

1. दिल्ली

ऑल इण्डिया डेमोक्रेटिक विमेन्स एसोसिएशन (1982) 23, विट्ठल भाई पटेलभवन, नई दिल्ली-110001

महिलाओं के रोजगार, शिक्षा और समाज में उनके दर्जे से सम्बन्धित सभी मुद्दों को उठाना। इनका कार्यालय हर राज्य में है।

2. ऑल इण्डिया विमेन्स कॉन्फ्रेन्स (1927)

(6, भगवान दास रोड, नई दिल्ली-110001)

कामकाजी महिलाओं का हॉस्टल, प्रिन्टिंग प्रेस आन्दोलनात्मक मुद्दों, महिलाओं के मसलों पर सरकार से सम्पर्क करना। इसी तरह के काम करने वाले इनके कार्यालय अन्य प्रान्तों में भी हैं।

3. भारतीय ग्रामीण महिला सभा

(9/104, जामनगर हटमेन्ट, ब्लॉक-11, मानसिंह रोड, नई दिल्ली-110001)

ग्रामीण महिलाओं में चेतना फैलाना, सरकार पर एक दबाव समूह के रूप में काम करना, योजनाबद्ध ग्राम विकास, हाऊसिंग ट्रेनिंग, महिला मण्डलों आदि को सहयोग देना।

4. सेन्टर फॉर विमेन्स डेवलपमेन्ट स्टडीज

(बी-43, पंचशील एन्क्लेव, नई दिल्ली-110017)

प्राथमिक रूप से महिलाओं पर अध्ययन व शोध कार्य, सेमीनार, कॉन्फ्रेन्स का आयोजन, डॉक्यूमेन्टेशन व सन्दर्भ सामग्री।

5. सहेली-विमेन्स रिसोर्स सेन्टर (1981)

(दुकान नं 105-108 के ऊपर, डिफेन्स कॉलोनी, फ्लाई ओवर मार्केट, नई दिल्ली- 110024)

काउन्सलिंग, कानूनी सलाह देना, वर्कशॉप, डॉक्यूमेन्टेशन, प्रदर्शनियाँ आयोजित करना, कैंपनिंग करना व दबाव समूह के रूप में काम करना।

6. यंग विमेन्स क्रिश्चियन एसोसिएशन (1961)

(अशोक रोड, नई दिल्ली-110001)

प्राय: प्रत्येक राज्य में शाखा। महिलाओं के लिए हॉस्टल, स्वास्थ्य कार्यक्रम, वोकेशनल ट्रेनिंग, कानूनी सलाह, सेमीनार, कॉन्फ्रेन्स इत्यादि का आयोजन करना।

7. सेवा दिल्ली

(के-31, जंगपुरा एक्सटेंशन, नई दिल्ली-110014)

स्वाश्रयी गरीब महिलाओं को संगठित करना और उनके हकों के लिए संघर्ष करना।

8. सामुदायिक स्वास्थ्य कार्यक्रम (1984)

(5/24, जंगपुरा-बी, नई दिल्ली-110014)

बस्तियों में 'सबला संघ' बनाना, स्वास्थ्य व बस्ती के अन्य मुद्दों पर जानकारी देना, जनचेतना फैलाना, परिवार व समाज द्वारा सताई महिलाओं की मदद करना व अन्य व्यापक मुद्दों जैसे साम्प्रदायिक, आवास इत्यादि पर अभियान चलाना।

9. शक्तिशालिनी (1987)

(48, बाजार लेन, भोगल, जंगपुरा, नई दिल्ली-110014)

परिवार में दहेज और दूसरे कारणों से सताई महिलाओं की मदद और उनके लिए आश्रय की व्यवस्था करना।

10. मोबाईल क्रेश फॉर वर्किंग मदर्स एण्ड चिल्ड्रन

(सेक्टर-4, राजा बाजार, टी.आई.जेड एरिया, नई दिल्ली)

निर्माण मजदूरों के बच्चों के लिए पालनाघर, बालबाड़ी चलाना, अनौपचारिक शिक्षा व प्रौढ़ शिक्षा की व्यवस्था।

11. कोआर्डिनेटिंग कमेटी ऑफ वर्किंग विमेन

(केयर सी.टू-3, विट्ठल भाई भवन, नई दिल्ली-110001)

ट्रेड यूनियनों और दूसरे संगठनों में कामकाजी महिलाओं को एकत्रित करना, काम की जगह पर उनके फैसले लेने की ताकत को बढ़ाना तथा काम के हालातों को सुधारना।

12. इन्स्टीट्यूट ऑफ सोशल स्टडीज ट्रस्ट (1964)

(5, दीनदयाल उपाध्याय मार्ग, नई दिल्ली-110002)

महिलाओं से सम्बन्धित शोध व डॉक्यूमेन्टेशन, पुस्तकालय और सन्दर्भ सामग्री सेन्टर व सेमीनार आदि का आयोजन।

13. जागोरी-डॉक्यूमेन्टेशन सम्प्रेषण व प्रशिक्षण केन्द्र-1984

(बी-5, हाऊसिंग सोसाइटी साउथ एक्सटेंशन भाग, 1 नई दिल्ली-110049)

महिलाओं के मुद्दों पर सामग्री का एकत्रीकरण व वितरण, विभिन्न सम्प्रेषण माध्यमों का महिला जागरण के लिए उपयोग व ग्रामीण व गरीब शहरी इलाकों में काम करने वाली महिला कार्यकर्ताओं के लिए वर्कशॉप व ट्रेनिंग का आयोजन करना।

14. ज्वाइण्ट विमेन्स प्रोग्राम

(14, जंगपुरा-बी, मथुरा रोड, नई दिल्ली-110014)

महिलाओं के लिए आन्दोलन व एक्शन प्रोग्राम आयोजित करना।

15. कर्मिका-1982

(बी-26, गुलमोहर पार्क, नई दिल्ली)

काउन्सलिंग कानूनी सलाह, औरतों से सम्बन्धित मुद्दों पर जानकारी देना, औरतों

की प्रतिष्ठा और हालत में सुधार के लिए सरकारी समितियों से सम्पर्क करना व उन पर दबाव डालना।

16. काली फॉर विमेन (1984)

(ए-34, गुलमोहर पार्क, नई दिल्ली-110049)

औरतों से सम्बन्धित सामान्य रुचि तथा नारीवादी किताबों के प्रकाशक।

17. महिला दक्षता समिति (1978)

(2, टेलीग्राफ लेन, नई दिल्ली-110017)

औरतों से सम्बन्धित मुद्दों पर विचार-विमर्श, सेमीनार, प्रोटेस्ट एक्शन व साथ ही उपभोक्ता हितों के लिए आन्दोलन करना।

18. मानुषी-(1979)

(सी-1/202, लाजपत नगर, नई दिल्ली-110024)

नारीवादी पत्रिका मानुषी का अंग्रेजी में प्रकाशन। सामूहिक विचार-विमर्श, कानूनी सलाह, शोधकार्य, आन्दोलन इत्यादि करना।

19. नारी रक्षा समिति

(राजनिवास मार्ग, सिविल लाइन्स, दिल्ली-110054)

कैंपनिंग व काउन्सलिंग।

20. नेशनल कान्उसलिंग ऑफ विमेन इन इण्डिया (1985)

शिक्षा, मेडिकल केयर, औरतों के लिए समान अधिकार व फैमिली प्लानिंग सेवाएँ प्रदान करना।

21. नेशनल फेडरेशन ऑफ इण्डियन विमेन (1954)

(1002, अंसल भवन, आठवीं मंजिल, कस्तूरबा गाँधी मार्ग, नई दिल्ली-110001)

प्रत्येक जिला, शहर, प्रान्त में शाखा, औरतों के साथ ट्रेड यूनियनों में काम करना, मीटिंग व विचार-विमर्श व आन्दोलन करना। सरकारी स्तर पर महिलाओं पर होने वाली चर्चाओं में भाग लेना। महिला दमन अत्याचार का विरोध और महिला संगठन का काम।

22. सेन्टर फॉर सोशल रिसर्च

(ई-79/9 किशनगढ़, नई दिल्ली-110030)

महिलाओं में जागृति लाना, प्रौढ़ शिक्षा व अन्य विकास कार्यक्रम चलाना।

23. एक्शन इण्डिया-महिला कार्यक्रम

(5/24, जंगपुरा-बी, राजपूत होटल के पीछे, नई दिल्ली-110014)

दिल्ली की गरीब बस्तियों की औरतों को सबला संघों में संगठित करना, चेतना जागृति और हिंसा के खिलाफ संघर्ष करना।

बिहार—

24. छात्र-युवा संघर्ष वाहिनी (1975)

(12, राजेन्द्र नगर, पटना, बिहार-800016)

भूमिहीन मजदूरों को संगठित करना व उनके हकों के लिए लड़ना, शिविरों और अनौपचारिक शिक्षा के माध्यम से औरतों को संगठित करना और उनमें चेतना जाग्रत करना।

25. भारती विकास मंच

(ग्राम बरहेटा, पोस्ट लहरिया सराय, जिला दरभंगा-846001)

बिहार मधुबनी परटिंग करने वाली महिलाओं का आर्थिक संगठन।

26. सेवा मिथिला

(मगरौनी रोड, हनुमान मन्दिर के पास, मधुबनी, बिहार-847221)

बिहार स्वाश्रयी दस्तकार महिलाओं का आर्थिक व सामाजिक संगठन।

27. महिला जागरण संस्थान

(प्रकाश बीज भण्डार, हाजीपुर, जिला वैशाली, बिहार)

महिलाओं के विकास व जागृति का काम

28. महिला जागृति केन्द्र

(पोस्ट-आई.ई. गोमिया, जिला गिरिडीह-829112, बिहार)

आदिवासी महिलाओं का संगठन, दहेज, बलात्कार, मारपीट आदि के सवालों पर चर्चा और उनका समाधान करना।

29. प्रगति-ग्रामीण विकास समिति

(पोस्ट अमरपुरा, नौबतपुरा, पटना, बिहार-801117)

ग्रामीण विकास, बच्चियों की शिक्षा व नारी जागरण का काम करना।

30. नारी विकास परिषद्

(छोटी कोठी लाल बाबू लेन, जयकृष्ण रोड, पोस्ट बेगमपुरा, जिला पटना)

शिविरों और अनौपचारिक शिक्षा के माध्यम से औरतों को संगठित करना और उनमें चेतना जाग्रत करना।

31. अखिल भारतीय प्रगतिशील महिला मंच

(द्वारा/कुमुदिनिपति (अध्यक्ष) मदनधारी भवन, एस.पी. वर्मा रोड, पटना-800001 बिहार)

महिला संगठन और संघर्ष।

गुजरात

32. आवाग

(5, प्रोफेसर्स कॉलोनी, अहमदाबाद-380009, गुजरात)

मीडिया में औरतों के नकारात्मक चित्रण के खिलाफ एक्शन, लैंगिक भेदभाव के खिलाफ नुक्कड़ नाटक, रेडियो व टेलीविजन प्रोग्राम तथा चेतना जागृति के लिए इन सभी विषयों पर प्रदर्शनी और अध्ययनों का प्रकाशन करना।

33. चिंगारी

(2, गाँधी बाग, पंकज लॉ कॉलेज के पीछे, अहमदाबाद-380006, गुजरात)

महिलाओं के मुद्दों पर जनचेतना, कैम्पैन व संघर्ष। नुक्कड़ नाटक के द्वारा नारीवादी विचारों को फैलाना।

34. सेवा

(विक्टोरिया गार्डन के सामने, भद्रा, अहमदाबाद-380001-गुजरात)

छोटे विक्रेता, मजदूर व दूसरी स्वाश्रयी महिलाओं को शोषण के विरुद्ध संगठित करना।

कच्चे माल व उपकरणों को दिलवाने में मदद करना, तैयार माल बेचने व अन्य आर्थिक मसलों पर शिक्षा देना, कानूनी मदद, पालना घर, स्वास्थ्य सुविधाएँ, साक्षरता, डेयरी विकास व कर्जे की जरूरतों को करने के लिए महिलाओं का अपना को-ऑपरेटिव बैंक।

35. चेतना

(ड्राइव इन सिनेमा बिल्डिंग, दूसरी मंजिल थालटेज रोड, अहमदाबाद-380054, गुजरात)

महिला व बच्चों के स्वास्थ्य पर जानकारी, ट्रेनिंग व सामग्री बनाना।

36. सहयर

(सहकारी मण्डली पंचमुखी, महादेव नी-पोल, जुबली बाग के पास, बड़ौदा-390001, गुजरात)

महिलाओं में जागृति व अपने हक के लिए संघर्ष, कानूनी सलाह, नुक्कड़ नाटक, प्रदर्शनी व वर्कशॉप इत्यादि का आयोजन करना।

37. उद्‌गार

(ए-4, सरकारी क्वार्टर अथवा लाईन्स, सूरत-395007, गुजरात)

महिलाओं के सवालों पर आवाज उठाना, नाटक व अन्य माध्यमों द्वारा जनचेतना का काम करना।

38. महिला गृह उद्योग मण्डल लिज्जत पापड़ सोसायटी-(1968)

(वेडछी ग्रामोद्योग विकास केन्द्र, वालोद-349640, गुजरात)

पापड़ बनाने, अगरबत्ती व मसाले बनाने का काम करवाकर महिलाओं को रोजगार प्रदान करना।

39. स्वाश्रय

(माणिक लाव-अखाड़े के पास डांडीया बाजार)

महिलाओं के बीच संगठन और संघर्ष।

महाराष्ट्र

40. नारी अत्याचार विरोधी मंच-(1979)

(120, सफालय बिल्डिंग-2, पहली मंजिल करी रोड, मुम्बई-400012, महाराष्ट्र)

महिलाओं के साथ हो रहे अत्याचारों के खिलाफ व उनके हकों के लिए संघर्ष, अलग-अलग मुद्दों पर प्रदर्शन, कैंपैन, मीटिंग व वर्कशॉप आयोजित करना।

41. श्रमिक स्त्री मुक्ति संगठन

शाहदा मोयदे रोड, जिला धुलिया, महाराष्ट्र

आदिवासी महिलाओं में चेतना जागरण व अधिकारों के लिए निरन्तर लड़ाई।

42. स्त्री मुक्ति संगठन

(तिवासा, होम्योपैथिक कॉलेज, जिला अमरावती, महाराष्ट्र)

महिला जागरण व संघर्ष।

43. नारी केन्द्र-(1982)

(104, बी-सनराईज अपार्टमेन्ट्स, नेहरू रोड, वाकोली, सांताक्रुज (पूर्व), मुम्बई-400095, महाराष्ट्र)

काउन्सलिंग, कानूनी सलाह, आश्रय दिलाना, नारीवादी सोच का प्रसार व चेतना साधन जुटाने में औरतों की मदद व डॉक्यूमेन्टेशन आदि।

44. मैत्रिणी

(7-8, मंजरी मकरंद सोसायटी, वीर सावरकर मार्ग, महिम-मुम्बई-400016, महाराष्ट्र)

अनौपचारिक मीटिंग और विमर्श-विमर्श, औरतों की जिंदगी के अनुभवों व विचारों का आदान-प्रदान करना।

45. अन्नपूर्णा महिला मण्डल-(1976)

(न्यू मारूति रोड, मुम्बई-400028, महाराष्ट्र)

निम्न आय वर्ग की औरतों को संगठित करना, बैंक से कर्ज दिलवाना, महिलाओं में मैनेजमेन्ट के हुनर का विकास, साक्षरता कार्यक्रम और समाज कल्याण की दूसरी सुविधाएँ उपलब्ध कराना।

46. पूना विमेन्स काउन्सलिंग-(1924)

(5-ए, रोंउद्र सिंह रोड, पूना-411001, महाराष्ट्र)

स्वास्थ्य, शिक्षा, कल्याण व काउन्सलिंग कार्यक्रम, स्कूल, बालबाड़ी व पालनाघर परिवार नियोजन जानकारी का प्रसार व प्रचार, पर्यावरण जागरूकता इत्यादि।

47. सर्वहारा महिला अगाड़ी-(1979)

(नायक नगर, बंजारा कॉलोनी, औरंगाबाद-431001, महाराष्ट्र)

खानाबदोश आदिवासी व अनुसूचित जातियों की महिलाओं को पानी, रोजगार, समान व न्यूनतम मजदूरी, अत्याचार आदि मुद्दों पर संगठित करना।

48. स्त्री अत्याचार विरोधी परिषद्

(प्लाट नं. 17, गणेश कॉलोनी, रिंग रोड, राणा प्रताप नगर स्क्वेयर, नागपुर-440022, महाराष्ट्र)

दहेज व औरतों के साथ हो रही हिंसा के खिलाफ कैंपैन व संघर्ष, तलाक, खर्चा व जायदाद सम्बन्धी मसलों पर कानूनी सहायता आदि।

49. स्त्री कामगार कर्मचारी संगठन-(1982)

(शुक्रवार पेठ, भिडे-आले, पूना-411002, महाराष्ट्र)

मौजूदा ट्रेड यूनियनों में औरतों के हकों के लिए दबाव समूह की तरह काम करना।

50. स्त्री मुक्ति संगठन

(श्रमिक, विंसेट स्क्वेयर लेन नं. 3, दादर, मुम्बई-400014, महाराष्ट्र)

खास श्रमिक व खेत मजदूर-महिलाओं के लिए संघर्ष, नाटकों, जुलूसों इत्यादि में सहभाग।

51. स्त्री वाणी—विमेंस रिसर्च प्रोजेक्ट

(इशवानी केन्द्र, डोल पटेल रोड विन्यास विकास, पूना-411001, महाराष्ट्र)

महिलाओं के मुद्दों पर सहभागी शोध इत्यादि।

52. जागृति महिला केन्द्र-(1984)

(मोर्गाचीवाड़ी, पोस्ट पथरास, कर्जत तालुका, रायगढ़, जिला महाराष्ट्र)

व्यापक आन्दोलन के तहत आदिवासी महिलाओं के हकों के लिए लड़ना व उनके हक में बनी योजनाओं को लागू करने के लिए सरकार पर दबाव डालना। साथ ही अन्य विकास व सामाजिक, आर्थिक समस्याओं पर लोगों को संगठित करना।

53. समाजवादी महिला सभा-(1959)

(250 के, शनिवार पेठ, पूना-411030, महाराष्ट्र)

महिलाओं को पार्टटाइम काम देने वाले को-ऑपरेटिव, बालबाड़ी, कम्युनिटी सेंटर, पालनाघर, घरेलू औरतों के लिए कोर्स, आदिवासियों के लिए अनौपचारिक शिक्षा, राजनीतिक व कानूनी विषयों पर जानकारी, वोकेशनल ट्रेनिंग इत्यादि।

54. स्त्री आधार केन्द्र

(आनन्द क्लीनिक, हदापसर, पूना 411028 महाराष्ट्र)

महिला जागरण, पोस्टर निर्माण व प्रदर्शनियों का आयोजन।

55. आशा केन्द्र

(पुटम्बा तालुका, कोपरगाँव, जिला अहमदनगर-413707, महाराष्ट्र)

महिला समूह बनाना।

56. नारी आधार केन्द्र

(केयर-नारी समता मंच, प्रफुल्ल देवधर मार्ग, डेकन जिमखाना, पुणे-411004, महाराष्ट्र)

मुफ्त कानूनी व स्वास्थ्य सहायता, महिलाओं के लिए शेल्टर की व्यवस्था, संघर्ष करना।

57. स्वाधर-(1983)

(केशव गोरे स्मारक ट्रस्ट, आरे रोड गोरेगाँव, मुम्बई, महाराष्ट्र)

परेशान औरतों को मदद देना, काउन्सलिंग, स्वास्थ्य व कानूनी सहायता, सुरक्षा व आश्रय प्रदान करना।

58. स्त्री हितकारिणी-(1964)

(लोकमान्य नगर कम्पाउण्ड गाडगिल रोड, दादर, मुम्बई, महाराष्ट्र)

गरीब बस्तियों में स्वास्थ्य शिक्षा, बालबाड़ी इत्यादि।

59. स्त्री मुक्ति संघर्ष

(कासे गाँव, जिला साँगली, महाराष्ट्र-415404)

औरतों को संगठित करना व उनमें चेतना जागृति का काम करना।

60. अभिव्यक्ति मीडिया फॉर डिवेलपमेन्ट

(41, आनन्द वन कॉलेज रोड, आनन्द वन कॉलोनी, नासिक, 422005, महाराष्ट्र)

विभिन्न सम्प्रेषण माध्यम खास तौर से फिल्मों के द्वारा जागृति।

छत्तीसगढ़

61. छत्तीसगढ़ महिला जागृति संगठन

(द्वारा सलाम 18/1422, न्यू शांतिनगर, पोस्ट समता नगर 492007)

ग्रामीण गरीब औरतों को संगठित करना और महिला आन्दोलन को सशक्त बनाना। महिलाओं की पत्रिका आवाज औरत को प्रकाशित करना।

62. महिला मुक्ति मोर्चा

(दिल्ली राजहरा, पोस्ट कोण्डे, दुर्ग-491228, छत्तीसगढ़)

चेतना जागरण व गरीब महिलाओं के हकों के लिए आन्दोलन।

मध्यप्रदेश

63. कस्तूरबा गाँधी नेशनल मेमोरियल ट्रस्ट-(1945)

(कस्तूरबा ग्राम इन्दौर-452020, मध्यप्रदेश)

ग्रामीण महिलाओं में चेतना व आत्मविश्वास, आत्मनिर्भर बनने के लिए प्रेरणा देना, स्वास्थ्य शिक्षा व बालबाड़ी प्रशिक्षण इत्यादि की सुविधाएँ देना।

64. महिला जागरण समिति

(ई घमापुर, निर्मला स्कूल कम्पाउण्ड, जबलपुर-482001, मध्यप्रदेश)

महिलाओं के लिए आर्थिक कार्यक्रम व महिला स्वास्थ्य व अन्य मुद्दों पर चेतना जागरण।

65. प्रसून

(एम.आई.जी. 75, हाऊसिंग बोर्ड, सर्वोदय कॉलोनी, खण्डवा, मध्यप्रदेश)

महिला समूह बनाना। पत्रिका प्रकाशन।

66. कस्तूरबा वनवासी कन्या आश्रय-(1953)

(निवाली, जिला-बडवानी, मध्यप्रदेश)

स्वास्थ्य, शिक्षा, रोजगार की ट्रेनिंग।

67. सेवा

(गाँधी भवन, श्यामला हिल्स, भोपाल-462002, मध्यप्रदेश)

स्वाश्रयी महिलाओं के साथ काम, गरीब बस्तियों में स्वास्थ्य सुविधा इत्यादि।

68. तक्षशिला

(द्वारा माया कोल, कसेरा मोहल्ला, होशंगाबाद)

महिला बैंक, बचत समूह महिला जागरूकता।

69. भारतीय ग्रामीण महिला संघ-1961

(314, जवाहर मार्ग, इन्दौर, मध्यप्रदेश)

दलित-पीड़ित औरतों को फिर से प्रतिष्ठा दिलाना, वोकेशनल ट्रेनिंग, पालनाघर, प्रौढ़ शिक्षा, स्वास्थ्य जानकारी प्रदान करना।

70. महिला समूह होशंगाबाद

(कसेरा मोहल्ला, होशंगाबाद, मध्यप्रदेश-461002)

महिला मुद्दों पर चर्चा, गोष्ठी, प्रकाशन आदि।

71. मध्यप्रदेश महिला फैडरेशन

(शाकिर सदन, भारत-टॉकिज के पास, भोपाल)

महिला संगठन, संघर्ष।

राजस्थान

72. सेन्टर फॉर विमेन्स स्टडीज

(डिपार्टमेन्ट ऑफ एडल्ट एण्ड कन्टीन्यूइंग एज्यूकेशन, राजस्थान यूनिवर्सिटी जयपुर-302204, राजस्थान)

रिसर्च, सेमीनार का आयोजन इत्यादि।

73. प्रयास

(गाँव देवगढ़ देवलिया, वाया प्रतापगढ़, चित्तौड़गढ़-312605, राजस्थान)

महिला विकास कार्यक्रम की शाखा राजस्थान के आठ-नौ अन्य जिलों में भी है।

74. इदारा राजस्थान

(7-ए, झालाना संस्थान क्षेत्र, जयपुर, राजस्थान-302004)

ग्रामीण महिलाओं में जागरण व संगठन, स्वास्थ्य व अन्य हकों के बारे में जानकारी इत्यादि।

75. आस्था

(109, खरोल कॉलोनी, पुराना फतेहपुरा, उदयपुर, राजस्थान, 313001)

महिला संगठन।

76. सेवा मन्दिर-महिला कार्यक्रम

(फतेहपुर, उदयपुर-313001, राजस्थान)

महिलाओं में चेतना जागृति, विकास, विचार-विमर्श, काउन्सलिंग व कानूनी सहायता प्रदान करना।

77. समाज कार्य एवं अनुसंधान केन्द्र

(तिलोनिया, मदनगंज, जिला अजमेर, 305812, राजस्थान)

महिला कार्यक्रम, ग्रामीण गरीब महिलाओं के समूह गठित कर उनमें चेतना जागृति लाना।

78. इन्स्टीट्यूट फॉर डिवेलपमेन्ट स्टडीज महिला विभाग

(बी-124-ए, मंगल मार्ग, बापू नगर, जयपुर-302015, राजस्थान)

महिलाओं पर अध्ययन व खोज डॉक्यूमेन्टेशन इत्यादि।

79. राजस्थान यूनिवर्सिटी विमेन्स एसोसिएशन

(यूनिवर्सिटी ऑफ राजस्थान, जयपुर-302015, राजस्थान)

रिसर्च, सेमीनार, गोष्ठी, विचार-विमर्श व महिला मुद्दों पर जागृति।

पंजाब

80. शैकल्स एण्ड विमेन

(न्यू हरिन्द्र नगर, फरीदकोट, पंजाब)

महिलाओं के मुद्दों पर प्रकाश डालने वाली पत्रिका का प्रकाशन।

81. यू.टी. विमेन्स वेलफेयर एसोसिएशन

(भौतिक शास्त्र प्रयोगशाला, गवर्नमेण्ट कॉलेज फॉर विमेन, सेक्टर-11, चण्डीगढ़, पंजाब)

82. वर्किंग विमेन्स को-आर्डिनेशन कमेटी

(आर-156, राजपुरा कॉलोनी, पटियाला, पंजाब)

विभिन्न ट्रेड यूनियनों में कामगार महिलाओं के हकों को उठाना।

83. शमशीर

(330, सेक्टर 33-ए, चण्डीगढ़, पंजाब)

नाटकों के माध्यम से चेतना जागृति।

उत्तर प्रदेश

84. दिशा-सामाजिक संस्थान

(सुल्तानपुर, चिलकाना, जिला सहारनपुर-247231, उत्तर प्रदेश)

ग्रामीण गरीब महिलाओं का संगठन, सामाजिक मुद्दों पर लड़ाई इत्यादि।

85. महिला मुक्ति मोर्चा

(सघन क्षेत्र विकास समिति, सेवापुरी, जिला वाराणसी-221403, उत्तर प्रदेश)

ग्रामीण महिलाओं का संगठन, गाँवों में बालबाड़ी, महिला स्वास्थ्य जागरण, शिक्षा कार्यक्रम व सामाजिक मुद्दों पर लड़ाई।

86. भुवनेश्वरी महिला आश्रम

(पोस्ट अंजनीसेण, जिला टिहरी गढ़वाल 249175, उत्तरांचल)

पहाड़ी-महिलाओं का संगठन व विकास कार्यक्रम।

87. महिला नव जागरण समिति

(चंबा, ब्लॉक रोड, टिहरी गढ़वाल, उत्तरांचल)

महिलाओं में जागरूकता का विकास कराना।

88. सेवा-लखनऊ

(भारत सदन, शिक्षा डिग्री कॉलेज के पास, सीतापुरा रोड, लखनऊ, उत्तर प्रदेश)

रसोई का काम करने वाली महिलाओं को रोजगार व उनका संगठन, स्वास्थ्य सुविधा, क्रेश व बच्चों की शिक्षा इत्यादि।

89. कस्तूरबा महिला उत्थान मण्डल लक्ष्मी आश्रम

(पोस्ट कौसानी, जिला अल्मोड़ा-263631, उत्तरांचल)

लड़कियों के लिए गाँधीवादी शिक्षा पर आधारित मूलभूत शिक्षा, पर्यावरण के सम्बन्ध में जागरूकता लाना।

90. सुरक्षा

(27, न्यू बेरी रोड, लखनऊ-226001, उत्तरप्रदेश)

कानूनी सलाह, केस लड़ने में मदद व अन्य जागृति कार्यक्रम, दहेज माँग विरोधी संस्था एवं परिवार कल्याण केन्द्र।

□□□

6

नई जनसंख्या नीति और महिलाएँ

17 प्रतिशत भारतीय स्त्रियाँ तथा आधे से अधिक अर्थात् 54 प्रतिशत पुरुष विवाह से पूर्व ही सेक्स का अनुभव प्राप्त कर चुके होते हैं एवं 18 प्रतिशत महिलाओं तथा 36 प्रतिशत पुरुषों के विवाहेतर सेक्स सम्बन्ध होते हैं। सेक्स सर्वे कराती और उन्हें व्यापक पैमाने पर प्रसारित करती कम्पनियों, पत्र-पत्रिकाओं, वेबसाइट्स आदि द्वारा प्रस्तुत की गई तस्वीरें चौंकाती हैं क्योंकि वे अपनी बातें आँकड़ों की इसी प्रामाणिकता के साथ कहने का दावा करती हैं। शहरी स्कूल में पढ़ने वाला हर चौथा किशोर 13 से 17 साल की उम्र के बीच सेक्स अनुभव हासिल कर लेता है तो आप के पास उसे मानने के सिवा कोई अन्य विकल्प नहीं होता क्योंकि उसके साथ पेश किए गए आँकड़े ऐसे ही गुमराह करते हैं। आउटलुक साप्ताहिक ने अपने ताजा-तरीन सर्वे में दावा किया है कि भारतीय आदमी और औरतें अपनी परम्परागत छवि से बाहर आ रहे हैं, वे सेक्स जीवन को लेकर अधिक सक्रिय हुए हैं तथा वे किसी भी नवीन प्रयोग के लिए पूर्व की तुलना में अधिक तत्पर और तैयार हैं। सेक्स सम्बन्धों को लेकर महिलाओं की भागीदारी भी अधिक सक्रिय एवं मुखर हुई है। इधर अंग्रेजी की एक पत्रिका ने दावा किया है कि भारतीय पुरुष प्रेमी के रूप में विफल हैं जबकि भारतीय औरतें अपनी भावनात्मक तथा शारीरिक जरूरतों को लेकर अधिक स्पष्ट तथा मुखर हुई हैं।

साल दर साल आते इन सर्वेक्षणों के नतीजे औरत की एक नई तस्वीर सामने ला रहे हैं। समय-समय पर विभिन्न पत्र-पत्रिकाओं या टी. वी. चैनलों पर भारतीय स्त्री की सेक्सुएलिटी की नए सिरे से खोज की कोशिशें देखने को मिल रही हैं। सेक्स सर्वे की यह नई रीति सिर्फ भारत में ही नहीं अमेरिका और ब्रिटेन जैसे देशों में भी बदस्तूर जारी है तथा बी. बी. सी. और ए. बी. सी. जैसे बड़े-बड़े समाचार चैनल इनमें बढ़-चढ़ कर भाग लेते हैं। बी. बी. सी. की वेबसाइट http:/www.bbc. co. UK पर जहाँ सेक्सुएलिटी से सम्बन्धित विभिन्न सवालों पर राज्य तथा विषयवार अलग-अलग आँकड़े

उपलब्ध हैं वहीं अमेरिका के प्रमुख समाचार चैनल ने अपने प्राइमटाइम शो के दौरान और फिर वेबसाइट http:/abc new, go.com पर 21 अक्टूबर, 2004 को अमेरिकन सेक्स सर्वे प्रसारित किया गया। ईयूरेक्स प्रतिवर्ष दुनिया भर के देशों में सेक्स सर्वे कराता है और हर साल इस सर्वे में शामिल देशों की संख्या बढ़ जाती है। भारत जैसे देश में जहाँ आधे से कुछ ही ज्यादा 52 प्रतिशत परिवारों को ही रहने के लिए पक्के घर हासिल हैं, जहाँ 39 प्रतिशत विवाहित जोड़ों को अपने सोने के लिए अलग कमरा तक प्राप्त नहीं है, जहाँ 39 प्रतिशत परिवार एक कमरे वाले मकानों में गुजर-बसर कर रहे हैं वहाँ इस तस्वीर पर कैसे यकीन करेंगे आप कि इस देश में 54 प्रतिशत महिलाएँ अपनी सेक्सुएलिटी को लेकर सहज होने का दावा करती हैं और 31 प्रतिशत महिलाएँ किसी पुरुष के आकर्षित लगने पर खुल्लम-खुल्ला उससे सम्बन्ध जोड़ सकने को उचित मानती हैं। मात्र दिल्ली-मुम्बई जैसे महानगरों के ए-1, ए-2 श्रेणी के मकानों में रहने वाले, अंग्रेजी स्कूलों में पढ़े-लिखे, अंग्रेजी अखबार पढ़ने वाले डेढ़-दो हजार लोगों से बातचीत पर आधारित यह सर्वे एक अरब की जनसंख्या वाले भारतीय समाज के .0001 प्रतिशत का भी प्रतिनिधित्व नहीं करते किन्तु इनके दावे और प्रस्तुतीकरण औरत को बाजार में आसानी से उपलब्ध कॉमोडिटी के रूप में पेश करते हैं।

'हंस' के सम्पादक राजेन्द्र यादव कहते हैं कि "स्त्री की पहली कैद उसकी देह है। जब तक स्त्री अपनी देह से बाहर नहीं निकलेगी तब तक उसकी मुक्ति यात्रा संभव नहीं होगी।" आधुनिकता, उदारता और स्त्री मुक्ति के नाम पर स्त्री की देहमुक्ति की आड़ में मीडिया का नया तंत्र स्त्री को उसकी देह की ही कारा में फिर से कैद कर रहा है, जहाँ उसकी सेक्सुएलिटी का सवाल सबसे अहम है वह कितने लोगों के साथ हम बिस्तर होती है। यह विषय हर साल एक नए सर्वे की माँग करते हैं ताकि इन पत्रिकाओं के ग्राहक हर साल चटखारे के साथ उन्हें पढ़ें, देखें और सुनें। जब-जब पत्रिकाएँ ऐसे विशेषांक निकालती है अंक हाथों-हाथ उठ जाते हैं आप भले चाहें तो पीछे से विलाप करते रहें। सर्वे को चटपटा बनाने के उत्साह में कई बार ये मीडिया समूह कंडोम आदि सेक्स सामग्री बनाने वाली कम्पनियों से मुकाबला करते नजर आते हैं। इनके सवाल भी आमतौर पर वैसे ही होते हैं, जैसे ये प्रोडक्ट्स अपनी बिक्री के लिए कराए जाने वाले सर्वेक्षणों में करते हैं।

विगत कुछ सालों में स्त्री को केन्द्र में रखकर किए जाने वाले सर्वेक्षणों को एक तरतीब में सामने रख कर देखने पर पायेंगे कि इन सर्वेक्षणों के विषयों में एक बहुत सुनियोजित तरीके से औरत को ज्यादा उपलब्ध और उपभोग्य वस्तु के रूप में पेश किया गया है। जहाँ शुरुआत औरत की भावनात्मक और मानसिक जरूरतों की चर्चा से करते हुए क्रमशः उसकी सेक्सुएलिटी और खुलेपन को विषय बनाते हुए धीरे से भारतीय

परिवारों के बैडरूम में प्रवेश कर उनके विवरण परोस भी दिए गए। मुक्त बाजार के मौजूदा दौर में वैसे भी सब कुछ तो बिकाऊ है।

मुम्बई में 22 नवम्बर, 2004 को प्रथम एशिया पैसीफिक कॉफ्रेंस ऑफ सेक्सोलॉजी में प्रोफेसर डी. नारायण रेड्डी, डॉ. एस. अरुण कुमार, मीरा शिव शंकर, उमा महालिंगम् और राजेश्वरी मोहन कुमार के अध्ययन दल ने अपने शोध-प्रबन्ध के निष्कर्षों को प्रस्तुत किया। इस अध्ययन दल ने 1988 से 2003 तक के पिछले पन्द्रह साल में भारतीय दम्पत्तियों के सेक्स व्यवहार में आए बदलावों को रेखांकित करते हुए यह दावा किया कि भारत में यौन व्यवहार के मामले में पुराने बंधन टूट चुके हैं और लोग खुल रहे हैं। इन शोधार्थियों का दावा है कि विवाहेतर सम्बन्धों के मामले यदि पिछले 15 सालों में पुरुषों में 3.3 गुना बढ़े हैं तो महिलाओं में ऐसे मामलों में पिछले पन्द्रह सालों में 14.6 गुना की दर से वृद्धि हुई। इन शोधार्थियों ने पिछले 15 साल में चेन्नई के अपोलो हॉस्पिटल, डेगा इंस्टीट्यूट तथा अपने जानकार लोगों से बातचीत के आधार पर ये निष्कर्ष निकाले। उन्होंने पिछले 15 साल के दौरान 15.324 लोगों (10.207 महिलाओं और 51.17 पुरुषों) से बातचीत की। जिन लोगों से बातचीत की गई उनमें देशभर के 15 राज्यों के लोग शामिल हैं एवं जिस वक्त बातचीत हुई उस दौरान उनकी आयु 20 से 91 वर्ष के बीच थी, जिनमें 53 प्रतिशत लोग 30-44 के आयु समूह के थे।

विवाह पूर्व शारीरिक सम्बन्ध

82 प्रतिशत — महिलाएँ 28 प्रतिशत, पुरुष 54 प्रतिशत

पहला पार्टनर कौन

71 प्रतिशत

महिलाएँ		**पुरुष**	
पति	71 प्रतिशत	पत्नी	46 प्रतिशत
बॉयफ्रेंड	17 प्रतिशत	सेक्सवर्कर	34 प्रतिशत
रक्त सम्बन्धी	10 प्रतिशत	गर्लफ्रेंड	8 प्रतिशत
अन्य	2 प्रतिशत	रक्त सम्बन्धी	5 प्रतिशत
		अन्य	7 प्रतिशत

विवाहेतर सम्बन्ध

महिलाएँ	**पुरुष**
18 प्रतिशत	36 प्रतिशत

कारण	कारण
बराबरी के लिए : 23 प्रतिशत	विविधता के लिए : 32 प्रतिशत
शारीरिक आनन्द के लिए : 33 प्रतिशत	पत्नी के असहयोगपूर्ण रवैये के कारण : 24 प्रतिशत
अन्य : 44 प्रतिशत	दोस्तों-साथियों के प्रभाव में : 25 प्रतिशत
	मौके का उपयोग करने के लिए : 19 प्रतिशत

भारत सहित 41 देशों में तीन लाख पचास हजार लोगों से बातचीत पर आधारित इस सेक्स सर्वे में सेक्स एज्युकेशन, सेक्स शिक्षा तथा कंट्रासेप्टिप्ल्स के इस्तेमाल के बारे में जागरूकता बढ़ाने में सरकार तथा विभिन्न सामाजिक संस्थाओं और संगठनों की भूमिका जैसे सवालों की चर्चा करते हुए विभिन्न देशों के निवासियों के सेक्स व्यवहार के विभिन्न पहलुओं का तुलनात्मक विश्लेषण किया गया है :

सेक्स शिक्षा पहली बार कब पाई

ग्लोबल	13.1 वर्ष
भारत	15 वर्ष

पहली बार सेक्स सम्बन्ध कब बना

ग्लोबल	17.7 वर्ष
भारत	19 वर्ष

(सेक्स सर्वे 2004)

बदलती तस्वीर

सेक्सुएलिटी	सहमत
अपनी सेक्सुएलिटी को लेकर आज औरत पाँच साल पहले के मुकाबले ज्यादा सहज है	54 प्रतिशत
किसी पुरुष के आकर्षक लगने पर महिला खुल्लम-खुल्ला उससे सम्बन्ध जोड़ सकती है	31 प्रतिशत
किसी भी सम्बन्ध में औरत के लिए सेक्स उतना ही महत्वपूर्ण है जितना आदमी के लिए	57 प्रतिशत
औरत यह आग्रह कर सकती है कि उसका पुरुष उसकी सेक्स फैंटेसी को सन्तुष्ट करे	50 प्रतिशत

यदि शादीशुदा जिन्दगी में वह खुश नहीं है तो किसी पराये पुरुष के साथ सम्बन्ध जोड़ सकती है 78 प्रतिशत

अपने पति के अलावा औरत किसी अन्य पुरुष की ओर भी आकर्षित हो सकती है 18 प्रतिशत

पुरुष

पुरुष-पत्नी को स्वीकार नहीं कर पाते जो उनसे ज्यादा धन कमाती है 49 प्रतिशत

पुरुष को घरेलू कामकाज और जिम्मेदारियाँ निभाने में औरतों का बराबरी से साथ देना चाहिए 79 प्रतिशत

पत्नी के यौन सम्बन्ध के प्रति उत्सुक न होने पर पुरुष यौन संतुष्टि के लिए कहीं और जा सकता है 21 प्रतिशत

महिला बॉस के तहत काम करने में पुरुष सहज महसूस नहीं करते 34 प्रतिशत

नई तेज-तर्रार औरत में आए बदलाव के साथ पुरुष तालमेल नहीं बैठा पाए हैं 34 प्रतिशत

विवाह और बच्चे

आजकल बेटियों के साथ भी बेटों जैसा ही व्यवहार किया जाता है 79 प्रतिशत

परिवार में आजकल बेटी का जन्म होने पर खुशी जताई जाती है 75 प्रतिशत

परिवार नहीं औरत खुद को अपना जीवनसाथी चुनने का अधिकार है69 प्रतिशत

औरत अपने पति को तलाक देने का फैसला कर दूसरे पुरुष से शादी कर सकती है 44 प्रतिशत

औरत को तीस साल की उम्र से पहले शादी कर लेनी चाहिए 59 प्रतिशत

खुद से छोटे पुरुष के साथ शादी को अब कोई अन्यथा नहीं लेता 42 प्रतिशत

1792 में जब पहली बार ब्रिटिश फेमिनिस्ट मेरी वोल्सटोन क्राफ्ट ने अपनी पुस्तक 'अ विंडिकेशन ऑफ द राइट्स ऑफ वुमेन' में लिखा था कि अपनी रोटी खुद जुटाने वाली महिला किसी भी सुन्दरी से कहीं ज्यादा सम्मानित है। तब उनके विचारों को उनके समय से बहुत आगे का माना गया था। दूसरे विश्व युद्ध के बाद तक भी भले ही कई लोगों की इस बात पर भौहें तन जाती थीं, लेकिन पिछले कुछ दशकों में दुनिया भर में औरत की स्थिति तेजी से बदली है। दुनिया के विकसित देशों में साठ के दशक की तुलना में 20वीं सदी के अन्तिम दशक में आते-आते कामकाजी औरतों की तादाद में तेजी से वृद्धि हुई है। आज की औरत अपनी पेशेगत महत्वाकांक्षाओं को बराबर अहमियत देने

लगी है, वहीं पुरुषों और समाज का भी उनके कामकाजी होने को लेकर रवैया बदला है।

अब एकल परिवार की वह अवधारणा पुरानी पड़ चुकी है, जिसमें पिता कमाता था और माँ घर में बैठकर रोटी पकाती थी, बच्चे सँभालती थी और घर की सार सँभाल करती थी। परिवार का यह परम्परागत मॉडल अब आउटडेटेड हो चुका है। अब वह जमाना भी नहीं रहा जब महिलाएँ विवाह होने तक ही काम करती थीं या पहली संतान के जन्म लेते ही नौकरी छोड़ दिया करती थीं। बीते चार दशकों में औरतों का कामकाज ही नहीं परिवार ढाँचा भी उलटने लगा हैं। इसमें गर्भनिरोधक उपायों ने भी अहम भूमिका निभाई है। अब औरत को यह चुनने की सुविधा मिल गई है कि उसकी जिन्दगी में बच्चे कब आएँ और वह कितने बच्चों को जन्म देना चाहती है। अमेरिका को छोड़ दिया जाए तो ज्यादातर विकसित देशों में अब औरतें कम बच्चे पैदा करती हैं, चीन जैसे देशों में कानूनन एक बच्चे वाले परिवारों को ही मान्यता प्राप्त है वहीं अब दुनियाभर में ऐसे परिवारों को भी तादाद बढ़ी है, जो स्वेच्छा से संतानहीन रहना तय करते हैं। यही वजह है कि आज न सिर्फ कामकाजी औरतों की संख्या बढ़ी है बल्कि वे संतान होने के बाद भी अपने कामकाजी जीवन को आगे ले जाती हैं और नई ऊँचाइयाँ हासिल करती हैं।

कामकाजी आबादी में औरतों की भागीदारी

देशों के नाम	1960	1996
अमेरिका	30	48
फ्रांस	30	47
ब्रिटेन	30	45
जर्मनी	35	43
जापान	42	42
नीदरलैण्ड	20	42

आउटलुक एनएफओ ओपीनियल पोल के तहत देश के 10 शहरों में 1086 महिलाओं से निजी साक्षात्कार।

सेक्शन ए-1 तथा ए-2 श्रेणी के घरों में रहने वाली 18-40 आयु वर्ग की इन महिला से मिले जवाबों के आधार पर उन्हें आजाद ख्याल (8 प्रतिशत), सतर्क लेकिन साहसी (21 प्रतिशत), पारम्परिक लेकिन आधुनिक (21 प्रतिशत), नई शुरुआत करने वाली (21 प्रतिशत) तथा पुरातनपंथी (13 प्रतिशत) पाँच श्रेणियों में बाँटा गया :

निर्णय क्षमता	**सहमत**
औरत छुट्टियाँ बिताने के बारे में स्वतन्त्र रूप से फैसला कर सकती है	71 प्रतिशत
औरत को कभी अपने परिवार से दूर समय बिताने की जरूरत होती है	62 प्रतिशत
औरत अपने पति की पसन्द से अलग साबुन या टूथपेस्ट इस्तेमाल करने का फैसला कर सकती है	72 प्रतिशत
महिलाओं को छेड़छाड़ की घटनाओं की रिपोर्ट दर्ज करानी चाहिए	75 प्रतिशत
कार्यक्षेत्र	
किसी भी औरत का कॅरिअर परिवार की आवश्यकताओं के बाद दूसरे स्थान पर आता है	48 प्रतिशत
औरत को सिर्फ नौ से पाँच वाली नौकरी करनी चाहिए, देर रात तक काम या यात्रा पर जाने वाली नहीं	49 प्रतिशत
देह प्रदर्शित करने वाले फैशन और फिल्म जैसे प्रोफेशन औरतों के लिए सम्मानजनक कॅरिअर नहीं हैं	34 प्रतिशत
नौकरी के बाद कामकाजी महिला अपने पुरुष साथी के साथ पब या पार्टी में जा सकती है	30 प्रतिशत
सम्पन्न महिलाओं को नौकरी की जरूरत नहीं है	25 प्रतिशत
मातृत्व	
जब तक माँ न बने औरत अपूर्ण है	53 प्रतिशत
परिवार के लिए त्याग किसी भी माँ का सबसे बड़ा गुण है	69 प्रतिशत
वे कामकाजी औरतें सिर्फ अपने बारे में सोचती हैं जो बच्चों को आया के भरोसे छोड़ देती हैं	16 प्रतिशत
किसी भी माँ की भी जरूरत उतनी ही महत्वपूर्ण है जितनी कि उसके परिवार की	78 प्रतिशत
सौन्दर्य	
सेक्सी होने का मतलब अच्छे शरीर के अलावा भी कुछ और है	33 प्रतिशत
अपने शारीरिक सौन्दर्य के लिए पैसे खर्च करना उचित है	55 प्रतिशत
सुन्दर दिखना सिर्फ युवाओं का अधिकार नहीं है	57 प्रतिशत

अब औरत को यह चुनने की सुविधा मिल गई है कि उसकी जिन्दगी में बच्चे कब आएँ और वह कितने बच्चों को जन्म देना चाहती है।

संतान प्रति औरत

देशों के नाम	*1960*	*1996*
अमेरिका	3.6	2.0
फ्रांस	2.8	1.8
ब्रिटेन	2.8	1.8
जर्मनी	2.4	1.3
जापान	2.0	1.4
नीदरलैण्ड	3.4	1.8

आज मात्र अमेरिका में हर चार में से तीन महिलाएँ स्कूल जाने वाले बच्चों के बावजूद अपने कामकाजी जीवन को आगे बढ़ा रही हैं। किसी समय में कामकाजी माताओं की अपने बच्चों की उपेक्षा करने के लिए आलोचना की जाती थी वहीं आज जो महिलाएँ घर पर रहती हैं उनमें कुछ न करने को लेकर हीनता की ग्रंथि जन्म लेने लगती है। परिवार में पुरुष की भूमिका में भी बदलाव आया है तथा वह ज्यादा सहयोग करने लगा है। कामकाजी महिला की एकमात्र शिकायत समय की कमी रहती है, लेकिन इसके बदले में वह ढेर सारा आत्मविश्वास और खर्च करने के लिए पैसा कमा रही है। यही चीजें रिश्तों में होने वाले तनाव का मुकाबला करने की भी ताकत देती हैं।

भारतीय जनसंख्या

आज महिला उत्थान के लिए अनेक कार्यक्रम चलाए जा रहे हैं, यदि महिलाओं को शैक्षणिक, सामाजिक, आर्थिक दृष्टिकोण से सशक्त किया जाये, तो वह नई चुनौतियों एवं अपने ऊपर हो रहे अत्याचार का डटकर मुकाबला कर सकती है। इन्हीं उद्देश्यों को ध्यान में रखकर सरकार द्वारा अनेक नीतियाँ एवं कार्यक्रम अपनाये गये हो निम्नलिखित है–

1. महिला समृद्धि योजना- महिलाओं के आर्थिक उत्थान के द्वारा सशक्तिकरण करना।

2. बालिकाओं के लिए राष्ट्रीयता का कार्यक्रम-बालिकाओं के लिए राष्ट्रीय क्रिग्रान्वयन कार्यक्रम बनाये जा रहे है जिससे राष्ट्रीय स्तर पर बालिकाएँ अपना भविष्य संवार सके।

3. प्रजातांत्रिक संस्थाएँ बनाना-प्रजातांत्रिक संस्थाओं में निम्न स्तर की महिलाओं के लिए स्थान सुरक्षित करना। जिससे अधिक से अधिक महिलाएँ प्रजातांत्रिक मूल्यों को अपना कर अपने हित में संस्थाएँ बना सके।

4. रोजगार की व्यवस्था करना-सामाजिक, आर्थिक कार्यक्रम तैयार कर जरूरतमन्द महिलाओं के लिए प्रशिक्षण एवं रोजगार की व्यवस्था करना जिससे रोजगार मिल सके।

5. नारी विकास की दूरगामी नीतियाँ-महिलाओं के विकास हेतु दूरगामी रणनीति बनाई गई है। ताकि राष्ट्रीय एवं अन्तर्राष्ट्रीय स्तर पर महिलाओं की स्थिति का विकास तय हो सके।

6. राष्ट्रीय महिला स्वरोजगार आयोग का गठन-राष्ट्रीय महिला स्वरोजगार आयोग का गठन एवं उसकी रिपोर्ट तैयार करना ताकि अधिक से अधिक महिलाएँ रोजगार से जुड़ सके।

7. महिला संसाधन केन्द्र बनाना-राष्ट्रीय महिला संसाधन केन्द्र स्थापित कर महिला हित सम्बन्धी राष्ट्रीय दीर्घकालीन नीति एवं कार्यक्रमों को प्रोत्साहित एवं शामिल करने के लिए एक सर्वोच्च संस्था की व्यवस्था की जानी चाहिए।

8. नारी सशक्तीकरण की नीति तैयार करना-समेकित राष्ट्रीय महिला सशक्तिकरण नीति महिलाओं के सामाजिक, आर्थिक व कानून सशक्तिकरण के प्रयास करें।

उपरोक्त नीतियों एवं कार्यक्रमों के अतिरिक्त, कई और नीतियाँ एवं काय्रक्रम महिला को शक्तिशाली बनाने के लिए अपनाये गए है।

1. अन्तर्राष्ट्रीय स्तर पर भारतीय नारी की स्थिति-अन्तर्राष्ट्रीय स्तर भी महिलाओं की दशा सुदृढ़ीकरण एवं सशक्तिकरण के लिए अनेक सराहनीय प्रयास किए गए हैं, द्वितीय विश्व युद्ध की समाप्ति के तुरन्त बाद 24 अक्टूबर 1945 को संयुक्त राष्ट्र संघ की स्थापना की गई। इनके तत्वाधान में एक अन्तर्राष्ट्रीय महिला आयोग का गठन कर इस ओर ध्यान आकर्षित किया गया। आयोग द्वारा महिलाओं की दशा सुधार हेतु व्यापक मसविदा तैयार कर महासभा के सदस्य राष्ट्रों के जनसमर्थन के पश्चात् इसकी घोषणा की गई। महिला वर्ष, महिला दशक, बालिका वर्ष, महिला सशक्तीकरण वर्ष तथा महिलाओं की स्थिति पर 4 विश्व सम्मेलनों का आयोजन एवं अन्य अनेक अन्तर्राष्ट्रीय बैठकों सभाओं तथा मानव अधिकार प्रपत्रों का प्रतिपादन किया गया। भारत ने भी नारियों को समान अधिकार दिलाने सम्बन्धी विभिन्न अन्तर्राष्ट्रीय कन्वेंशनों, घोषणाओं एवं मानव अधिकार प्रपत्रों का अनुसरण किया है।

2. विधि संगत नारी की स्थिति-संविधान, कानूनों, नीतियों, योजनाओं, कार्यक्रमों और सम्बन्धित व्यवस्थाओं में महिलाओं की स्थिति को बेहतर एवं सशक्त बनाने का सतत् प्रयास किया गया है। पर आज भी वास्तविक स्थिति यह है कि महिलाओं पर परिवार में दफ्तर, सफर, समाज आदि में अनाचार, दुराचार, अत्याचार, बलात्कार होते रहेते हैं। महिलाओं के समक्ष अनेक ज्वलंत समस्यायें सुरसा के मुँह फैलाये खड़ी है। पुरुष प्रधान समाज में महिलाओं को शोषित किया जाता है। उन्हें अपमानजनम

अभावों एवं असुविधाओं का जीवन जीने को बाध्य किया जाता है। इसका चाहे शैक्षणिक, आर्थिक,सांस्कृतिक, राजनीतिक कानूनी एवं सामाजिक मनोवृत्ति ही क्यो न हो।

3. लिंग परीक्षण-एमनियोसेटेसिस की उच्च तकनीक का दुरुपयोग सैक्स निर्धारण परीक्षणों के रूप में हो तो जन्म से पूर्व ही भेदभाव शुरू हो जाता है जिसके परिणामस्वरूप एक नए प्रकार की कन्या-भ्रूण हत्या की शुरूआत हो गई है। पश्चिमी देशों में यह लिंग परीक्षण लगभग 25 साल से हो रहा है लेकिन वहाँ इनका उद्देश्य भ्रूण हत्या न होकर गर्भस्थ शिशु की विकृतियों का पता लगाना ही है। असामान्य शिशु होने पर गर्भपात कराया जाता है, जबकि भारत में लिंग परीक्षण की इस सुविधा का दुरुपयोग हो रहा है। आज स्थिति यह है कि बच्ची के जन्म होते ही अधिकांश परिवारों में शोक छा जाता है। कन्या भ्रूण हत्या इसी कुप्रवृत्ति का परिणाम है।यही कारण है कि भारत में पुरुषों की तुलना में महिलाओं की संख्या दिनोंदिन घटती जा रही है जो सभ्य समाज में शुभ का लक्षण नहीं है। अमेरिका, फ्रांस, कनाड़ा, जापान तथा आस्ट्रेलिया जैसे विकसित देशों में प्रति हजार पुरुषों के मुकाबले महिलाओं की संख्या 1000 एवं 1080 के बीच है, जबकि भारत में 2001 में प्रति हजार पुरुषों के पीछे 957 महिलाएँ है।

4. कृत्रिम गर्भाधान को प्रोत्साहन-एरिक्शन तकनीक के जरिए कन्या भ्रूण हत्या करने के बजाय पुत्र धारणा की संभावना को बढ़ाना भी संभव हुआ है। एरिक्शन कृत्रिम गर्भाधान की वह विधि है, जिसमें शुक्राणुओं को छान कर 'वाय क्रोमोसोस' को अलग कर दिया जाता है और उसे स्त्री के गर्भाश्य में पहुँचाया जाता है डिब को वाय क्रोमोसोम द्वारा निषेचित करने से लड़के का जन्म होता है। अर्थात् सृजन की प्रतीक महिलाओं का इस तकनीक के द्वारा पृथ्वी पर आगमन के रास्ते को बन्द कर दिया जाता है।

5. विज्ञान द्वारा नारी को कमजोर किय जाना-सोशल साइंस ने तो अनेक प्रकार से महिलाओं की स्थिति को कमजोर किया ही है, साथ ही लाइफ साइंस के आविष्कारों ने भी महिलाओं की स्थिति पर गहरा प्रहार किया है जैसे मनियोसेटेसिस, एरिक्सन, विज्ञान आदि विधियाँ महिलाओं के शोषण का एक नया संसाधन बन गया है।

6. जनसंख्या नियंत्रण के उपायों का दुरूपयोग-जनसंख्या नियंत्रण के अधिकांश वैज्ञानिक आविष्कारों ने भी महिला की कोख को ही केन्द्र बनाया चूंकि अधिकांश गर्भ निरोधक महिलाओं के लिए ही विकसित किए गए।

इन तमाम बिन्दुओं पर दृष्टिपात करने के पश्चात् यह बात स्पष्ट होती है कि महिलाओं की वास्तविक स्थिति के बीच अब भी एक बड़ी खाई है अतः महिलाओं

के संरक्षण, संवर्धन एवं सशक्तिकरण के लिए सामाजिक ढाँचे में परिवर्तन करना आवश्यक है,समाज की सबसे छोटी इकाई परिवार होती है। अत: परिवारिक गठन में बदलाव लाकर अनेक समस्याओं का समाधान हो सकता है, क्योंकि समानता का सही अर्थों में बीजारोपण बालक-बालिकाओं में किया जाता है। नवीन शिक्षा प्रणाली, शिक्षा विकेन्द्रीकरण, महिलाओं को रोजगार एवं व्यावसायिक प्रशिक्षण, अनौपचारिक शिक्षा केन्द्रों द्वारा शिक्षा प्रणाली में लचीलापन लाकर, आत्मविश्वास की भावना जागृत कर, शिक्षा को व्यवसाय से जोड़कर कौशल प्रशिक्षण द्वारा आर्थिक रूप से स्वालम्ब बनाने वाली शिक्षा महिला सशक्तिकरण के लिए आज की आवश्यकता है।

जनसंख्या की दृष्टि से भारत विश्व का दूसरा देश है और क्षेत्रफल की दृष्टि से सातवां। सामान्यत: पश्चिमी देशों की जनसंख्या घट रही है। वहां के राजनीतिज्ञ इस बात से चिन्तित हैं। वहां जनसंख्या वृद्धि के लिए प्रलोभन दिये जा रहे हैं। वहां जनसंख्या घटने के प्रमुख कारण हैं-विवाह की आयु में वृद्धि, जन्म निरोध, विवाहों की संख्या में कमी, आदि। दूसरी ओर भारत सहित एशिया और पिछड़े व अविकसित राष्ट्रों की जनसंख्या बढ़ी है जिसने वहां की आर्थिक प्रगति को प्रभावित किया है।

जनसंख्या वृद्धि : कुछ महत्त्वपूर्ण तथ्य

जनसंख्या की दृष्ट्रि से विश्व में भारत का दूसरा स्थान जबकि क्षेत्रफल की दृष्टि से भारत सातवें स्थान पर है। चीन की जनसंख्या विश्व में सबसे ज्यादा है। भारत के बाद तीसरा अमेरिकी का है और रूस चौथे स्थान पर है। बीसवीं शताब्दी के प्रारम्भ में भारत की जनसंख्या 23.83 करोड़ थी और 2001 की जनगणना रिपोर्ट के अनुसार 0.00 बजे 1 मार्च, 2001 को 1,027,015,247 थी। अगर दस वर्षीय वृद्धि दर के आँकड़ें देखें तो ज्ञात होता हैकि लगभग प्रत्येक दशक में वृद्धि दर प्रतिशत में बढोतरी हुई है। विगत दशक 1991-2001 के आँकड़ों के अनुसार देश की जनसंख्या 21.34 प्रतिशत बढ़ी है।

जनसंख्या वृद्धि से सम्बन्धित कुछ तथ्य निम्न प्रकार हैं-

(i) विश्व में प्रत्येक छठा व्यक्ति भारतीय था और 21 वीं शताब्दी के प्रारम्भ से हर पाँचवा व्यक्ति भारतीय है।

(ii) प्रतिवर्ष भारत की जनसंख्या में बढोत्तरी एक ऑस्ट्रेलिया के बराबर और प्रति दस वर्ष में एक यूरोप के बराबर हो जाती है।

(iii) भारत की वर्तमान जनसंख्या वृद्धि दर लगभग 1.9 प्रतिशत है और चीन की वृद्धि दर 1.2 प्रतिशत है। इस वृद्धि दर के आधार पर अनुमान है कि सन् 2050 तक भारत जनसंख्या की दृष्टि से चीन से आगे बढ़कर विश्व में पहले स्थान पर आ जायेगा।

(iv) भारत में जन्मदर और मृत्युदर के आँकड़े दर्शाते हैं कि 1921 से 1991 तक प्रत्येक दशक में जन्मदर निरन्तर बढ़ी है और मृत्युदर कम हुई है। सन् 1997 में जन्मदर प्रति हजार 29 और मृत्युदर 10 थी। इसी प्रकार 2001 में जन्मदर 26.1 प्रति हजार तथा मृत्युदर 8.7 प्रति हजार हो गई है।

(v) भारत में जनसंख्या घनत्व 1901 से 72 व्यक्ति प्रति वर्ग किलोमीटर तथा 1991 में बढ़कर 267 व्यक्ति प्रति वर्ग किलोमीटर था। जनगणना 2001 के अनुसार जनसंख्या घनत्व 324 व्यक्ति प्रति वर्ग कि.मी. हो गया। क्या इस अनुपात में संसाधन बढ़े हैं?

(vi) भारत में औसत आयु भी प्रति व्यक्ति 1911 में तो 24 वर्ष थी, जो 1991 में 55.4 वर्ष हो गई, और 2001 में जीवन आयु 62.9 वर्ष बताई गई।

(vii) स्त्री-पुरुष अनुपात के तथ्य यह बताते हैं कि भारत में प्रति हजार पुरुषों पर स्त्रियों की संख्या हमेशा कम रही है। 1991 की जनगणना के अनुसार 1000 पुरुषों के अनुपात में स्त्रियों की संख्या 929 थी। जनगणना 2001 के अनुसार प्रति 1000 पुरुषों के अनुपात में 933 स्त्रियाँ हैं। इस अनुपात में कुछ वृद्धि हुई है।

(viii)भारत में लगभग आधे से अधिक लोग साक्षर हैं। साक्षरता प्रतिशत 2001 की जनगणना के अनुसार 65.38 प्रतिशत था। पुरुषों की साक्षरता प्रतिशत 75.85 तथा स्त्रियों का 54.16 था।

(ix) भारत की ग्रामीण जनसंख्या 72.21 प्रतिशत तथा नगरीय जनसंख्या 27.78 प्रतिशत है। (2001)

(x) देश की जनसंख्या का लगभग 25 प्रतिशत भाग अनुसूचित जातियों तथा अनुसूचित जनजातियों का है। 2001 की जनगणना के अनुसार अनुसूचित जातियों की संख्या लगभग 16.66 करोड़ और जनजातियों की संख्या लगभग 8.43 करोड़ थी।

जनसंख्या वृद्धि के कारण

भारत की जनसंख्या के तथ्यों का विश्लेषण बताया है कि भारत में जन्मतर में निरन्तर वृद्धि होती रही है तथा मृत्युदर में निरन्तर गिरावट आती रही है। जनसंख्या संतुलन बनाये रखने के लिएं दोनों का अनुपात बराबर होना चाहिए। मृत्युदर कम करने कें प्रयास तो सफल हुए है लेकिन जन्मदर को कम करने के प्रयास कमजोर रहे। यही कारण है कि भारत में स्वास्थ्य सेवाओं में वृद्धि के कारण जीवन अवसरों में वृद्धि हुई है लेकिन परिवार को समिति रखने वाले कार्यक्रम उतनी तीव्रता से लागू नहीं हो पाने से जन्मदर को कम नहीं किया जा सका। जब तक जन्मदर कम नहीं होगी जनसंख्या वृद्धि को नियन्त्रित करना असंभव होगा। चीन में जन्मदर को कम कर दिया गया है। भारत में अभी जन्मदर,

जनसंख्या वृद्धि की अप्रत्याशित बढ़ोत्तरी के अनुसार कम करने की आवश्यकता है। जनसंख्या वृद्धि का सार्वभौमिक कारक जन्मदर का अधिक होना और मृत्युदर का बहुत कम होना है। जिन देशो ने जन्मदर को नियन्त्रित कर लिया है वहाँ पर लोगों का जीवन स्तर भी ऊँचा है।

कम उम्र में विवाह

जनगणना के आँकड़ों के अनुसार भारत में 1931 तक 72 प्रतिशत विवाह 15 वर्ष से भी कम उम्र में होते थे। 1997 तक भारत में विवाह की औसत आयु में वृद्धि हुई है। बाल विवाह प्रथा भारत में एक बुराई के रूप में होते हुए भी गाँवों में अभी तक बरोकटोक जारी है। कानूनी आधार पर 18 वर्ष से कम उम्र की लड़की और21 वर्ष से कम उम्र के लड़कों का विवाह प्रतिबंधित है फिर भी कानून का उल्लंघन करनेमें ग्रामीण माता-पिता संकोच नहीं करते। भारत में राजस्थान प्रदेश में अक्षय तृतीया के अवसर पर हजारों बालक-बालिकाएँ गाँवों में कम उम्र में ही परिणय सूत्र में बाँध दिये जाते हैं। कम उम्र में विवाह हो जाने से विवाहित दम्पत्तियों को रिवार नियोजन सम्बन्धी ज्ञान नहीं होत और वे पूरी तरह परिपक्व भी नहीं होते, उनमें निर्णय लेने की क्षमता भी अपूर्ण होती है। ऐसी दशा में जल्दी बच्चे पैदा होना स्वाभाविक है। उन्हें अधिक बच्चे पैदा करने तथा उसके दुष्परिणामों की जानकारी भी नहीं हो पाती। भारत जैसे देश में कम उम्र में विवाह होना भी जनसंख्या वृद्धि का एक महत्वपूर्ण कारक है।

निरक्षरता

भारत साक्षरता की दृष्टि से विश्व में काफी पीछे है। 1991 के जनगणना आँकड़ों में विश्व का साक्षरता प्रतिशत 73.5 है जबकि भारत में 2001 की जनगाना के अनुसार 65.38 प्रतिशत साक्षरता थी। भारत में 75.85 प्रतिशत पुरुष साक्षर थे जबकि 54.16 प्रतिशत महिलाएँ ही साक्षरता की श्रेणी में रखी गई।

साक्षरता और जन्मदर एक-दूसरे से सम्बन्धित हैं। शिक्षा ग्रहण करने से व्यक्ति में नये विचार ग्रहण करने की क्षमता बढ़ती है। व्यक्ति की तर्कशक्ति में वृद्धि होती है। पति-पत्नी के शिक्षित होने से वे परिवार नियोजन का महत्व एवं जनसंख्या वृद्धि के दुष्परिणामों को आसानी से समझ सकते हैं। जहाँ गाँवों में निरक्षर अधिक है वहीं परिवार का आकार भी बड़ा होता है। दूसरी और नगरों में शिक्षितों का अनुपात अधिक होता हैं तो नगरों में परिवार का आकार भी गाँवों की तुलना में छोटा होता है। केरल भारत का सम्पूर्ण साक्षर राज्य है, वहाँ पर जन्मदर सबसे कम है , राजस्थान, बिहार, मध्यप्रदेश व उत्तरप्रदेश ऐसे राज्य हैं जहाँ साक्षरता का प्रतिशत कम तो है

लेकिन जन्मदर अधिक है। यह उपकल्पना तथ्यों के आधार पर भी सत्य सिद्ध हो जाती है कि जैसे-जैसे साक्षरता के प्रतिशत में वृद्धि होती हैं, वैसे-वैसे जन्मदर मेंकमी आती है। निरक्षरता कलंक है, इसे समाप्त करने के लिये 5 मई, 1998 को राष्ट्रीय साक्षरता मिशन की स्थापना की गई। मिशन का उद्देश्य सन 2000 तक भारत के 15 से 35 वर्ष तक के नागरिकों को साक्षर बनाना था। सम्पूर्ण साक्षरता के उद्देश्य को प्राप्त करने पर जनसंख्या वृद्धि को नियन्त्रित करने के उपाय भी सफल हो सकेंगे।

आर्थिक बाधा

जनसंख्या वृद्धि को आर्थिक कारणों के साथ भी देखा जा सकता है। आर्थिक कारण भारत के संदर्भ में विश्लेषित किया जाता है क्योंकि भारत में आर्थिक आधार पर उच्च वर्ग भी है और निम्न वर्ग भी। उच्च वर्ग में यदि परिवार में सदस्यों की संख्या अधिक है तो भी कोई समस्या नहीं होती। सभी सदस्यों की आवश्यकताएँ पूरी हो जाती हैं। निम्न वर्गों में परिवार के सदस्यों का अधिक होना परिवार की ही ावश्यकता होती है। निम्न वर्गों में अधिक सदस्य होंगे तो, परिवार जो कि एक आर्थिक इकाईके रूप में भी काम करता है, परिवार के काम करने वाले सदस्यों की संख्या में वृद्धि होगी और परिवार की आय भी बढ़ेगी। उच्च वर्ग और निम्न वर्ग में आर्थिक असमानता अधिक होने पर भी जनसंख्या वृद्धि के दृष्टिकोण से दोनों वर्गों में अन्तर करना कठिन हो जाता है। एक तो पहले से सम्पन्न होता है इसलिए उसमें यदि संख्या बढ़ती है तो कोई फर्क नहीं पड़ता। दूसरे अत्यधिक विपन्न होने से उसमें अधिक सदस्यों की आवश्यकता महसूस की जाती है, अर्थात् अत्यधिक आर्थिक सम्पन्नता और विपन्नता भी जनसंख्या वृद्धि में सहायक होती है।

अन्य कारण

भारत में जनसंख्या वृद्धि के कई अन्य कारण भी है, जैसे–

(1) जानकारी का अभाव,

(2) स्त्रियों की निम्न दशा,

(3) परिवार नियोजन–दुष्प्रचार तथा

(4) भारतीय जलवायु आदि।

इन कारणों की विस्तृत विवेचना से स्पष्ट होगा कि भारत में अप्रत्यशित जनसंख्या वृद्धि किसी एक कारक के प्रभाव से नहीं हो रही है।

(1) जानकारी का अभाव–जानकारी के अभाव से तात्पर्य है लोगों में जनसंख्या वृद्धि के दुष्परिणामों तथा जनसंख्या नियन्त्रित करने के उपायों के बारे में शिक्षा की कमी। शिक्षा और जन्मदर एक दूसरे से विपरीत सम्बन्ध रखते हैं। जैसे-जैसे लोगों में जनसंख्या शिक्षा का प्रसार होत है वैसे-वैसे ही जन्मदर में भीकमी आती है।

समाजशास्त्रीय अध्ययनों द्वारा यह ज्ञात हुआ है कि शिक्षा स्तर बढ़ने से जन्मदर में कमी आती है।

(2) स्त्रियों की निम्न दशा—भारत में जनसंख्या वृद्धि के लिए स्त्रियों की निम्न स्थिति को भी उत्तरदायी ठहराया गया है। पुरुष प्रधान समाज के अत्याचारों को 2000 से भी अधिक वर्षों तक भारतीय स्त्रियाँ सहन करती रही हैं। संतान उत्पत्ति के लिये भी पुरुष का निर्णय महत्वपूर्ण होता है। निम्न सामाजिक स्थिति केकारण स्त्रियाँ अपनी ओर से जनसंख्या नियन्त्रण की दिशा में आगे नहीं आ सकी है।

(3) परिवार नियोजन-दुष्प्रचार—जनसंख्या नियन्त्रण के लिए छोटे परिवार का मानदण्ड अपनाना आवश्यक है। परिवार सीमित रखने के लिए कोई न कोई तरीका काम में लेना आवश्यक होता है, इस सम्बन्ध में जब लोगों के मन में भ्रान्तियाँ उत्पन्न होती हैं तो उन्हें दूर करने पर ही इच्छित कार्यक्रम लागू किया जा सकता है।

भारत में इमरजेन्सी—1975-77 की अवधि में परिवार नियोजन कार्यक्रम के दुष्प्रचार का प्रभाव यह पड़ा कि इस अवधि की समाप्ति के बाद स्त्रियों को ही इस कार्यक्रम से जोड़ने के प्रयास प्रारम्भ हुए ।

(4) भारतीय जलवायु—भारत की जलवायु गर्म होने से जैविकीय दृष्टि से लड़कियों की प्रजनन क्षमता कम उम्र में ही विकसित हो जाती है जो लम्बे समय तक बनी रहती है। राजस्थान, मध्यप्रदेश, बिहार आदि राज्यों में लड़कियों का विवाह कम उम्र में करना आम बात है। विवाह के समय उम्र और प्रजननता के बीच भी विपरीत सम्बन्ध है। विवाह के समय उम्र अधिक (18 वर्ष से ऊपर) होगी तो प्रजननता कम होगी। यदि विवाह के समय उम्र कम है जो प्रजननता अधिक होगी। भारत में जनसंख्या वृद्धि को इस कारण के आधार पर भी देखा जा सकता है। भारत में जनसंख्या वृद्धि के कारणों की विवेचना करने से यह निष्कर्ष सामने आता है कि समाज में विकास की नीति को जनसंख्या के अनुसार ही निर्धारित करना एक प्रासंगिक तथ्य है। जिस दर से जनसंख्या वृद्धि हो रही है, हमारे विकास के परिणाम नगण्य होते जा रहे हैं।

जनसंख्या वृद्धि के दुष्परिणाम

जन्मदर का अधिक होना और मृतयुदर का कम होना असंतुलित जनसंख्याका संकेत है। मृत्युदर में कमी एक स्वस्थ राष्ट्र की पहचान है, लेकिन जन्मदर की अप्रत्यशित वृद्धि राष्ट्र के विकास में बाधक है। जनसंख्या वृद्धि व्यक्तियोंके जीवन स्तर से सम्बन्धित है। आदर्श जनसंख्या होने पर सभी नगारिकों का जीवन स्तर ऊँचा बना रहता है। समाज मे सामाजिक-आर्थिक समस्याएँ भी नगण्य रहती हैं। सभी

लोगों को अपनी आवश्यकतानुसार, पानी, बिजली, मनोरंजन सुविधाएँ, परिवहन सेवाएँ, शिक्षा, भोजन, वस्त्र, आवास सुविधाएँ आसानी से उपलब्ध रहती है।

जब जनसंख्या वृद्धि अनियन्त्रित हो जाती है, जन्मदर और मृत्युदर के बीच दरार चौड़ी होती रहती है तो समाज में कठिनाईयों का दौर प्रारम्भ हो जाता है, सामाजिक समस्याएँ विकराल रूप ले लेती हैं, अपराध बढ़ जाते हैं। आम नागरिक को रोटी, कपड़ा, और मकान एक दु:स्वप्न लगने लगता है। नगरों में जनसंख्या वृद्धि हो जाती है, गन्दी बस्तियाँ उत्पन्न होने लगती हैं, स्वास्थ्य सेवाएँ चरमराने लगती हैं, पीने के पानी की कमी होने लगती है, भूमिगत जल स्तर निरन्तर दोहन के कारण नीचा चला जाता है। सभी क्षेत्रों में आवश्यकतानुसार बिजली सुविधा मुहैया कराना दुष्कर होने लगता है। बाजार संकरे होने लगते हैं, परिवहन सेवाएँ अपर्याप्त नजर आती हैं। बेरोजगारों की कतारें लम्बी होती रहती है, झगड़े, सामाजिक तनाव बढ़ जाते हैं। जनसंख्या वृद्धि के दुष्परिणामों की एक लम्बी सूची है। व्यक्ति, परिवार, समुदाय प्रदेश और समग्र राष्ट्र इसके दुष्परिणामों से प्रभावित है। संक्षेप में इतना ही कहा जा सकता है कि भारत में आर्थिक संकट, विदेशी, कर्ज, अन्तर्राष्ट्रीय दबाव, आन्तरिक विकास की कठिनाईयाँ, शिक्षित और अशिक्षित बेरोजगारों की फौज, निर्धनता, सामाजिक तनाव और सीमित संसाधन या सिमटते संसाधन जनसंख्या वृद्धि के ही दुष्प्रभाव है।

जनसंख्या नियन्त्रण कार्यक्रम

भारत में जनसंख्या नियन्त्रण कार्यक्रम के प्रभावी बनाने के लिए जनसंख्या नीति बनाई गई। यू.एन.ओ. (1973 : 632) के अनुसार, जनसंख्या नीति जनसंख्या के आकार, संरचना, वितरण और विशेषताओं को प्रभावित करने का एक प्रयत्न है। नेशनल अकेडमी ऑफ साइन्सेज के अनुसार जनसंख्या नीति वह है–

(i) जो पूर्व निर्धारित उद्देश्यों के अनुसार जनांकिकी प्रक्रिया पर प्रभाव डालती है, और

(ii) जो उन माँगों पर, जो जनांकिकी प्रक्रियाओं से उत्पन्न होती है, विचार करती है।

भारत की जनसंख्या नीति की महत्वपूर्ण बातें

(i) जनसंख्या का पूर्ण आकार

(ii) विकास की ऊँची दर

(iii) जनसंख्या का ग्रामीण और शहरी क्षेत्रों में अनियमित वितरण

परिवार नियोजन साधनों का उपयोग

परिवार कल्याण कार्यक्रम की प्रगति को परिवार नियोजित करने के लिए निर्धारित साधनों के प्रयोग सम्बन्धी आँकड़ों के आधार पर देखा जा सकता है। महिलाओंके कॉपर टी., खाने की गर्भ निरोधक गोलियाँ अधिक लोकप्रिय, सहज उपलब्ध तथाहानिरहित होने से खूब प्रयोग में लाई जा रही है। आँकड़ो के अनुमान से प्रत्येक एक सौ महिलाओं में से 19.9 प्रतिशत की दर से कॉपर टी अथवा गर्भ निरोधक गोलियों का प्रयोग करती हैं। पुरुषें के लिए परिवार सीमित रखने के सहज, सरल उपाय के रूप में कंडोम का प्रयोग किया जाता है। अनेक कम्पनियाँ निर्धारित मानदण्डों के अनुसार कंडोम निर्माण में लगी हैं और 41.15 लाख से भी अधिक खुदरा दुकानों के माध्यम से कंडोम बेचे जा रहे हैं। परिवार कल्याण एजेन्सियों द्वारा कण्डोम मुफ्त में बाँटे जाते हैं।

जनसंख्या अनुसंधान

तीसरी पंचवर्षीय योजना के बाद परिवार कल्याण कार्यक्रम को अधिक प्रभावी बनाने के उद्देश्य से अनुसंधान किये जा रहे हैं। देश में 16 राज्यों में जनांकिकी अनुसंधान केन्द्र स्थापित हैं। भारतीय चिकित्सा अनुसंधान परिषद्, राष्ट्रीय स्वास्थ्य केन्द्र तथा परिवार कल्याण केन्द्र संस्था द्वारा प्रजनन, जीव विज्ञान व प्रजनन शक्ति नियन्त्रण के क्षेत्र में अनुसंधान कार्य किये जा रहे हैं। अन्तर्राष्ट्रीय स्तर पर विश्व स्वास्थ्य संगठन, अन्तर्राष्ट्रीय बाल आपात कोष द्वारा भारत को जनांकिकी के अध्ययन हेतु सहायता प्रदाम की जा रही है। परिवार कल्याण के सम्बन्ध में प्राप्त आँकड़ों से पता चलता है कि 72 प्रतिशत व्यक्ति नगरों में तथा 60 प्रतिशत व्यक्ति ग्रामीण क्षेत्रों में तीन या इससे कम बच्चे पसन्द करते हैं। लोगों की विचारधाराओं में परिवर्तन आ रहा है। अनुमानतः पिछले कुछ समय पहले किये गये सर्वेक्षणों के आधार पर सभी नगरीय क्षेत्रवासी दो बच्चे अथवा एक बच्चा पसन्द करते हैं। यह परिवार कार्यक्रम की सफलता का संकेत है।

प्रचार प्रसार

परिवार कल्याण से सम्बन्धित विज्ञापनों को भी इस कार्यक्रम की क्रियान्विति का महत्वपूर्ण पहलू माना जा सकता है। भारत में इलेक्ट्रोनिक मीडिया, प्रिन्ट मीडिया ने परिवार को नियन्त्रित रखने सम्बन्धी उपायों का प्रचार-प्रसार कर कार्यक्रम की वैज्ञानिकता और तार्किकता को सिद्ध करने का प्रयास किया है। आम लोगों को आसान तरीके से समझा कर जनसंख्या वृद्धि के दुष्परिणामों की जानकारी तथा जनसंख्या नियन्त्रण के उपायों के सम्बन्ध में रोचक तरीके से जानकारी देने में जनसंचार माध्यमों की भूमिका उल्लेखनीय है।

जनसंख्या वृद्धि को प्रभावित करने वाले कारक

किसी भी देश की जनसंख्या को घटाने या बढ़ाने में प्रमुखत: तीन कारक उत्तरदायी है : (1) जन्म-दर (2) मृत्यु-दर एवं (3) आवास-प्रवास। यदि जन्मदर अधिक है और मृत्यु-दर कम है तो जनसंख्या बढ़ेगी और यदि जन्म-दर कम है और मृत्यु-दर अधिक है तो जनसंख्या घटेगी। इस प्रकार यदि दूसरी देशों से आने वाले लोगों की संख्या विदेशों में जाने वाले लोगोंकी तुलना में अधिक है तो जनसंख्या बढ़ेगी। इसके विपरीत स्थिति में जनसंख्या घटेगी। हम जनसंख्या निर्धारण में इन तत्वों का भारत के सन्दर्भ में उल्लेख करेंगे।

(1) जन्म-दर–भारत में अन्य देशों की तुलना में जन्म-दर अधिक है। जन्म-दर और मृत्यु-दर के आंकड़ों में पंजीकृत और अनुमानित आधारों पर अन्तर पाया जाता है क्योंकि देश में सभी जन्मने और मरने वालों के नाम रजिस्टर में पंजीकृत नहीं कराये जाते। विभिन्न दशकोंमेंभारत में अनुमानित जन्म-दर संलग्न तालिकानुसार थी।

दशक	जन्म-दर प्रति हजार
1921-30	46.4
1931-40	45.2
1941-50	39.2
1951-60	41.7
1961-70	41.1
1971-80	36.0
1981-90	29.3
1991-96	27.5
1999	26.1

भारत में जन्मदर 26.1 व्यक्ति प्रति हजार प्रति वर्ष है जो कि विश्व के अन्य देशों की तुलना में चीन को छोड़कर सर्वाधिक है। ग्रामीण एवं शहरी क्षेत्रों में भी जन्मदर में भिन्नता है। शहरों की तुलना में गांवों में जन्म-दर अधिक है।

किसी भी देश की जन्म-दर को प्रभावित करने में वहाँ की सामाजिक दशाओं, मृत्युदर, भ्रूणहत्या, बांझपन, वैयक्तिक स्वतन्त्रता, स्वास्थ्य की दशाएं, महत्वाकांक्षाए आदि का महत्वपूर्ण योगदान होता है। भारत में ऊँची जन्म-दर के अनेक कारण हैं जैसे-गर्म जलवायु, बाल विवाह का प्रचलन, मनोरंजन के साधनों का अभाव, संयुक्त

परिवार प्रणाली, विवाह की अनिवार्यता, चिक्तिसा सुविधाओं में वृद्धि, भाग्यवादिता, आदि। भारत में जन्म-दर को प्रभावित करने में शिक्षा, व्यवसाय, धर्म, ग्रामीण और शहरी निवास, जाति आदि कारकों ने भी महत्वपूर्ण भूमिका निभायी है।

(2) मृत्यु-दर—जन्म-दर की भांति ही मृत्यु-दर के पंजीकृत और अनुमानित आंकड़ों में भी भिन्नता पायी जाती है। विभिन्न दशकों में प्रति हजार व्यक्तियों पर भारत में मृत्युदर इस प्रकार थी :

जन्म-दर की तरह मृत्यु-दर भी भारत में अन्य देशों की तुलना में अधिक है क्योंकि यहाँ स्वास्थ्य का स्तर और जीवन स्तर निम्न है, पौष्टिक आहार की कमी है तथा चिकित्सा सुविधाओं का अभाव है। इनके अतिरिक्त, यहाँ गरीबी और महामारी का प्रकोप भी रहा है। 1921 से पहले तीन दशकों में अकाल, प्लेग, इन्फ्लुएन्जा आदि के कारण मृत्यु-दर अधिक थी। 1921 के बाद से प्रत्येक दशक में मृत्यु दर कम हुई। वर्तमान में यह 8.7 व्यक्ति प्रति हजार प्रति वर्ष है। सबसे अधिक मृत्यु-दर चार वर्ष तक की आयु के बच्चों में पायी जाती है। आयु के दृष्टि से उस मृत्यु-दर को अच्छा मानते हैं जो बचपन और युवावस्था में कम तथा वृद्धावस्था में अधिक हो। सबसे अधिक मृत्यु-दर बिहार और असममें है जबकि सबसे कम मृत्यु-दर केरल में है। भारत में अधिक मृत्युदर के एि अनेक कारण उत्तरदायी हैं जैसे गरीबी, प्राकृतिक प्रकोप (भूकम्प, बाढ़, अकाल), संक्रामक रोग, भारत का पाकिस्तान व चीन के साथ युद्ध, औद्योगिक गन्दी बस्तियाँ एवं चिकित्सा सुविधाओं का अभाव, आदि।

मृत्यु-दर को कम करने के लिए आवश्यक है कि लोगों को समुचित मात्रा में चिकित्सा की सुविधाएं दी जायं, मातृत्व एवं शिशु कल्याण की संस्थाओं की स्थापना की जाय, शिक्षा का प्रसार किया जाय, जीवन-स्तर को ऊँचा उठाने, सन्तुलित आहार देने एवं उद्योगों में स्वस्थ वातावरण का निर्माण करने हेतु प्रयत्न किये जायें।

(3) आवास प्रवास—आवास प्रवास भी जनसंख्या वृद्धि को प्रभावित करता है। प्राचीनकाल से ही पड़ोसी देशों से भारत में जनसंख्या का आवागमन रहा है और भारतीय व्यापारी, धर्म प्रचारक, आदि दूसरे देशों में जाते रहे हैं। कई भारतीय वर्तमान में व्यापार और उद्योग के कारण बर्मा, श्रीलंका, इण्डोनेशिया, मलाया, थाईलैण्ड, मॉरिशस, ब्राजील और अफ्रीकी देशों में जा बसे हैं। 1924 में 29 लाख से अधिक भारतीय विदेशों में थे। किन्तु 1930 की मन्दी के कारण कई व्यक्ति पुनः स्वदेश लौट आये। वर्तमान में लाखों व्यक्ति विदेशों में है।

भारत में बाह्य देशान्तरण की तुलना में आन्तरिक कई गुना अधिक हुआ है जो विभिन्न ग्रामों, शहरों एवं प्रान्तों में परस्पर हुआ। देशान्तर गमन कई सामाजिक, आर्थिक,

राजनीतिक, मनावैज्ञानिक समस्याएँ पैदा करता है। भूमि का मूल्य, मजदूरी की दर, स्त्री-पुरुष का अनुपात, अपराध, प्रशासन, आदि इससे प्रभावित होते हैं।

भारत में जन-विस्फोट

हमने भारत में जनसंख्या-वृद्धि के विभिन्न दशकों के आंकड़ों का अवलोकनकिया। साथ ही यहाँ की जन्म-दर, मृत्यु-दर एवं आवास-प्रवास के तथ्यों का विश्लेषण भी किया। ये सारे तथ्य इस बात के द्योतक हैं कि भारत में प्रतिवर्ष जनसंख्या-वृद्धि बड़ी तेजी से हो रही है जिसने हमारे आर्थिक विकास, प्रशासन, सामाजिक कल्याण, आदि को प्रभावित किया है। भारत आज विश्व में जनसंख्या की दृष्टि से दूसरे नम्बर का देश है। बढ़ती जनसंख्या ने हमारे यहाँ बेकारी और गरीबी में वृद्धि की है। इसलिए कहा जाता है कि भारत में जन-विस्फोट हो रहा है और यदि इसे समय रहते नियन्त्रित नहीं किया गया तो इसके भंयकर परिणाम होंगे। भारत में इस जन-विस्फोट या दूसरे शब्दों में अनियन्त्रित जनसंख्या-वृद्धि के लिए अनेक कारक उत्तरदायी हैं।

अनियन्त्रित जनसंख्या वृद्धि

भारत में अनियन्त्रित जनसंख्या वृद्धि के लिए उत्तदायी कारण निम्नलिखित हैं :

(1) गर्म जलवायु–गर्म जलवायु के कारण यहां लड़कियोंमें शीघ्र ही परिपक्वता आ जाती है और वे कम उम्र में ही सन्तान पैदा करने के योग्य हो जाती हैं। प्रजनन की प्रक्रिया के लम्बी अवधि तक चलते रहने के कारण अधिक सन्तानें जन्म लेती हैं।

(2) बाल विवाह–बाल-विवाह प्रथा के कारण छोटे-छोटे बच्चों का विवाह करवा दिया जाता है, अतः स्त्रियोंके उत्पादन काल (15 से 35 वर्ष की आयु) का पूरा-पूरा उपयोग होता है। इस कारण से भी अधिक संख्या में सन्तानें जन्म लेती हैं। 1931 में 72 प्रतिशत विवाह 15 वर्ष से कम की आयु में ही होते थे। लड़के व लड़कियों की विवाह की आयु में भी अन्तर है। लड़कियों की विवाह की औसत आयु सन् 1961 में 16.1 वर्ष, 1971 से 17.2 वर्ष, 1981 में 17.6 वर्ष थी, जबकि लड़कों की 1961 में 21.4 वर्ष, 1971 में 22.2 वर्ष तथा 1981 में 22.6 वर्ष थी। स्पष्ट है कि भारत में अधिकांश लड़कियों का विवाह उस उम्र में हो ाता है जब वे सामाजिक, मानसिक और शारीरिक दृष्टि से विवाह के योग्य ही नहीं होती है।

(3) मनोरंजन के साधनों का अभाव–मनोरंजन के साधनों का अभाव होने के कारण निम्न वर्ग के लोगों और ग्रामीणों में स्त्री ही मनोरंजन का साधन समझी जाती है।

(4) संयुक्त परिवार प्रणाली–संयुक्त परिवार प्रथा के प्रचलन के कारण परिवार के वयोवृद्ध व्यक्ति अपने बेटों और पौत्रों का विवाह अपने सामने ही सम्पन्न होते देखना चाहते हैं। ऐसे परिवारों में बच्चों के लालन-पालन में भी कोई कठिनाई नहीं होती। साथ ही बड़ा कुटुम्बसमाज में सत्ता, शक्ति एवं प्रतिष्ठा का भी सूचक माना जाता रहा है।

(5) अशिक्षा–शिक्षा के अभाव के कारण लोग जनसंख्या वृद्धि के परिणामों को नहीं समझते और अबाध गति से सन्तानों को जन्म देते हैं।

(6) निम्न जीवन-स्तर–निम्न जीवन-स्तर के कारण लोग यह सोचते हैं कि अधिक सन्तान होंगी तो वे भी उत्पादन कार्य में लग कर अधिक धन अर्जित करेंगे और जीवन-स्तर को उन्नत कर सकेंगे। साथ ही यहाँ निम्न जीवनस्तर के कारण सन्तानों की शिक्षा-दीक्षा, पालन-पोषण और ऐशो-आराम के लिए अधिक खर्च नहीं करना पड़ता है। अत: यदि परिवारों में सन्तानोंकी संख्या बढ़ती भी है तो किसी को कोई कष्ट नहीं होता।

(7) परिवार नियोजन के साधनों की जानकारी का अभाव–परिवार नियोजन के साधनों के प्रति पूर्ण जानकारी का अभाव एवं अरुचि भी जनसंख्या वृद्धि के लिए उत्तरदायी है।

(8) संचार और परिवहन की कमजोर व्यवस्था–देश की 72.2 प्रतिशत जनसंख्या ग्रामीण क्षेत्रों में लगभग 6 लाख गांवों में रहती है, जिनमें से अधिकांश से संचार और परिवहन की व्यवस्था कमजोर है। प्रजनन स्वास्थ्य और बुनियादी स्वास्थ्य सम्बन्धी आधारभूत ढांचे और सेवाएँ गांवों में नीं पहुँचती हैं और तदनुसार काफी बढ़ी संख्या में लोग इन सेवाओं का लाभ नहीं उठा पाते।

(9) विवाह की अनिवार्यता–विवाह की अनिवार्यता के कारण प्रत्येक भारतीय को अपनी सामाजिक प्रतिष्ठा बनाये रखने के लिए विवाह करना होता हैं। विवाह भारत में एक धार्मिक संस्कार है और मनुष्य का आवश्यक कर्त्तव्य भी। अत: जब विवाह होगा तो उसका आवश्यक परिणाम सन्तानोत्पति होगी परन्तु विदेशों में विवाह करना बहुत कुछ व्यक्ति की इच्छा पर निर्भर है।

(10) पुत्र प्राप्ति को अधिक महत्व–पुत्र को अधिक महत्व देने के कारण तब तक सन्तानोत्पत्ति होती रहती है जब तक कि कोई पुत्र न हो जाय। धर्मशास्त्रों में मोक्ष प्राप्ति के लिए पुत्र की उत्पत्ति को आवश्यक माना गया है।

(11) चिकित्सा सुविधाएँ–चिकित्सा की सुविधाओं के कारण भारत में मृत्यु-दर घटी है और जन्म-दर बढ़ी है।

(12) **पश्चिम का प्रभाव**–पाश्चात्य मूल्यों के बढ़ते प्रभाव के कारण स्त्री-पुरुषों में सहवास की स्वतन्त्रता बढ़ी है।

(13) **चलचित्रों, अश्लील साहित्य, तड़क-भड़क एवं चुस्त पोशाक** आदि ने यौन उत्तेजना पैदा की है।

(14) **भाग्यवादी**–भाग्यवादी होने के कारण भारतीय यह समझते हैं कि सन्तान् ईश्वर की देन है और जिसने जन्म दिया है खाने को भी वही देगा। साथ ही वे जन्म-दर नियन्त्रण को पाप मानते हैं। इस्लाम धर्म में भी जन्म को अच्छा माना गया है। बाइबिल में भी अधिक जन्म को स्वीकार करते हुए लिखा है कि वृद्धि करो और पृथ्वी को लोगों से भर दो।

(15) **जनहानि में कमी**–युद्धों और शान्तिकाल में कुछ अपवादों को छोकर भारत में जनसंख्या की हानि बहुत कम हुई है। डॉ. चन्द्रशेखर का मत है कि पिछली पांच दशाब्दियों में भारत में कुछ अपवादों को छोड़कर मानव क्षति कम हुई है।

(16) **शरणार्थियों का आगमन**–भारत में जनसंख्या वृद्धि का एक कारण पड़ोसी देशों से शरणार्थियों का आना भी है। 1947 में भारत विभाजन के कारण तथा दो बार भारत-पाकिस्तान के बीच हुए युद्धों के कारण भी पाकिस्तान वं बंगलादेश से हजारों शरणार्थी भारत आये। आंग्लादेश से आये शरणार्थियों ने तो आसाम में विदेशियों की समस्या को जन्म दिया है। फरवरी-मार्च 1985 में श्रीलंका में तमिलनों पर हुए अत्याचारों के कारण अनेक शरणार्थी भारत आये।

क्या भारत में जनाधिक्य है?

हमने पूर्व में जनसंख्या वृद्धि और उसके कारणों का उल्लेख किया। भारत में अन्रू देशों की तुलना में गरीबी और बेकारी अधिक है। यहाँ इसलिए एक प्रश्न पैदा होता है कि क्या भारत में जनाधिक्य हैं? यह प्रश्न इसलिए भी महत्वपूर्ण हो जाता है कि माल्थस ने कहा कि यदि मनुष्य बढ़ती जनसंख्या पर कृत्रिम रोक नहीं लगाता है तो प्रकृति क्रुर नियन्त्रण जैसे बाढ़, भूकम्प, अकाल, महामारी, आदि का प्रयोग करती है। भारत में भी समय-समय पर दुर्भिक्ष, युद्ध एवं अकाल की घटनाएँ हुई हैं जिसमें मानव क्षति हुई है। भारत में जनाधिक्य को लेकर दो मत पाये जो हैं : (1) निराशावादी, (2) आशवादी। हम दोनों मतों का यहाँ उल्लेख करेंगे।

निराशावादी दृष्टिकोण

इस मत के समर्थकों में राधाकमल मुखर्जी, ज्ञानचन्द, कार साण्डर्स, पी. के. बताल, के.एस. डेविस, एस. आर. सेन, आदि प्रमुख हैं। कुछ दशकों पूर्व तक भारत में जनाधिक्य नहीं था क्योंकि जनसंख्या बढ़ती भी थी तो बाढ़, भूकम्प, महामारी,

आदि से सन्तुलित हो जाती थी परन्तु बाद में परिस्थितियाँ बदलीं। सन् 1937 में म्यांमार के भारत से अलग होने से चावल तथा गेहूँ उत्पादन करने वाला क्षेत्र पृथक हो गया। सन् 1947 में आजादी के साथ ही देश का बंटवारा हुआ तो भारत को 82 प्रतिशत जनसंख्या मिली, लेकिन चावल पैदा करने वाले क्षेत्र का 68 प्रतिशत व गेहूँ पैदा करने वाले क्षेत्र का 65 प्रतिशत भाग ही प्राप्त हुआ। इससे भी खाद्यान्न की कमी हुई। 1991 में भारत में 84.63 करोड़ लोग थे तथा यहाँ की जन्म-दर 29.3 व्यक्ति प्रति हजार थी। वर्ष 2001 में भारत की जनसंख्या 102 करोड़ थी तथा जन्म दर 26.1 व्यक्ति प्रति हजार (1999) थी। यहाँ वर्ष में लगभग 1.80 करोड़ जनसंख्या बढ़ती है। पिछले 50 वर्षों में यहाँ जनसंख्या लगभग तीन गुनी हुई है। भारत में विश्व की करीब 16.7 प्रतिशत जनसंख्या है जबकि संसार का 2.4 प्रतिशत भू-भाग मात्र ही है। भारत में जनसंख्या की इस भयानक स्थिति को के.के. चक्रवर्ती जन-विस्फोट के नाम से पुकारते हैं। इसलिए **एफ. ऑसबर्न** ने कहा है, ''भारत का आन्तरिक शत्रु बढ़ती जनसंख्या है जिसके लिए भारतीय भूमि भोजन नहीं जुटा पाती है।'' वे यह भी जानते हैं कि जनसंख्या कीदृष्टि से भारत संतृप्ति बिन्दु तक पहुँच गया है। **डब्ल्यू. बोगल** कहना है-''जब तक इस बढ़ती जनसंख्या पर नियन्त्रण नहीं लगाया जाता तब तक माँ भारती अपनी सन्तानों के लिए भोजन जुटाने में असमर्थ है। वह एक आदर्श माँ नहीं रह गयी है।'' भारत में जनाधिक्य को समझने के लिए निम्नलिखित तथ्यों पर विचार करना आवश्यक है :

भूमि का अनुपात—हमारे यहाँ अन्य देशों की तुलना में प्रति व्यक्ति भूमि कम है और उससे अधिक लोगों का भरण-पोषण करना पड़ता है। हमारे यहाँ परिवार विभाजन के साथ ही कृषि-योग्य भूमि छोटे-छोटे टुकड़ों में बंट जाती है और वह अनुत्पादक हो जाती है। भूमिहीन श्रमिकों की संख्या दिनों-दिन बढ़ रही है। पहले भारत में प्रति व्यक्ति 0.85 एकड़ भू-क्षेत्र था जो घटकर अब 0.70 एकड़ से कम रह गया है।

खाद्यान्न पूर्ति में कमी—हमारे यहाँ खाद्यान्नों की भी कमी है। अत: कई बार हमें बाहर से अनाज मंगाना होता है। सन् 1951 के बाद यहाँ जनसंख्या वृद्धि लगभग 2.80 की दर से हुई है जबकि खाद्यान्न क्षेत्र में उल्लेखनीय वृद्धि नहीं हुई है। अखाद्यान्न फसलों की अच्छी कीमत मिलने के कारण भी खाद्यान्न क्षेत्र घटा है। वास्तविकता यह है कि यहाँ जनसंख्या वृद्धि और खाद्यान्न पूर्ति में कोई सन्तुलन नहीं है।

भूमि की कम उत्पादकता—खाद्यान्न के अभाव का एक कारण भारत में भूमि की कम उत्पादकता भी है। इंग्लैण्ड में भारत से चौगुना उत्पादन प्रति एकड़ होता है। भारत की तुलना में गन्ने की फसल हवाई में तेरह गुना, अमेरिका में ग्यारह गुना

और क्यूबा में तीन गुना अधिक है। यहाँ प्रति एकड़ कम उत्पादन के कई कारण हैं, जैसे वैज्ञानिक पद्धति से कृषि न करना, उन्नत खाद व बीज का अभाव, सिंचाई के साधनों का अभाव, वर्षा की अनिश्चितता, भूमि का छोटे-छोटे टुकड़ों में विभाजन, ऋणग्रस्तता, दोषपूर्ण भूमि कानून, आदि।

निम्न जीवन-स्तर—गरीबी व निम्न जीवन-स्तर के कारण भूमि पर दवाब बढ़ता है। अन्य देशों की तुलना में यहाँ प्रति व्यक्ति आय बहुत कम है। सम्पत्ति का वितरण भी असमान है। कई लोग भिक्षा द्वारा साधु-सन्यासी के रूप में जीवनयापन करते है। देश में जनसंख्या-वृद्धि जिस अनुपात से हुई है उस अनुपात में राष्ट्रीय आय में वृद्धि नहीं हुई। भारत में प्रति व्यक्ति सकल राष्ट्रीय उत्पत्ति 2001 से 264 डालर थी जबकि संयुक्त राज्य अमरीका में 13,280 डालर। चालू मूल्यों के आधार पर 2000-01 में भारत में प्रति व्यक्ति औसत आय 17,530 रुपए हो गयी।

उपभोग का ढांचा—भारत में 40 से 64 प्रतिशत खर्च खाद्यान्न पर होता है फिर भी लोगों को अपर्याप्त भोजन ही मिलता है। यहाँ दो-तिहाई भारतीयों को सन्तुलित भोजन उपलब्ध नहीं हो पाता।

बेकारी—हमारे यहाँ बेकारी व अर्द्ध-बेकारी अन्य देशों की तुलना में अधिक है। ग्रामीण क्षेत्र में लोग 4-5 महीने बेकार रहते हैं। प्रथम पंचवर्षीय योजना के आरम्भ में 33 लाख व्यक्ति बेरोजगार थे। इसंख्या में लगातार वृद्धि होती जा रही है। वर्ष 2000 के अन्त में देश के रोजगार कार्यालयों में 4 करोड़ 13 लाख व्यक्तियों के नाम बेरोजगार के रूप में पंजीकृत थे।

जनसंख्या निरोध का अभाव—बढ़ती जनसंख्या को रोकने के लिए अविवाहित रहना, देर से विवाह करना, आत्म-संयम रखना एवं ब्रह्मचर्य का पालन करना आवश्यक है परन्तु भारत में विवाह एक अनिवार्य संस्कार माना जाता है। यहाँ माँ बनने की उम्र तक एक-चौथाई स्त्रियों का विवाह हो जाता है। देश के अधिकांश लोगों में निरोधक साधनों के प्रचलन की कमी के कारण जनसंख्या तीव्र गति से बढ़ती जाती है।

आशावादी दृष्टिकोण

दूसरी ओर सरदार पणिक्कर, कालिन क्लार्क तथा रणदीव आदि का मत है कि भारत में जनाधिक्य नहीं है। वे इसकी पुष्टि के लिए निम्नलिखित तर्क प्रस्तुत करते हैं :

(1) कृषि उपज में कमी—अन्य देशों की तुलना में भारत में कृषि उपज कम है। इसका कारण है खेती करने के प्राचीनतम तरीकों का प्रचलन तथा कृषि के नवीन साधनों, उन्नत बीजों एवं खादों के प्रयोग का अभाव, आदि। यदि कृषि के क्षेत्र में वैज्ञानिक तरीकों का समुचित प्रयोग किया जाय तो उपज बढ़ाीय जा सकती है।

यहाँ हरित-क्रान्ति के परिणाम अत्यन्त ही संतोषजनक रहे हैं अतः उपज में वृद्धि होने पर जनसंख्या की अधिकता भार-स्वरूप नहीं रहेगी।

(2) अखाद्यान्न पदार्थों का उपयोग–भारत में अधिकांश लोग अन्न पर ही अपना जीवन व्यतीत करते हैं क्योंकि यहाँ अधिकतर लोग शाकाहारी हैं। यदि भोजन के मांस, मछली एवं अण्डे आदि का उपयोग बढ़ाया जाय तो अन्न की समस्या हल हो सकेगी। भारत में कुल मछली पालन का लगभग 30 प्रतिशत भाग का ही हम उपयोग कर पाते हैं। प्रति व्यक्ति खाद्यान्न की कुल उपलब्धता जो 1950 के आरम्भ में 395 ग्राम थी, सन् 2000 में 426 ग्राम हो गई थी जबकि जनसंख्या वृद्धि दर में गिरावट आई है। जनगणना, 2001 के अनुसार जनसंख्या में वार्षिक वृद्धि दर 2.14 से घटकर 1.93 हो गई है।

(3) जनसंख्या का कम घनत्व–सन् 2001 की जनगणना के अनुसार भारत में जनसंख्या का घनत्व 324 व्यक्ति प्रति वर्ग किलोमीटर है। यदि हम इसकी तुलना बांग्लादेश, बेल्जियम, जापान तथा जर्मनी से करें तो पायेंगे कि वहाँ जनसंख्या घनत्व भारत में ड्यौढ़ा एवं कहीं-कहीं दुगुना तक है। अतः यहाँ प्रति वर्ग किलोमीटर जनघनत्व बढ़ाने की बहुत अधिक सम्भावना है।

(4) प्रति व्यक्ति राष्ट्रीय आय में वृद्धि–प्रति वर्ष भारत की प्रति व्यक्तिआय में वृद्धि हो रही है। यदि भारत में जनाधिक्य होता तोऐसा सम्भव नहीं था। डॉ. वी. के. आर. वी. राव ने सन् 1931 में प्रति व्यक्ति राष्ट्रीय आय 65 रु. बतायी थी। चालू मूल्यों के आधार पर 1950-51 में प्रति व्यक्ति आय 239 रुपए थी जो 2000-01 में बढ़कर 17,530 रुपए हो गयी। बढ़ती हुई राष्ट्रीय आय के आंकड़े यह स्पष्ट करते हैं कि भारत में जनाधिक्य नहीं है और आने वाले समय में आय के बहुत अधिक बढ़ाये जाने की समभावना है। ज्यों-ज्यों औद्योगिकरण बढ़ेगा एवं कृषि में नवीन साधनों का प्रयोग होगा, प्रति व्यक्ति आय में वृद्धि होगी। यद्यपि कुछ विद्वान इस वृद्धि को मुद्रा प्रसार एवं महंगाई के कारण मानते हैं और उनके अनुसार वास्तविक मुद्रा की क्रय शक्ति कम होने के कारण गिर गयी है।

(5) जनसंख्या वृद्धि दर में कमी–पश्चिमी देशों की तुलना में भारत में जनसंख्या-वृद्धि दर कम रही है। यदि हम अन्य देशों की तुलना करें तो ज्ञात होगा कि सन् 1881 से 1931 तक के 50 वर्षों में अमेरिका में जनसंख्या वृद्धि दर 186%, जापान में 74% तथा इंगलैण्ड में 54% थी, जबकि भारत में 39%। 1991-2001 में भारत में जनसंख्या की दशकीय वृद्धि-दर 21.34% थी। जब इन देशों में इतनी वृद्धि-दर होने पर भी वहां जनसंख्या की समस्या नहीं है, तो फिर भारत में कैसे हो सकती है? पर यह तर्क उचित प्रतीत नहीं होता क्योंकि उन देशों में धनोपार्जन भी भारत की तुलना में अधिक बढ़ा है और जीवन-स्तर में भी वृद्धि हुई है।

(6) प्राकृतिक साधनों का अपूर्ण दोहन—भारत प्राकृतिक दृष्टि से एक सम्पन्न राष्ट्र है परन्तु इसकी प्राकृतिक सम्पदा का पूर्ण रूप से दोहन नहीं हुआ है। इसलिए ही अधिकांशत: कहा जाता है कि भारत एक सम्पन्न राष्ट्र है जिसमें गरीब लोग निवास करते हैं। अत: यह आवश्यक है कि जनसंख्या के बोझ को कम करने के लिए प्रचुर प्राकृतिक साधनों का पूरी तरह से दोहन किया जाय।

उपर्युक्त तथ्यों के आधार पर हमें यह नहीं मान लेना चाहिए कि वास्तव में भारत में जनाधिक्य नहीं है। वर्तमान में साधनों की सीमितता, देश में व्याप्त निर्धनता, बेकारी और निम्न जीवन-स्तर को देखते हुए कहा जा सकता है कि यहां वास्वत में जनाधिक्य है। यह सम्भव है कि भविष्य में जब देश में उपलब्ध साधनों का पूर्ण उपयोग होने लगे तो जनाधिक्य की समस्या नहीं रहे।

जनाधिक्य के प्रभाव

भारत में बढ़ती जनसंख्या या जनाधिक्य ने अनेक सामाजिक, आर्थिक एवं प्रशासनिक कठिनाइयां पैदा कर दी हैं और देश के योजनाबद्ध विकास में बाधा उत्पन्न की है। जनाधिक्य के कारण उत्पन्न विभिन्न समस्यांए निम्न प्रकार हैं:

(1) जनाधिक्य और आर्थिक विकास—प्रो. कोलिन्स क्लार्क जनसंख्या-वृद्धि को देश के आर्थिक विकास के लिए हानिकारक मानते हैं क्योंकि बचत का अधिकांश भाग जनसंख्या पर खर्च होने से शुद्ध राष्ट्रीय आय एवं प्रति व्यक्ति आय बहुत ही कम रह जाती है। **प्रो. विलार्ड** की मान्यता है कि विकासशील राष्ट्रों की जनसंख्या की वृद्धि-दर में कमी होने पर आय में वृद्धि होती है क्योंकि इन देशों में आर्थिक परिस्थितियां विकास के अनुकूल नहीं है।

(2) जनसंख्या वृद्धि और पूंजी निर्माण—जनसंख्या-वृद्धि के कारण प्रति व्यक्ति प्राकृतिक साधनों में भी कमी हो जाती है और उत्पादकता गिरती है। ऐसी परिस्थिति में पूंजी निर्माण का कार्य एक समस्या बन जाती है। जनाधिक्य वाले देशों में पहले से ही पूंजीगत भण्डार में वृद्धि करना असम्भव है क्योंकि वहां बचत नहीं हो पाती।

(3) जनसंख्या वृद्धि और खाद्य समस्या—जनसंख्या में तीव्र वृद्धि होने पर पिछड़े एवं विकासशील राष्ट्रों में जनसंख्या की मांग के अनुरूप पूर्ति नहीं हो पाती। अत: वहां भुखमरी की समस्या पैदा होती है और विदेशों से अनाज मंगाना पड़ता है। साथ ही सन्तुलित भोजन प्राप्त न होने के कारण लोगों का पर्याप्त शारीरिक एवं मानसिक विकास नहीं हो पाता है तथा अनेक बीमारियां पनपती हैं जिसके परिणामस्वरूप मृत्यु-दर में वृद्धि होती है एवं लोगों की कार्यक्षमता गिरती है।

(4) जनसंख्या एवं मूल्य वृद्धि–जनसंख्या के बढ़ने से वस्तुओं की प्रभावपूर्ण मांग में भी वृद्धि हो जाती है किन्तु उसी मात्रा में पूर्ति न होने पर वस्तुओं की कीमतें बढ़ जाती हैं। महंगाई के कारण आम परिवार अपनी आवश्यकताओं की पूर्ति करने में असमर्थ रहते हैं।

(5) जनसंख्या-वृद्धि और शिक्षा–जनसंख्या-वृद्धि के साथ-साथ पिछड़े राष्ट्रों में निरक्षरों की संख्या बढ़ने की सम्भावना रहती है। 5 से 14 वर्ष की आयु स्कूल जाने की है और यहाँ सर्वाधिक जनसंख्या भी इसी आयु समूह में आती है अत: जनसंख्या-वृद्धि शिक्षा के विस्तार की समस्या खड़ी कर देती है। इससे देश के लिए शिक्षा पर खर्च बढ़ाना आवश्यक हो जाता है। तेजी से बढ़ती जनसंख्या को गुणात्मक दृष्टि से उत्तम प्रकार की शिक्षा सुविधाएं भी उपलब्ध नहीं करायी जा सकतीं।

(6) जनसंख्या-वृद्धि और आवास-समस्या–जनसंख्या-वृद्धि होने पर लोगों को बसाने और उनके लिए स्वास्थ्यप्रद मकानों की व्यवस्था करने की समस्या पैदा होती है। लोग काफी मात्रा में गांवों से शहरों में आते हैं तथा वहाँ गन्दी बस्तियों एवं आवास की समस्याओं को बढ़ाने में योग देते हैं। शहरों में बढ़ती जनसंख्या के कारण वहां विकास योजनाएं अस्त-व्यस्त हो जाती है। वहां पानी, बिजली, सफाई, यातायात, प्रशासन, आदि की समस्याएं खड़ी हो जाती है।

(7) जनसंख्या-वृद्धि और बेकारी–बढ़ती जनसंख्या किसी देश में बेकारी, अर्द्ध-बेकारी एवं छिपी बेकारी को जम देती है। जनसंख्या तो बढ़ती है किन्तु उसकी तुलना में उपलब्ध साधनों एवं पूंजी आदि की कमी के कारण अतिरिक्त श्रम की खपत नहीं हो पाती, फलत: बेकारी बढ़ती है।

(8) जनसंख्या-वृद्धि एवं जीवन स्तर–परिवार में जनसंख्या बढ़ने पर सीमित आय को ही सभी सदस्यों पर खर्च करा होता है। ऐसी स्थिति में सदस्यों के लिए भोजन, वस्त्र, शिक्षा मनोरंजन, खेल-कूद आदि की सुविधाएं समुचित रूप से नहीं जुटाई ज सकती। अत: जनसंख्या की अधिकता निम्न जीवन-स्तर के लिए उत्तरदायी है।

(9) जनसंख्या वृद्धि और गरीबी–किसी देश में आवश्यकता से अधिक मात्रा में जनसंख्या में वृद्धि होने पर गरीबी बढ़ती है। प्रत्येक देश में प्राकृतिक साधन एवं भूमि सीमित मात्रा में होते हैं जिनका उपयोग अधिक जनसंख्या के लिए करने पर प्रति व्यक्ति साधनों की उपलब्धि कम हो जाती है। इसका प्रभाव राष्ट्रीय उत्पादन एवं राष्ट्रीय तथा प्रति व्यक्ति आय पर भी पड़ता है। फलत: देश में सामान्य गरीबी बनी रहती है। इसी प्रकार से परिवार में भी सदस्यों की संख्या अधिक होने पर सभी सदस्यों के लिए सन्तुलित भोजन, वस्त्र, मनोरंजन, शिक्षा, आदि की व्यवस्था नहीं की जा सक्ती। बढ़ती जनसंख्या भिक्षा-वृत्ति को भी जन्मदेती है।

(10) जनसंख्या वृद्धि और अपराध–जब किसी देश में जनसंख्या वृद्धि तीव्र गति से होती है तो सभी के भरण-पोषण के लिए साधन जुटा पाना संभव नहीं होता। ऐसी दशा में देश में गरीबी और बेकारी बढ़ती है। साधनों के अभाव में लोग अपनी आवश्यकताओं की पूर्ति के लिए अपराध का सहारा लेते हैं, स्त्रियाँ वेश्यावृत्ति अपनाती हैं तथा बच्चे अपराधी गिरोहों में सम्मिलित हो जाते हैं। जनसंख्या-वृद्धि के कारण लूटपाट, हत्या, आगजनी, तोड़-फोड़, आन्दोलन होते हैं जो सामाजिक अशान्ति पैदा करते हैं।

(11) जनसंख्या-वृद्धि एवं परिवार का विघटन–परिवार के सदस्यों की संख्या बढ़ने पर नियन्त्रण की भी समस्या पैदा हो जाती है । माता-पिता परिवार के सदस्यों के भरण-पोषण की व्यवस्था के लिए घर से बाहर अर्जन करने चले जाते हैं तो बच्चे नियन्त्रण के अभाव में मनमानी करने लगते हैं। उनमें उच्छृंखलता पनपती है, पारिवारिक मूल्यों की अवहेलना की जाती है, सदस्यों में निराशा पैदा होती है और सत्ता की उपेक्षा होने लगती है। ये सभी परिस्थितियाँ परिवार में विघटन के लिए उत्तरदायी है।

(12) जनसंख्या-वृद्धि और नागरिक समस्याएँ–जनसंख्या-वृद्धि औद्योगीकरण और नगरीकरण से सम्बन्धित अनेक समस्याओं को जन्म देती है। लोग गाँव छोड़ कर शहरों की ओर आने लगते हैं। परिणामस्वरूप उद्योगों एवं नगरों द्वारा जनित सामाजिक समस्याएँ पनपती हैं।

(13) जनसंख्या-वृद्धि और राजनीति–जनसंख्या-वृद्धि ने राजनीति को भी प्रभावित किया है। दो विश्वयुद्धों के अनेक कारणों में से एक कारण यह भी था कि जापान, इटली एवं अन्य देशों की जनसंख्या बढ़ रही थी। अत: बढ़ती जनसंख्या को बसाने के लिए दूसरे देशों पर आक्रमण किया गया। इस प्रकार जनसंख्या-वृद्धि, युद्ध, साम्राज्यवाद, क्रान्ति, पूंजीवाद, आदि के लिए भी उत्तरदायी है। अधिक जनसंख्या प्रशासकों के सामने प्रशासनिक समस्याएँ पैदा कर देती है।

(14) जनसंख्या वृद्धि और पर्यावरण–जनसंख्या वृद्धि से हमारा पर्यावरण भी प्रभावित हुआ है। नगरीय क्षेत्रों में जल एवं वायु प्रदूषण की समस्या काफी हद तक इसी की देन है। जैसे-जैसे जनसंख्या तथा प्रति व्यक्ति आय में वृद्धि हो रही है, उसी अनुपात में यातायात के साधनों की भी संख्या बढ़ी है। इसी का परिणाम है कि वायुमण्डल में कार्बन-मोनो-ऑक्साइड तथा सीसा की बढ़ती मात्रा से विभिन्न रोगों में भी वृद्धि हुई है।

(15) जनसंख्या वृद्धि एवं पेयजल–जनसंख्या वृद्धि ने पेयजल की समस्या को भी निमन्त्रण दिया है, यद्यपि इस समस्या ने अन्तर्राष्ट्रीय रूप धारण कर लिया है। देश में पेयजल की समस्या गम्भीर रूप से धारण करती जा रही है।

जनसंख्या को नियन्त्रित करने के उपाय

भारत में जनसंख्या वृद्धि ने अनेक सामाजिक, आर्थिक एवं राजनीतिक समस्याएँ पैदा की है, अत: शीघ्रातिशीघ्र इस समस्या को हल करना आवश्यक है अन्यथा हमारे आर्थिक विकास की गति धीमी रहेगी और हमें जन-विस्फोट के परिणाम भुगतने होंगे। **अलग घोष** कहते हैं कि भारत में सावधानीपूर्वक जनसंख्या नियोजन की शीघ्र आवश्यकता है अन्यथा जनसंख्या-वृद्धि हमारी आर्थिक प्रगति को समाप्त कर देगी। अत: यदि जनसंख्या-वृद्धि पर रोक नहीं लगी तो भरण-पोषण की विकट समस्या खड़ी हो जायेगी। इसलिए बढ़ती जनसंख्या को रोकना आवश्यक है। इसके लिए निम्नलिखित सुझाव दिये गये हैं :

(1) विवाह की अयु में वृद्धि–जनसंख्या-वृद्धि पर रोक लगाने के लिए बाल-विवाह पर कठोर नियन्त्रण लगा दिया जाय तथा कानूनी रूप से विवाह की आयु बढ़ाकर लड़कियों की 21 वर्ष एवं लड़कों की 24वर्ष की दी जाय। अधिक आयु में विवाह होने से लड़कियों के प्रजनन काल का पूरा-पूरा उपयोग नहीं हो पायेगा और जन्म लेने वाली सन्तानों की संख्या कम होगी।

(2) शिक्षा प्रसार–अज्ञानता और गरीबी भी अधिक जनसंख्या के लिए उत्तरदायी है। लोगों को नियोजित परिवार के लाभों का ज्ञान करवाया जाय और शिक्षा संस्थाओं में यौनशिक्षा प्रदान की जाय। शिक्षा के प्रसार के साथ-साथ परिवार का आकार भी छोटा होगा क्योंकि शिक्षित दम्पत्ति छोटे परिवारों के लाभों को ध्यान में रखते हुए स्वयं ही परिवार नियोजन हेतु साधनों को अपनाने के लिए प्रेरित होंगे।

(3) गर्भपात–बढ़ती जनसंख्या को रोकने के लिए गर्भपात की छूट दी जानी चाहिए। इसके लिए गर्भपात के नियमों को और अधिक उदार बनाया जाय। वर्तमान में गर्भपात की छूट तीन परिस्थितियों में दी गयी है:

(क) जब गर्भ धारण करना माँ के जीवन और स्वास्थ्य के लिए खतरा उत्पन्न करता हो।

(ख) जब अपंग सन्तान पैदा होने की संभावना हो।

(ग) मानवीय दृष्टिकोण से अर्थात् जब किसी लड़की के साथ जबरन यौन सम्बन्ध स्थापित किया गया हो।

सन् 1971 के मेडिकल टर्मिनेशन ऑफ प्रेगनेन्सी एक्ट के द्वारा राज्यों को यह अधिकारि दिया गया है कि वे पंजीकृत डॉक्टरों को गर्भपात करने की आज्ञा प्रदान कर सकते हैं।

(4) संयम—जो लोग आत्म-संयम में विश्वास रखते हैं, वे जनसंख नियन्त्रण के लिए ब्रह्मचर्य का पालन करने एवं आत्म-संयम रखने की सलाह देते हैं। किन्तु यह विधि कठिन है तथा सभी व्यक्तियों से इसकी अपेक्षा नहीं की जा सकती।

(5) मनोरंजन—मनोरंजन के साधनों में वृद्धि करके उन्हें सस्ते दर पर लोगों को उपलबध कराया जाय। ऐसा होने पर यौन-सम्बन्धी आनन्द को ही मनोरंजन का एक मात्र साधन नहीं समझा जायेगा जिसके परिणामस्वरूप कुछ मात्रा में जनसंख्या नियन्त्रण हो सकेगा।

(6) भूमि व्यवस्था में सुधार—कई विद्वानों का विश्वास है कि यदि हमारी भूमि-व्यवस्था में सुधार हो जाय तो जनसंख्या समस्या बहुत कुछ सीमा तक हल हो जायेगी। कानूनी रूप से तो जमींदारी प्रथा का उन्मूलन किया जा चुका है, परन्तु व्यवहार में अब भी यह किसी न किसी रूप में विद्यमान है और इसी कारण किसानों की आर्थिक स्थिति दयनीय है। भूमि की चकबन्दी और उचित वितरण तथा कृषि में वैज्ञानिक साधनों का प्रयोग आदि इस समस्या को हल करने में बहुत कुछ योग दे सकते हैं।

(7) औद्योगीकरण—कुछ विद्वानों ने औद्योगिकरण को जनसंख्या समस्या की रामबाण दवा माना है। भारत में औद्योगीकरण का क्षेत्र विस्तृत है और काफी जनसंख्या इसमें खप सकेगी। जिस तरह से 19वीं सदी में इंग्लैण्ड और यूरोप में औद्योगीकरण और खाद्य-सामग्री के आयात ने बढ़ती जनसंख्या की समस्या को हल किया था, वैसी ही सम्भावना भारत के लिए भी है। फिर भी भारतीय परिस्थितियों में सम्भवत: ये उपाय उतने कारगर सिद्ध न हो क्योंकि आज की और उन दिनों की परिस्थितियों में अन्तर है। औद्योगीकरण ने हमारे यहाँ कुटीर व्यवसायों में लगे व्यक्तियों को काफी मात्रा में बेकार कर दिया है। भारत की अधिकांश जनसंख्या निर्धन है और उनकी औद्योगिक मांगे कम है। अत: औद्योगिकरण एवं जनसंख्या की समस्या पूरक नहीं है।

(8) समाजवाद—रूस में समाजवादी पुनर्निर्माण के कार्यक्रमों से प्रभावित हेाकर कुछ विद्वानों ने भारत में भी समाजवाद को जनसंख्या समस्या के निवारण का अचूक इलाज माना है। अब तक रूस ने योजनाबद्ध निर्माण से जो प्रगति की है वह प्रशंसनीय है। वहाँ कृषि, विज्ञान, उद्योग एवं आर्थिक क्षेत्र में तीव्र वृद्धि हुई है। साथ ही साथ जनसंख्या भी खूब बढ़ी है। वहाँ के समाजशास्त्री, अर्थशास्त्री और राजनीतिज्ञ बढ़ती

जनसंख्या को आर्थिक प्रगति के लिए आवश्यक मानते हैं। इसके लिए वहाँ कई प्रलोभन भी दिये जाते हैं। परन्तु भारत में समाजवादही बढ़ती जनसंख्या के लिए एकमात्र साधन के रूप में स्वीकार नहीं किया जा सकता। रूस का क्षेत्रफल भारत में आठ गुना है तथा दोनों देशों की परिस्थितियों में भी पर्याप्त भिन्नता है।

(9) देशान्तरण–प्रतिवर्ष भारत से लोगों को दूसरे देशों में भेजकर, उनके विदेश जाने को प्रोत्साहन देकर तथा विदेशी लोगों के आगमन पर रोक लगाकर भी जनसंख्या समस्या को हल करने का प्रयास किया सकता है। किन्तु इसमें कठिनाई यह है किऔसत भारतीय अपना देश छोड़कर बाहर जाना पसन्द नहीं करता क्योंकि सामाजिक-सांस्कृतिक भिन्नता एवं सामाजिक मूल्य इसमें बाधक हैं। अन्तर्राष्ट्रीय सहयोग और अनुकूल वातावरण के अभाव में भी यह उपाय कारगर सिद्ध नहीं हो पायेगा। विदेश जाने की एक दुष्परिणाम भी सामने आया है कि विदेश जाने वाले लोगों में अधिकांशत: बुद्धिजीवी वर्ग के लोग जैसे प्राध्यापक, डॉक्टर, इंजीनियर तथा व्यवसायी हैं। परिणामस्वरूप देश में उद्यमी एवं बुद्धिजीवी लोगों की कमी का खतरा उत्पन्न हो जाता है।

(10) परिवार नियोजन–जनसंख्या नियन्त्रण के लिए सर्वाधिक उपयुक्त विधि परिवार नियोजन के साधनों का प्रयोग है। नियोजित परिवार के लिए कम सन्तानें औरएक निश्चित अवधि के पश्चात् सन्ताने होना अच्छा माना गया है। परिवार नियोजन के अन्तर्गत अवांछित गर्भ को ोकने, बन्ध्याकरण करने, सुरक्षित काल का उपयोग करने एवं दवाओं, लूप,निरोध तथा जैली आदि के प्रयोग की सलाह दी जाती है। हम यहाँ परिवार नियोजन पर पृथक् से विचार करेंगे।

परिवार नियोजन (कल्याण)

बढ़ती हुई जनसंख्या को रोकने के लिए नियन्त्रण के अन्य साधनों की उपयोगिता में तो शंका नहीं की जा सकती है, लेकिन कया वे साधन वास्तव में इस ओर महत्वपूर्ण योगदान दे सकेंगे, यह दृढ़ता के साथ नहीं कहा जा सकता। अत: परिवार नियोजन जिसे आजकल परिवार कल्याण का नाम दिया गया है, ही एकमात्र कारगर साधन है जो बढ़ती जनसंख्या की समस्या को हल कर पायेगा। परिवार नियोजन का उद्देश्य गर्भ निरोधक साधनों का प्रचार एवं प्रसार करके जनता को उनका ज्ञान करवाना है जिससे कि विवाहित दम्पत्ति वांछित सन्तानों को ही जन्म दे सके तथा एक सुनियोजित एवं नियन्त्रित परिवार की रचना की जा सके। परिवार नियोजन कार्यक्रम का मुख्य लक्ष्य देश में अनुकूलतम जनसंख्या के स्तर को बनाये रखना है। अनुकूलतम जनसंख्या स्तर वह है जो देश में अधिकतम उत्पादन, उच्च जीवन-स्तर, राजनतिक

स्थिरता, आर्थिक सुरक्षा, पर्याप्त स्वतन्त्रता और सांस्कृतिक मूल्यों को प्राप्त करने में सहायता देता है।

परिवार-नियोजन के द्वारा जनसंख्या नियन्त्रण के लिए अनेक साधन अपनाये गये हैं जिनका उद्देश्य गर्भ-निरोध और गर्भपात है। इसमें से प्रमुख निम्न हैं :

(1) मौखिक गर्भ निरोधक गोलियाँ–इन्हें महीने में 20 दिन सेवन करना पड़ता है। भारत में इनकी कीमत अधिक होने तथा ग्रामीणों द्वारा इसे नियमित रूप से सेवन न करन पाने एवं गोलियों के अनुचित प्रभाव के कारण इनका प्रचलन अधिक नहीं हो पाया है।

(2) लूप–इसका उपयोग स्त्रियों के लिए किया जाता है।

(3) निरोध–ये पुरुषों के लिए सस्ते दामों और व्यापक मात्रा में प्रयोग के लिए उपलब्ध कराये गये है।

(4) कृत्रिम तरीके, जैसे क्रीम, जैली, फेनिल, गोलियाँ आदि।

(5) बन्ध्याकरण ऑपरेशन।

(6) यौन-शिक्षा देकर।

(7) परिवार नियोजन सम्बन्धी ज्ञान के प्रसार द्वारा।

(8) गर्भपात।

जनसंख्या वृद्धि : नियन्त्रण के उपाय

भारत में जनसंख्या को नियन्त्रित रखने के लिए जनसंख्या नीति बनी, इसमें संशोधन करते हुए, नये-नये प्रावधान रखे गये, विभिन्न पंचवर्षीय योजनाओं में लक्ष्य निर्धारित कर कार्यक्रम प्रस्तावित किये गये, निरन्तर परिवार कल्याण कार्यक्रमों को प्रभावी बनाने हेतु प्रोत्साहन अभिमुख योजनाएँ आ रही हैं। जनसंख्या सीमित रहे, जन्मदर संयत रहे, इस हेतु कुछ उपायों की विवेचना की जा रही है–

अधिक जनन क्षमता वाले क्षेत्रों की पहचान–जनन क्षमता जलवायु, खान-पान आदतों तथा प्राकृतिक पर्यावरण से सम्बद्ध है। जनसंख्या वितरण तथा घनत्व भी पूरे भारत में समान नहीं है। बड़ौदा के ऑपरेशन रिसर्च ग्रुप के जनसंख्या विशेषज्ञां ने जिलों और खण्डों की पहचान की है जो परिवार नियोजन का जनन क्षमता की दरों पर स्पष्ट प्रभाव दर्शाते हैं। इन विशेषज्ञोंने उन क्षेत्रों की पहचान की जहाँ परिवार नियोजन के कोई उपाय नहीं करने पर भी जनन क्षमत की दर बहुत नीचे रहती ऐसे क्षेत्रों की पहचान भी जहाँ परिवार नियोजन की उपाय करने के बाद भी जनन क्षमता की दर ऊँची रहती है। 1990 के सर्वेक्षण के अनुसार अरुणाचल प्रदेश, बिहार,

हरियाणा, मध्य प्रदेश, उत्तर प्रदेश और राजस्थान अधिक जनन क्षमता वाले राज्य हैं। आवश्यकता पर आधारित योजना और कार्यक्रम सदैव प्रभावी और सफल रहते हैं। इसी प्राकल्पना के अनुसार भारत में जनसंख्या नियन्त्रण हेतु क्षेत्रीय पहचान करना पहली आवश्यकता है उसे बाद नियन्त्रण के उपाय करना।

विवाह की उम्र पर नियन्त्रण–जनसंख्या वृद्धि के कारणों की विवेचना में भारत में बाल-विवाह या कम उम्र में विवाह भी एक महत्वपूर्ण कारण स्वीकार किया गय है। केरल में अन्य राज्यों की तुलना में जन्मदर कम है। केरल में विवाह की औसत आयु अन्य राज्यों की तुलना में अधिक है। कानूनी दृष्टिकोण से 18 वर्ष से कम उम्र की लड़की और 21 वर्ष से कम आयु के लड़के का विवाह अवैधानिक है, फिर भी राजस्थान में असंख्य बाल विवाह होते हैं। प्रचार माध्यमों से जनसाधारण को चेतावनी दी जाती है फिर भी असर नहीं होता। ऐसी दशा में कानूनों की कठोरता और कड़ाई से अनुपालना की आवश्यक है। जनचेतना जाग्रत करने के प्रयास तो कई समाज सुधारकों ने किये औरउनका प्रभाव भी हुआ। अब भी कठोर कानून के साथ-साथ जनमत तैयार करने पर कम उम्र के विवाह रोके जा सकें तो जनसंख्या वृद्धि नियन्त्रित हो सकती है।

शिक्षा का प्रसार–अशिक्षा भी भारत में जनसंख्या वृद्धि का एक कारण है। अशिक्षा के दुष्परिणामों को हम जानते हैं, लेकिन अशिक्षित व्यक्ति में तार्किकता, वैज्ञानिक दृष्टिकोण का अभाव होने से जनसंख्या नियन्त्रण के उपाय भी वह आसानी से समझ नहीं सकता। शिक्षित होने पर तर्कशक्ति का विकास होता है, अत: व्यक्ति समस्याओं को समझ सकते हैं, अंधविश्वास और रूढ़िवादिता से छुटकारा पा सकते हैं। पुन: केरल राज्य का उदाहरण हमारे सामने है। यह राज्य पूर्ण साक्षर है इसलिए वहाँ जनसंख्या वृद्धि दर कम है। पूरा भारत जब शिक्षित होगा तो निश्चय ही जनसंख्या वृद्धि दर भी नियन्त्रित हो सकेगी।

जनसंख्या शिक्षा–जनसंख्या से सम्बन्धित महत्वपूर्ण तथ्यों की जानकारी समुदाय के सभी सदस्यों को दी जानी चाहिए। विशेष तौर पर जन्मदर, मृत्युदर का जनसंख्या में वृद्धि किस प्रकार सम्बन्ध है। कम उम्र में विवाह तथा प्रजनन से जैविकीय प्रभावों की जानकारी, जनसंख्या आधिक्य के दुष्प्रभाव, सीमित संसाधन और असीमित आवश्यकताएँ आदि प्रमुख पहलूओं के बारे में विस्तृत जानकारी व्यवस्थित रूपसे समाज में सभी को उपलब्ध करवाने का प्रबंध होना चाहिए। इससे जनचेतना स्वत: जाग्रत होगी, परिवार नियोजन के उपायों के प्रति लोगों का रूझान बढ़ेगा।

स्त्रियों की दशा में सुधार–स्त्रियों की सामाजिक, आर्थिक दशा में अभी सुधार की आवश्यकता है। भारतीय संविधान के अनुसार लिंगभेद के आधार पर कोई भेदभाव

नहीं किया जा सकता लेकिन समाज की वास्तविकता कुछ और ही है। ग्रामीण निरक्षर महिला आज भी एक संतान उत्पन्न करनेवाली मशीन के समान है जिसका उपयोग पुरुषमनचाहे तरीके से बेरोकटोक करता रहता है। स्त्री आज भी बेचारी दया की पात्र है, पुरुष के अधीन है, उसके पूर्ण नियन्त्रण में है, आर्थिक दृष्टि से पूर्णतया पुरुष पर निर्भर है। स्त्रियों की दशा में नगण्य सुधार हुआ है। केवल शहरी क्षेत्रों तक सुधार का प्रभाव है। जनसंख्या वृद्धि को नियन्त्रित करने के लिए भारत में सर्वोच्च प्राथमिकता स्त्रियों की दशा सुधारने की होनी चाहिए। स्त्री शिक्षा अनिवार्य हो जाये, भारत की स्त्री पुरुष के समकक्ष आ जाए, तो स्त्री की जागरूकता बढ़ेगी। जनसंख्या नियन्त्रण प्रभावी तरीके से संभव होगा।

आर्थिक विकास—देश की समृद्धि आदर्श जनसंख्या पर निर्भर है और आदर्श जनसंख्या देश की समृद्धि के लिए आवश्यक है, दोनों एक-दूसरे के पूरक हैं। एकतरफा प्रयास तो असफल होता है। देश का आर्थिक विकास हो, बेरोजगारी, निर्धनता समाप्त करने के लिए निरन्तर प्रयास हो रहे हैं, लेकिन जनसंख्या वृद्धि अधिक होने से सारे प्रयास सीमित हो जाते हैं। उत्पादन निरन्तर बढ़ रहा है। सभी को अपनी आवश्यकता पूरी करने हेतु साधन उपलब्ध होने चाहिए, शिक्षा, स्वास्थ्य मनोरंजन भी प्राथमिकता में है।

राष्ट्रीय स्वास्थ्य नीति—राष्ट्रीय स्वास्थ्य नीति के अनुसार जनसंख्या की आदर्श स्थिति को प्राप्त करना हमारा प्रथम उद्देश्य है। आदर्श स्थिति से तात्पर्य शुद्ध प्रजनन दर को प्राप्त करने से है तथा जितने व्यक्ति जनसंख्या में कम होंगे उतने ही व्यक्ति जनसंख्या से जुड़े उससे अधिक नहीं। परिणामस्वरूप जनसंख्या में कोई वृद्धि नहीं होगी। आदर्श स्थिति के लिए कुछ प्रजनन दर 2.1 होनी चाहिए अर्थात् प्रत्येक महिला के औसत 2.1 बच्चे हों।

□□□

7

आरक्षण से महिलाओं का विकास

आरक्षण आदिकालीन शब्द है, जो दो शब्द आ+रक्षण से मिलकर बनता है। जिसका अर्थ है किसी अधिकार को आरक्षित करना या सुरक्षा की व्यवस्था करना। वर्तमान समय में आरक्षण की व्यापकता प्रत्येक क्षेत्र में है। चाहे यात्रा की बात हो, थियेटर, सिनेमा हाल, नृत्यवादन या अन्य प्रकार की आयोजन क्यों न हो सभी में आरक्षण की व्यापकता अपने पैर फैला रही है।

20वीं शताब्दी विश्व इतिहास की ऐसी अनोखी शताब्दी है कि जिसमें विश्व के अनेक देशों में सामाजिक संरचना एवं राजनीतिक व्यवस्था में परिवर्तन आया था। अनेक देशों में भिन्न-भिन्न जातियों और परिजातियों के लोग निवास करते थे, उन लोगों का जीवन भेदभावपूर्ण व्यवस्था पर आधारित था, परन्तु इन लोगों ने विगत शताब्दी से पूर्व व्यवस्था में परिवर्तन लाने का प्रयास नहीं किया।

सर्वविदित है कि संयुक्त राज्य अमेरिका की खोज 1492 ई. में कोलम्बस के द्वारा की गई थी, वहाँ इंग्लैण्ड और अन्य देशों के निवासी जाकर बस गए। संयुक्त राज्य अमेरिका में जो लोग जाकर बसे थे वे धर्म और जाति के आधार पर विभाजित थे, परन्तु मूल रूप से वहाँ दो जातियों का बाहुल्य था। एक वहाँ की आदिवासी जाति जिसे नीग्रो कहकर पुकारा जाता था। इन लोगों को बोल-चाल की भाषा में काले लोग कहकर सम्बोधित किया जाता था। दूसरी जाति श्वेत लोगों की थी, जिनमें अनेकों जातियों का सम्मिश्रण था। अंग्रेज, आयरिश, फ्रांसीसी, जर्मन, इटालियन, हंगेरियन, पोलिश, रूसी आदि जातियों का विस्तृत स्वरूप साधारण बोल-चाल की भाषा में 'श्वेत' के नाम से सम्बोधित किया करते थे।

यह व्यवस्था एशिया महाद्वीप के विशालतम देश भारत में प्रचलित जातीय व्यवस्था से भिन्न नहीं थी। भारत में आर्य लोगों ने अपने राजनीतिक प्रभुत्व स्थापित कर लेने के पश्चात् श्रम का विभाजन किया था। उस समय ऐसे कार्य जिनको करने

में हाथ, पैर और शरीर का प्रयोग कम से कम करना पड़ता था। उन कार्यों को वर्ण-व्यवस्था के अन्तर्गत प्रथम वर्ग-ब्राह्मण, क्षत्रिय और वैश्य-को सौंपा गया, जबकि शेष कार्य चतुर्थ वर्ग को दिये गये। उन्हें शूद्र कहकर सम्बोधित किया गया। भारतीय जाति व्यवस्था का यह प्रारम्भ था। जनसंख्या वृद्धि के साथ-साथ तथा भारतवर्ष में विदेशी लोगों के आगमन के परिणामस्वरूप जब वर्ण-व्यवस्था शिथिल होने लगी तब ब्राह्मणों ने सामाजिक संरचना को नष्ट होने से बचाए रखने के लिए अथवा अपने सामाजिक प्रभुत्व को बनाए रखने के लिए, कर्म-काण्ड पर बल देना प्रारम्भ किया। उस समय कतिपय धर्म शास्त्रों का निर्माण किया गया था। ये पौराणिक साहित्य कहलाता है। इसका मूल स्रोत वेद हैं जिनकी रचना आर्यों ने सर्वप्रथम की थी। प्रथम वेद को श्रुति कहकर पुकारा जाता है, जबकि अन्य तीन वेद उस पौराणिक साहित्य के मूल स्रोत थे जिसकी रचना उत्तरवैदिक काल से की जाने लगी थी। इस साहित्य के अन्तर्गत पुराण, स्मृति तथा अन्य ग्रंथ आते हैं तथा इनके अन्तर्गत कर्मकाण्ड के नियमों की विशद रूप से विवेचना की गई है।

1. भारत में जाति प्रथा का प्रारम्भ एवं भेदभावपूर्ण दीन-हीन स्थिति

भारतवर्ष में जाति प्रथा का प्रारम्भ निश्चित रूप से किस समय हुआ, इसका जन्मदाता कौन था इसके सम्बन्ध में कहना कठिन है। लेकिन जाति प्रथा भारतीय इतिहास के मध्यकाल में (दसवीं शताब्दी से लेकर उन्नीसवीं शताब्दी के प्रारंभ तक) इतनी अधिक जटिल हो चुकी थी कि उससे भारतीय सामाजिक जीवन का पतन प्रारंभ हुआ। जाति और उपजाति में विभाजित भारतीय समाज में संगठन और एकरुपता का अभाव था। ब्राह्मण वर्ग ने भारत के राजनीतिक शासकों पर अपना प्रभाव स्थापित करके उन्हें इतना अधिक कर्मकाण्ड के बंधनों में जकड़ दिया था कि वे लोग युद्ध और धार्मिक अनुष्ठानों के द्वारा अपना अस्तित्व बनाने में तल्लीन थे। उन लोगों ने अर्थ व्यवस्था का उत्तरदायित्व शूद्रों पर छोड़ दिया था। इन पददलित लोगों के साथ जिस प्रकार के अन्याय किये जाते थे उनका परिणाम यह निकला कि इस देश में अंग्रेजी साम्राज्य की स्थापना के बाद भारत के निम्न वर्ग ने (अनुसूचित जाति अथवा अनुसूचित जनजाति) के निवासियों ने अपने अस्तित्व को बनाए रखने के लिए आवाज उठाना प्रारम्भ किया। भारत के इन लोगों को अंग्रेजी शासन के दौरान अपने अधिकारों की माँग करने की प्रेरणा अन्य देशों से प्राप्त हुई थी। इन देशों में संयुक्त राज्य अमेरिका ऐसा प्रमुख देश था, जिसने भारत की प्रचलित व्यवस्था के विरुद्ध आवाज उठाने की प्रेरणा यहाँ के समाज सुधारकों को दी थी। लेकिन यह भी ऐतिहासिक दृष्टि से सत्य है कि मध्यकाल में मुस्लिम शासन के अत्याचारों से दुखित होकर कबीर और नानक इत्यादि संतों ने अपनी वाणी के द्वारा जाति प्रथा का विरोध किया था। यह

भी ऐतिहासिक दृष्टि से सत्य है कि भारत की दास-प्रथा का प्रारम्भ मध्यकाल की राजतन्त्रीय शासन प्रणाली की देन था। दास-प्रथा की उत्पत्ति के लिए जितनी राजनीतिक व्यवस्था उत्तरदायी थी उससे कहीं अधिक धार्मिक स्थिति उत्तरदायी थी। दक्षिण भारत की देवदासी-प्रथा इसका एक ज्वलंत उदाहरण है। यह व्यवस्था इतनी अधिक असह्य हो चुकी थी कि राजा राममोहन राय, दयानन्द सरस्वती महाराष्ट्र में ज्योति राव फूले इत्यादि समाज सुधारकों ने ब्राह्मणों के कर्मकाण्ड, भेदभावपूर्ण सामाजिक व्यवस्था एवं पद-दलितों के साथ होने वाले अत्याचारों के विरुद्ध आवाज उठाकर भारत के अछूतों का उद्धार करने का प्रयास किया। वर्तमान शताब्दी के द्वितीय चरण में, जब भारत विदेशी शासन से मुक्त होने के लिये स्वतंत्रता आंदोलन में जुटा हुआ था, उस समय मोहनदास करमचन्द गाँधी ने भारत के पद-दलितों के समर्थन में आवाज उठाई। गाँधीजी ने दक्षिण अफ्रीका की यात्रा के पश्चात् भारतवर्ष के पिछड़े वर्ग के उत्थान का बीड़ा उठाया था। वहां उन्होंने काले लोगों पर श्वेत लोगों के अत्याचारों को व्यक्तिगत रूप से देखा था। ठीक इसी समय विश्व के अन्य देशों में भी पद-दलित लोगों के उद्धार के लिए आवाज उठने लगी थी। गाँधीजी ने अपनी सोच का केन्द्र-बिन्दु अनुसूचित जाति पर केन्द्रित किया था।

यहाँ यह तथ्य भी उल्लेखनीय है कि भारत के शूद्रों की आधुनिक समय में कमोवेश वही स्थिति थी जिसे दसवीं शताब्दी के भाष्यकार शंकराचार्य ने उत्तराधिकार में प्रदान की थी। शंकराचार्य ने अपने भाष्य में लिखा था "शूद्र को न वेद सुनने का अधिकार है और न पढ़ने का, न उसको अर्थ समझने का अधिकार है और न उसके अनुसार अनुष्ठान करने का। यदि वह शूद्र वेद पढ़ने वालों के पास जाकर वेद को सुन ले तो उसके दोनों कानों में सीसा और लाख पिघलाकर भर देनी चाहिये। शूद्र चलता-फिरता श्मशान होता है। अत: उसके समीप वेद नहीं पढ़ना चाहिए। वेद का उच्चारण करने पर शूद्र की जीभ काट लेनी चाहिए और वेद को सुनकर कण्ठस्थ करने पर उसके शरीर को चीर देना चाहिए। शूद्र को ज्ञान नहीं देना चाहिए।"[7] दार्शनिकों की दृष्टि में शंकर ने अद्वैतवाद के झण्डे तले ब्राह्मणवाद की जड़ों को ठोस बनाया था।

उत्तर वैदिक काल में ही जन साधारण इस दुरूह वर्ण-व्यवस्था से उकता चुका था। महावीर स्वामी और गौतम बुद्ध ने ब्राह्मणों के प्रभुत्व को चुनौती देने के उद्देश्य से जन साधारण तक अपनी पहुँच बना ली थी। यह वर्ण-व्यवस्था का प्रथम विरोध था। गुप्त काल में ब्राह्मण धर्म का पुनरोत्थान हुआ। उस समय एक बार फिर ब्राह्मणवाद का पुन: प्रभाव स्थापित हो गया था। इसी युग में वैष्णव और शैव मत का उदय हुआ था। विष्णु, शैव और कृष्ण के प्रति लोगों की श्रद्धा एवं आसक्ति

जागृत हो गई थी। भारतीय इतिहास में उसी समय से मूर्तियाँ बनाने और अवतारों में विश्वास करने की प्रेरणा पुनः बलवती हुई थी। इसका परिणाम यह निकला कि जब आदिशंकराचार्य का भारतीय क्षितिज पर अवतार हुआ तो उस समय ब्राह्मणवाद का पुन:प्रभाव स्थापित हुआ था। इसी समय से शूद्रों को अछूत और नीच कहकर पुकारा जाने लगा। शंकराचार्य का भाष्य एक प्रकार से पौराणिक धर्म की पुनरावृत्ति है। शंकराचार्य का एकेश्वरवाद उस समय जोरों पर था, जब पश्चिमी दिशा से मुसलमानों के निरन्तर आक्रमण हो रहे थे। इस्लाम भी एकेश्वरवाद में विश्वास करता है। मुसलमानों ने भारत में अपना राज्य स्थापित कर लेने के पश्चात संत, फकीर और पीरों के माध्यम से अछूतों को अपने पास उठने-बैठने दिया था। प्रचलित वर्ण व्यवस्था को इससे गहरा आघात पहुँचा, लेकिन भारत में तुर्क अफगान सुल्तानों के शासन काल में मंदिर तोड़े गये। उनके स्थान पर, उसी सामग्री से, मस्जिदों का निर्माण करवाया गया। लोभ, लालच देकर और बलपूर्वक लोगों ने जात-पात का विरोध करके भारतीय समाज को संगठित बनाए रखने का प्रयास किया था। ब्राह्मणों के अनुसार हिन्दुओं की ईश्वर में जो श्रद्धा जागृत हो चुकी थी और भारतीय हिन्दू कर्म-काण्ड पर बल देता हुआ अपने जीवन को मोक्ष प्राप्ति की लालसा में नष्ट करने लगा था उसमें पुनः श्रद्धा और विश्वास जगाने का कार्य कबीर, नानक, चैतन्य और रैदास इत्यादि संतों ने किया। मध्यकाल की यह परम्परा आधुनिक समय तक हिन्दू समाज को प्रभावित करती रही। नामदेव, बामन पण्डित रामदास, दयानंद सरस्वती इत्यादि विद्वान और समाज सुधारकों ने अपने प्रभावशाली प्रवचनों के माध्यम से हिन्दू समाज को संगठित बनाए रखने का प्रयास किया।

भारत में दलितोद्धार के प्रारम्भिक प्रयास

19वीं शताब्दी के धार्मिक और सामाजिक सुधारकों का लक्ष्य भारत से अंग्रेजों के शासन को समाप्त करना था। अंग्रजों के लगभग 150 वर्ष के शासन काल में भारतवासियों का भौतिकतावादी दृष्टिकोण बन गया था जो एकदम पाश्चात्य आदर्शों पर आधारित था। ईसाई मिशनरियों ने निम्न जातियों के बालकों को शिक्षा देने के बहाने और पददलित वर्ग की सामाजिक स्थिति को ऊँचा उठाने के बहाने भारतीय समाज में सेंध लगा दी। उस समय अंधविश्वास और श्रद्धा का स्थान बुद्धि और तर्क ने ले लिया। ईसाइयों के मानवतावादी दृष्टिकोण ने अछूतों के कल्याण के लिए किये गये कार्यक्रम के परिणामस्वरूप इस देश की जातीय-प्रथा को पंगु बना दिया था। अंग्रेज भारत में शिक्षा का प्रचार-प्रसार करके यहाँ की रूढ़िवादिता को समाप्त करना चाहते थे। अंग्रेजी शासन का यह प्रभाव अनुसूचित जाति और जनजाति के उत्थान की दिशा में उठाया गया महत्वपूर्ण मील का पत्थर था। उस समय अल्प

संख्या में अंतर्जातीय विवाह होने लगे। विधवा विवाह, जाति प्रथा इत्यादि सामाजिक बुराइयों का जब अन्त हो रहा था तो उस समय ब्रह्म समाज, आर्य समाज, प्रार्थना समाज, रामकृष्ण मिशन इत्यादि संस्थाएँ जातीय भेदभाव की कटु आलोचना करने को जुटी हुई थीं। उस समय ऊँच-नीच की भावना और छुआछूत के बंधन कुछ हद तक शिथिल हुए थे। यह एक ऐसा प्रयास था कि जिसके आधार पर कहा जा सकता है कि अंग्रेजी शासन काल में अछूतों के उद्धार के लिए गैर सरकारी स्तर पर भरपूर प्रयास किये गये थे। ज्योति राव फुले ने पहली बार अस्पृश्य जातियों को संगठित करने का प्रयास किया था। उसके पश्चात् डॉ. भीमराव अम्बेडकर ने 1920 ई. में अखिल भारतीय दलित वर्ग संघ एवं अखिल भारतीय दलित वर्ग फैडरेशन की स्थापना की थी। 1932 ई. में हरिजन सेवक संघ की स्थापना हुई। इस संघ में सवर्ण हिन्दू भी थे जिन्होंने अस्पृश्यता विरोधी आन्दोलन को गति देने में अपना योगदान दिया था। इसके बाद रामकृष्ण मिशन तथा अन्य संस्थाओं ने उन बंधनों को समाप्त करने का प्रयास किया जिनकी वजह से शूद्र अछूत और नीच कहलाते थे। इसी समय अनेक सुधार समितियों का भी गठन किया गया था।

भारत की स्वतंत्रता से पूर्व अछूतों के उद्धार के लिए सबसे अधिक योगदान राष्ट्रपिता मोहनदास करमचन्द गाँधी के द्वारा दिया गया था। उन्होंने समाचार पत्रों का दामन थाम कर 'यंग-इण्डिया' और 'हरिजन' में अपने विचारों को व्यक्त किया था। उन्होंने अनुभव किया कि छुआछूत हानिकारक और भयंकर दानव है। उन्होंने अछूतों के सम्बन्ध में लिखा था, "समाज उनका बहिष्कार करता है, आर्थिक दृष्टि से उनकी दशा और भी खराब है और धार्मिक दृष्टि से उन्हें उन स्थानों पर प्रवेश की अनुमति नहीं है जिन्हें ईश्वर के निवास की संज्ञा दी गई है। यदि हम छुआछूत को नहीं मिटाँएगे तो स्वयं मिट जाएँगे।" महात्मा गाँधी ने 30 सितम्बर, 1932 के दिन छुआछूत विरोधी संघ की स्थापना की थी, बाद में उसका नाम बदलकर हरिजन सेवक संघ कर दिया गया था। इसी के बाद से भारत के अछूत हरिजन कहकर सम्बोधित किये गये। 1933 ई. में अगस्त माह में महात्मा गाँधी ने छुआछूत के विरोध में आंदोलन प्रारम्भ किया था और हिन्दुओं की अंतरात्मा को जगाने के उद्देश्य से गांधी जी ने मई, 1933 में 21 दिन का अनशन रखा था। इस प्रकार महात्मा गाँधी ने छुआछूत को मिटाने के लिए अनवरत प्रयास प्रारंभ किए। गाँधीजी का प्रारंभ में उद्देश्य जातिप्रथा को जड़मूल से उखाड़ने का नहीं था, वे जातिप्रथा में सुधार लाना चाहते थे ताकि विघटित नहीं हो पाए। उन्होंने इस संबंध में कहा भी था, "जाति प्रथा को समाप्त करने का सबसे अधिक प्रभावशाली फलदायी तरीका यह है कि सुधारक स्वयं इस प्रकार का आचरण करें कि मानो जाति है ही नहीं और यदि उन्हें

इस आचरण में दुख भी उठाना पड़े तो सहर्ष उसे स्वीकार करें। वांछनीय यह है कि सवर्ण लड़कियाँ हरिजनों से विवाह करें। यदि मेरा बस चले तो मैं अपने प्रभाव में आने वाले सभी सवर्ण हिन्दू लड़के-लड़कियों को इस बात के लिए तैयार कर दूँगा कि वे हरिजनों से विवाह करें।'' गाँधीजी ने अपने अनुभवों के आधार पर बाद में कहा था कि छुआछूत तभी समाप्त हो सकती है जब जाति प्रथा का उन्मूलन हो जाए। गाँधीजी ने भारतीय राष्ट्रीय आंदोलन में जुटे हुए राजनीतिक नेताओं और जन साधारण का भी आह्वान किया था कि वे धर्म, प्रांतवाद, भाषा आदि का भेदभाव समाप्त करके भारत से अंग्रेजी शासन को उखाड़ फेंकने में संगठित होकर सहयोग दें। गाँधीजी के इस प्रयास का विरोध भी हुआ था। धर्मान्ध प्रवृत्ति के लोगों ने काली पट्टियाँ बाँधकर गाँधीजी के विरुद्ध प्रदर्शन भी किया था, परन्तु गाँधीजी इससे विचलित नहीं हुए। अनके सुधार समितियों के गठन के परिणामस्वरूप भारत के पद-दलितों को कुछ सुविधाएँ स्वतंत्रता प्राप्ति से पूर्व प्राप्त हो चुकी थी। लेकिन भारत की सामाजिक दुर्दशा, दासतापूर्ण जीवन, उत्पीड़न इत्यादि के विरुद्ध लेखकों और साहित्यकारों नें अपनी रचनाओं के माध्यम से आवाज उठाई। इस दिशा में श्री प्रेमचन्द का साहित्य, तथा आचार्य चतुर सेन का प्रसिद्ध उपन्यास 'गोली' उल्लेखनीय है। इनके माध्यम से पिछड़े वर्ग की स्थिति को दर्शाया गया था। गाँधीजी ने कहा था, ''मैं ऐसे भारत का निर्माण करना चाहता हूँ जिसमें गरीब भी यह समझे कि इसके बनाने में मेरी राय कम नहीं होगी। ऐसा भारत जिसमें सभी घुल-मिलकर रहेंगे।''

भारत में व्यक्ति पर जाति प्रथा का प्रभाव जन्म से ही प्रारम्भ हो जाता है। महाभारत के शांतिपर्व के अनुसार श्रीकृष्ण ने 100 ब्राह्मणों, 100 क्षत्रियों, 100 वैश्यों और 100 शूद्रों को जन्म दिया था। श्रीकृष्ण ने गीता प्रवचन में कहा था कि मैंने चारों वर्णों की रचना व्यक्तियों के गुण और कर्म के आधार पर की है लेकिन कालान्तर में जब वर्ण संकरता के कारण समाज में परिवर्तन आया तो उस समय जाति प्रथा के बंधन और अधिक कठोर हो गये। हिन्दुओं ने अपनी सुविधा के लिए प्रतिलोभ विवाह की अनुमति देकर वर्ण-संकर के बीज ऋग्वेद की रचना के साथ ही प्रारम्भ कर दिये थे। समाजशास्त्री इस सम्बन्ध में एकमत नहीं हैं कि जाति प्रथा आर्यों की देन है अथवा इसकी उत्पत्ति प्रजातीय भिन्नता और प्रजातीय मिश्रण के फलस्वरूप हुई थी। मध्य युग में जब भारत का हिन्दू समाज निराशा के घोर वातावरण में श्वास ले रहा था तब ईश्वर भक्ति और ईश्वर के प्रति श्रद्धा में लोग तल्लीन हो गये थे। तब जाति व्यवस्था ने इतना अधिक रौद्र रूप धारण कर लिया था कि इसके विरुद्ध भक्ति आंदोलन के सन्तों ने अपनी वाणी प्रसारित की ।

2. अमेरिका में नीग्रो जाति की स्थिति

संयुक्त राज्य अमेरिका में भी भारत की भांति विभिन्न जातियों, भाषाओं और धर्मों के लोग निवास करते हैं। इनमें श्वेत एवं नीग्रो जाति का बाहुल्य है। श्वेत लोगों में अनेक जातियों का सम्मिश्रण है–अंग्रेज, आयरिश, फ्रांसीसी, जर्मन, इटालियन, हंगेरियन, पोलिश, रूसी आदि। श्वेतों और नीग्रो जाति के लोगों के बीच पारस्परिक वैमनस्यता ने ऐसी विकट समस्याएँ पैदा कर दी हैं कि जिनका निराकरण करने के लिए अमेरिकन सरकार आज भी चिंतित है।

जिस प्रकार भारत में आर्यों के द्वारा स्थापित वर्ण व्यवस्था के अन्तर्गत शूद्रों को स्थान दिया गया था, जिसके परिणामस्वरूप कालांतर में छुआछूत की प्रथा प्रारम्भ हुई और वे शूद्र दास बनकर रह गये और उन्हें मानवीय अधिकारों से वंचित कर दिया गया। वह समस्या भारत में जातीय संघर्ष के मूल कारण के रूप में स्वतंत्रता प्राप्ति तक तथा आज भी विद्यमान है। उसी प्रकार अमेरिका में अंग्रेजों ने नीग्रो जाति के लोगों के साथ अच्छा व्यवहार नहीं किया था। उनके साथ लगभग वैसा ही व्यवहार किया जाता था जैसा भारत में शूद्रों के साथ, वे द्वितीय दर्जे के दास बने हुए थे। लेकिन भारत और अमेरिका के पददलित समाज में मूलभूत अंतर है। भारत में शूद्रों का उत्थान ईसा पूर्व 3000 ई. के लगभग हो चुका था। इस प्रकार भारतीय समाज में इनकी जड़ें काफी गहरी हो चुकी थीं। अमेरिका में यह समस्या केवल दो शताब्दी पुरानी है। वहाँ पर सामाजिक परिवर्तन, समाज सुधार विधि के द्वारा समस्या का समाधान करने का प्रयास किया गया। 4 जुलाई, 1776 को अस्तित्व में आए अमेरिका में यूरोप की विभिन्न जातियों का शनै: शनै: आगमन हुआ जिनमें अंग्रेजों की प्रधानता थी। यूरोपियन जातियों ने वहाँ अपने उपनिवेश स्थापित कर लिये थे। 1776 से पहले अमेरिका के जो मूल निवासी थे। अंग्रेजों ने इनको रेड इण्डियन कहकर पुकारा और इनका प्रारम्भ से ही शोषण करना प्रारम्भ कर दिया। अश्वेत लोगों को अफ्रीका से बतौर गुलाम कैद करके लाया था। उन्हें जानवरों की तरह बेचा खरीदा जाता था।

इंग्लैण्ड और यूरोप के अन्य देशों ने अमेरिका में जो अपने उपनिवेश स्थापित किए थे उनके निवासियों में सामाजिक और राजनीतिक चेतना जागृत होना प्रारंभ हो गयी थी। विभिन्न प्रशासनिक और आर्थिक कारणों के परिणामस्वरूप ब्रिटिश उपनिवेशवासियों में असंतोष बढ़ता गया। उस समय 13 उपनिवेशों के निवासियों ने जार्ज वाशिंगटन के नेतृत्व में अपने आपको स्वतंत्र घोषित कर दिया। उन लोगों ने इंग्लैण्ड के प्रति अपनी स्वामी भक्ति को त्यागकर उसके साथ अपना सम्बन्ध विच्छेद कर लिया। इंग्लैण्ड की सेनाओं को पराजित करके 4.7.1776 के दिन संयुक्त राज्य अमेरिका स्वतंत्र और प्रभुसत्ता सम्पन्न राष्ट्र बन गया था। वर्तमान में अमेरिका के

संयुक्त राज्य संख्या में 50 राज्य सम्मिलित हैं। केन्द्र और राज्य सराकरों के बीच संघीय व्यवस्था के आधार पर संबंध निर्धारित किये गये थे। 1789 में अमेरिका का संविधान बनकर तैयार हो गया। आज दो शताब्दी से भी अधिक समय व्यतीत हो चुका है लेकिन अमेरिकावासियों की अपने संविधान के प्रति घोर निष्ठा है। 220 वर्ष के इतिहास में अमेरिका में कई युद्ध हुए, कई राजनैतिक दलों ने अपने कार्यक्रम और नीति निर्माण की। राजनीतिक दलों के प्रतिनिधि के रूप में कई राष्ट्रपति निर्वाचित हुए लेकिन अमेरिका उत्तरोत्तर विकास करता गया। आज वह विश्व का महान देश है। प्रजातंत्रीय शासन प्रणाली का प्रतीक है।

अमेरिका में नीग्रो जाति के लोगों के सम्बन्ध में सुधार का कार्यक्रम 1829 में प्रारम्भ हुआ था। उस समय जैक्सन वहाँ के राष्ट्रपति थे। उसी समय श्रमिक संगठनों का गठन हुआ। स्त्रियों ने अपने अधिकारों की माँग की। अमेरिका में दास-प्रथा के विरोध में योजनाबद्ध ढंग से सुधार का प्रयास अब्राहम लिंकन के द्वारा किया गया था। सन् 1860 ई. में दास-प्रथा की समस्या को लेकर अमेरिका में प्रादेशिक मतभेद इतना अधिक बढ़ गया था कि लिंकन को इस महत्वपूर्ण समस्या का समाधान करने के लिए कदम उठाना पडा। दक्षिण अमेरिका की 15 राज्यों में नीग्रो लोगों की संख्या वहां रहने वाले श्वेत लोगों की जनसंख्या की लगभग आधी थी। नीग्रो जाति के साथ समान व्यवहार नहीं किया जाता था। उन पर विभिन्न प्रकार के अन्यायकारी प्रतिबंध लगे हुए थे। उदाहरण के लिए बागानों में, कपास के खेतों में और अन्य स्थानों पर इन लोगों के साथ भेदभावपूर्ण व्यवहार किया जाता था। अमेरिका के उत्तर में दास-विरोधी भावना पनप रही थी। इस प्रकार समूचे अमेरिका में दास-प्रथा विरोधी आंदोलन ने विकट स्वरूप धारण कर लिया था।

अमेरिका में दास-प्रथा का अंत

राष्ट्रपति लिंकन ने यह स्वीकार किया था कि दासता एक घोर अभिशाप है। सन् 1860 ई. में उन्होंने इलीनाय की घोषणा में कहा था कि ''दास प्रथा को सीमित किया जाए और शनैः शनैः उसका अंत कर दिया जाये।'' लिंकन ने अपने पहले चुनाव भाषण में कहा, ''मेरा विश्वास है कि यह सरकार आधी गुलाम और आधी आज़ाद सरकार रहकर स्थायी रूप से अस्तित्व में बनी नहीं रह सकती। मुझे विश्वास नहीं है कि संघ छिन्न-भिन्न हो जाएगा, मुझे यह भी आशा नहीं है कि यह घर ढह जाएगा लेकिन मुझे उम्मीद जरूर है कि यह अविभाजित नहीं रहेगा।'' लिंकन के इस भाषण के पश्चात् विभिन्न राज्यों में असंतोष और संघर्ष प्रारम्भ हो गया। 1860 में लिंकन ने रिपब्लिकन दल के उम्मीदवार के रूप में राष्ट्रपति का चुनाव जीता था। अमेरिका के औद्योगिक विकास की दृष्टि से यह अच्छा संकेत

था। उस समय से संघ समर्थक और संघ विरोधी राज्यों के बीच संघर्ष प्रारंभ हुआ। 25 जून से लेकर 1.7.1862 तक अमेरिका में रक्तरंजित गृहयुद्ध हुआ। इसमें दोनों ही पक्षों को घोर हानि उठानी पड़ी। 1.1.1863 के दिन लिंकन ने घोषणा की कि विद्रोही राज्यों के दासों को मुक्त कर दिया जाएगा और उन्हें उत्तर की सशस्त्र सेना में सम्मिलित करने का निमंत्रण भी दिया जाएगा। 1864 में लिंकन पुन: अमेरिका के राष्ट्रपति निर्वाचित हुए। उस समय उन्होंने अपने प्रथम भाषण में घोषणा की थी, ''हमें किसी के प्रति द्वेष न रखकर सबके प्रति सद्भाव की भावना रखनी चाहिये। जिस सकते ने हमें देखने की शक्ति दी है उस सकते पर दृढ़ रहकर हमें उस कार्य को पूरा करने का प्रयास करना है जो हमने अपने हाथ में लिया है–वह कार्य है राष्ट्र के घावों को भरना।'' इस महत्वपूर्ण घोषणा के दिन ही लिंकन की हत्या कर दी गई। अमेरिकन लोगों ने लिंकन की मृत्यु पर जितने आँसू बहाए उतने शायद और कभी नहीं बहाए गए थे। लिंकन के पश्चात् उपराष्ट्रपति ऐन्ड्रू जॉनसन ने राष्ट्रपति का कार्यभार सँभाला। वे लिंकन के साथ उपराष्ट्रपति थे। अत: उन्होंने लिंकन के पुनर्निर्माण कार्यों को जारी रखा। अमेरिका में जो गृह-युद्ध हुआ था उसका एक परिणाम यह निकला कि नीग्रो जाति के लोगों के प्रति अमेरिकन जनता का समर्थन और सहयोग बढ़ने लगा। परिणामस्वरूप 1866 में अमेरिकन काँग्रेस ने विधेयक पारित करके वर्ग भेद को समाप्त कर दिया। इस प्रकार नीग्रो जाति के लोगों को नागरिकता के समान अधिकार प्राप्त हो गए।

अमेरिका में नीग्रो प्रजाति की आर्थिक स्थिति

निर्धनता मानव समाज का अभिन्न अंग है। यह एक ऐसा अभिशाप है जो प्रत्येक देश की जनता को त्रस्त करता रहता है। अमेरिका में वहाँ कोने-कोने में गरीब आलाप कर रहे हैं, वे लोग प्रदर्शन करतें है और राजधानी वाशिंगटन की ओर जाते हुए नारे लगाते हैं ''वाशिंगटन चलो''।

अमेरिका में निर्धन से तात्पर्य है कि पति-पत्नी और दो बच्चों के परिवार की वार्षिक आय 3000 डॉलर अथवा 250 डॉलर प्रतिमाह से कम हो। यह मापदण्ड भारत में भी अपनाया जाता है। हमारे देश में 250/- रु. मासिक से कम आय वाले परिवार को पिछड़े वर्ग में रखा गया है। उसे पिछड़े वर्ग की सभी सुविधाएँ प्रदान की जाती हैं लेकिन अमेरिका का निर्धन व्यक्ति आज उन सुविधाओं का उपयोग कर रहा है जो गरीबों के लिए उपलब्ध कराई जा सकती है परन्तु उनकी सुविधाओं में उत्तरोत्तर वृद्धि हो रही है। अमेरिका में निर्धन व्यक्तियों का संघर्ष इन सुविधाओं को समाप्त करने के लिए किया गया है ताकि वे लोग औसत मध्यम श्रेणी में सम्मिलित होने की स्थिति में आ जाएँ । वहाँ 6000 डॉलर वार्षिक आय वाले परिवार

को इस श्रेणी में रखा गया है। इस न्यूनतम स्तर को प्राप्त करने के लिए अमेरिकन गरीब लड़ रहे हैं। उनकी आवाज को भरपूर समर्थन मिल रहा है।

गरीबों का यह संघर्ष काले-गोरों के मध्य संघर्ष का पहलू कहा जा सकता है क्योंकि इसमें कम आमदनी वाले गोरे लोग भी शामिल हैं। इस प्रकार आंदोलन रंगभेद विरोधी संघर्ष का विस्तार है। यह कहने की आवश्यकता नहीं कि इस कूच के अनुयायियों में 90 प्रतिशत तक काले व्यक्ति हैं क्योंकि आर्थिक शोषण के वास्तविक शिकार वे ही लोग रहे हैं। काले लोगों की तुलना में गोरे लोगों की निर्धनता नाम मात्र है। अतएव यह आंदोलन अब उस स्थिति में पहुँच गया है कि जहाँ गोरे शासक काले लोगों की उपेक्षा नहीं कर सकते हैं।

अर्द्ध शताब्दी पूर्व गोरे लोग काले लोगों को अपने पास फटकने भी नहीं देते थे। वे लोग चुनाव में भाग नहीं ले सकें, इसलिए मतदान पर टैक्स लगा दिया गया था। मतदान के लिए योग्यताएँ निर्धारित कर दी गई थीं, जो कि काले लोगों के पास नहीं होती थी। बस में काले व्यक्ति आगे की सीट पर नहीं बैठ सकते थे। यह स्थिति द्वितीय महायुद्ध के पूर्व तक विद्यमान थी, लेकिन उसके बाद काले लोगों की पूछ होने लगी। अमेरिका के द्वितीय महायुद्ध के दौरान सवा-करोड़ काले व्यक्तियों को अपनी सेना में भरती करना पड़ा। रिक्त स्थानों पर काले लोगों को नियुक्त करके अमेरिकन सरकार ने इन लोगों की पूछ करना प्रारम्भ कर दिया था। सैंकड़ों की संख्या में काले सेना में भरती हो गये और कुछ लोग उन सरकारी नौकरियों में लगा दिये गये जहाँ स्थान रिक्त हो गये थे। इसी समय से काले लोगों का दौर प्रारम्भ हो गया। आज ऐसा कोई काम नहीं है जहां गोरे लोगों के साथ काले काम नहीं करते। लेकिन आज भी यह स्थिति है कि उच्च पदों पर गोरों लोगों की तुलना में काले लोगों की संख्या नाममात्र की है। बड़े व्यवसाय भी काले लोगों के हाथ में नहीं आए हैं। इस प्रकार रंगभेद आज भी अमेरिका में विद्यमान है। काले और गोरों के बीच जो संघर्ष चल रहा है उसमें विजय किसकी होगी इसका आधार आर्थिक क्षेत्र है। जिसके पास अनुपातिक आर्थिक शक्ति प्रास होगी वही लड़ाई को जीत सकता है। इस प्रकार काले-गोरों के बीच का संघर्ष दो मोर्चों पर लड़ा जा रहा है। काले लोगों को शिक्षित और सुसंस्कृत बनाना होगा और उन्हें अपनी आवाज को निरंतर रूप से ऊँचा उठाए रखना होगा, तभी उनका आर्थिक स्तर ऊँचा उठ सकता है।

अमेरिका के काले लोगों के समक्ष सबसे बड़ी कठिनाई है कि वे अमेरिकन आर्थिक तंत्र में समाविष्ट होने में असमर्थ हैं। आज जो काले बेरोजगार हैं वे वो लोग हैं जो न तो शिक्षित हैं और न ही कोई हुनर जानते हैं। अमेरिका के समाज की व्यवस्था आज इस प्रकार की है कि वहाँ छोटे से छोटे काम करने वाले का साक्षर

होना आवश्यक है। काले लोग अशिक्षित और अनपढ़ क्यों रहे? उसका एकमात्र कारण आर्थिक साधनों का अभाव था। ज्यादातर काले लोग दक्षिण के कृषि क्षेत्रों से पलायन करके शहरों में जाकर बस गए। जब अमेरिकन सरकार ने दक्षिणी भाग में खेती का यंत्रीकरण करने की योजना लागू की तो लाखों खेतीहर मजदूर बेरोजगार हो गये। इस शताब्दी के सातवें दशक तक इन बेरोजगारों के पास अपनी जमीन नहीं थी। शिक्षा के क्षेत्र में भी वे पिछड़े हुए थे। यंत्रीकरण ने कोढ़ में खाज उत्पन्न कर दी। आज अधिकांश काले लोग बड़े शहरों में बसे हुए हैं। जो लोग शहरों में रह रहे हैं वे बेरोजगार नहीं है, गरीब भी नहीं हैं, लेकिन जो नीग्रो अभी तक शहरों में पूरी तरह जम नहीं पाए हैं वे बेरोजगार हैं और गरीब हैं। इसके लिए उनके संस्कार उत्तरदायी है। उदाहरण से स्पष्ट है कि वाशिंगटन अमेरिका की राजधानी है। यहाँ काले लोगों का बहुमत है लेकिन फिर भी वे गरीब और बेरोजगार हैं। पहले वाशिंगटन नीग्रो बाहुल्य क्षेत्र नहीं था। लेकिन अब बन गया है। इसका कारण यह है कि बेरोजगारी के दौरान मिलने वाली सुविधाओं का लाभ उठाने के लिए अधिकांश नीग्रो लोग वाशिंगटन जाकर बस गए। वाशिंगटन केंद्रशासित प्रदेश है अतएव यहाँ के बेरोजगारों को जो भत्ता मिलता है वह संघीय दरों पर मिलता है। वाशिंगटन के पड़ौस में वर्जीनिया के प्रदेश में यह दर 100 से घटकर 75 डॉलर है। घर बैठे बेरोजगारी भत्ता मिलता रहना बेकार काले लोगों के लिए वरदान के स्थान पर अभिशाप सिद्ध हो रहा है। नैतिक दृष्टि से भी यह उनके लिए हानिकारक बना हुआ है। वे अपनी खेतीहर प्रकृति को बदलने के लिए तैयार नहीं हैं। जो कुछ उन्हें मिलता है उसी में गुजारा कर लेना पसंद करते है। काले और गोरे लोगों के बीच सांस्कृतिक समन्वय की भी समस्या है। काले लोग बेरोजगार हैं और इसलिए उनका जीवन स्तर गोरे लोगों के समान नहीं है। वे लोग काले लोगों के समाज के साथ सम्बन्ध भी स्थापित नहीं कर पाए हैं। उपनिवेशिक काल में काले लोगों को दीन-हीन स्थिति का बोझ वर्षों तक ढोना पड़ा था। इसलिए दोनों का स्तर समकक्ष नहीं है।

अमेरिका विश्व का एक महान शक्तिशाली और समृद्धशाली देश है। उसकी उन्नति का ठोस आधार वहाँ का संविधान है। अपनी विलक्षण संवैधानिक और राजनीतिक व्यवस्था के कारण ही अमेरिका विभिन्न चुनौतियों का सामना कर सका है। संयुक्त राज्य अमेरिका विश्व का प्रमुख देश है, जिसने राजतन्त्र का परित्याग करके प्रजातांत्रिक गणतंत्रीय व्यवस्था अपनाई थी। यह विश्व का पहला देश है जहाँ संघीय शासन व्यवस्था प्रारम्भ की गई थी। धर्मनिरपेक्ष राष्ट्र की अवधारणा भी सर्वप्रथम अमेरिका से ही प्रारम्भ हुई थी।

3. अमेरिकन संविधान का भारत के संविधान पर प्रभाव

भारत के समान अमेरिकन लोगों को भी स्वतंत्रता के लिए संघर्ष क रना पड़ा था। अमेरिका के स्वतंत्रता संग्राम ने भारत के स्वतंत्रता आंदोलन को प्रभावित किया था। भारत की स्वतंत्रता के पश्चात् हमारे देश के संविधान निर्माण की प्रेरणा भी अमेरिका से ही प्राप्त हुई थी। अमेरिका के संविधान में 13वाँ-14वाँ और 15वाँ संशोधन किये गये। 13वें संशोधन के द्वारा वहाँ दास-प्रथा को समाप्त कर दिया गया। 14वें संशोधन के द्वारा नागरिकता को परिभाषित किया गया। इसी संशोधन में यह भी स्पष्ट कर दिया गया था कि राजद्रोह अथवा किसी अन्य भीषण अपराध को छोड़कर अन्य सामान्य अपराध के लिए व्यक्ति को नागरिक अधिकारों से वंचित नही किया जाएगा। 15वें संशोधन के द्वारा जाति, वर्ण, दासता आदि के आधार पर किसी को नागरिकता के अधिकारों से वंचित न करने का प्रावधान किया गया। अमेरिका के संविधान से भारतीय संविधान-सभा के सदस्यों ने हमारे देश का संविधान बनाते समय बहुत कुछ ग्रहण किया था। अमेरिका से प्रेरणा लेकर गाँधीजी ने अपने दक्षिणी अफ्रीका के प्रवास के दौरान रंग-भेद की नीति का विरोध किया था। भारत लौटने के पश्चात् गाँधीजी ने रंगभेद विरोधी आंदोलन को इस देश में प्रारम्भ करना चाहा। जब भारत के संविधान का निर्माण हो रहा था तो उस समय नागरिकों के मौलिक अधिकार व जातीय भेदभाव के बिना समस्त नागरिकों को समान अधिकार देने का प्रावधान अमेरिका के संविधान की प्रेरणा का ही परिणाम था।

हमारे देश की संवैधानिक व्यवस्था मूल रूप से ब्रिटिश संसदीय व्यवस्था पर आधरित है लेकिन फिर भी हमारे देश की संघात्मक शासन व्यवस्था, संविधान की सर्वोच्चता की धारणा, मौलिक अधिकारों की व्यवस्था, न्यायालय की प्रभुता आदि अनेक प्रावधान अमेरिका से ग्रहण किये गये हैं। भारत के राष्ट्रपति को विशिष्ठ शक्तियां, न्यायिक पुनर्विलोकन आदि की व्यवस्थाएं, अमेरिकन संविधान के प्रभाव की द्योतक हैं। अमेरिका में दासता मुक्ति की समस्या का समाधान, वहां की राजनीतिक व्यवस्था, निर्वाचन प्रणाली एवं न्यायालय की स्वतंत्रता ऐसे महत्वपूर्ण प्रावधान है जो हमारे देश के संविधान निर्माताओं ने अंगीकार किये थे। लेकिन अमेरिका में राष्ट्रीयं स्तर पर केवल दो राजनीतिक दल हैं-री-पब्लिकन और डेमोक्रेटिक। अमेरिका में राष्ट्रपति का निर्वाचन उसके राजनीतिक जीवन की अत्यन्त महत्वपूर्ण घटना मानी जाती है।

सामाजिक परिवर्तन में विधि की सकारात्मक भूमिका

अमेरिका में राष्ट्रपति देश के सर्वेसर्वा होते हैं। राष्ट्रपति के निर्वाचन में गोरे लोगों के अतिरिक्त बहुजातीय लोगों की भी मुख्य भूमिका रहती है। 30.6.1971

के आँकड़ों के अनुसार अमेरिका में 143 राष्ट्रों के निवासी रह रहे थे, उन्हें अमेरिका की पूर्ण नागरिकता प्राप्त थी। 3.11.1976 के राष्ट्रपति चुनाव की घोषणा परिणामों के अनुसार अश्वेतों को न्याय दिलाने के संघर्ष का समर्थन करने वाले डेमोक्रेटिक पार्टी के प्रत्याशी जेम्स अर्लकार्टर रि-पब्लिकन पार्टी के उम्मीदवार पगेडे को पराजित करके अमेरिका के 39वें राष्ट्रपति निर्वाचित हुए। उस समय उनके निर्वाचन में विजयी बनने की भूमिका अल्पसंख्यक लोगों के मतों का परिणाम थी। कार्टर के विजयी होते ही एक अश्वेत ऐन्ड्रू यंग को अमेरिका ने संयुक्त राष्ट्र संघ में उसे अपना प्रमुख प्रतिनिधि नियुक्त किया। इस नियुक्ति के पश्चात् वे सब प्रयास प्रभावहीन हो गये जो संयुक्त राष्ट्र संघ में अमेरिका के गोरे और काले लोगों के बीच संघर्ष को लेकर होते थे। नीग्रो जाति को राजनीतिक सम्बल मिलने के बाद उसने अपने आपको संगठित करके अपने अधिकारों को प्राप्त करने के लिए योजनाबद्ध सतत प्रयास किए। परिणाम स्पष्ट है कि आज अमेरिका में रंग-भेद व वर्गभेद की समस्या लगभग नगण्य है।

अमेरिका के संविधान में मौलिक अधिकारों के प्रावधानों में व्यवस्था की गई है कि मूल, वंश, वर्ण, लिंग अथवा दासता की पूर्व स्थिति के आधार पर किसी भी व्यक्ति को मताधिकार से वंचित नहीं किया जा सकता। अमेरिका के प्रत्येक व्यक्ति को भ्रमण और व्यवसाय की स्वतंत्रता प्राप्त है। उसे समान कानूनी संरक्षण प्राप्त है। इस दृष्टि से देखा जाए तो अमेरिका के अश्वेत नागरिकों का राजनीतिक महत्व बढ़ गया है। उनकी संख्या भी अधिक हो गई है। अमेरिकन संविधान में यह भी स्पष्ट किया गया है कि वहाँ राज्य सरकारें अमेरिका के किसी भी नागरिक के विशेष अधिकारों को न तो समाप्त कर सकती है और न कम कर सकती है और न ही किसी कानून में समान संरक्षण से वंचित कर सकती है। राज्य सरकारें दास प्रथा को पुन: प्रारम्भ भी नहीं कर सकतीं। अमेरिका के संविधान में 1970 से पूर्व मतदाता सूची में नाम दर्ज कराने के लिए साधारण परीक्षा देना अनिवार्य था। इस प्रावधान के अनुसार नीग्रो मताधिकार से वंचित हो जाते थे, क्योंकि वे लोग निरक्षर थे। अत: 1970 में अमेरिकन संविधान के 26वें संशोधन के द्वारा मतदाता सूची में नाम पंजीकृत कराने के लिए साक्षरता परीक्षा रूपी प्रतिबंध को हटाने का मूल उद्देश्य नीग्रो लोगों को समान अधिकार प्रदान करना था। स्पष्ट है कि अमेरिका के नीग्रो लोगों ने अपना राजनीतिक अस्तित्व एवं सामाजिक समानता को प्राप्त करने के लिए विधि का सहारा लिया। भारत के संविधान ने इस देश के अनुसूचित जाति और जन जाति के लोगों को किस रूप में कब और कितनी सुविधाएँ प्रदान की हैं इसका उल्लेख आगामी पृष्ठों में किया जा रहा है।

4. विश्व के अन्य देशों में दलितोद्धार का कार्यक्रम

विश्व स्तर पर लोगों और सरकारों ने यह अनुभव किया कि राजनीतिक व्यवस्था में परिवर्तन किया जा सकता है। पिछड़े वर्ग के निवासी प्रत्येक देश में आर्थिक स्वतंत्रता, व्यावसायिक स्वतंत्रता, सामाजिक व धार्मिक स्वतंत्रता आदि सुविधाओं को प्राप्त करने के लिए प्रयास कर रहे थे। उन लोगों ने यह अनुभव किया कि मिलजुलकर, एक-दूसरे के साथ सहयोग करके, उद्देश्य को प्राप्त किया जा सकता है। आज विश्व के विकसित देश भी यह स्वीकार करते हैं कि विकासशील पिछड़े देशों को साथ रखने पर ही दोनों का अस्तित्व बना रह सकता है। अमेरिका में वर्ग भेद को मिटाने के लिए विसर्जन कानून बनाया गया था। इसी क्रम में दक्षिण अफ्रीका का भी उल्लेख करना समीचीन होगा। वहाँ भी जाति और नस्ल के भेदभाव पर आधारित गैर बराबरी और शोषण का अमानुषिक अध्याय समाप्त करने के लिए प्रयास किये गये। 19वीं शताब्दी के पश्चात् यूरोपियन उपनिवेशन वाद को समाप्त करके राजसत्ता अश्वेतों के हाथ में आ गई। लेकिन फिर भी यदा-कदा सांप्रदायिकता, अस्पृश्यता, जातिवाद, जनसंख्या वृद्धि, बेकारी, गरीबी, औद्योगीकरण, नगरीकरण, छात्र असंतोष, प्रशासनिक और आर्थिक असमानता तथा व्याप्त राजनीतिक भ्रष्टाचार के कारण एक वर्ग-विशेष अपने अधिकारों को प्राप्त करने और अन्याय के विरुद्ध विद्रोह करने के लिए तैयार हो गया था। इस परिस्थिति में नरसंहार और खून-खराबे का वातावरण व्याप्त हो गया था। यह स्थिति विश्व के कई देशों में उत्पन्न हो चुकी थी।

इस शताब्दी का भीषणतम जातीय संघर्ष अफ्रीका महाद्वीप के एक छोटे से राज्य रवाण्डा[2] में घटित हुआ था। वहाँ दो जनजातियों-तुत्सी और हूतू-के बीच संघर्ष हुआ। गृहयुद्ध में तीन माह की अल्प अवधि में छः लाख लोग, जिनमें नन्हे बच्चे और स्त्रियाँ शामिल हैं, संघर्ष में मौत के घाट उतार दिया गया था। स्थिति इतनी भयानक बन गई थी कि लाशों को दफनाने के लिए कब्रिस्तान में जगह नहीं थी। अतएव सड़कों, गलियों, तालाबों, पोखरों, नदी-नालों में लाशे सड़ाध मारने लगीं। मलेरिया, हैजा, पीलिया जैसे संक्रामक रोग फैल गए। दोनों ही जाति के लोग एक दूसरे को खोजते फिरते थे। प्रतिशोध की इस भीषण ज्वाला का आज भी निराकरण नहीं हो सका है।

रवाण्डा में केवल दो प्रमुख जाति ही निवास करती है। भारत में सैकड़ों जातियाँ शताब्दियों से निवास कर रही हैं। भारत में भी इस प्रकार का विरोध सर्वप्रथम चौथी शताब्दी ईस्वी पूर्व में उत्पन्न हुआ था। महावीर स्वामी और गौतम बुद्ध ने अपने-अपने आदर्शों को प्रसारित करते समय जातियों के भेदभाव को समाप्त करने का प्रयत्न किया था। लेकिन ब्राह्मण धर्म के पुनरुत्थान के कारण यह प्रयास मध्यकाल

और आधुनिक काल में अधिक सफलता प्राप्त नहीं कर सका। जब भारत स्वतंत्र हुआ तो उस समय इस दिशा में विभिन्न जातियाँ, विभिन्न धर्मों, भाषा, विश्वास और पूजा-पाठ का अनुसरण कर रही थीं। अतएव 1946 में संविधान सभा के गठन के पश्चात् संविधान निर्माताओं ने इस पर विशद् रूप से विचार-विमर्श किया। संविधान निर्मात्री सभा का निर्माण किया गया। उसके अध्यक्ष तत्कालीन विधिवेत्ता डॉ. भीमराव अम्बेडकर थे। उनके निर्देशन में जो संविधान तैयार किया गया वह 26 जनवरी, 1950 से स्वतंत्रता भारत में लागू किया गया था। उसके पश्चात् देश के सामाजिक परिवर्तन में विधि की भूमिका ने महत्वपूर्ण और सकारत्मक भूमिका निभाई है।

5. भारत में दलितोद्धार के कार्यक्रम

भारतवर्ष में अनुसूचित जातियाँ विभिन्न उपजातियों में विभाजित थीं। कुछ खेतीहर मजदूर थे, कुछ वेतनभोगी कर्मचारी थे, जो रोजी-रोटी के लिए सपरिवार मजदूरी करने जाते थे, कुछ खरीदे हुए अथवा बंधुआ दास थे जिनका कार्य भी मजदूरी था, लेकिन इसके अलावा नारी जाति के विभिन्न वर्ग भी पिछड़े वर्ग में सम्मिलित हैं। इनमें दक्षिण भारत की देव-दासियाँ मध्यकाल में मुस्लिम शासकों के धर्म की देखभाल करने वाले हींजड़े, राजपूतों के यहाँ शादी में दुल्हन के साथ डोली में दहेज के रूप में भेजी जाने वाली गोली ओर गोले तथा दास-दासियाँ भी पददलित वर्ग के महत्वपूर्ण अंग थे। इन लोगों की सामाजिक और आर्थिक स्थिति हीन थी। निरन्तर दरिद्रता और निरक्षरता के कारण ये लोग इतने अधिक पिछड़े हुए थे कि इन्हें अपने ऊपर आत्मविश्वास नहीं रहा था। शताब्दियों से इनके साथ जो छुआछूत और भेदभाव का व्यवहार किया जाता था उसके कारण इन लोगों में सामाजिक निर्बलता घर कर चुकी थी। इन लोगों को निरन्तर आर्थिक समस्याओं से जूझना पड़ता था। इस पिछड़े वर्ग के आर्थिक स्तर को ऊँचा उठाने के लिए गहन रूप में विचार-विमर्श किया गया। विशेष योजनाएँ बनाई गईं और कार्यक्रम तैयार किये गये। उनके माध्यम से निर्धनता को दूर करने का प्रयास प्रारम्भ किया गया। आबादी का निर्धन वर्ग सरकार के द्वारा किए गये विकास कार्यक्रम से लाभन्वित नही हो पा रहा था उस पर भी गहन विचार-विमर्श करना था ।

1991 की जनगणना के अनुसार अनुसूचित जाति की जनसंख्या 13.82 करोड़ थी जो देश की कुल आबादी की 16.48 प्रतिशत थी। राजस्थान में 1991 की जनगणना के अनुसार ही अनुसूचित जाति के निवासियों की आबादी 76.08 लाख थी जो राज्य की कुल आबादी की 17.29 प्रतिशत थी। इस आबादी के जीवन स्तर और आर्थिक स्तर में उन्नति करने के उद्देश्य से निम्नलिखित प्रयास किये गये-

(1) राष्ट्रीय आयोग स्थापित किया गया। यह आयोग 1950 से ही संविधान के अनुच्छेद 338 के अनुसार कार्य कर रहा है। इस आयोग का आयुक्त संवैधानिक अधिकारी के रूप में कार्य करता है। अनुसूचित जाति और जनजाति की सामाजिक समस्याओं को ध्यान में रखते हुए, संसद द्वारा संशोधित अधिनियमों की क्रियान्वित करना इस आयोग का कार्य है। 1990 में जो संशोधन (65वाँ संशोधन) किया गया था उसे राष्ट्रपति की 7 जून, 1990 के दिन स्वीकृति मिल गई थी। 12 मार्च, 1992 से यह संशोधन प्रभावी हुआ था। भारत सरकार के कल्याण मंत्रालय की अधिसूचना के द्वारा इस आयोग का गठन किया गया था। अनुच्छेद 338 के खण्ड-5 के अनुसार आयोग का कर्त्तव्य था-(क) अनुसूचित जातियों और जन-जातियों के लिए इसे संविधान या किसी अन्य विधि या सरकार के किसी आदेश के अधीन उपबंधित सुरक्षणों से सम्बन्धित सभी विषयों का अन्वेषण करना, उन पर निगरानी रखना और ऐसे संरक्षणों की क्रियान्विति का मूल्यांकन करना (ख) अनुसूचित जातियों और अनुसूचित जनजातियों को उनके अधिकारों और सुरक्षणों से वंचित करने के सम्बन्ध के निर्देशों/शिकायतों की जाँच करना (ग) अनुसूचित जातियों और अनुसूचित जनजातियों के सामाजिक, आर्थिक विकास की योजनाओं की प्रक्रिया में भाग लेना, उन पर सलाह देना तथा संघ और किसी राज्य के अधीन उनके विकास की प्रगति का मूल्यांकन करना (घ) उन सुरक्षणों की क्रिया-प्रणाली के बारे में प्रतिवर्ष और ऐसे समय पर जो आयोग ठीक समझे, राष्ट्रपति को प्रतिवेदन प्रस्तुत करना तथा संघ और किस राज्य के अधीन उनके विकास की प्रगति का मूल्यांकन करना (ङ) ऐसे प्रतिवेदनों में उन उपायों के बारे में जो उन सुरक्षणों के प्रभावपूर्ण क्रियान्वयन के लिए संघ या किसी राज्य द्वारा किये जाने चाहिए तथा अनुसूचित जातियों और जनजातियों के संरक्षण, कल्याण और सामाजिक आर्थिक विकास के लिए अन्य उपायों की अनुशंसा करना (च) अनुसूचित जातियों और जनजातियों के संरक्षण, कल्याण विकास और उन्नयन के सम्बनध में ऐसे अन्य कार्यों का निर्वहन करना जो राष्ट्रपति संसद द्वारा बताई गई किसी विधि के उपखण्डों के अधीन रहते हुए नियम द्वारा निर्दिष्ट करें।

अनुच्छेद 338 के खण्ड 8 के अनुसार आयोग को खण्ड-4 के उपखण्ड-(क) में निर्दिष्ट किसी विषय का अन्वेषण करते समय अथवा किसी परिवार के सम्बन्ध में जाँच करते समय विशिष्ट तथा वे अन्य सभी शक्तियाँ प्राप्त होंगी जो वाद का निराकरण करते समय सिविल न्यायालय को प्राप्त होती हैं अर्थात्-

(1) भारत के किसी भाग से किसी भी व्यक्ति के नाम सम्मन जारी करना, हाजिर कराना और शपथ पर उसकी परीक्षा करना।

(2) किसी दस्तावेज को प्रकट और पेश करने की अपेक्षा करना।

(3) शपथ पत्रों पर साक्ष्य ग्रहण करना।

(4) किसी न्यायालय या कार्यालय से किसी लोक अभिलेख या उसकी प्रति की अपेक्षा करना।

(5) साक्षियों और दस्तावेज की परीक्षा के लिए कमीशन नियुक्त करना।

(6) कोई अन्य विषय जो राष्ट्रपति नियमों के अनुसार अवधारित करे।

शिक्षा का विकास

किसी भी व्यक्ति की सामाजिक और राजनीतिक उन्नति के लिए समतावादी नीतियों के अनुसार सामाजिक और आर्थिक परिवर्तन लाने के लिए शिक्षा सर्वाधिक शक्तिशाली माध्यम होती है। हमारे संविधान निर्माताओं ने विशेष अनुच्छेद सम्मिलित करके देश के सभी लोगों और विशेषकर कमजोर लोगों के बीच शिक्षा को बढ़ावा देने के उद्देश्य से सक्रिय भूमिका निभाई थी। कमजोर वर्गों से तात्पर्य अनुसूचित जातियों से था ताकि वे अपना स्तर सुधार कर समाज में वांछित स्थान प्राप्त कर सकें। शैक्षणिक विकास को समुदाय के किसी भी वर्ग के विकास के लिए कालसूचक माना जाता है।

इसी क्रम में भारत सरकार तथा राजस्थान सरकार ने स्वतन्त्रता प्राप्ति के पश्चात् अनुसूचित जाति के शैक्षणिक आधार को ऊँचा उठाने के लिए विशेष प्रयास किये थे। जिस क्षेत्र में इस समुदाय के लोग बहुसंख्या में हैं वहाँ शैक्षणिक संस्थाएँ खोली गईं। छात्र-छात्राओं को छात्रवृत्तियाँ प्रदान की गईं, विद्यालय शुल्क से मुक्ति दी गई। विद्यार्थियों को दो वक्त का भोजन, वर्दी (यूनिफार्म) पुस्तकें और लेखन साम्रगी उपलब्ध कराई गई। कुछ शिक्षण संस्थाओं में प्रवेश के लिए सीटें आरक्षित की गईं। छात्रावास की सुविधाऐं उपलब्ध कराई गईं। कहीं-कहीं कोचिंग के प्रावधान भी किये गये। इन सभी के द्वारा अनुसूचित जातियों के शैक्षणिक आधार को ऊँचा उठाने में सक्रिय सहायता मिली है परन्तु इन सभी प्रयासों एवं प्रावधानों के उपरान्त भी अनुसूचित जातियों का शैक्षणिक विकास सवर्णों अथवा अन्य विकासशील जातियों के समकक्ष नहीं हो पाया है। साक्षरता की स्थिति का मूल्यांकन करते समय 1991 की जनसंख्या को आधार माना गया था। भारत में अनुसूचित जातियों की कुल आबादी 7.19 करोड़ पुरुष और 6.63 करोड़ महिलाएँ थी। राजस्थान में भी अनुसूचित जाति की कुल जनसंख्या 40.07 लाख पुरुष और 36.01 लाख महिलाएँ थीं। यह स्थिति भारत और राजस्थान में 1961 के बाद 1991 तक बनी रही। इस 30 वर्ष की अवधि में साक्षरता की प्रगति का लेख-जोखा निम्नलिखित तालिका के द्वारा प्रस्तुत कर रहा हूँ–

उपरोक्त सारणी के अनुसार राजस्थान में अनुसूचित जातियों की साक्षरता दर 26.29 प्रतिशत थी जबकि शेष भारत में यह दर 37.41 प्रतिशत थी। भारत के सबसे कम साक्षर राज्यों में बिहार था और राजस्थान का साक्षरता के दृष्टिकोण से 27वाँ स्थान था।

उपरोक्त आँकड़ों की समालोचना की जाय तो यह स्पष्ट हो जाता है कि अनुसूचित जाति व जनजाति की साक्षरता दर 1961 में 24 प्रतिशत थी जो 1991 में 52.21 प्रतिशत हो गई थी। 30 वर्ष के दौरान 28.21 प्रतिशत की दर में वृद्धि हुई जो यह इंगित करता है कि भारत में साक्षरता की दर में तो वृद्धि हुई थी लेकिन सम्पूर्ण देश के साक्षरता के आँकड़ों का अवलोकन करने से पता चलता है कि 1961 में साक्षरता की दर 10.27 प्रतिशत थी जिसमें वृद्धि अब हुई लेकिन सामान्य वर्ग की अनुसूचित जाति जनजाति से तुलना की जाय तो निम्न जातियों की साक्षरता दर में केवल 1.04 प्रतिशत ही वृद्धि हुई है। राजस्थान में सामान्य वर्ग की साक्षरता दर 1961 में 15.21 प्रतिशत थी जो 1991 में बढ़कर 38.55 हो गई थी। दोनों वर्गों की साक्षरता दरों की तुलना की जाय तो स्पष्ट हो जाता है कि अनुसूचित जातियों की साक्षरता दर में सामान्य की तुलना में 3.35 प्रतिशत कम वद्धि हुई थी। राजस्थान में अनुसूचित जातियों और सामान्य के बीच साक्षरता दर में अंतर 1961 में 8.81 प्रतिशत से बढ़कर 1971, 1981 और 1991 में क्रमशः 9.97 प्रतिशत 10.34 प्रतिशत व 12.26 प्रतिशत हो गया था। इससे स्पष्ट होता है कि साक्षरता दर में अन्तर निरन्तर बढ़ता रहा। अन्तर का कारण और परिणाम का विश्लेषण करने पर यह भी स्पष्ट हो जाता है कि 1981 में 10.34 प्रतिशत था जो बढ़कर 1991 में 12.26 और 19.48 प्रतिशत हो गया था। तात्पर्य यह है कि सामान्य जनगणना सारिणियों के आधार पर तथा राष्ट्रीय अनुसूचित जाति तथा अनुसूचित जनजाति आयोग की रिपोर्ट का मंथन किया जाए। इससे यह स्पष्ट हो जाता है कि साक्षरता का प्रतिशत भारत और राजस्थान में अब बढ़ा है लेकिन अनुसूचित जाति और जनजाति वर्ग के साक्षरता दर में अन्तर में निरन्तर वृद्धि होती रही।

महिला साक्षरता

अनादिकाल से सामाजिक एवं शैक्षणिक स्तर पर महिलाओं और पुरुषों के बीच असमानता विद्यमान रही है। जनसंख्या में महिलाओं की आबादी पुरुषों की आबादी की लगभग 50 प्रतिशत रही है। यह भी एक कटु सत्य है कि महिलाओं के सामाजिक और शैक्षणिक विकास के बगैर किसी भी देश का वास्तविक विकास संभव नहीं है। शैक्षणिक विकास की मुख्य धारा में स्त्रियों को सम्मिलित करना अत्यावश्यक है। भारत में पुरुषों की तुलना में अनुसूचित जाति की महिलाओं की

साक्षरता का प्रतिशत और स्तर बहुत कम है। अनुसूचित जाति की महिलाओं की साक्षरता दर में 1971 से 1991 के बीच जो वृद्धि हुई है उसे निम्नलिखित सारिणी द्वारा स्पष्ट किया जा सकता है–

क्र. सं.	विवरण	1971		1981		1991	
		भारत	राज.	भारत	राज.	भारत	राज.
1.	सामान्य (अ.जा. व अ.ज. जा. के अतिरिक्त)	22.25	11.44	29.43	15.31	44.82	20.44
2.	अनुसूचित जातियाँ	6.44	1.20	10.93	2.70	23.76	8.31
3.	अनुसूचित जातियाँ और गैर अ.जा. /अ.ज.जा. की महिला साक्षरता के दरों के बीच अंतर	15.81	10.21	18.50	12.61	21.06	18.65

भारत के सामान्य वर्ग की महिलाओं की साक्षरता दर 1971 में 22.25 प्रतिशत से बढ़कर 1991 में 44.82 प्रतिशत वृद्धि हुई थी अर्थात 22.57 प्रतिशत साक्षरता दर में वृद्धि हुई। इसी क्रम में अगर देखा जाय तो महिला साक्षरता की दर में जो 1971 में 6.44 प्रतिशत थी, 1991 में बढ़कर 23.76 प्रतिशत हो गई थी। अर्थात महिला साक्षरता की दर में उपरोक्त अवधि में 17.32 प्रतिशत की वृद्धि हुई। सामान्य वर्ग की महिला साक्षरता को वृद्धि की तुलना में अनुसूचित जाति और जन जाति की महिलाओं की साक्षरता दर में 5.25 प्रतिशत की कम वृद्धि हुई है। इस प्रकार 1971 का अंतर 15.81 प्रतिशत से बढ़कर 1991 में 21.06 प्रतिशत हो गया था।

राजस्थान की सामान्य महिला साक्षरता दर 1971 में 11.44 प्रतिशत से बढ़कर 1991 में 20.44 प्रतिशत हो गई थी। 20 वर्ष की अवधि के दौरान वृद्धि 9 प्रतिशत हुई परन्तु अनुसूचित जाति की महिला साक्षरता दर में 1971 से 1991 के बीच वृद्धि 1.20 प्रतिशत से 1991 में 8.31 प्रतिशत तक पहुँच गई थी। राजस्थान में अनुसूचित जाति की महिला साक्षरता दर में भारत की साक्षरता दर की तुलना में कम वृद्धि हुई है। भारत के स्तर पर महिला साक्षरता में 17.32 प्रतिशत वृद्धि हुई जबकि राजस्थान में केवल 7.11 प्रतिशत वृद्धि हुई। अनुसूचित जनजातियों के बीच

इस बढ़ते हुए अन्तर को कम करने के लिए कोई रचनात्मक ठोस कदम नहीं उठाये गये। इसलिये राज्य सरकार को इन समुदायों की साक्षरता दर और शैक्षणिक स्तर को ऊँचा उठाने के लिए विशेष प्रयास करना आवश्यक है। राष्ट्रीय अनुसूचित जाति तथा जनजाति आयोग की प्रथम रिपोर्ट के आधार पर महिलाओं के नामांकन की स्थिति का ब्यौरा निम्नलिखित सारिणी के द्वारा प्रस्तुत कर रहा हूँ। अनुसूचित जातियों का पूर्व प्राथमिक स्तर पर और प्राथमिक स्तर पर नामांकन उपेक्षित रहा। भावी शैक्षणिक विकास की दिशा में वृद्धि की आवश्यकता है। चूँकि शिक्षा के प्राथमिक और मिडिल स्तर पर नामांकन का अनुपात भावी शिक्षा की दृष्टि से सर्वाधिक निर्णायक होता है। राष्ट्रीय स्तर पर प्राथमिक कक्षाओं में समस्त सामान्य जाति के बच्चों का नामांकन अनुपात 105.7 प्रतिशत रहा है जबकि अनुसूचित जाति के बच्चों का नामांकन अनुपात 110.58 प्रतिशत रहा था। इस दृष्टि से भी अखिल भारतीय स्तर पर नामांकन का अनुपात पूर्ण रूप से सराहनीय नहीं है। राजस्थान में प्राथमिक कक्षाओं में अनुसूचित जाति के बच्चों का नामांकन अनुपात 72.46 है जो भारत के अन्य भागों में अनुपात की तुलना में बहुत कम है। राजस्थान में अनुसूचित जाति की लड़कियों का नामांकन अनुपात और भी कम है। वह मात्र 4.05 प्रतिशत है। देश को स्वतंत्र हुए लगभग अर्द्ध शताब्दी व्यतीत हो चुकी है और राजस्थान के निर्माण के पश्चात भी चार दशक का समय निकल चुका है लेकिन फिर भी राजस्थान प्रदेश की अनुसूचित जाति की लड़कियाँ स्कूलों में प्रवेश नहीं के बराबर लेती है। राजस्थान के आर्थिक और सामाजिक विकास के लिए शैक्षणिक विकास अनिवार्य है जो हमारे प्रदेश में अभी तक भावी कार्यक्रमों एवं आश्वासनों के घेरे में सीमित है।

सारणी

राजस्थान में वर्ष 1997-98 में नामांकित बच्चों की संख्या (लाख में)

कक्षा	आयु वर्ग	समस्त			अनुसूचित जाति		
		लड़के	लड़कियाँ	योग	लड़के	लड़कियाँ	योग
1-5	6-11	45.97	24.48	71.45	7.43	2.93	10.36
		64.34	35.66	100.00	71.12	28.28	100.00
6-8	11-14	16.37	6.12	22.49	2.91	0.85	3.76
		72.99	27.21	100.00	77.39	22.61	100.00
योग	6-14	62.34	31.60	93.94	10.34	3.78	14.12
1से8		66.36	33.64	100.00	73.23	26.77	100.00

स्त्रोत :– प्राथमिक एवं माध्यमिक शिक्षा विभाग, राजस्थान की वार्षिक प्रगति प्रतिवेदन वर्ष 1997–98, पृ. सं. 6–7

नोट :– कोष्ठक में कुल नामांकित बच्चों से नामांकित लड़के व लड़कियों का प्रतिशत दर्शाया गया है।

जनगणना 1991 के अनुसार राजस्थान में अनुसूचित जाति की जनसंख्या राज्य की कुल आबदी की 17.29 प्रतिशत है (पुरुष–17.39 प्रतिशत व महिलायें–17.18 प्रतिशत) थी। उपरोक्त सारिणी के अनुसार राज्य में वर्ष 1997–98 में प्राथमिक स्तर पर सामान्य (समस्त) बच्चे 71.45 लाख नामांकित हुए थे जिसमें से अनुसूचित जाति के नामांकित बच्चे 10.36 लाख हैं जो कि सामान्य का 14.50 प्रतिशत है। इससे स्पष्ट है कि राजस्थान में प्राथमिक स्तर पर अनुसूचित जाति के बच्चों का नामांकन सामान्य (समस्त) बच्चों के नामांकन का 14.50, उनकी आबादी के अनुपात 17.20 प्रतिशत से कम है। इस दृष्टि से राज्य में सामान्य वर्ग के बच्चों के शैक्षणिक विकास हेतु इस वर्ग के बच्चों को स्कूल में प्रवेश लेने के लिए प्रोत्साहित एवं जागरूक करने की आवश्यकता है।

उपरोक्त विश्लेषण से यह स्पष्ट हो जाता है कि भारत और राजस्थान के संदर्भ में अनुसूचित जातियों और जन–जातियों के सामाजिक स्तर को ऊँचा उठाने के लिए जो प्रयास किये गये उनसे पर्याप्त सकारात्मक परिणाम नहीं निकल सके। इसके कई कारण हो सकते हैं। (1) समाज के लोगों का प्रारम्भ में शिक्षा के प्रति अधिक रुझान नहीं था। (2) महिला शिक्षा को तो अधिक भारतवासी हेय दृष्टि से देखते थे। (3) स्कूलों में बच्चों का नामांकन कराने के बाद भी उनका अध्ययन छुड़वा दिया जाता था। इसलिए पूर्व प्राथमिक एवं प्राथमिक स्तर के बीच अन्तर काफी दिखाई देता है। यह स्थिति केवल अनुसूचित जाति एवं जनजाति की नहीं थी, समूचे भारतवासियों के रूढ़िवादी दृष्टिकोण कापरिणाम था जिसमें अब परिवर्तन आ रहा है। आज शिक्षा के प्रति जागरूकता बढ़ चुकी है। केन्द्र और राज्य सरकार के द्वारा भी साक्षरता अभियान को योजनाबद्ध ढंग से चलाकर शिक्षा के प्रति विरक्ति को तीव्र गति से दूर किया जा रहा है।

6. भारत में सामाजिक क्रान्ति

विगत पृष्ठों में भारतीय और अमेरिकन समाज की सामाजिक आर्थिक स्थिति का वर्णन किया गया है। भारत में सामाजिक परिवर्तन की दिशा में जो परिवर्तन आया उसके सम्बन्ध में विद्वानों ने भिन्न-भिन्न मत व्यक्त किये हैं। ब्रिण्टन नामक लेखक का कथन, ''कि वर्तमान सामाजिक संरचना के प्रति धारणाओं और मूल्यों में आमूलचूल परिवर्तन को क्रान्ति कहते हैं'' इस दृष्टि से विचार किया जाय तो भारत

में जो परिवर्तन आया वह एकाएक नहीं आया। यहाँ परिवर्तन अहिंसात्मक एवं शांतिपूर्वक तरीकों से हुआ। अतएव परिवर्तन की गति भी धीमी रही है। क्रान्ति के आवश्यक तत्व, तीव्र गति, आमूलचूल परिवर्तन और हिंसा है। ये तत्व भारत के सामाजिक परिवर्तन में दिखाई नहीं देते। भारत में सामाजिक परिवर्तन शनैः शनैः शांतिपूर्ण ढंग से हुए हैं। आंगबर्न और निमकॉफ के अनुसार "संस्कृति में महत्वपूर्ण प्रकार के तीव्र परिवर्तन को क्रान्ति कहते हैं।" इस दृष्टि से यदि विचार किया जाय तो भारतीय संस्कृति में अनेक बार क्रान्तिकारी परिवर्तन हुए हैं उन्हें आंगबर्न के अनुसार क्रान्ति कहना चाहिए। अहिंसक क्रान्तियाँ जो हुई हैं उनमें औद्योगिक क्रान्ति, विद्युतगुणयी क्रान्ति, कम्प्यूटर क्रान्ति और जनाधिकीय क्रान्तियाँ हैं। जापान में भी 1868 में मैजी शासन को पुनः स्थापित किया गया था। 1948 में चेकोस्लोवाकिया में क्रान्ति हुई है और गत शताब्दी में चीन में सांस्कृतिक क्रान्ति हुई है। लेकिन इन सभी क्रान्तिकारी परिवर्तनों में खून-खराबा बहुत अधिक हुआ था जबकि भारत में सामाजिक परिवर्तन तुलनात्मक दृष्टि से अहिंसात्मक रहा है। महात्मा गाँधी ने अहिंसक क्रान्ति का संचालन करके भारत को इंग्लैण्ड की सरकार से स्वतन्त्र कराया था। गाँधीजी ने सामाजिक परिवर्तन लाने के लिए जन आन्दोलन किया। वे अहिंसा के पुजारी थे। इस दिशा में सविनय अवज्ञा-आन्दोलन और भारत छोड़ो आन्दोलन को उद्धरित किया जा सकता है। आमरण अनशन एक ऐसा शस्त्र था कि जिसे अपनाकर गाँधीजी ने ब्रिटिश राजनीतिक व्यवस्था को उखाड़ फेंका था। गाँधीजी को उपरोक्त आंदोलनों के दौरान जन समर्थन प्राप्त हुआ। लेकिन फिर भी गाँधीजी भारत की सामाजिक व्यवस्था में पूर्ण क्रान्तिकारी परिवर्तन नहीं ला सके। इसका कारण यह था कि भारत का समाज उच्च और निम्न वर्ग में बँटा हुआ था। उच्च वर्ग में राजा-महाराजा, जमींदार-जागीरदार और उद्योगपति इतने सम्पन्न थे कि उन पर गाँधीजी के प्रयत्नों का प्रत्यक्ष रूप से प्रभाव नहीं पड़ा। भारत की स्वतन्त्रता के दो दशक बाद तक यहाँ के तत्कालीन राजाओं को प्रीविपर्स (शाही भत्ता) दिया गया। उन्हें पैतृक सम्पत्ति और भूमि को अपने अधिकार में रखने की छूट दी गई। जब कभी उनकी जमीन और जायदाद को अवाप्त किया जाता था तो उसके एवज में मुआवजा दिया जाता था। जागीरी उन्मूलन के पश्चात् जागीरदारों को भी मुआवजा दिया गया था। इस दिशा में आचार्य विनोबा भावे और जयप्रकाश नारायण के ऐतिहासिक प्रयास सर्वविदित हैं। यद्यपि इन दोनों ने भारत में सामाजिक परिवर्तन लाने के लिए गाँधीवाद का अनुसरण किया था लेकिन उसका वास्तविक स्वरूप भिन्न था। विनोबा भावे ने भूदान प्राप्त करके और ग्रामदान के द्वारा भूमि को गरीबों में बाँटा था। जयप्रकाश नारायण ने भी 1980 के दशक में सम्पूर्ण क्रान्ति का आह्वान किया था। इन प्रयासों के परिणामस्वरूप भारत की राजनीतिक, सामाजिक और आर्थिक स्थिति में आधारभूत परिवर्तन हुआ है। सर्वाधिक

परिवर्तन राजनीतिक व्यवस्था में आए हैं। 15 अगस्त 1947 के पश्चात् स्वतन्त्र भारत का नवीन संविधान तैयार करके 26 जनवरी, 1950 के दिन लागू किया गया। संविधान के द्वारा नागरिकों के राजनीतिक अधिकारों, पदों और विचारधारा में क्रान्तिकारी परिवर्तन आया। मतदान का अधिकार सभी वयस्कों को धर्म, जाति, जन्म, रंग, लिंगभेद अथवा प्रजाति के भेदभाव के बगैर प्रदान किया गया। इन परिवर्तनों के कारण दलित वर्ग के लोगों में जागृति उत्पन्न हुई। उनमें मानव गरिमा की भावना जागृत हुई। स्वतन्त्रता प्राप्ति से पहले समाज का पिछड़ा वर्ग, जिस दीन-हीन स्थिति में जीवन व्यतीत कर रहा था उसमें यह परिवर्तन आया कि स्वतन्त्रता प्राप्ति के बाद सुरक्षा, समानता और भ्रातृत्व की भावना जागृत हुई। अनेक क्षेत्रों में यह क्रान्तिकारी परिवर्तन मनोवैज्ञानिक आधार पर भी हुआ है। अनुसूचित जातियों और जनजातियों, भूमिहीन कृषकों एवं श्रमिकों और स्त्रियों में जो क्रान्तिकारी परिवर्तन आए हैं उनको हम सांस्कृतिक परिवर्तन कहकर पुकार सकते हैं। जाति व्यवस्था के कारण समाज जिन बन्धनों में जकड़ा हुआ था उनमें भी शिथिलता आई है। अनेक अधिनियमों के फलस्वरूप विवाह, दहेज, विधवा विवाह अथवा पुनर्विवाह में जो परिवर्तन आए हैं उनके लिए हमारे देश का संविधान उत्तरादायी है। इस प्रकार भारतवर्ष में जो सामाजिक परिवर्तन आया उसे हम सामाजिक क्रान्ति की संज्ञा दे सकते हैं।

7. सामाजिक परिवर्तन में विधि की भूमिका

किसी भी समाज में नियमन करना तथा उसमें सुधार एवं कल्याण के लिए सामाजिक कानूनों का निर्माण अनिवार्य होता है। उसके अभाव में समाज में नियन्त्रण एवं अनुशासन नहीं रहता। किसी भी समाज में अत्यधिक जटिलता के उत्पन्न होने पर पारस्परिक व्यवहार में एकरूपता का अभाव दृष्टिगोचर होता है। रूढ़ियाँ, धार्मिक बन्धन, अनौपचारिक तरीकों से सरलतापूर्वक कार्य नहीं करने की स्थिति में सामाजिक कानूनों का निर्माण किया जाता है। भारत में भी जाति से सम्बन्धित अनेक समस्याऐं उत्पन्न होती गईं, उनमें कुरीतियाँ घर करती गईं। विवाह और परिवार में कुरीतियाँ प्रवेश कर गई थीं। अतएव इन रूढ़ियों एवं कुरीतियों के समाधान के लिए हमारे देश में समय-समय पर अनेक कानून बनाए गए।

सरकार की व्यवस्था की आधारशिला संविधान होता है। इसे आधारभूत कानून भी कहकर पुकारा जाता है। शासन का कोई भी स्वरूप हो उसे संचालित करने के लिए सुनिश्चित एवं सुनिर्धारित सिद्धान्तों का सहारा लिया जाता है। इन्हीं सुनिश्चितता और निर्धारित नियमों का लिखित अथवा अलिखित संग्रह संविधान कहलाता है। इन नियमों के द्वारा राज्य का गठन किया जाता है, उसके स्वरूप एवं कार्यक्षेत्र को निर्धारत किया जाता है और नागरिकों के अधिकारों एवं कर्त्तव्यों तथा

नागरिकों के पारस्परिक सम्बन्धों की व्याख्या की जाती है। यदि किसी देश का संविधान नहीं हो अथवा उसमें आधारभूत नियमों की व्यवस्था नहीं हो तो राज्य वास्तविक रूप में राज्य नहीं रहता, वहाँ अराजकता/अव्यवस्था का वातावरण छा जाता है। इसलिए प्रत्येक राज्य में संविधान की सार्वभौमिकता को स्वीकार किया जाता है। प्रजातान्त्रिक शासन व्यवस्था में संविधान का वह स्थान है जो शारीरिक ढाँचे में रीढ़ की हड्डी का होता है।

भारत में सामाजिक अव्यवस्थाएँ विकट रूप धारण करके महती समस्याएँ बन चुकी थीं। उनका समाधान करने के लिए राज्य के द्वारा कानून पारित किये गये। इन कानूनों को सामाजिक विधान का नाम दिया गया। सामाजिक विधान व्याप्त सामाजिक कुरीतियों को समाप्त करने, समाज सुधार एवं कल्याण के द्वारा सामाजिक विघटन को रोकने के लिए बनाए गए थे। भारत में तो अनेक सामाजिक कुरीतियाँ सैकड़ों वर्षों से व्याप्त रही हैं। इनका समाधान किये बगैर समाज और देश प्रगति नहीं कर सकता। प्रजातान्त्रिक व्यवस्था प्रारम्भ होने के पश्चात् नवीन सामाजिक परिवर्तनों की आवश्यकता का अनुभव किया गया। अतएव समय-समय पर सामाजिक विधान बनाए गए। सर्वविदित है कि भारत विभिन्न धर्मों, जातियों और मतों के अनुयायियों का देश है। इन लोगों के रीति-रिवाज में भिन्नता है। अतएव अपराधों का निराकरण करते समय ये भिन्नताएँ बाधाएँ बन जाती हैं। भारत देश के नियमों में समानता एवं एकरूपता लाने के लिए सामाजिक विधान का होना अत्यन्त आवश्यक अनुभव किया गया। यदि परिवर्तनशील परिस्थितियों में भारतीय समाज रूढ़ियों और परम्पराओं से ग्रसित बना रहा तो भारत प्रगति नहीं कर सकता, प्रगति के लिए नवीन सामाजिक कानूनों का निर्माण अनिवार्य माना गया।

भारत पुरुष प्रधान समाज है जिसमें स्त्रियों को कभी भी समान सामाजिक स्थिति प्रदान नहीं की गई। उन्हें घर की चारदीवारी में रहने वाली असूर्यस्पर्शया नारी बना दिया गया था। मध्यकाल की इस देन ने कालान्तर में नारी समाज को सम्पत्ति और धार्मिक स्वतन्त्रता के अधिकार से वंचित कर दिया था। परिवार में रहते हुए, विशेष रूप से वैवाहिक सम्बन्धों के समय, उनके अधिकार नगण्य बन गए थे। अतएव विदेश की नारियों के द्वारा जब उनके अधिकारों के लिए आवाज उठाई गई तो भारत में भी नारी को पुरुष के समकक्ष अधिकार दिलाने के लिए सामाजिक विधान का निर्माण अत्यावश्यक माना गया। जब समाज में अत्यधिक जटिलता उत्पन्न हो जाती है तो उस समय परम्पराओं, रूढ़ियों और समस्याओं को नियन्त्रण में रखने के लिए कानून का निर्माण किया जाता है। यदि किसी समाज में प्रथा नहीं हो तो वह समाज सुचारु रूप से संगठित बना नहीं रह सकता। भारत में स्थिति अन्य देशों से

भिन्न है। यहाँ का समाज जाति व्यवस्था पर आधारित है। जातियों में निम्न स्तर पर अछूत/अस्पृश्य जातियाँ विद्यमान हैं जिन्हें शताब्दियों से सामाजिक, आर्थिक, राजनीतिक और धार्मिक अधिकारों से वंचित रखा गया है। इन जातियों को अन्य उच्च जातियों / सवर्णों के समकक्ष लाने के लिए सामाजिक विधान का निर्माण किया गया। सैकड़ों वर्षों की दासता के पश्चात् जब 1947 में भारत में प्रजातान्त्रिक शासन प्रणाली प्रारम्भ की गई, उस समय यह अनिवार्य हो गया था कि सब नागरिकों को स्वतन्त्रता, समानता और भरण-पोषण का अधिकार प्रदान किया जाय। नाबालिग लोगों के संरक्षक बनने के अधिकार ने गोद लेने के अधिकार को महत्वपूर्ण बनाया। स्त्रियों की सामाजिक प्रतिष्ठा में वृद्धि होने के साथ-साथ अन्य अस्पृश्य जातियों की निर्योग्यताएँ समाप्त कर दी गईं। उन्हें राजनीतिक, सामाजिक, आर्थिक और धार्मिक क्षेत्रों में अन्य जातियों के समान अधिकार प्रदान किये गये। इस प्रकार नवीन संविधान में भारतीय समाज को समानतावादी स्वरूप प्रदान किया गया था।

सामाजिक तस्वीर का यह एक पहलू है क्योंकि इसका व्यावहारिक पक्ष कुछ दूसरा ही रहा है। वास्तविक रूप में देखा जाय तो आजादी के 50 साल बाद भी भारतीय समाज पुरुष प्रधान बना हुआ है। स्त्रियों के सम्पत्ति सम्बन्धी अधिकार अब भी सीमित हैं। अभी विधवा स्त्रियाँ पुनर्विवाह और तलाक के कानूनों का प्रयोग अपवाद के रूप में करती हैं। कहने को दहेज प्रथा समाप्त करने के लिए सरकार और समाज के प्रबुद्ध नागरिकों ने अनवरत प्रयास किये हैं लेकिन विधवा विवाह नहीं होते और दहेज समस्याएँ घटने के स्थान पर अन्य रूप धारण करके बढ़ गई हैं। मीडिया में प्रकाशित समाचारों के अनुसार बाल विवाह आज भी सम्पन्न होते हैं। निम्न जाति के व्यक्तियों के साथ भेदभावपूर्ण व्यवहार होता है। विवाह के अवसर पर दूल्हे को घोड़ी पर नहीं बैठने देना और घोड़ी पर सवार दूल्हे को बलपूर्वक नीचे उतार देने के समाचार प्रकाशित होते रहते हैं। इस भेदभावपूर्ण व्यवहार के साथ बल का प्रयोग किया जाता है जिनके द्वारा किये गये अत्याचारों का प्रकाशन पत्र-पत्रिकाओं में होता रहता है। अन्तर्जातीय विवाह का प्रचलन आज भी बहुत सीमित रूप में है, वह भी केवल शिक्षित और शहरी लोगों तक ही सीमित है। स्पष्ट है कि सामाजिक कल्याण के लिए निर्मित कानूनों का उपयोग इस रूप में नहीं किया जा सका कि उससे सामाजिक कुरीतियाँ समाप्त हो जाएँ। निरक्षरता के कारण लोगों को उन नियमों का पूर्ण ज्ञान भी नहीं मिल पाता है। भारत में पिछड़ी जाति के नागरिक उनके लिए बनाई गई सुविधाओं के प्रति पूर्णरूपेण जागरूक नहीं हो पाए हैं, इसलिए सामाजिक कानून का उतना उपयोग नहीं हो सका है जितना होना चाहिये था। लेकिन यह स्पष्ट है कि साक्षरता की प्रगति के साथ-साथ जब जनचेतना उत्पन्न होगी तो सामाजिक बुराइयाँ समाप्त करने में सुगमता रहेगी।

समीक्षा करते समय उन कारणों की व्याख्या करना आवश्यक है कि जिनके कारण सामाजिक विधान सफल नहीं हो सका–

(1) सामाजिक कानूनों को लागू करते समय सरकार और शासन का उदासीनतापूर्ण दृष्टिकोण बना रहा।

(2) जन साधारण को उन कानूनों का ज्ञान नहीं है कि जिनके कारण उनके कष्टों का निवारण किया जा सकता हो, अतएव जनता का सहयोग प्राप्त नहीं हो सका।

(3) धार्मिक अंधविश्वासों और रूढ़ियों ने सामाजिक कानूनों को लागू करने में बाधाएँ उपस्थित की हैं।

(4) देश में आज भी बहुसंख्यक जनता अशिक्षित है अतएव के तर्क के स्थान पर रूढ़ियों को महत्व देते हैं।

(5) भारतीय समाज में नारी आर्थिक दृष्टि से आज भी पुरुष पर निर्भर है अतएव वे पुरुष के विरुद्ध अपने अधिकारों का खुले रूप से उपयोग नहीं कर सकती हैं।

(6) जातीय बंधन इतने अधिक कठोर हो चुके हैं कि अस्पृश्यता, अन्तर्जातीय विवाह इत्यादि का प्रचलन व्यापक रूप धारण नहीं कर पाया है।

(7) भारत में गरीबी और बेरोजगारी की इतनी अधिक व्यापक समस्या है कि इच्छुक होने पर भी व्यक्ति नवीन नियमों का उपयोग नहीं कर पाते हैं।

उपरोक्त समस्याओं के निराकरण के लिए मैं यह आवश्यक समझता हूँ कि–

1. जन जागृति उत्पन्न की जाये। प्रबल जनमत का निर्माण होने पर ही समस्या का समाधान किया जा सकता है। जनमत के निर्माण के लिए मीडिया का प्रयोग आवश्यक है। अतएव देश में रेडियो और समाचार पत्र का प्रकाश निष्पक्ष रूप से नियमित किया जाये। ऐसी विचार-गोष्ठियाँ आयोजित की जाएँ कि जिनके द्वारा रंगभेद के विरुद्ध जनमत तैयार किया जा सके।

2. जो अधिकारी सामाजिक विधान लागू करने के लिए नियुक्त हैं उनके दृष्टिकोण में भी परिवर्तन आना आवश्यक है। साथ ही सामाजिक कार्यकर्ताओं का सहयोग प्राप्त करना अधिकारियों के लिए आवश्यक है।

3. सरकार को ऐसे सेवा केन्द्रों की स्थापना करनी चाहिए जहाँ जनता जनार्दन को अधिकारों और कर्त्तव्यों के प्रति जागरूक किया जाए और उनका मार्गदर्शन किया जाये।
4. शिक्षा का प्रचार-प्रसार नियमित रूप से, तीव्र गति के साथ किया जाना चाहिये।
5. जो कानून में खामियाँ रह गई हैं उनको संशोधनों के द्वारा दूर किया जाये।
6. निर्धन और अज्ञानी ग्रामीणों को कानूनी सलाह देने के लिए विधिक सहायता उपलब्ध कराई जाये।
7. समाजशास्त्रियों और शोधकर्ताओं को सामाजिक समस्याओं के प्रति लगाव उत्पन्न करके अपने प्रयोगों को व्यावहारिक एवं वांछित स्वरूप प्रदान करना चाहिए। इनके बगैर समाज में अपेक्षित परिवर्तन संभव नहीं है।

भारत में जितने सामाजिक विधानों का निर्माण हुआ है जिनके द्वारा परम्परागत मूल्यों, संरचनाओं में परिवर्तन और सुधार किया गया है उनमें आशातीत सफलता इसलिए नहीं मिल सकी है कि उपरोक्त विषम परिस्थितियाँ समाज में विद्यमान हैं। भारत का जनमत आज भी संगठित और जागरूक नहीं है। इसलिए सरकार कानूनों को प्रभावी ढंग से लागू करने में सफल नहीं हो सकती है। यदि विधान का वांछित परिणाम प्राप्त करना है तो विधान को स्वीकार करके उसे तत्परता के साथ लागू करने की भावना उत्पन्न होना आवश्यक है।

सामाजिक नियम है कि प्रत्येक वस्तु परिवर्तनशील है। मानव का स्वभाव भी परिवर्तनशील है। आज तक ऐसा कोई समाज विश्व में नहीं हुआ है जो अपरिवर्तनीय हो। सत्ता के गलियारों में समाज की इस आधारभूत समस्या को सभी समझते और स्वीकार करते हैं इसलिए समाज की आवश्यकता के अनुरूप कानूनों का निर्माण किया जाता है। सामाजिक प्रगति और विकास के लिए योजनाबद्ध प्रयास होने चाहिए। प्रगति और विकास सामाजिक परिवर्तन की विशिष्ट प्रक्रियाएँ हैं। अतएव मूल्य निर्धारित करते समय सामाजिक परिवर्तन की दिशा निर्दिष्ट होनी चाहिए। स्वतन्त्र भारत की सरकार देश की जनता की गरीबी-बेरोजगारी को दूर करके उसके सामाजिक स्तर को ऊँचा उठाने का सुनहरा स्वप्न जनता को दिखाती रही है। देश की आर्थिक स्थिति को सुदृढ़ बनाने के लिए विभिन्न प्रकार के प्रयोग किये गये हैं जिनमें उदारीकरण का प्रयोग योजनाबद्ध ढंग से किया गया है। सन् 1951 के पश्चात् देश में अनवरत रूप से पंचवर्षीय योजनाएँ प्रारम्भ की गई हैं। इन योजनाओं के माध्यम से देश की

आर्थिक स्थिति को गतिशील बनाने का प्रयास विगत अर्द्ध शताब्दी से किया जा रहा है। यदि यह प्रयास ईमानदारी के साथ सरकार और उसके अधिकारियों के द्वारा लागू किये जाएँगे तो वांछित सामाजिक लक्ष्य प्राप्त किये जा सकते हैं। देश के लिए आवश्यक है कि सामाजिक आर्थिक विकास को योजनाबद्ध ढँग से लागू किया जा सके। उसके बगैर समस्याओं का समाधान नहीं हो सकता। आठ पंचवर्षीय योजनाएँ पूर्ण हो चुकी हैं और नवीं पंचवर्षीय योजना आज क्रियाशील है। इसमें भी संदेह नहीं कि इन योजनाओं के माध्यम से अनेक कल्याणकारी कार्य किये जा चुके हैं लेकिन केवल पंचवर्षीय योजना के द्वारा बेरोजगारी की समस्या, निरक्षरता का उन्मूलन, स्वास्थ्य, कृषि के क्षेत्र में सुधार, सामाजिक कुरीतियों का निवरण नहीं हो सका है। इसलिए भारत के गणतन्त्र को समृद्ध और सुदृढ़ बनाने के लिए यह आवश्यक है कि देश में संवैधानिक नियोजन को अपनाया जाए। समाजवादी समाज की स्थापना का लक्ष्य रखने वाले राजनीतिज्ञों ने देश और समाज में व्याप्त असंतोष का उन्मूलन नहीं किया। अमेरिका में दास-प्रथा के विरोध में गृहयुद्ध हुआ जिसके परिणामस्वरूप दास प्रथा का अन्त हो गया। इसी प्रकार की क्रान्ति परिवर्तन का आधार होती है। क्रान्ति के द्वारा सत्ता लोलुप शासकों को झटका दिया जाता है। उन्हें जब तक सत्ता से विमुक्त होने का भय नहीं होगा तब तक वे अपनी कार्य प्रणाली में ईमानदार और निष्पक्ष नहीं रहेंगे इसलिए विश्व के कतिपय देशों में सत्ताधारियों को अपनी जान से हाथ धोना पड़ा है। क्रान्ति की गति वांछित परिवर्तन के लिए इतनी तीव्र होती है कि वांछित सामाजिक परिवर्तन में आमूल-चूल अन्तर लाने के लिए विद्रोह, दंगे, सैनिक द्रोह आदि का सहारा लेना पड़ता है। क्रान्ति ही समाज में आकस्मिक परिवर्तन ला सकती है क्योंकि इसमें बल का प्रयोग होता है। क्रान्ति के द्वारा ही सामाजिक कानूनों को नया और प्रभावशाली रूप प्रदान किया जाता है। क्रान्ति ही अच्छे-बुरे मूल्यों को उखाड़ फेंकती है क्योंकि क्रान्ति में रक्तपात होता है और उसके परिणामस्वरूप परिवर्तन अवश्यम्भावी हो जाता है।

1. एक लम्बा संघर्ष-आरक्षण की अलग-अलग विधाएँ हैं, कहीं यह राजनीतिक पद के आधार पर किया गया तो कहीं धार्मिक, आर्थिक तो कहीं शैक्षणिक। वर्तमान में सर्वाधिक चर्चा का विषय है, राजनीति में महिला आरक्षण। राजनीति में महिलाओं के लिए आरक्षण एक लम्बे संघर्ष की कहानी है जो कि समाज की सामाजिक-आर्थिक पृष्ठभूमि से जुड़ा है।

2. विश्व के अन्य राष्ट्रों में नारी आरक्षण का इतिहास-विश्व के आधुनिक कहे जाने वाले राष्ट्रों का इतिहास भी राजनीतिक अधिकारों की प्राप्ति हेतु महिलाओं के संघर्ष से भरा है। ब्रिटेन तथा स्विटजरलैण्ड जैसे राज्य जो लोकतंत्र के प्रबल समर्थक रहे हैं वहाँ भी महिलाओं को लम्बे समय के पश्चात् मताधिकार का अधिकार

प्राप्त हुआ। न्यूजीलैण्ड, नार्वे आस्ट्रेलिया, कनाडा, डेनमार्क, अमेरिका आदि देशों में महिला आरक्षण को आरक्षण दिया गया। संयुक्त राष्ट्र संघ के सदस्य राष्ट्रों ने महिलाओं को मत देने एवं चुनाव में खड़े होने का अधिकार दिया।

3. संयुक्त राष्ट्र संघ द्वारा अन्तर्राष्ट्रीय वर्ष की घोषणा-संयुक्त राष्ट्र द्वारा घोषित अन्तर्राष्ट्रीय महिला वर्ष और तदुपरांत महिला दशक दुनिया भर में महिलाओं के प्रति भेदभाव का अंत करने के सम्बन्ध में 10 दिसम्बर, 1998 को मानवाधिकार सम्बन्धी सार्वभौमिक घोषणा पत्र की स्वीकृति प्रदान की गई।

4. महिला पुरुष समानता का अधिकार-7 नवम्बर 1967 में संयुक्त राष्ट्र संघ ने अपनी महासभा में पुरुष और महिलाओं के समान अधिकारों के सम्बन्ध में पुष्टि की। इसी कड़ी में सितम्बर 1995 में चीन के बीजिंग शहर में सम्पन्न हुए चौथे विश्व सम्मेलन में पुरुष के मुकाबले स्त्रियों को अवसरों और दर्जों की समानता की जरूरत पर जोर दिया।

भारतीय संसद द्वारा नारी आरक्षण पर बहस

1. सन् 1975 में महिलाओं की स्थिति से सम्बन्धित समानता का प्रतिवेदन प्रस्तुत किया गया जिसके अन्तर्गत महिला आरक्षण की बात कही गई, किन्तु इस प्रतिवेदन को समर्थन प्राप्त नहीं हो पाया।

2. सन् 1984 में पंचायतों में आरक्षण को लेकर 64वां संशोधन विधेयक लाया गया, किन्तु राज्य सभा में यह फेल हो गया।

3. दिसम्बर 1992 में संसद में 73वां संशोधन द्वारा इस विधेयक को पास कर यिा गया इस संशोधन विधेयक ने पंचायती राज संस्थाओं एवं शहरी स्थानीय संस्थाओं में महिलाओं को एक तिहाई आरक्षण का अवसर प्रदान किया गया।

4. दिसम्बर 1955 को आंध्रप्रदेश विधानसभा में सभी सेवा व पदों में महिलाओं के लिए 33 प्रतिशत आरक्षण हेतु प्रस्ताव लाया गया।

5. इस दिशा में सन् 1966 में प्राय: सभी राजकीय दलों ने महिलाओं के लिए 33 प्रतिशत आरक्षण प्रस्ताव को क्रियान्वित करने का वादा किया।

6. सन् 1996 में मानसून सत्र के खत्म होने के एक दिन पूर्व महिला आरक्षण लाया गया, किन्तु विरोधाभासों के चलते यह विधेयक संयुक्त चुनाव समिति को सौंप दिया गया।

7. वर्ष 1997 में गुजराल सरकान ने 81वां संविधान विधेयक तैयार किया, जिसमें अनुच्छेद 330 क तथा अनुच्छेद 332 क जोड़कर लोकसभा एवं विधानसभाओं में एक तिहाई स्थान महिलाओं के लिए आरक्षित करने का प्रावधान था किन्तु यह भी किन्हीं कारणों की वजह से असफल रहा।

8. तेरहवीं लोकसभा में भी समाजवादी पार्टी तथा जनता दल सहित विभिन्न

राजनीतिक दलों के आपसी मतभेद के कारण यह विधेयक पारित न हो सका।

महिला आरक्षण की आवश्यकता के कारण

1. राजनीतिक कारण– महिलाओं की स्थिति में एक महत्त्वपूर्ण परिवर्तन उस समय आया जब उन्हें वोट देने का अधिकार प्राप्त हुआ। 1917 में पूर्व बम्बई तथा मद्रास में महिलाओं को वोट का सीमित अधिकार था। 1917 में मांटेग्यू चेम्सफोर्ट सुधारों के तारतम्य में मान्टेग्यू ने भारत का दौरा किया। तब सरोजनी नायडू को प्रवक्ता बनाकर महिलाओं को वोट अधिकार को शामिल करने की मांग की परन्तु सफलता तब प्राप्त हुई जब कांग्रेस तथा मुस्लिम लींग जैसे प्रमुख राजनीतिक दलों ने महिला वोट अधिकार की मांग का समर्थन किया।

इस प्रकार 1919 के अधिनियम के निहित 1926 में चुनाव हुए तो कुछ प्रान्तों में जहाँ महिलाओं में शिक्षा का स्तर ऊँचा था, काफी महिलाओं ने अपने वोट डालने के अधिकार का प्रयोग किया। इस प्रकार ऐतिहासिक रूप से भारत में महिलाएँ पहली बार 1926 में विधान मण्डल की सदस्य भी बनी है। महिलाओं की उन्नति की दृष्टि से समूचे देश में पंचायतीराज संस्थाओं में सदस्यों एवं सरपंचों के स्तर पर महिलाओं को 33 प्रतिशत आरक्षण दिया। इस तरह धीरे-धीरे इस अधिकार का क्षेत्र ओर अधिक विस्तृत होता चला गया। आज जब देश में संवैधानिक रूप से नारी को बराबरी के अधिकार दिये हैं तो उसने अपने प्रतिभा कौशल के प्रमाण देने शुरू कर दिए है। राजनीति में श्रीमति सरोजनी नायडू, श्रीमति विजय लक्ष्मी पंडित, राजकुमारी अमृतकौर, कमला देवी चट्टोपाध्याय, श्रीमति इंदिरा गाँधी एवं डॉ. नजमा हेपतुल्ला आदि के नाम उल्लेखनीय है, किन्तु संख्यात्मक रूप से नगण्य है।

2. आर्थिक कारण-महिलाओं के लिए नौकरी का दायरा भी अत्यन्त सीमित है। उसे वहीं नौकरी करनी पड़ती है, जहाँ उसके पति या पिता का घर हो क्योंकि आज भी शारीरिक संरचना के कारण नारी को अपने आपकी रक्षा करने में असमर्थ माना जाता है। इस प्रकार मनुष्य ने समाज में ऐसे नये परिवर्तनों को स्वीकार किया जो उसके अपने लाभ के है। शिक्षा उसे इसलिए दी जाती है क्योंकि उसकी शादी करनी है, नौकरी इसलिए करती है क्योंकि आज परविार की जरूरत समझी जाती है। सरकार महंगाई बढ़ाए या बिजली की कटौती करें इन सब का भुगतान महिलाओं को ही करना पड़ता है। एक समय नारी के नौकरी करने पर उसकी और उंगली उठाई जाती थी, किन्तु आज के संदर्भ में नारी का खाली बैठना उचित नहीं लगता क्योंकि उसे माँ-बाप या पति के घर का खर्च चलाना है। प्राय: यह देखा गया है कि कामकाजी स्त्रियों के साथ गंभीर शारीरिक हिंसा नहीं पाई गई।

3. सामाजिक व अन्य कारण-आज महिलाओं को संपूर्ण भूमिका निभानी पड़ती है, परन्तु पुरुष समाज अपने सहज प्राप्त अधिकारों को छोड़ने के लिए तैयार नहीं

है। सदियों से अपने को श्रेष्ठ समझने की परम्परागत अधिकार, स्वामित्व की भावना, उच्चता की भावना, घर के मालिक की भावना, आज भी पुरुष वर्ग में विद्यमान है जिससे वह पत्नी के प्रति हिंसा हेतु प्रेरित होता है एंव हिंसा के माध्यम से स्त्री पर धाक जमाना चाहता है उसका सोचना है कि स्त्रियों को काबू में रखना चाहिए, सच्चे मर्द स्त्रियों पर हुकूमत करते है, यदि स्त्री अपने मन के माफिक न चली तो पुरुषार्थ पर धब्बा है। इसी का परिणाम है कि समाज में स्त्रियों के प्रति हिंसा न केवल बढ़ी है बल्कि उससे पहले से विकृत स्वरूप ले लिया है तथा हिंसा के नये-नये स्वरूप दृष्टिगोचर होने लगे हैं जिससे महिलाएँ अपने आप को बाहर तो क्या घर में सुरक्षित महसूस नहीं कर पा रही। अनुभव है कि पुरुष को केवल कष्ट ही पहुँचाना चाहता है बल्कि उसे सबक भी सिखाना चाहता है, जो कि उसकी परपीड़ावृत्ति का जीवन्त उदाहरण है।

निष्कर्षतः महिला आरक्षण की आवश्यकता केवल इसलिए ही नहीं है कि वह देश में सामाजिक एवं आर्थिक विकास में योगदान देगी बल्कि इसलिए भी है कि उनमें शोषण, उत्पीड़न, वैवाहिक हिंसा, बलात्कार, दहेज, देवदासी प्रथा, बहुविवाह एवं प्रर्दा प्रथा जैसी कुरीतियों से छुटकारा पाने का आत्मबल आ सकेगा।

साहित्य में नारी का स्थान

1. हिन्दी साहित्य में नारी का स्थान-आज यह प्रश्न हमारे सामने उठता है कि हिन्दी साहित्य की लम्बी परम्परा में नारी का क्या स्थान है? उसके विकास में नारी का क्या योगदान है? और हिन्दी साहित्य में नारी की समस्याओं को कितना स्थान दिया गया है? मुख्य प्रश्न यह है कि हिन्दी साहित्य में नारी किस रूप में व्यक्त हुई है? आदिकाल से आधुनिक काल तक के साहित्य पर दृष्टि डाले तो रोचक तथ्य सामने आते हैं। एक महत्त्वपूर्ण तथ्य यह है कि साहित्य में नारी को प्रेम व सैन्दर्य का प्रतीक मान कर प्रस्तुत किया जाता रहा है। आशय यह कि नारी को सौन्दर्य का प्रतीक मान कर प्रस्तुत किया जाता रहा है।

2. कथा साहित्य में नारी का स्थान-आधुनिक कथा साहित्य में विशेषत साहित्य की अन्य विद्याओं में भी नारी पर जोरों से चर्चा हो रही है। आलोचक उसको नोटिस में ले रहे हैं, शोधार्थी उस पर शोध प्रबन्ध लिख रहे हैं, लेखक संघ अपने सम्मेलन कर रहे हैं और पत्र-पत्रिकाओं में भी लेखिकाओं के साहित्यिक योगदान पर लेख प्रकाशित हो रहे हैं। कभी-कभी ऐसा लगता है कि नारी लेखन और इतिहासा में हिन्दी साहित्य की मुख्य धाराएँ बनने की ओर अग्रसर है।

3. नारी सौन्दर्य का बखान-प्रायः अभी तक पुरुष ही नारी के सौन्दर्य पर मुग्ध होकर उस पर प्रेम लुटाता रहा है या प्रेम की याचना करता रहा है। इसका मुख्य कारण यह है कि हिन्दी साहित्य के लम्बे इतिहास में लेखन कार्य अक्सर पुरुष

लेखकों द्वारा ही किया गया। मीराबाई एक अपवाद थी, जिसने ऐसे उत्तम पद लिखे जो कि आज तक कविता प्रेमियों के गले का हार बने हुए हैं। अन्यथा साहित्य पर पुरुष लेखकों का ही वर्चस्व रहा।

4. साहित्य में नारी का स्थान-साहित्य में नारी का स्थान केवल उसकी संख्या से निर्धारित नहीं होता, उन्होंने जो कुछ लिखा है और उनके बारे में जो लिखा गया, वह भी विचारणीय है। हिन्दी साहित्य के लम्बे इतिहास में पुरुष लेखकों ने नारी के बारे में बहुत कुछ लिखा, पर उसमें नारी की भावनाओं और उसके अन्तद्वन्द्वों का प्राय अभाव रहा। नारी की नियति और उसकी समस्याओं के बजाए उसके रूप-सौन्दर्य, उसकी प्रेम-क्षमता, उसके समर्पण ओर उसके द्वारा काम-तृप्ति की सामर्थ्य पर लेखकों ने अधिक ध्यान दिया। तात्पर्य यह कि साहित्यकारों ने नारी को पुरुष की दृष्टि से देखा। नारी को नारी की दृष्टि से नहीं देख पाये, यद्यपि साहित्यकारों को युग निर्माता, भविष्य दृष्टा प्रकृति-दृष्टा और न जाने क्या-क्या बतलाया जाता है। तर्क दिया जा सकता है कि पुरुष होकर वे नारी को नारी की दृष्टि से कैसे देख सकते हैं।

5. आधुनिक साहित्य में नारी का महत्त्व-आधुनिक काल में महिला साहित्यकारों ने रचनाएँ अवश्य छापी हैं, तथा उन्होंने साहित्य की विविध विद्याओं में अपनी पहचान भी बनाई है। महादेवी वर्मा, उषादेवी मिश्रा, मन्नू भण्डारी, मृदुला गर्ग, चन्द्रकांता, नासिरा शर्मा, कृष्णा सोबती, कृष्णा अग्निहोत्री, मैत्रेयी पुष्पा आदि अनेक महिलाओं ने साहित्य की विविधि विधाओं पर अपनी छाप छोड़ी है। इन्हें देखकर यही लगता है कि स्वतंत्रता के बाद साहित्य के क्षेत्र में महिलाओं ने पुरुषों के वर्चस्व को तोड़ा है,लेकिन संख्या में आज भी वे पुरुषों की तुलना में कम है।

6. पुरुष साहित्यकारों द्वारा नारी का वर्णन- अब यह देख लिया जाए कि हिन्दी साहित्य में पुरुष लेखकों ने नारी के बारे में जो कुछ लिखा उससे नारी का कैसा चित्र उभरता है ? आदिकाल से मध्यकाल तक का लगभग सारा साहित्य कवितात्मक है, और कवियों ने नारी को प्रेमिका, पत्नी, भोग की वस्तु समझकर उसका लौकिक वर्णन किया। जब वे नारी को माँ और देवी के रूप में देखते थे तो उसके उदात्त रूप का अंकन करते हुए वे उसे एक अलौकिक सत्ता का गौरव देते हुए उसे हाड़ माँस की नारी के बजाय तब वे उसके लौकिक रूप पर मुग्ध होते थे तो उसे प्राय: भोग्या ही बना कर छोड़ते थे। उसके पत्नी रूप के अंकन में तो वे धरती-आसमान एक कर देते थे। नायिका-भेद, कामदशाओं का तामझाम, इस बात का सूचक है कि मध्यकालीन हिन्दी कवियों, विशेषत: रीतिकालीन कवियों ने नारी के लौकिक, रमणीय रूप के चित्रण में अपनी सारी काव्यकला खर्च कर डाली, और जो कुछ बचा उसे नयी कविता के कवियों, प्रयोगवादियों और कविता के समर्थकों ने पूरा कर दिया।

7. कहानी या कविता में नारी का चित्रण-प्रयोगवादी और नयी कविता के कवि नारी विषयक अवधारणा और नारी चित्रण से भिन्न प्रतीत नहीं होते। नारी के प्रति अपने उन्मुक्त दृष्टिकोण को, नारी में सशरीर समा जाने की लालसा और अपनी काम कुण्ठाओं को वे खुलेआम व्यक्त करते रहे और यथार्थवाद के नाम पर अश्लील प्रेम कविताएँ लिखने से भी बाज नहीं आए। अज्ञेय ही द्वारा मानव की यौन वसनाआ की खूब धज्जियाँ उड़ाई गई। कविता से जड़े कवियों ने तो नारी को प्राय: एक खिलोना ही समझा। रीतिकालीन कविता में व्यंजित नारी के भोग्या रूप का आधुनिक संस्करण था।

❑❑❑

8

शिक्षा के क्षेत्र में महिलाएँ

भारत में स्त्री–शिक्षा की समस्याओं के सम्बन्ध में कई बार अध्ययन हुआ। हंटर आयोग, हर्टोग कमेटी आदि ने स्त्री–शिक्षा के प्रश्न पर ध्यान दिया और अपने–अपने सुझाव भी उपस्थित किये। स्वतन्त्र भारत में स्त्री–शिक्षा की समस्याओं का गहरा अध्ययन किया गया। राधाकृष्णन विश्वविद्यालय शिक्षा आयोग और मुदालियर माध्यमिक शिक्षा आयोग ने अपने–अपने बहुमूल्य सुझाव उपस्थित किये। 'श्रीमति दुर्गाबाई देशमुख' की अध्यक्षता में नेशनल कमेटी ऑन दी एजुकेशन ऑफ विमेन संगठित हुई। श्रीमति हंसा मेहता के अधीन बालक तथा बालिकाओं के शिक्षाक्रमों के विभेदीकरण से सम्बन्धित कमेटी तथा सी.एम. भक्तवत्सलन के अधीन पिछड़े प्रदेशों की स्त्री–शिक्षा की जाँच–सम्बन्धी कमेटी नियुक्त हुईं। कोठारी शिक्षा आयोग ने भी बालिका–शिक्षा की समस्याओं का अध्ययन किया और महत्त्वपूर्ण सुझाव उपस्थित किये। इन सभी अध्ययनों से हम निम्नांकित निष्कर्ष पर पहुँचते हैं।

दुनिया के निर्माण के पश्चात् ईश्वर ने विचार किया होगा कि इस दुनिया को और अधिक सुन्दर बनाना होगा और उन्होंने मानव की रचना की। मानव को दो रूप दिए एक पुरुष व दूसरा नारी। ये दोनों ही एक दूसरे के पूरक हैं किन्तु नारी के बिना दुनिया का कोई अस्तित्व ही नहीं है। ईश्वर ने नारी की शारीरिक रचना ही इस प्रकार की है कि संसार के भविष्य की वह स्वयं निर्मात्री हो गई। कई युग–पुरुष हुए हैं जो नारी के किसी न किसी रूप से चाहे वह माँ, बहन, पत्नी, भाभी अथवा दाई रही हो से प्रभावित होकर महान बने। अतः कहा जा सकता है कि युग चाहे जो भी रहा हो संसार की तरक्की नारी के विकास पर ही आधारित है।

मनु महाराज ने मनु स्मृति में नारी का विवेचन करते हुए स्पष्ट लिखा है कि:-

''यत्र नारियस्तु पूज्यन्ते, रमन्ते तत्र देवता।'' अर्थात जहाँ नारियों की पूजा होती है वहाँ देवता निवास करते हैं। निश्चित ही प्राचीन काल में नारियों का व्यक्तित्व

सुरक्षित था, वे अपना जीवन साथी स्वयं चुनती थी। सीता हो, कुन्ती हो अथवा कोई अन्य सुकन्या, सभी को स्वयंवर का अधिकार रहा है। प्राचीन काल में नारियों की स्थिति इतनी अच्छी होने के बावजूद अचानक भारत की परतंत्रता के साथ-साथ नारियों की परतंत्रता का भी श्री गणेश हुआ।

नारी शनैः-शनैः समय और विचारधाराओं के परिवर्तन से ज्ञात और अज्ञात कारणों से घर की ऊँची-ऊँची चार दीवारी में बन्द होकर अविधान एवं अज्ञान के अंधकार में डुबकियाँ लगाने लगी उसका पग-पग पर अपमान होता रहा तथा लगातार ठुकराए जाने के बावजूद भी वह जीवन की अन्तिम श्वांस तक सामाजिक यातनाओं को चुपचाप सहन करती रही। बाल विवाह, पर्दा-प्रथा, विधवाओं की दीन-हीन दशा, सती-प्रथा, कन्या पक्ष का नीचा समझा जाना, नारी की उच्च शिक्षा का बहिष्कार, उत्तराधिकार से वंचित होना और आर्थिक परतंत्रता जैसी सामाजिक कुरीतियों ने पराधीन भारत को इतना निम्न बनाया जाता रहा है कि वह नारी की पीड़ा को समझ न सका और आज स्वतंत्रता के वर्षों बाद भी बार-बार सचेत किए जाने पर भी भारत में पूर्णरूपेण नारी जागृति नहीं हो पाई है।

21वीं सदी में कदम रखने वाले भारतीय समाज में नारी को आज भी वह दर्जा प्राप्त नहीं हुआ है जो कि उसे बहुत पहले मिल जाना चाहिए था। वधू-दहन आज भी निर्भयता पूर्वक होता है, तलाक नारी के लिए कलंक व पुरुष के लिए आजादी है, जहाँ बालिका भ्रूण हत्या एक लैटेस्ट फैशन है। एक ऐसे अमानवीय, पतनशील समाज में स्त्री फिर भी जीवित है, यह क्या किसी आश्चर्य से कम है। नारी ने पूरी शिद्धत के साथ विपरीत और विषमतर परिस्थितियों में भी अपनी पहचान और महत्ता को सिद्ध किया है। नारी शक्ति, शौर्य और सामर्थ्य का दूसरा नाम है।

प्रारम्भ में नारी-पुरुष के कार्यों में कोई भेद नहीं था ज्यों-ज्यों मानव विकास की ओर बढ़ता चला गया, उसके कार्यों में विभाजन भी होता गया, इन कार्यों में विशेषीकरण आया तथा स्त्री-पुरुष में श्रम विभाजन हुआ, संसार का प्रत्येक समाज मातृसत्तात्मक परिवार होने से सम्पत्ति पर, परिवार के नाम पर, वंश गोत्र इत्यादि पर नारी का अधिकार होता था। जिससे उसकी स्थिति उच्च हुआ करती थी। लेकिन धीर-धीरे इस व्यवस्था में जो परिवर्तन हुआ और परिवार पितृसत्तात्मक हुए उससे हर मामले में पुरुष ने अपना आधिपत्य स्थापित किया और वह नारी को तुच्छ समझने लगा। उत्पादकता का आश्रय लेकर पुरुष ने नारी को घर की वस्तु बना दिया और स्वयं उसका मालिक बन बैठा।

हिन्दू दर्शन के अनुसार चार युग हुए-सतयुग, त्रेतायुग, द्वापरयुग और कलयुग। वैदिक युगीन सभ्यता में भारत में आर्यों का राज्य था। आर्यों ने ही वेदों की रचना

की, उनका जीवन सुखमय था, विवाह संस्कार माना जाता था। नारियों को समाज में आदर-सम्मान की दृष्टि से देखा जाता था। वैदिकोत्तर कालीन समय में विवाह प्रतियोगिता के आधार पर होता था। आर्य समाज में समय बीतने के साथ-साथ नारियों की स्थिति में अपेक्षाकृत अन्तर आया। निम्न तथा उच्च जाति की नारियों में भेदभाव शुरू हुआ और ज्यों-ज्यों समय बीतता गया नारी की स्थिति भी नीचे सरकती गई। हिन्दुस्तान में नारियों के चरित्र के साथ अनेक सवाल जोड़कर उसे लाजवंती या छुई-मुई बना दिया गया।

रामायण कालीन समय में अर्थात सतयुग में नारी को नैतिकता का आदर्श मान लिया गया। वह पुरुष की दासी के समान हो गई। नारी का कर्त्तव्य पति सेवा तथा अंध-आज्ञा का पालन हो गया। द्वापर वह युग था जब नारी को बराबरी का दर्जा हासिल था, उसे योनि शुचिता के आवरण से मुक्ति दिलाने के लिए श्रीकृष्ण ने पहला कदम उठाया। यही नहीं उन्होंने नारियों के साथ राधा, गोपियों आदि के साथ मित्रवत् सम्बन्ध स्थापित किया। नारी यदि कहीं नर के बराबर हुई है तो वह सिर्फ ब्रज में और कहीं नहीं। बौद्धकला में नारियों की दशा अत्यंत शोचनीय थी। जिस प्रकार नदी, पथ, मदिरालय आदि सबके उपभोग की वस्तुएँ थीं उसी प्रकार नारियों को भी सबके उपभोग की वस्तुएँ माना गया। मौर्यकाल में चाणक्य जैसे महान अर्थशास्त्री ने नारियों की दशा सुधारने का प्रयत्न किया। दास-दासी प्रथा भी उन्हीं के प्रयासों से समाप्त हुई। सम्राट अशोक के समय प्रारम्भ में नारियों के ऊपर काफी अत्याचार हुए किन्तु बाद में कुछ सुधार भी आए। मुगलकाल में नारियाँ पूर्णरूप से पर्दे की कैद में चलीं गईं। ब्रिटिश काल में पश्चिमीकरण का विशेष प्रभाव नारियों पर नहीं हो सका। बाल-विवाह, सती-प्रथा, कन्या-वध आदि आंदोलन केवल ऊपरी सतह तक ही नारियों की दयनीय स्थिति पर प्रहार कर पाए। इस अन्तराल में यदि कुछ नारियों ने घर से बाहर कदम बढ़ाने की कोशिशें भी कीं तो उन्हें समाज की विरोधी नजरों को सहना पड़ा।

स्वतंत्रता संघर्ष के समय जरूर कुछ नारियों ने अपनी दृढ़ हिम्मत के बलबूते आगे आने का प्रयास किया जिसमें महारानी लक्ष्मीबाई का नाम सर्वोपरि है, जिन्होंने नारी जाति के मानस पटल पर स्वर्णिम तिलक अँग्रेजों से युद्ध करके अंकित किया।

राजा राममोहन राय तथा महात्मा गाँधी जैसे हमारे भारत के युग पुरुषों ने भी क्रमशः नारियों के लिए बनाई गई कुछ कुरीतियाँ जैसे- सती-प्रथा, बाल-विवाह, विधवाओं के साथ दुर्व्यवहार जैसी सामाजिक बुराइयों का नाश करने का भरसक प्रयास किया तथा स्वतंत्रता आंदोलनों में कमला नेहरू, सरोजिनी नायडू आदि को आगे लाने का प्रयत्न किया।

भारतीय परम्पराओं के अनुरूप वैदिक काल से ही उर्मिला, गार्गी, मैत्रेयी, लीलावती, अनुसूइया आदि सदृश नारियों का अस्तित्व इस बात का प्रत्यक्ष प्रमाण है कि साहित्य और विशेष रूप से कविता में नारी का गुणगान होता रहा है। किन्तु उसके साथ व्यवहार में कुछ और ही होता रहा है। उसे तो सिर्फ भोग की वस्तु एवं नौकरानी माना जाता रहा है। नारी को जब छोटी हो तो पिता की, विवाह के बाद पति की और बूढ़ी होने पर पुत्रों की आज्ञा का पालन करना ही उसका कर्त्तव्य माना गया है। वह पुत्र प्राप्ति का मशीन रूपी साधन मानी जाती रही है।

जब नारी को एक मनुष्य के रूप में देखने पहचानने की शुरूआत हुई तब भी लगा कि नारी जैसे पहले गुलाम थी उसी प्रकार तमाम आवोहवाओं-तमाम संस्कृतियों, सामाजिक व्यवस्थाओं, युद्ध या शान्ति में हर जगह गुलामी की जंजीर में जकड़ी आक्रमित शोषित पीड़ित ही एक वस्तु है।

भारतीय नारी का विकास काफी धीमा है। आधुनिक भारत में नारियों की शिक्षा का पर्याप्त विकास हो गया है किन्तु इस पुरुष प्रधान समाज में आज भी नारी को बराबरी का दर्जा देने में सुगबुगाहट है। यही नहीं समाज की रूढ़िवादी, परम्परावादी एवं कम पढ़ी लिखी नारियों के विचारों में कुछ विशेष परिवर्तन आज भी नजर नहीं आता है। नारियों के केवल एक तबके में आया परिवर्तन पूर्ण समाज की नारियों का परिवर्तन कहना महत अतिशयोक्ति ही है।

वैवाहिक जीवन में आज भी पुरुष ही अपने फैसले करते हैं और नारी उस पर अमल करती है। यह सब अब धीरे-धीरे समाप्त हो जाना चाहिए। आज भी नारियों का जीवन यह प्रकट करता है कि अधिकांशत: वैधानिक अधिकार संविधान के पन्नों में धरे के धरे रह गए हैं। आज भी कानून में कुछ ऐसे उदाहरण हैं जो स्त्री को उन मौलिक अधिकारों से वंचित रखते हैं जहाँ पर उनका अधिकार होना चाहिए था।

नारियों की अभी भी बहुत बड़ी संख्या ऐसी है जो मुश्किल से पेट पालने की स्थिति में है, गरीब है, निरुपाय सी है, रीति-रिवाजों के जालों में उलझी हुई है। इन स्त्रियों का जीवन सुलभ और गौरवपूर्ण बन सके इसके लिए प्रयत्न करना उच्च एवं मध्यम वर्ग की हर नारी की जिम्मेदारी है। कई अध्ययनों ने यह प्रमाणित किया है कि गरीब तबके में पुरुषों की अपेक्षा रोजी कमाने वाली नारियों की संख्या ही बढ़ी है।

देश में नारियों की 26 करोड़ की आबादी में से 21 करोड़ स्त्रियाँ तो गाँवों में बसती हैं और कुछ गरीबी रेखा के नीचे ही जी रही हैं। लगभग तमाम गरीब नारियाँ आर्थिक गतिविधियाँ चलाकर कुछ न कुछ तो फिर भी कमा लेती हैं।

हमारे देश में पीढ़ी दर पीढ़ी चले आने वाले कार्यों में नारियों का महत्त्वपूर्ण योगदान रहा है। अन्न बोना, लुनाई करना, सिलाई करना, सुपे, टोकरे, झाड़ू बनाना, नमक पकाना, बुनकर गिरी करना, पापड़-अचार बनाना, छोटी-मोटी पैदावार की बाज़ार में बिक्री करना, पानी भरना, खाना पकाना, घर का काम करना, बच्चों का पालन-पोषण करना, बीमार की देखभाल करना, किफायत करके थोड़ी-थोड़ी बचत करना आदि कार्य जो राष्ट्र सम्पदा को बढ़ाने वाले बुनियादी किस्म के हैं; गाँवों व शहरों की श्रमजीवी नारी जमता करती आई है। नारियाँ अर्थोपार्जन के क्षेत्र में सख्त मेहनत का कार्य करती हैं, राष्ट्र के हित में कार्य करती हैं इसके अतिरिक्त भी आज का पुरुष प्रधान समाज तथा कुछ रुढ़ीवादी नारियाँ उन्हें आगे बढ़ने से रोकता है, उसके साथ छलावा करता है।

इसीलिए कवि दिनकर का हृदय पुकार उठता है:-

''मुक्त करो नारी को, मानव, चिरबन्दिनी नारी को।
युग-युग की निर्मम कारा से, जननी, सखी प्यारी को।''

जन–सामान्य के बीच अशिक्षा–भारत के लगभग 42 प्रतिशत लोग अभी भी निरक्षर हैं। निरक्षरता के कारण वे शिक्षा के महत्त्व को भली–भाँति समझ नहीं पाते। फलत: वे अपनी संतानों को शिक्षित बनाने की ओर ध्यान नहीं देते।

जन–सामान्य की गरीबी–भारत के अधिकांश लोगों की आर्थिक स्थिति सोचनीय है। स्वतंत्रता के बाद इस स्थिति में कुछ सुधार हुआ है। फिर भी यह बहुत असंतोषप्रद है। इनके पास इतने पैसे नहीं बच पाते हैं कि वे अपने बच्चों के लिए खर्च कर सकें। यद्यपि अधिकांश राज्यों में माध्यमिक स्तर तक बालिकाओं की शिक्षा नि:शुल्क कर दी गई है। किन्तु शुल्क के अतिरिक्त अन्य मदों का खर्च भी हो जाता है। बहुत–से, माता–पिता ऐसे हैं, जो इसकें लिए पैसे जुटा नहीं पाते हैं।

लड़कियों के सम्बन्धों में दोषपूर्ण दृष्टिकोण–देश के अधिकांश लोगों के दृष्टिकोण कन्याओं के सम्बन्ध में संकीर्ण हैं। वे अपने बालकों को तो पढ़ाते हैं, किन्तु बालिकाओं को पढ़ाने की आवश्यकता नहीं समझते हैं।

पर्दा–प्रथा–बालिका–शिक्षा के बाधक कारणों में पर्दा–प्रथा भी मुख्य है। 10 में 11 वर्ष की अवस्था के बाद प्राय: घर से निकलने नहीं देते। फलत: प्राथमिक शिक्षा नहीं मिलती। यदि गाँव में कन्या माध्यमिक स्कूल रहा तो लड़कियों की शिक्षा जारी रही अन्यथा नहीं।

अल्पायु में शादी–बाल–विवाह के कारण भी अधिकांश लड़कियों की पढ़ाई छूट जाती है, क्योंकि विवाह हो जाने के बाद कन्याएँ ससुराल चली जाती हैं और घर–गृहस्थी के बन्धन में बँध जाती हैं।

कन्या–विद्यालय की कमी–अभी भी भारत में कन्य–विद्यालयों की कमी है, विशेषत: ग्रामीण क्षेत्रों में स्थिति सोचनीय है। गाँव में या आस–पास कन्या माध्यमिक विद्यालय है ही नहीं। अत: जो लोग कन्याओं को माध्यमिक शिक्षा देना चाहते हैं उन्हें सुविधा के अभाव में उनकी शिक्षा शिक्षा बंद कर देनी पड़ती है।

शिक्षिकाओं का अभाव–कन्या विद्यालयों के लिए अभी भी सुयोग्य शिक्षिकाओं का अभाव है। प्राथमिक कन्या विद्यालयों के लिए अभी उच्च श्रेणी से माध्यमिक परीक्षा उत्तीर्ण प्रशिक्षित शिक्षिकाओं का एक प्रकार से अभाव–सा ही है। ग्रामीण क्षेत्रों के विद्यालयों के लिए उनकी कमी हो जाती है। माध्यमिक विद्यालयों में विज्ञान विषय की शिक्षिकाएं बहुत कम मिलती है।

शिक्षिकाओं के आवास,सुरक्षा एवं सुविधाओं की व्यवस्था की कमी–बहुत सी शिक्षिका ग्रामीण क्षेत्रों के स्कूलों में कार्य करना नहीं चाहती हैं, क्योंकि वहाँ उनके आवास की अच्छी व्यवस्था प्राय: नहीं हो पाती। साथ ही वे अपने को पूर्णत: सुरक्षित भी नहीं रख पाती हैं। जीवन की सुविधाएँ भी देहात में प्राप्त नहीं रहती।

आवागमन की सुविधाओं का अभाव–कन्या–शिक्षा–प्रसार की एक बड़ी माँग यह है कि कन्याओं को घर में स्कूल या कॉलेज आने–जाने के लिए कम खर्च वाली सुरक्षित सवारियाँ उपलब्ध हों। सरकारी या कुछ गैर–सरकारी स्कूल द्वारा स्कूल या कॉलेज–बस की व्यवस्था नहीं हो पाती। शहरों की बहुत–सी लड़कियाँ माध्यमिक स्कूल तथा कॉलेजों में इसलिए नहीं पढ़ पाती कि घर से स्कूल या कॉलेज आने–जाने के लिए सस्ती एवं सुविधाजनक सुरक्षित सवारी नहीं मिल पाती।

शिक्षा और जीवन का विलगाव–हमारे देश में अभी तक कन्या–शिक्षा के अपने उद्देश्य निर्धारित नहीं हो सकें हैं। बालकों की भाँति बालिकाएँ भी निरुद्देश्य मैट्रिक, आई.ए.बी.एम.ए. कर लेती हैं। शिक्षित होने पर यदि उन्हें नौकरी नहीं मिली तो सूना–सूना सा लगता है। अपनी शिक्षा के सहारे अपने सामान्य जीवन सुखी और समृद्ध बनाने की क्षमता उनमें उत्पन्न नहीं हो पाती। जीवन और शिक्षा के इस बिलगाव के कारण लोगों को यह पता नहीं चलता है कि शिक्षा से कन्याएँ अच्छी गृहणी बन सकेंगी। फलत: वे अपनी कन्याओं को शिक्षा की ओर पूर्ण रूप से आकृष्ट नहीं कर पाते।

सामाजिक रूढ़ियाँ और कुरीतियाँ–हमारा देश अनेक सामाजिक रूढ़ियों व अन्ध–विश्वासों से ग्रसित है और शिक्षा के अभाव के फलस्वरूप अभी भी अधिकाशं देशवासी प्राचीन परम्पराओं के विचारों के कट्टर समर्थक हैं। अत: उनका यह दृष्टिकोण है कि बालिकाओं को पढ़ाने की कोई आवश्यकता नहीं है क्योंकि अंततोगत्वा उन्हें विवाह कर पति–घर जाना ही है। उनके कारण भी स्त्री–शिक्षा के प्रयास में अवरोध उत्पन्न हो जाता है।

अपव्यय–बालकों की अपेक्षा बालिकाओं की शिक्षा पर अधिक अपव्यय होता है और इस अपव्यय के फलस्वरूप स्त्री–शिक्षा के प्रसार में काफी बाधा उत्पन्न हुई है।

पाठ्य–क्रम की अनुपयुक्तता–शिक्षा के सभी स्तरों पर बालक–बालिकाओं के लिए एक–समान पाठ्यक्रम, पुस्तकें और परीक्षाओं के कारण अधिकांश माता–पिता इस शिक्षा को बालिकाओं के सामाजिक व पारिवारिक जीवन के लिए उपयोगी नहीं समझते, क्योंकि बालिकाओं की शारीरिक, मानसिक और सामाजिक आवश्यकताएँ बालकों से भिन्न होती है।

बाधाओं को दूर करने के उपाय–कन्या शिक्षा की उल्लिखित बाधाओं को दूर करने के लिए निम्नलिखित उपाय किया जाना चाहिए।

(1) **जनता की जागरूक बनाना**–शिक्षा के रचनात्मक व्यापक तथा प्रभावशाली कार्यक्रमों के द्वारा लोगों को अपनी कन्याओं को शिक्षित बनाने का महत्त्व बतलाया जाना चाहिए। स्थानीय सामाजिक नेता इस कार्य में सहयोग दें।

(2) **जनता की आर्थिक कठिनाइयों को दूर करना**–जनता की आर्थिक कठिनाइयाँ दीर्धकालीन कार्य हैं। जब तक जनता की आर्थिक स्थिति नहीं सुधरती तब तक सरकार को ही कन्या–शिक्षा के सभी खर्च उठाने पड़ेंगे। गरीब माता–पिता की कन्याओं को पाठ्य–पुस्तक, कॉपी, स्लेट आदि मुफ्त दिये जाने चाहिए।

(3) **कन्या विद्यालयों की संख्या में वृद्धि**–शहरी तथा देहाती दोनों क्षेत्रों में अधिकाधिक कन्या–विद्यालय खोले जाने चाहिए। सरकारी स्कूलों का खोलना संभव न हो, तो गैर–सरकारी प्रयत्नों को सरकार की ओर से पूरा प्रोत्साहन और पूरी सहायता मिलनी चाहिए।

(4) **शिक्षिकाओं की स्थिति में सुधार**–शिक्षण–कार्य के लिए पर्याप्त संख्या में स्त्रियाँ मिल सकें, इसकें लिए स्त्रियों के प्रशिक्षण–कार्य पर अधिक ध्यान देना चाहिए।

(5) **आवागमन के साधनों की व्यवस्था**–घर से स्कूल आने–जाने के लिए सभी कन्या–विद्यालय में स्कूल–बस को प्रबन्ध होना चाहिए। बसों के किराया के रूप में बहुत ही कम पैसे लिये जायें।

(6) **जीवन और शिक्षा का सम्बन्ध स्थापित हो**–कन्या–स्कूल और कॉलेजों में ऐसी शिक्षा दी जाय जो कन्याओं का सर्वाङ्गीण विकास करते हुए उन्हें कुशल गृहिणी और कुशल माता बना सकें।

(7) **पाठ्यक्रम में सुधार**–शिक्षा को जीवन से सम्बन्धित करने के लिए कन्याओं के पाठ्यक्रम बालकों के पाठ्य–क्रम से भिन्न हों। उनमें ऐसे विषय और क्रियाशीलन रखें जायें जो नियोजित गुणों के विकास में सहायक हों।

(8) कन्या–छात्रावासों की व्यवस्था–शहरी और देहाती दोनों क्षेत्रों में सुव्यवस्थित कन्या–छात्रावासों की व्यवस्था की जाय, ताकि दूर रहने वाली कन्याएँ इन छात्रावासों में रहकर शिक्षा ग्रहण कर सकें।

(9) सरकार का दायित्व–कन्या शिक्षा की उपर्युक्त बाधाओं को दूर करने के लिए सरकार को निश्चित और दृढ़ कदम उठाने हैं। इसकें लिए निम्नांकित कार्य अपेक्षित हैं–

(i) शिक्षा के कार्यक्रमों में स्त्री–शिक्षा को अग्रणी स्थान दिया जाय तथा इस शिक्षा की कठिनाइयों को दूर करने के लिए पुरुष–शिक्षा के असंतुलन को मिटाने का संकल्प किया जायें

(ii) स्त्री शिक्षा के लिए विशिष्ट योजनाएँ बनायी जायें और इन योजनाओं के कार्यान्वयन के लिए अपेक्षित आर्थिक साधनों की व्यवस्था की जायें

(iii) केन्द्र तथा राज्य–स्तर पर स्त्री–शिक्षा की देख–रेख के लिए एक–एक प्रशासनिक संचय की स्थापना की जायें

स्त्री–शिक्षा की समस्याओं को हल करने के लिए शिक्षा आयोगों का सुझाव

स्त्रियों की शैक्षिक समस्याओं के निराकरण हैतु स्वतन्त्र भारत में अनेक आयोगों तथा समितियों का समय–समय पर केन्द्र सरकार की ओर से गठन किया गया। उनमें प्रमुख निम्न है–

(1) मुदालियर शिक्षा आयोग का सुझाव

1. बालक और बालिकाओं को दी जाने वाली शिक्षा में कोई भेद नहीं किया जाय, पर बालिका–विद्यालयों और सह–शिक्षा के स्कूलों में लड़कियों को गृह–विज्ञान के अध्ययन की विशेष सुविधाएँ चित्रकारी, संगीत, गृह–अर्थशास्त्र, मातृत्व–कला, गृह–प्रबन्ध का परिचय आदि विषयों की शिक्षा का प्रबन्ध उनके लिए किया जायें

(2) राज्य सरकारों द्वारा उन स्थानों पर बालिकाओं के लिए पृथक् विद्यालय स्थापित किया जाएं, जहाँ उनकी माँग है।

(3) सह–शिक्षा के स्कूलों में बालिकाओं की आवश्यकता की पूर्ति और निश्चित संख्या में अध्यापिकाओं की नियुक्ति के बारे में नियमों का कठोरतापूर्वक पालन किया जायें

(ii) राष्ट्रीय महिला–शिक्षा समिति 1958– भारत सरकार ने सन् 1958 में स्त्री–शिक्षा पर विचार करने के लिए श्रीमति दुर्गाबाई देशमुख की अध्यक्षता में राष्ट्रीय महिला शिक्षा–समिति की नियुक्त की। उस समिति ने निम्नांकित सुझाव दिया–

1. **केन्द्रीय सरकार को स्त्री**–शिक्षा को कुछ समय के लिए एक विशिष्ट समस्या के रूप में स्वीकार करना चाहिए और उसकें प्रसार का भार अपने ऊपर लेना चाहिए।

2. केन्द्रीय सरकार को सभी राज्यों के लिए स्त्री–शिक्षा के विस्तार की नीति निर्धारित करनी चाहिए। और उनकों इस नीति का अनुसरण करने के लिए पर्याप्त ध्यान देना चाहिए।

3. राज्यों में स्त्री–शिक्षा का प्रसार करने के लिए बालिका एवं स्त्री–शिक्षा को राज्य परिषदों का निर्माण करना चाहिए।

4. प्राथमिक एवं माध्यमिक स्तरों पर बालिकाओं को शिक्षा की अधिक सुविधाएँ प्रदान की जानी चाहिए।

(iii) राष्ट्रीय महिला शिक्षा परिषद, 1959 के सुझाव–देशमुख समिति की सिफारिश को स्वीकार करके केन्द्रीय शिक्षा मंत्रालय ने 1969 में राष्ट्रीय महिला शिक्षा–परिषद् का निर्माण किया। उस समिति ने स्त्री–शिक्षा के प्रसार के लिए निम्नांकित सुझाव प्रस्तुत किया–

1. विद्यालय स्तर पर बालिकाओं को ओर प्रौढ़ स्त्रियों की शिक्षा से सम्बन्धित समस्याओं पर सरकार को समय–समय पर विचार करना चाहिए।

2. बालिकाओं एवं स्त्रियों की शिक्षा के पक्ष में जनमत का निर्माण करने के लिए उचित उपायों का सुझाव देना चाहिए। साथ ही उक्त शिक्षा से सम्बन्धित समस्याओं पर विचार करने के लिए समय–समय पर सर्वेक्षण, अनुसंधान एवं विचार–गोष्ठियों का आयोजन करना चाहिए।

(iv) हंसा मेहता समिति, 1962– इस समिति ने स्त्री–शिक्षा की समस्याओं के सम्बन्ध में निम्नांकित सुझाव दिये–

1. विद्यालय–स्तर पर बालकों और बालिकाओं के पाठ्यक्रमों में अन्तर नहीं होना चाहिए। अत: लिंग के आधार पर पाठ्यक्रमों के अन्तर की कोई आवश्यकता नहीं है।

2. भारत में जनतंत्रीय और समाजवादी समाज के निर्माण के लिए माध्यमिक तथा उच्च शिक्षा स्तर पर बालकों एवं बालिक़ाओं के लिए विभिन्न पाठ्यक्रमों का निर्माण करना चाहिए।

(v) कोठारी कमीशन के सुझाव–

1. **प्राथमिक शिक्षा**–भारतीय संविधन द्वारा प्रतिपादित लक्ष्य की प्राप्ति के लिए बालिकाओं में अनिवार्य शिक्षा का प्रसार करने के लिए विशेष प्रयास किये जायें। बालिकाओं को बालकों के प्राथमिक विद्यालयों में भेजने के लिए जनमत का निर्माण

किया जायें उच्च प्राथमिक स्तर पर बालिकाओं के लिए पृथक् विद्यालयों की स्थापना का प्रयत्न किया जायें बालिकाओं को मुफ्त पुस्तकें, लेखन-सामग्री एवं वस्त्र देकर शिक्षा प्राप्त करने के लिए प्रोत्साहित किया जायें

2. माध्यमिक शिक्षा–बालिकाओं के लिए पृथक् विद्यालयों की स्थापना की जायें बालिकाओं को छात्रावास एवं यातायात के साधनों की सुविधाएँ दी जायें। उनके लिए छात्रवृत्तियों ऐ अल्पकालीन तथा व्यावसायिक शिक्षा की योजनाएँ आरम्भ की जायें।

3. उच्च-शिक्षा–छात्रवृत्तियों एवं मितव्ययी छात्रावासों की व्यवस्था करके बालिकाओं को उच्च शिक्षा प्राप्त करने के लिए प्रोत्साहित किया जायें बालिकाओं के लिए पूर्व स्नातक स्तर पर पृथक् कॉलेजों को निर्माण किया जायें बालिकाओं को कला, विज्ञान, प्रौद्योगिकी, मानवशास्त्र आदि पाठ्य-क्रमों को विकसित करके उनकों बालिकाओं के लिए अधिक आकर्षक बनाया जायें

राष्ट्रीय शिक्षा नीति 1986 तथा महिला शिक्षा

राष्ट्रीय शिक्षा नीति में यह व्यवस्था है कि शिक्षा को महिलाओं के स्तर में बुनियादी परिवर्तन लाने के सिाधन के रूप में लाया जायेंगा। राष्ट्रीय शिक्षा प्रणाली–

(अ) महिलाओं को समर्थ बनाने के लिए सकारात्मक हस्तक्षेपकारी भूमिका अदा करेगी।

(ब) नये सिरे से तैयार किये गये पाठ्यक्रम और पाठ्य-पुस्तकों के माध्यम से नये मूल्यों के विकास में योगदान देगी, यथा–

(स) विभिन्न पाठ्यक्रमों के अन्तर्गत महिलाओं सम्बन्धी अध्ययन को प्रोत्साहित करेगी।

लक्ष्यों तथा उनकी प्राप्ति के साधनों की मुख्य बातें। इस प्रकार हैं–

(i) महिलाओं को समर्थ बनाने के लिए सकारात्मक हस्तक्षेपकारी भूमिका की योजना के लिए समूची शिक्षा-प्रणाली को तैयार करना।

(ii) विभिन्न पाठ्यक्रमों के एक भाग के रूप में महिलाओं सम्बन्धी अध्ययनों को बढ़ावा देना तथा महिलाओं के विकास को आगे बढ़ाने के लिए सक्रिय कार्यक्रम शुरू करने के लिए संस्थाओं को प्रोत्साहन देना।

(iii) व्यवहारिक, तकनीकी तथा पेशागत शिक्षा कार्यक्रमों की महिलाओं तक पहुँचाना, और

(iv) व्यावसायिक, तकनीकी तथा पेशागत शिक्षा कार्यक्रमों को महिलाओं तक पहुँचाना

(v) निर्धारित किये गये लक्ष्यों की प्राप्ति के लिए गतिशील प्रबन्धीय ढाँचे का निर्माण करना।

राज्यवार साक्षदता दर चार्ट

क्र. स.राज्य/स. रा. क्षेत्र	2001-2002								
	कक्षा I-V (6.11 वर्ष)			कक्षा VI-VIII (11-14 वर्ष)			कक्षा I-VIII (6-14 वर्ष)		
	लड़के	लड़कियां	जोड़	लड़के	लड़कियां	जोड़	लड़के	लड़कियां	जोड़
1 2	3	4	5	6	7	8	9	10	11
1. आन्ध्र प्रदेश	104.71	103.22	103.97	56.13	48.32	52.28	84.42	80.47	82.47
2. अरुणाचल प्रदेश	125.03	103.84	114.43	73.77	65.97	70.02	106.55	90.87	98.82
3. असम	127.18	107.42	117.43	78.73	62.27	70.63	108.63	90.20	99.54
4. बिहार	95.45	61.19	78.70	38.22	21.07	30.07	72.72	45.78	59.69
5. छत्तीसगढ़	124.24	108.13	116.12	78.86	57.15	68.01	106.95	88.93	97.89
6. गोवा	68.58	57.66	62.86	75.54	65.63	70.54	71.08	60.39	65.55
7. गुजरात	132.82	111.16	122.29	73.18	67.96	70.67	109.52	94.50	102.25
8. हरियाणा	76.33	76.54	76.43	68.04	63.32	65.84	73.27	71.68	72.53
9. हिमाचल प्रदेश	99.16	81.87	90.01	99.35	86.67	92.88	99.23	83.52	91.02
10. जम्मू और कश्मीर	102.43	78.07	89.85	84.32	60.40	74.39	95.91	73.37	84.41
11. झारखंड	100.51	76.34	88.56	43.86	30.76	37.56	78.02	58.83	68.63
12. कर्नाटक	116.80	108.57	112.74	77.73	70.07	73.93	101.54	93.42	97.53
13. केरल	85.87	85.11	85.50	100.47	94.96	97.77	91.41	88.85	90.16
14. मध्य प्रदेश	119.82	102.16	111.24	70.76	46.90	59.27	101.13	81.34	91.55
15. महाराष्ट्र	110.57	105.86	108.27	94.40	85.71	90.14	104.54	98.32	101.50

16. मणिपुर	108.24	90.77	99.13	83.56	72.22	77.86	99.35	81.41	91.65
17. मेघालय	117.79	107.50	112.42	60.16	61.49	60.83	97.07	91.64	94.26
18. मिजोरम	132.14	106.67	119.07	81.45	78.45	79.95	113.87	96.84	105.21
19. नागालैण्ड	110.70	100.75	105.70	59.15	61.43	60.26	92.19	87.22	89.72
20. उड़ीसा	133.52	97.25	115.64	67.03	44.33	55.89	107.19	76.39	92.03
21. पंजाब	76.49	77.38	76.91	65.16	64.57	64.88	72.41	72.72	72.55
22. राजस्थान	139.07	83.17	112.15	102.01	47.47	76.19	124.84	69.74	98.48
23. सिक्किम	117.69	112.25	114.93	61.99	71.35	66.55	97.34	98.09	97.72
24. तमिलनाडु	97.89	97.72	97.81	93.43	91.67	92.57	96.12	95.32	95.73
25. त्रिपुरा	111.20	93.28	101.88	72.22	62.99	67.59	97.17	82.87	89.93
26. उत्तर प्रदेश	80.93	49.36	65.72	46.94	23.47	35.91	67.49	39.42	54.10
27. उत्तरांचल	99.88	101.43	100.65	75.39	71.95	73.71	90.21	90.11	90.16
28. पश्चिम बंगाल	112.72	106.82	109.80	60.51	46.96	53.88	92.14	83.50	87.88
29. अंडमान और निकोबार द्वीप समूह	87.12	86.88	87.00	87.83	85.62	86.77	87.37	86.43	86.92
30. चण्डीगढ़	56.13	54.35	55.29	62.16	68.18	64.91	58.31	59.08	58.67
31. दादर और नागर हवेली	145.61	104.89	124.37	101.03	82.03	129.88	90.94	109.85	
32. दमन और दीव	103.83	84.12	93.39	105.35	71.26	86.41	104.33	79.53	90.98
33. दिल्ली	85.36	80.85	83.14	88.15	82.37	85.41	86.37	81.38	83.94
34. लक्षद्वीप	107.53	92.53	100.03	105.06	89.67	97.51	106.58	91.45	99.07
35. पांडिचेरी	84.07	69.12	76.20	97.84	86.52	92.02	88.98	75.14	81.76
भारत	105.29	86.91	96.30	67.77	52.09	60.20	90.69	72.56	82.35

स्त्री शिक्षा के उद्देश्य–

1. किसी भी देश की प्रगति में वहाँ की स्त्रियों का महत्त्वपूर्ण योगदान होता है। स्त्री ही ऐसे बालकों के निर्माण में सक्षम होती है, जो देश की प्रगति के पथ पर अग्रसर करने में समर्थ होते हैं।

2. शिक्षित नारी ही परिवार और समाज को सुसंस्कृत करने में समर्थ होती है। मनु ने इसी कारण यह कहा है – **''यत्र नार्यस्तु पूज्यन्ते रमन्ते तत्र देवता''** अर्थात् जहाँ नारी की पूजा होती है, वहाँ देवता निवास करते हैं। पूजा का अर्थ अक्षर–रोड़ी लेकर चढ़ाने से नहीं है, बल्कि इसका अर्थ है– जहाँ नारी को गौरव दिया जाता है, उसकी शिक्षा की उचित व्यवस्था की जाती है और उसको समाज के निर्माण में पुरुषों के समान ही स्वतंत्रता प्रदान की जाती है–वहाँ देवता निवास करते हैं।

3. अतः भारत के बहुमुखी विकास हेतु स्त्री–शिक्षा का अधिक प्रसार किया जाना चाहिए। प्राचीनकाल में जब भारत कला–कौशल व्यापार एवं सांस्कृतिक अभ्युदय सभी दृष्टियों से सम्मुन्नत था, स्त्री–शिक्षा पर्याप्त मात्रा में थी। स्त्रियाँ न केवल वैदिक साहित्य का अध्ययन–अनुशलीन करती थी, अपितु मैत्रेयी, गार्गी, घोषा, लोपामुद्रा आदि महिलाओं ने वैदिक संहिताओं की रचना भी की थी।

जब देश गुलाम हो गया, तब स्त्री–शिक्षा की घोर उपेक्षा की गई। ब्रिटिश काल में जहाँ–तहाँ कुछ महिला–विद्यालय खुले। इसकें अतिरिक्त सन् 1885 ई. में बम्बई प्रान्त में 'महाराष्ट्र महिला शिक्षा समिति', दयानन्द के आर्य समाज, बंगाल के ब्रह्म समाज, बम्बई में प्रोफेसर काव एवं दयाबाई ने बालिका विद्यालय की स्थापना में महत्त्वपूर्ण योगदान दिया

सन् 1947 ई. में भारत के स्वतंत्र हो जाने के बाद नारी–शिक्षा के विकास पर अधिक ध्यान दिया, जिससे सन् 1947–48 ई. में जहाँ महिला–विद्यालयों की संख्या 1965 थी, वहीं सन् 1954–55 ई. में यह संख्या 23088 हो गई तथा सन् 1955–56 ई. में 24876 हो गई। सन् 1984–85 ई. तक तो हर राज्य में महिला विद्यालय (सामान्य एवं प्रशिक्षण) तथा महाविद्यालयों की संख्या प्रायः इतनी हो गई है कि इसी से महिला-शिक्षा का उद्देश्य स्पष्ट हो जाता है।

4. जनसंख्या की वृद्धि के कारण भी परिवार के भरण-पोषण का भार अब पुरुष–वर्ग पर न होकर स्त्री–वर्ग पर भी आ गया है। अतः स्त्रियों को भी पुरुषों के समान शिक्षित होना आवश्यक है।

5. देखा गया है कि सुखी परिवार वही है, जिसकें माता–पिता दोनों पढ़े-लिखे हैं। उन्हीं के बच्चे शिक्षा के क्षेत्र में भी ओरों की अपेक्षा आगे हैं।

6. आज शिक्षित बेरोजगारों की संख्या घट बढ़ रही है। अतः स्त्रियों को भी रोजगारोन्मुखी शिक्षण देकर उस की पूर्ति करनी होगी।

7. जनगणना की दृष्टि से पुरुषों एवं स्त्रियों के अनुपात में अधिक अन्तर नहीं है, किन्तु पुरुष–वर्ग स्त्री–वर्ग से तीन गुना से भी अधिक शिक्षित है। दोनों के असंतुलन को दूर करने के लिए भी स्त्री–शिक्षा की नितांत आवश्यकता है।

8. अतः स्त्री–शिक्षा का प्रसार तेजी से होना चाहिए, ताकि स्त्री भी समाज में पुरुषों के समान स्थान प्राप्त कर सकें।

9. स्त्री–शिक्षा के प्रसार से समाज की बहुत--सी कुरीतियाँ दूर हो जायेंगी।

10. परिवार, समाज तथा राष्ट्र के विकास के लिए स्त्री सहयोगी अंग बन स्त्री–शिक्षा का मूल उद्देश्य यही है।

पुरुषों तथा स्त्रियों के लिए पाठ्य–चर्या में क्या अन्तर होना चाहिए–

अभी तक केन्द्र तथा राज्य, सभी क्षेत्रों में पुरुष तथा महिला दोनों वर्गों के लिए पाठ्य-क्रम समान ही हैं। नारी–शिक्षा के प्रसार में मुख्य अवरोधक कारण वे भी हैं। इन्हीं के कारण बालिका–शिक्षा में बालक से अधिक अपव्यय होता है। समान पाठ्यक्रम बालिकाओं के लिए अर्थपूर्ण तथा जीवनोपयोगी नहीं होते। शिक्षा के सभी स्तरों पर बालक–बालिकाओं के लिए एक–समान पाठ्य–क्रम, पुस्तकें व परीक्षाओं के होने से अधिकांश अभिभावक के लिए एक समान पाठ्यक्रम, पुस्तकें व परीक्षाओं के होने से अधिकांश अभिभावक इस शिक्षा को सामाजिक तथा पारिवारिक जीवन के लिए उपयोगी नहीं समझते ;क्योंकि मनोविज्ञान की दृष्टि से बालिकाओं की शारीरिक, मानसिक और सामाजिक आवश्यकताएँ बालकों से भिन्न होती हैं।

इस प्रकार भले ही प्राथमिक शिक्षा का पाठ्यक्रम बालक–बालिकाओं का एक–समान हो, पर माध्यमिक और उच्च शिक्षा के स्तर पर तो उसमें परिवर्तन आवश्यक है। इसलिए मुदालियर शिक्षा आयोग ने महिलाओं के लिए गृह विज्ञान अनिवार्य बना देने का सुझाव दिया है और नारी-संरक्षण तथा उच्च शिक्षा में चित्रकारी, संगीत, गृह–अर्थशास्त्र, मातृत्व–कला, गृह–प्रबन्ध परिचर्या आदि विषयों को स्त्री–शिक्षा में सम्मिलित करने की सिफारिश की है।

श्रीमति दुर्गाबाई देशमुख की अध्यक्षता में स्त्रियों की शिक्षा के लिए नियुक्त राष्ट्रीय समिति तथा श्रीमति हंसा मेहता की अध्यक्षता में लड़कों और लड़कियों की पाठ्यचर्याओं में विभेदीकरण के बारे में नियुक्त समिति में लड़का और लड़की दोनों के पाठ्यक्रमों को अलग–अलग रखने की सिफारिश की है।

अतः नवोदित भारतीय समाज की सामाजिक एवं आर्थिक परिस्थितियों को देखते

हुए स्त्री और पुरुष दोनों के लिए पृथक पाठ्यक्रम, पुस्तकें एवं विषय रखने होंगे। अतः उस संदर्भ में इन तथ्यों को ध्यान में रखना आवश्यक होगा-

घरों की चहारदिवारी से बाहर स्त्रियों का कार्य देश के सामाजिक और आर्थिक जीवन का एक महत्त्वपूर्ण अंग बन गया है और आनेवाले वर्षों में यह और भी महत्त्वपूर्ण बन जाएगा। इसकें लिए बालिकाओं के पाठ्यक्रम बालकों के अलग रखना होगा। अध्ययन, नर्सिंग और समाज सेवा ऐसे क्षेत्र हैं, जहाँ स्त्रियाँ पुरुषों से अच्छा काम कर सकती है। अतः स्त्री-शिक्षा के पाठ्यक्रम में इन विषयों के शिक्षण पर अधिक ध्यान दिया जाना चाहिए।

भारत में साक्षरता दर

राज्य में प्राथमिक स्तर तक के पाठ्यक्रम में बालक-बालिकाओं के लिए एक-समान ही पाठ्य-पुस्तकें हैं। किन्तु माध्यमिक स्तर (9 एवं 10 वर्ग) में बालिकाओं के लिए वैकल्पिक विषय के रूप में गृह-विज्ञान की व्यवस्था है। सामाजिक आवश्यकता तथा मनौवैज्ञानिक अन्तर को देखते हुए बालक एवं बालिकाओं के लिए पृथक् पाठ्यक्रम की व्यवस्था होनी चाहिए। नारी-शिक्षा को उपयुक्त बनाने की दृष्टि से माध्यमिक कक्षाओं में बुनाई, सिलाई, कढ़ाई, शिशु-संरक्षण तथा उच्च शिक्षा का प्रबन्ध होना चाहिए।

महात्मा गाँधी ने भी बालक और बालिकाओं के लिए विभिन्न पाठ्यक्रम की आवश्यकता का उल्लेख करते हुए लिखा है-"जबकि आधार रूप में पुरुष और स्त्री दोनों समान हैं, किन्तु यह भी सत्य है कि शरीर की बनावट में दोनों में महान् अन्तर है। अतएवं पुरुषों एवं स्त्रियों की शिक्षा में उसी प्रकार का अन्तर किया जाना आवश्यक है जैसा कि स्वयं प्रकृति माता ने उनमें किया है।"

भारत में नारी जागरण का प्रारम्भ उन्नीसवीं शताब्दी के उत्तरार्द्ध से हुआ। नारी को समाज में उसका उचित स्थान दिलाने के लिए एक ओर तो राजा राममोहन राय, स्वामी दयानन्द सरस्वती, महात्मा गाँधी जैसे महान समाज सुधारकों ने भरसक प्रयत्न किया, दूसरी ओर पश्चिम की नारी से प्रभावित होकर भारतीय नारी ने अपने स्वरूप को पहचानना प्रारम्भ कर दिया। पुरुष के साथ कन्धे से कन्धा मिलाकर देश के विकास में बराबर भाग लेती हुई पश्चिम की नारी को देखकर भारतीय नारी ने भी रूढ़िवादी जीवन को तिलांजलि देकर नवयुग का आह्वान किया। भारत की नारी ने इस नई चुनौती को स्वीकार कर उच्च शिक्षा ग्रहण कर अपने कार्यक्षेत्र को बदलना प्रारम्भ कर दिया। वह समाज के हर क्षेत्र में उपस्थित दिखाई देने लगी तथा उसका प्रभाव सर्वत्र परिलक्षित होने लगा।

आज की शिक्षित नारी समय और शिक्षा दोनों के महत्त्व को जानती हैं। आज प्रत्येक क्षेत्र में नारी की सक्रिय भूमिका देश के निर्माण में लगी है। शिक्षा, चिकित्सा, तकनीकी, वैज्ञानिक, कला, कविता, साहित्य सृजन सभी क्षेत्रों में नारी शक्ति विद्यमान है। पुरुष ने अपने स्वार्थ के लिए नारी को कानून के क्षेत्र से दूर रखा था, किन्तु आज वकालत के क्षेत्र में भी नारियों का प्रवेश समाज के लिए लाभदायक सिद्ध हो रहा है। अपना खाली समय इधर-उधर गप्पों में बिताने की बजाय वह अपने परिवार के सदस्यों के साथ अपनी पारिवारिक समस्याओं को सुलझाने में व्यस्त दिखाई देने लगी है। जब यही नारी, शिक्षा का महत्त्व अपनी सन्तान को समझाएगी तो निश्चय ही देश की भावी पीढ़ी का चरित्र उज्ज्वल होगा और वह समाज व देश के निर्माण में सहयोग प्रदान करेगी।

आज स्थिति यह है कि राजनीति, वैज्ञानिक संस्थान, पर्वतारोहण, क्रीड़ा-जगत, पुलिस, सेना आदि कोई भी क्षेत्र ऐसा नहीं है जहाँ नारी का प्रवेश न होता हो। शिक्षा प्राप्ति और नौकरी से कोई लाभ हुआ हो अथवा न हुआ हो, एक लाभ यह अवश्य हुआ है कि वह पुरुष की निरंकुशता से मुक्ति अवश्य पा गई है। आर्थिक स्वावलम्बन ने उसके आत्मविश्वास में वृद्धि की है और वह किसी भी समस्या से जूझने के लिए तत्पर है। जिन लोगों को नारी की कार्य-क्षमता में अविश्वास था, वे भी अब उसकी योग्यता के कायल होने लगे हैं। यही कारण है कि नौकरी-पेशा पुरुष और नारियों के वेतनमान में कोई अन्तर नहीं दिखाई देता। बल्कि कुछ व्यवसायों में तो नारियाँ जितनी कुशलता से कार्य कर सकती हैं, उतनी कुशलता से पुरुष भी उस कार्य को नहीं कर पाते हैं। इसमें कोई सन्देह नहीं कि आज शिक्षा के माध्यम से नारी की स्थिति गत शताब्दी की नारियों की अपेक्षा उन्नत हुई है।

वर्तमान समय में नारियाँ जीवन के प्रत्येक क्षेत्र में प्रवेश कर गई हैं। आज की नारी ने अपनी शक्ति को पहचाना है। राजनीति जैसे पुरुष प्रधान क्षेत्र में भी वे अपनी सशक्तता दर्ज करा रही हैं। अनेक नारियाँ आज सांसद एवं विधानसभा की सदस्य हैं। भारत के कई राज्यों में नारियाँ मुख्यमंत्री का दायित्व अत्यन्त कुशलतापूर्वक निर्वहन कर रही हैं। मध्यप्रदेश में सुश्री उमा भारती, दिल्ली में सुश्री शीला दीक्षित एवं राजस्थान में वसुन्धरा राजे इसके ज्वलंत उदाहरण हैं तथा केन्द्र सरकार में सुषमा स्वराज जैसी नारियाँ अपनी दक्षता का परिचय दे रही हैं।

स्वतंत्र भारत में श्रीमती सरोजिनी नायडू से लेकर श्रीमती इन्दिरा गाँधी तक राजनीति में नारियों के प्रवेश की गति कुछ धीमी अवश्य रही, पर उनकी शक्ति, क्षमता, कार्यकुशलता पर कभी किसी ने अविश्वास नहीं किया।

इसी सन्दर्भ में अगर हम अपनी दृष्टि को स्वतन्त्रता प्राप्ति के समय के पश्चात् ले जाएँ तो हम देख सकते हैं कि स्वतन्त्रता प्राप्ति के पश्चात् की नारी के जागरण की गति आश्चर्य में डाल देने वाली है। वह आज प्रशासन की सर्वोच्च परीक्षाओं में भी अपनी योग्यता का परिचय दे चुकी है। आज उसे पुरुष के समान मत देने का पूर्ण अधिकार है। आज जीवन का कोई क्षेत्र उससे अछूता नहीं है। श्रीमती इन्दिरा गाँधी को देश का प्रधानमंत्री बनाकर भारत ने यह सिद्ध कर दिया कि भारत ने नारी-शक्ति को पहचाना है। उससे पहले भी कुछ उदाहरण देखने को मिलते हैं जो नारी शक्तिकरण का परिचय देते हैं। जैसे:- स्व. सरोजिनी नायडू स्वतंत्र भारत में उत्तर प्रदेश की पहली नारी राज्यपाल नियुक्त की गई थी, राजकुमारी अमृत कौर काफी समय तक केन्द्रीय मन्त्रिमण्डल में स्वास्थ्य मंत्री के रूप में कार्य करती रहीं, तथा डॉ. विजयलक्ष्मी पण्डित रूस, अमेरिका और ब्रिटेन में राजदूत तथा राष्ट्र संघ की महासभा में अध्यक्ष रह चुकी हैं। इस प्रकार स्वतंत्रता प्राप्ति के पश्चात् का इतिहास भी शिक्षित नारी की योग्यता का प्रमाण प्रस्तुत करता है।

इस प्रकार समय के परिवर्तन के साथ शिक्षा जैसे सशक्त माध्यम से आज की नारी स्वयं सशक्त बनकर विभिन्न व्यवसायों एवं सेवाओं से जुड़ती जा रही है तथा कुशलतापूर्वक विभिन्न पदों पर आसीन होकर निस्सन्देह प्रगति की ओर अग्रसर हो रही है।

❑❑❑

9

महिला अपराध बढ़ता ग्राफ

अनादिकाल से भारतीय इतिहास में नारी का अनैतिकता एवं अपराध से भी सम्बन्ध पढ़ने को मिलता है। फिर चाहे वह विष कन्या, वैश्या, देवदासी व शराब की दुकान चलाने तथा बचेन वाली ही क्यों नहीं हो। आज के युग में नारी गर्ल, धोखाधड़ी, मानव बम, अनैतिक देह व्यापार आदि के रूप में इस्तेमाल होने लगी है।

भारतीय नारी एक लम्बे समय से इतिहास में अवमानना, यातना, अपमान और शोषण की शिकार रही हैं, जिसके सामाजिक और पारिवारिक जीवन के लिखित प्रमाण उपलब्ध हैं। पर वर्तमान समय में महिलाओं को पुरुषों के जीवन में महत्त्वपूर्ण, प्रभावशाली और अर्थपूर्ण सहयोगी माना जाने लगा है। फिर भी समाज के प्रचलित प्रतिमानों, विचारों, संस्थागत रीति-रिवाजों ने उनके उत्पीड़न में काफी योगदान दिया है।

नारी उत्पीड़न के कारण

संयुक्त राष्ट्र महासभा के अनुसार-संयुक्त राष्ट्र महासभा ने 1994 में नारी के अनैतिक व्यापार को परिभाषित करते हुए लिखा है, ''व्यक्तियों का राष्ट्रीय सीमा रेखा के पार अवैध तथा चोरी-छिपे आना जाना, मुख्य रूप से विकासशील देशों से तथा कुछ देशों से जिनकी अर्थव्यवस्था संक्रमण काल में है, जिसका अंतिम उद्देश्य ही महिलाओं तथा बालिकाओं का यौन अथवा आर्थिक अन्यायपूर्ण तथा शोषणीय स्थिति में बलात भेजना, जिसका लाभ भर्तीकर्ताओं, अनैतिक व्यापारियों तथा अपराध परिषद को मिलता हो, साथ ही अनैतिक व्यापार से सम्बन्धित अन्य गैर-कानूनी गतिविधियों जैसे कि बलात घरेलू श्रम, शादियाँ, चारी-छिपे रोजगार तथा झूठा गोद लेना आदि शामिल है।''

विकासशील देशों में नारी के अनैतिक व्यापार की समस्या-विकसित देशों की तर्ज पर विकासशील देशों में भी महिलाओं के अनैतिक व्यापार की समस्या घनीभूत

होती हा रही है। विश्व भर में अनुमानतः लगभग 200 लड़कियाँ प्रतिदिन इस अनैतिक व्यापार में मजबूरी या दबाववश सम्मिलि की जा रही है। भारत में दो लाख नेपाली लड़कियाँ अनैतिक व्यापार से जुड़ी हुई है, जिनकी उम्र 16 वर्ष से भी कम है। भारत में प्रतिवर्ष एक हतार से डेढ़ हजार लड़कियाँ खाड़ी देशों में भेजी जाती है। वहीं कर्नाटक, आंध्रप्रदेश, महाराष्ट्र और तमिलनाडु इस व्यापार के प्रमुख क्षेत्र है। बीजापुर बेलगाम और कोल्हापुर ऐसे जिले है, जहाँ से लड़कियाँ योजनाबद्ध तरीके से बड़े महानगरों में इस व्यापार हेतु लाई जा रही है। नाचघर, बार एवं क्लब बालिकाओं के शारीरिक सम्बन्ध बनाने एवं वेश्यावृतियों के केन्द्र बनते जा रहे हैं।

विश्व में नारी एवं बच्चों का देह व्यापार-संसार में प्रतिवर्ष लगभग 20 लाख बच्चों का देह व्यापार तथा देह शोषण होता है। दक्षिण एशिया तथा दक्षिण पूर्व एशिया इस शोषण में अग्रणी हैं। इस क्षेत्र में वैश्यालयों में 16 वर्ष से कम आयु के बच्चों की संख्या लगभग 10 लाख है। भारतीय समाज में लगभग एक करोड़ महिलाएँ ओर बालिकाएँ वर्तमान में वैश्यावृति जैसे अनैतिक कार्य में सलग्न है।

स्वाधीनता के बाद महिलाओं एवं लड़कियों का देह व्यापार-स्वाधीनता भारत में नारी के समर्थन में बनाये गये कानूनों, महिलाओं में शिक्षा के फैलाव व उनकी आर्थिक स्वतंत्रता के बावजूद असंख्य महिलाएँ अब भी हिंसा की शिकार है। उनको पीटा जाता है, उनका अपहरण किया जाता है, गरीबी के कारण उन्हें अनैतिक व्यापार की ओर धकेल कर बलात्कार किया जाता है व उन्हें एक नारकीय जीवन जीन के लिए बाध्य किया जाता है।

मध्यप्रदेश में लड़कियों का अनैतिक दैह व्यापार-वर्ष 1998 में किए गए एक सर्वे में मध्यप्रदेश से 14 प्रतिशत लड़कियाँ प्रदेश की सीमाओं के पार इस व्यापार हेतु भेजी गई हैं। इसका कारण गरीबी, कम उम्र में विवाह, वैधव्य, जीवन-साथी चयन के विकल्प का अभाव, लिंगभेद, लड़कियों को बोझ मानना, दहेज-प्रथा पुरुष प्रधान समाज, महिलाओं को प्रोत्साहन का अभाव, स्त्री-पुरुष में आर्थिक भेदभाव आदि अनेक कारणों से वे अनैतिक व्यापार के लिए विवश कर लायी जा रही हैं। कमोवेश यही स्थिति बालिकाओं के साथ भी बनी हुई है, जहाँ अभिभावक की मृत्यु हो जाती है गरीब परिवार में बच्चों का बाहुल्य रहता है, लड़कियों को कम महत्त्व दिया जाता है, प्रेम का अभाव रहता है, परिवार के लोग भी उनका यौन शोषण करते हैं, ऐसी अनेक विषम परिस्थितियों में वे इस क्षेत्र में धकेल दी जाती है।

नारी यौन शोषण में निरन्तर वृद्धि-सत्तर के दशक में समाज में आर्थिक संकट बढ़ने शुरू हो गए तथा नई अर्थनीति, उदारीकरण एवं उपभोक्ता संस्कृति के प्रसार का प्रभाव भी भारतीय समाज में परिलक्षित होकर बाजार में रूपान्तरित हो रहा है।

वर्तमान में महिलाओं के यौन-शौषण की घटनाएँ निरन्तर बढ़ती जा रही है। आधुनिक समाज में महिलाओं के प्रति अनेक प्रकार के अपराध हो रहे हैं महिलाओं को शारीरिक, मानसिक यातनाएँ देना, उनके साथ मार-पीट करना, उनका शोषण कर कलंकित करना, भूखा-प्यासा रखना, उन्हें अनैतिक न्यापार की ओर धकेलना और दहेज की बलि पर चढ़ा देना अनेक तरह के अपराधों और बालिकाओं के अनैतिक व्यापार का बाजार भी फल-फूल रहा है।

अनैतिक व्यापार रोकने समबन्धी अधिनियम में पंजीकृत आँकड़ों की संख्या बढ़ी है, वहीं बालिकाओं के व्यापार सम्बन्धी अपराध, नारी के साथ छेड़छाड़, यौन उत्पीड़न, दहेज-हत्याएँ तथा दहेज निरोधक अधिनियम में भी वृद्धि को दर्शा रही है।

केन्द्रीय समाज कल्याण बोर्ड का अध्ययन-केन्द्रीय समाज कल्याण बोर्ड द्वारा सन् 1991 में 6 महानगरों में एक लाख वेश्याओं का अध्ययन कराया गया, जिसमें 70 हजार लड़कियाँ 18 वर्ष से कम उम्र की थी। जिनमें अनैतिक व्यापार के प्रमुख केन्द्र हाई-वे, रेलवे स्टेशन एवं बाग-बगीचे, सूने खण्डहर, मौज मस्ती से भरे नगर के होटल, बार एवं रेस्टोरेन्ट हैं। वहीं देश की कुछ जनजातियाँ इस अनैतिक व्यापार में को अपनी जीविका उपार्जन का माध्यम बना चुकी हैं। भारत में यह व्यापार बड़ी तेजी से फल-फूल रहा है। यह देश के लिए एक चिन्तनीय विषय है।

एड्स में वृद्धि-भारत में चल रहा यह अनैतिक व्यापार बड़ी तेजी से एड्स जैसी बीमारी को फैला रहा है, इस जानलेवा बीमारी की पहचार होने के बाद से ही रोकने के लिए विश्वभर के राष्ट्र चिन्तित हो उठे हैं। अमेरिका जैसे राष्ट्र में 50 मिलियन डालर की राशि एड्स की रोकथाम के लिए खर्च की जा रही है। वहीं भारत में इसकी रोकथाम के लिए व्यापक प्रयास किये जा रहे हैं। यह बीमारी भी इस अनैतिक व्यापार से जुड़ी हुई है।

महानगरों में वैश्यावृति का चलन-भारत के बड़े शहरों बेंगलौर, कलकत्ता, दिल्ली, हैदराबार, मद्रास, मुम्बई आदि नगरों में करीब 25 हजार स्त्री व बच्चे वैश्यावृत्ति मे लिप्त है। भारत सरकार के 1991 के एक अनुमान के अनुसार करीब 5 लाख बालिकायें 18 वर्ष से कम आयु की देह व्यापार का शिकार हैं। केवल बम्बई में ही 10 से 16 वर्ष के बीच की 40 हजार बालिकाएं देह शोषण की शिकार हैं। वहीं करीब 20 लाख महिलाएँ वैश्यावृत्ति में लिप्त हैं जिनमें 25 प्रतिशत 18 वर्ष से कम आयु की है। इन महिलाओं में से 90 प्रतिशत भारतीय मूल की है। 5 प्रतिशत बंग्लादेशी तथा 5 प्रतिशत नेपाली मूल की है। जिनमें 61 प्रतिशत अनुसूचित जाति तथा अनुसूचित जनजाति और पिछड़े वर्ग की है।

किन महिलाओं तथा बच्चों का अनैतिक व्यापार होता है।

1. गरीब महिलाएँ और बच्चे विशेषकर इन व्यापारियों का निशाना बनते हैं क्योंकि

उनकी आर्थिक स्थिति अत्यन्त कमजोर होती है।

2. देहाती क्षेत्र और शहरी झुग्गी-झोपड़ी क्षेत्रों में गरीब घरों की महिलाएँ बच्चे व गरीब महिलाएँ और बच्चे जो गाँव से शहर काम ढूँढ़ने के लिये पलायन करते हैं तथा अन्य निम्न स्तर का काम करने वाले व्यक्तियों का व्यपार होता है।

3. गैर शादी शुदा, तलाक शुदा, परित्याक्तता और विधवा महिलायें तथा बालिकाये।

4. अनुसूचित जाति तथा अनुसूचित जनजाति तथा अन्य पिछड़ा वर्ग के व्यक्ति, स्थानीय अल्पसंख्यक व्यक्ति तथा पहाड़ी क्षेत्र के आदिवासी, शरणार्थी तिा अवैधानिक तौर पर हुये महिलाये ओर बच्चे।

5. कम शिक्षित तथा अनपढ़ व्यक्ति।

6. घरों से भागे बच्चे, उस समाज की महिलायें तथा बच्चे जिसमें वैश्यावृत्ति की सर्वमान्य प्रथा है। टूटे हुये परिवारें के बच्चे जिन पर अपने परिवारों के पालन-पोषण का उत्तरदायित्व है।

7. वे व्यक्ति जिन्हें अपनी कानूनी अधिकारों का ज्ञान नहीं है या जो अपने शोषण से बचाव के बारे में कुछ नहीं जानते।

8. छोटे बच्चों से लेकर 70 वर्ष तक की महिलायें भी शोषण का शिकार होती हैं।

अनैतिक व्यापार क्यों किया जाता है?

1. अधिकतर देह व्यापार वैश्यावृत्ति के लिए कराया जाता है।

2. मनोरंजन उद्योग में इनका उपयोग किया जाता है।

3. घरेलू काम में लगाया जाता है।

4. कालीन उद्योग, कपड़ा उद्योग, मत्स्य उद्योग तथा ईटें बनाने होटल, ढाबा आदि में काम में लगाया जाता है।

5. ऊँट की दोड़ में 'जोकी' के रूप में।

6. बच्चों को अवैध 'गोद' लिया जाता है।

7. इनके शरीर के अंगों को बेचने के लिये।

8. बाध्य शादियों के लिए।

9. बाध्य श्रम जैसे मकान बनाने के लिये।

10. मादक वस्तुओं का व्यापार कराने के लिए।

11. भीख मंगाने के लिए।

12. अन्य प्रकार के शोषण युक्त कार्य के लिए।

देह व्यापार में महिलाओं तथा बच्चों के जोखिम ?

1. स्वास्थ्य का जोखिम-महिलायें तथा बालिकाओं का गर्भित होना बार-बार गर्भपात, प्रसूति के दौरान मौत, यौन सम्बन्धी बीमारियाँ जैसे-'एड्स'। कालीन उद्योग में लगे बच्चों को क्षय रोग की बीमारी हो जाती है।

2. मादक पदार्थ तथा अन्य आदतें-मादक पदार्थों के सेवन से इनकी शारीरिक तथा मानसिक क्षमता का ह्रास होना।

3. भावनात्मक क्षति-जैसे पुलिस द्वारा गिरफ्तार होने का डर, समाज से अलग-थलग पड़ जाना पारिवारिक जीवन से वंचित होना। सामाजिक सहयोग की कमी, अपमान तथा शोषण इन सबके सदा भावनात्मक पीड़ा से ग्रसित रहते हैं।

4. शारीरिक सुरक्षा की क्षति-जो अनैतिक व्यापारियों द्वारा, पुलिस द्वारा तथा महिलाओं द्वारा पहुँचाई जाती है।

5. अधिकारियों द्वारा गिरफ्तारी अभियोजन तथा देश-बदर करना।

6. सामाजिक एकीकरण-सामाजिक जीवन में प्रवेश में कठिनाइयाँ जब भी अपने परिवार और समाज में यह महिलाएँ और बालिकाएँ वापस आती हैं उन्हें समाज से बहिष्कृत कर दिया जाता है।

नारी के प्रति अपराधों की प्रकृति-अपराध सार्वभौम होते हैं, होते रहे हैं, ओर होते रहेंगे मानवीय सामाजिक जीवन बिताने के कर के रूम में अपराधों को सहन करना पड़ता है। परन्तु पिछले कुछ दशकों में नारी के प्रति अपराध एंव हिंसा की घटनाओं में काफी वृद्धि हुई तथा यह समाज वैज्ञानिकों, नीति निर्धारकों, समाज-सुधारकों व अन्य सभी के लिए एक गहर चिन्ता का विषय बना हुआ है। यह सही भी है क्योंकि नारी को सुरक्षा व सुख प्रदान करने के बदले पुरुषों ने नारी को तिरस्कृत उपेक्षित अपमानित व शोषित किया है। यहाँ तक कि उसके अमानवीय हिंसात्मक व्यवहार भी किया है। मानवीय इतिहास में होने वाली ऐसी घटनाओं की वृद्धि वस्तुत: चिन्ता का विषय है।

क. नारी के प्रति हिंसात्मक अपराध-नारी के प्रति हिंसा की तीसरी प्रमुख श्रेणी सामाजिक हिंसा है जिसे पत्नी या बहु को भ्रूण हत्या के लिए विवश करने छेड़छाड़, युवा विधवाओं को सती के लिए विवश करने, नारियों को सम्पत्ति में हिस्सा न देने, बहू को अधिक दहेज लाने के लिए उत्पीड़ित करने के रूप में देखा जा सकता है।

ख. यौन शोषण एवं वेश्यावृति-जब से संगठित समाज है तब से वेश्यावृत्ति का इतिहास मिलता है। 1959 ई. में महिलाओं के अनैतिक व्यापार दमन पर कानून पारित किया गया था परन्तु आज भी वेश्यावृत्ति संगठित रूप में पाई जाती है। यह दो रूपों में प्रचलित है-एक परम्परागत वेश्यावृत्ति जो धन कमाने के लिए देह का

व्यापार करती हैं और, दूसरी श्वेतवस्त्रधारी तथाकथित सम्मानित नारियाँ जो धन के लए या अन्य भौतिक सुख की होड़ में बड़े-बड़े होटलों, निजी कोठियों में या किसी अन्य संगठित अड्डे पर वैश्यावृत्ति का धन्धा करती है। इन दूसरी श्रेणी की नारियों को कालगर्ल के नाम से जाना जाता है।

ग. नारी को देह व्यापार हेतु बाध्य करना- कुछ नारियाँ इस पेशे में आने को बाध्य हो जाती हैं। झूठी शादी या अन्य प्रेमी द्वारा झूठे आश्वासनों में फँसाकर अपहरण द्वारा या फिर मार-पीटकर उन्हें वेश्यावृत्ति के लिए बाध्य किया जाता है। परन्तु कुछ ऐसी नारियाँ भी हैं जो वेश्यावृत्ति में स्वेच्छा से पैतृक रूप से इस पेशे में या फिर उनकी गरीबी उन्हें इसकी ओर बाध्य करती है। कभी ऐसे उदाहरण भी सामने आते हैं जहाँ विचित्र यौन आनन्द के लिए नारियाँ इस पेशे की ओर आकर्षित होती है। परन्तु अधिकांश नारियाँ इस पेशे की ओर मजबूरी से ही आती है।

घ. नारी के यौन रोगों में वृद्धि-वेश्यावृत्ति से नारी में सिफलिस, गनेरिया व एड्स जैसे यौन रोग फैलते हैं। जो सम्भोगजनित व सबसे अधिक घातक है। वेश्यालय वह क्षेत्र है जहाँ अपराध पनपते हैं। वास्तव में, यौन कोई वस्तु नहीं है जो बाजार से खरीदी या बेची जाए। यह तो मानव के स्वाभाविक, पवित्र व विपरीत लिंग के प्रति स्वेच्छा से प्रेम व समर्पण का विषय हैं। इसी के द्वारा नए जीवन का सृजन होता है। इसका क्रय-विक्रय न केवल हानिकारक है अपितु अमानवीय व घिनौना भी है।

ड. वर्ग विशेष की लड़कियों से देह व्यापार-साँसी जाति की लड़कियों के सम्बन्ध में एक लेख में यह बताया गया है कि कैसे वे बम्बई के देह बाजार के ओर आकर्षित कर दी गई हैं। आश्चर्य की बात तो यह हैं कि उनमें से उनतीस साँसी लड़कियों को वेश्यालयों के पुलिस की सहायता से निकाला गया और वापस गाँव में लाकर उनके पुनर्वास का प्रयास किया। उन लड़कियों का कहना था कि वे गाँव के अनपढ़ व गरीब युवकों के साथ शादी करके गरीबी की जिन्दगी बिताने से कहीं बेहतर बम्बई और पूना के वेश्यालयों में जिन्दगी गुजारना बेहतर समझती है। यह उदाहरण पूरी साँसी जाति की आर्थिक दयनीय दशा की ओर इशारा करता है।

च. देवदासी का प्रचलन-आज भी कर्नाटक और आन्ध्रप्रदेश में येलम्मा और पोचम्मा के ऐसे मन्दिर हैं जहाँ बड़ी संख्या में प्रतिवर्ष देवदासियों के रूप में लड़कियों को समर्पित किया जाता है। परम्परा की दृष्टि से उनका कार्य देवता की सेवा करना है परन्तु वे पुजारी और गाँव के जमींदारों की यौन सुख का शिकार बनती हैं और आखिर में वेश्यावृत्ति द्वारा अपनी जीविका चलाती है। धार्मिक अन्धविश्वास गरीब लोगों को ऐसी प्रथा का पालन करने के लिए प्रेरित करते हैं। कानून में इस प्रथा का

उन्मूलन कर दिया गया है परन्तु अभी भी जनमत के अभाव में यह बंद नहीं हो सकी है। अब महिला संगठन इस दिशा में अवश्य जागरूक हुए है और वे देशवासियों के पुनर्वास का कार्य कर रहे हैं तथा इस प्रथा के खिलाफ जन आन्दोलन भी चला रहे हैं।

छ. अश्लील एवं बाजारू साहित्य-नग्न एवं अर्द्धनग्न नारी की तस्वीरों, काम चेष्टाओं और कुत्सित किस्सों पर आधारित अश्लील साहित्य भी बाजार में धन कमाने का एक सरल साधन बन गया है। अनेक पत्र-पत्रिकाएँ इस प्रकार की साभग्री द्वारा मानव की काम भावनाओं का शोषण करती है। अश्लील साहित्य किशोर-किशोरियों और युवाओं के नैतिक पतन का कारण बन उन्हें गुमराह करता है। ऐसे साहित्य पर भी कानूनी रोक लगी है पर चोरी छिपे बाजार में ऊँचे दामों पर मिल ही जाते है। इस व्यापार का आधार भी नारी का यौन शोषण ही है।

ज. नारी विज्ञापन एवं व्यापार-आज व्यवसायों का मुख्य आधार विज्ञापन है और विज्ञापन नारी के अंग प्रदर्शन पर आधारित हैं। चाहे किसी वस्तु का नारी के जीवन से सीधा सम्बन्ध हो या न हो परन्तु उसके शरीर के उत्तेजक चित्रों के अभाव में विज्ञापन अधूरा समझा जाता है। यही कारण है कि माडलिंग का व्यवसाय लोकप्रिय होता जा रहा है। जो राष्ट्र के नैतिक पतन के लिए उत्तरदायी है। ये विज्ञापन नारी के देह को एक वस्तु के रूप में सार्वजनिक रूप से विभिन्न प्रयोग के लिए बाजार में उपलब्ध है। अनेक महिला संगठन इनके खिलाफ आवाज उठा रहे हैं।

झ. चलचित्र एवं नारी देह दर्शन-अधिकांश चलचित्र नारी के यौन शोषण के ज्वलंत उदाहरण हैं। व्यापारिक रूप से चलचित्र की सफलता के लिए यह आवश्यक समझा जाता है कि उसमें अर्द्धनग्न नारी के द्वारा कैबरे के दृश्य और असहाय नारी पर पुरुष के पुरुषत्व की ताकत को प्रकट करते हुए क्रूर बलात्कार के दृश्य अवश्य हो। अधिकतर चलचित्र पुरुष प्रधान होते हैं। नायिका तो प्रदर्शन के लिए एक गुड़िया मात्र दिखाई देती जाती है। तब लम्बे कामुक दृश्यों के द्वारा दर्शकों की काम वासनाओं को उत्तेजित किया जाता है तो नारी का अपमान भी होता है। सच तो यह है कि नारी की देह उसकी निजी पवित्र धरोहर है जिस पर उसी का निरपेक्ष अधिकार होना चाहिए और किन्हीं भी मजबूरियों का प्रलोभनों से उसका सार्वजनिक प्रदर्शन सारे राष्ट्र के लिए लज्जा का विषय है। इस दिशा में आवश्यक कदम उठाए जाने चाहिए।

ण. बार ढांस एवं कैबरे नृत्य का चलन-नृत्य नारी की दैहिक समस्याओं में सबसे प्रमुख समस्या उनका छेड़छाड़ का शिकार होना है। बसों, बाजारों, स्कूलों कालेजों के प्रसंगों में वे पुरुष द्वारा छेड़छाड़ का शिकार होती है। उन पर फब्ती

कसना, उन्हें स्पर्श करने की चेष्टा करना, कुत्सित इशारा करना, चाटना-नोचना एक आम बात बन गई हैं। उत्तर भारत में यह समस्या ज्यादा विकराल है। राजधानी दिल्ली में इसके खिलाफ नारियों के प्रदर्शन भी किये थे और गुण्डागर्दी के खिलाफ अभियान की माँग भी की थी, परन्तु यह रुकता ही नहीं। इक्का-दुक्का गुण्डे पीटे भी जाते हैं या पुलिस उन्हें पकड़ भी लेती है पर कानून की लम्बी प्रक्रिया तथा गवाही आदि की जटिलता व असुरक्षा प्रायः उन गुण्डों के बच निकलने का साधन बन जाते हैं।

नारी हत्या तथा भ्रूणहत्या में वृद्धि-नारी हत्या उस समय मानी जाती है जब वह माँ के गर्भ में या जन्म लेने के बाद नारी-शिशु हत्या के रूप में हो चाहे जलती बहु या किसी अन्य प्रकार के उत्पीड़न से मारने के रूप में है। इतना ही नहीं, इसमें एसी घटनाएँ भी शामिल है जिनमें ऐसी परिस्थितियाँ पैदा कर दी गई हों कि नारी को मजबूर होकर आत्महत्या कर ली हो। ऐसी घटनाएँ नारी के उत्पीड़न का बड़ी दर्दनाक कहानियाँ प्रस्तुत करती है। नारी-शिशु हत्या प्रत्यक्ष ओर अप्रत्यच दो रूपों में हो सकती है। प्रत्यक्ष रूप में तो मारने-पीटने से, जहर देकर या गला घोटने से हत्या होती है और अप्रत्यक्ष रूप में उनके लालन-पालन, पोषण या देखभाल की उपेक्षा करके उन्हें मारने का प्रयास किया जाता है। अब तो एक नया तरीका गर्भ में लिंग का निर्धारण या मेडिकल परीक्षण है जिसे 'एमनियोसेंटसिस' कहा जाता है जिसके द्वारा यह पता चल जाता है कि गर्भ में लड़का है या लड़की, यदि गर्भ में लड़की है, तो गर्भपात करा दिया जाता हैं, अर्थात् जन्म लेने से पहले ही नारी की हत्या हो जाती है।

1. पुत्र पुत्री में अन्तर क्यों ? -हम गरीबी नहीं चाहते तो गरीबों को मार हीं क्यों न दिया जाए या फिर जिस माता-पिता के पहले से कई लड़के है और गर्भ परीक्षण से पता चले कि गर्भ में फिर एक लड़का है तो क्या ऐसे में भी वह गर्भपात कराना चाहेंगे ? कदापि नहीं। वास्तव में, पुत्र या पुत्री में अन्तर किया जाना ही दोषपूर्ण है। सच तो यह है कि पुत्र या पुत्री के चरित्र व आचरण से परिवार का नाम चलता है न कि मात्र पुत्र के द्वारा। महात्मा गाँधी के चार लड़के थे पर आम आदमी उनका नाम तक नहीं जानते जबकि पंडित जवाहर लाल नेहरु की एक पुत्री थी और सारी दुनिया उनका नाम जानती है। इसी भाँति लड़की माँ-बाप की ज्यादा सेवा करती है और नालायक बेटा तो माता-पिता के लिए मृत्युपर्यन्त जी का जंजाल बना रहता है।

2. बाल विवाह एवं नारी-बाल विवाह भी नारी की हत्या ही नहीं है क्योंकि बाल उम्र में विवाह होने से पति द्वारा यौन क्रिया के कारण नारी की मृत्यु हो जाती है। दहेज के अतिरिक्त मारपीट के द्वारा भी नारी की हत्या की अनेक घटनाएँ मिलती

है। कभी-कभी यह भी कहा जाता है कि नारियाँ ही नारियों की दुश्मन है। प्रायः सास ही बहू पर अत्याचार करती है। परन्तु सच्चाई यह है कि अप्रत्यक्ष रूप से पुरुष ही नारियों को ऐसे उत्पीड़न का हथियार बनाते हैं। भला वह नारियाँ जिन्हें परिवार के लिए किसी भी तरह का निर्णय लेने का अधिकार नहीं हैं किसी अन्य नारी की जान कैसे ले सकती हैं ? ऐसी नारियाँ तो पितृसत्तात्मक परिवार की वफादार सिपाही हैं जो अपनी ही नारी जाती का खून बहाती हैं ताकि उनके मालिक का हित हो सके। वास्तव में यह प्रायः निर्दोष पक्ष बनकर दूर खड़ा हो जाता है और नारी-बनाम-नारी द्वन्द्व का निर्णायक और जज बन जाता है।

3. मानवाधिकार आयोग का प्रयास-सन् 1994 में मानवाधिकार आयोग, ने एक प्रस्ताव स्वीकार किया जिसमें बालयौन-शौषण के खरीद-फरोख्त की समाप्ति का आह्वान किया गया था। अन्तर्राष्ट्रीय श्रम संगठन ने बाल-श्रम, यौन शोषण के लिए यूनिसेफ, राष्ट्र विकास कार्यक्रम, स्त्रियों के संयुक्त राष्ट्र विकास कोष और विश्व स्वास्थ्य संगठन ने अपने कार्यक्रम में महिलाओं और बाल यौन शोषण की समाप्ति के कदम उठाने की बात की है जिसे अंगीकार की जा चुकी है।

4. नारी हत्या एवं अपराध रोकने हेतु जागृति-भारत में महिलाओं और बालिकाओं ने इस अनैतिक व्यापार को रोकने के लिए समाज में जागरूकता एवं चेतना का बना जाना आवश्यक है। समाज में धीरे-धीरे पुरुष प्रधान समाज की मानसिकता को परिवर्तित करने के लिए व्यापक जन-अभियान चलाने की आवश्यकता है। वहीं जो कानूनी प्रावधान बने हुए हें,उन्हें दृढ़ता और ईमान्दारी से लागू किया जाना चाहिए तथा उनमें आ रही व्यावहारिक कठिनाइयों को दूर करना भी आवश्यक है। जहाँ इस क्षेत्र में शासकीय प्रयासों के साथ अर्द्धशासकीय और स्वयंसेवी संस्थाओं सहित समाज के प्रमुख व्यक्तियों ओर जाति पंचायतों को भी सक्रिय होने की आवश्यकता है, वहीं इस समस्या के समाधान के लिए समाज वैज्ञानिकों, मनोवैज्ञानिकों, चिकित्सकों, समाज सुधारकों, न्यायाधीशों, अधिवक्ताओं, प्रशासनिक अधिकारियों, पुलिस अधिकारियों एवं प्रबुद्धजनों के द्वारा सामुहिक प्रयास किये जाने चाहिए तथा अनैतिक व्यापार से प्रभावित महिलाओं और बालिकाओं के पुर्नवास तथा पुर्नस्थापना के प्रयास भी आवश्यक है। इसके लिए व्यापक आर्थिक संसाधन भी जुटाया जाना आवश्यक है। इस क्षेत्र में मानव अधिकार आयोग एवं अन्य संस्थाएँ भी सक्रिय होकर कार्य कर रहे हैं।

5. पुलिस की भूमिका-समाज की सजब प्रहरी पुलिस होती है। देशभक्ति और राष्ट्रसेवा जैसे महत्त्वपूर्ण दायित्वों से ओत-प्रोत भारतीय पुलिस की भूमिका भी इस तरह के अपराधों को रोकने और इस व्यापार से जुड़े हुए अपराधियों को कठोर से कठोर दंड मिले, इसके लिए पूर्ण स्पष्ट विवेचना के साथ अपराधियों को न्यायालय में प्रस्तुत करने हेतु दृढ़ संकल्पित रहना आवश्यक है। तभी इस अनैतिक व्यापार को

रोकने हेतु सशक्त पहल और परिणाम सामने आ सकेंगे। अनैतिक व्यापार निवारण अधिनियम, 1956 तथा संशोधित 1986 के तहत शासन द्वारा समय-समय पर जारी अधिसूचनाओं का पालन भी सख्ती से किया जाना आवश्यक है।

कार्यशील महिलाएँ कैसा विकास

उन्नीसवीं शताब्दी के पहले नारी-मुक्ति की लड़ाई सामाजिक आन्दोलनात्मक स्तर पर नारी समुदाय की लड़ाई के रूप में कभी नहीं लड़ी गई, और न ही इसका कोई दार्शनिक, वैचारिक आधार ही था। इस प्रकार औरत की अपनी स्वतन्त्र लड़ाई का वस्तुगत आधार पहली बार पूँजीवादी युग में ही पैदा हुआ। सोच के इसी धरातल पर भारत में भी कम्युनिस्ट पार्टी ने महिलाओं के संघर्ष के लिए स्वतंत्र महिला-संगठन की स्थापना की जिससे महिलाओं में आत्मविश्वास, नेतृत्व की क्षमता और स्वतन्त्र सोच विकसित हो तथा वे अपने अधिकारों को प्राप्त करने के आत्म-निर्भर बन सकें। हमारे यहाँ यह पहली शुरुआत थी जिसने महिला मुद्दे को एक स्वतन्त्र महिला संगठन के तहत उठाया। आजादी के आन्दोलन की बात हो या अन्य समस्या, कम्युनिस्ट पार्टी के महिला संगठन अखिल भारतीय महिला फैडरेशन ने पूरे जोर-शोर से उसे उठाया और लड़ा। इस लड़ाई में अन्य समान विचार वाले संगठनों का सहयोग भी रहा।

महिला फैडरेशन का आधार गाँव, देहात और निचले तबके की महिलाएँ ही रहीं। उस दौर के प्रसिद्ध तेलगांना और तेभागा विद्रोह में महिलाओं की बड़ी भूमिका थी। इसमें लाल झंडे के तले महिलाओं ने 'नारीवाहिनी' बनाकर तथा हथियारों को लेकर गाँव की सुरक्षा का काम भी किया। इसके अलावा शोषित, पीड़ित तबके के अन्य कई आन्दोलनों में भी महिलाओं की भागीदारी हमेशा रही। इन लड़ाइयों के साथ-साथ स्वयं महिला अत्याचार और शोषण से सम्बन्धित मुद्दों को भी इन्होंने बड़ी सक्रियता से उठाया। बलात्कार, दहेज, बाल-विवाह, विधवा-विवाह, सती प्रथा, समान काम समान वेतन, वेश्यावृत्ति जैसे महत्त्वपूर्ण मुद्दों पर लगातार संघर्ष का ही परिणाम था कि इन सब बुराइयों के खिलाफ कानून बने। महिला-संगठन की ताकत का ही परिणाम था कि अंग्रेज सरकार को भी कई कानून बनाने पड़े। 1935 में ही महिलाओं को हमारे यहाँ मतदान का अधिकार मिल गया, जबकि कई सारे विकसित देशों में यह अधिकार बाद में मिला।

महिला-फैडरेशन से शुरू हुई महिला-संगठन की यह धारा आगे चलकर जनवादी महिला समिति, प्रगतिशील मंच से होकर कई सारे नक्सलवादी वामपंथी महिला संगठनों तक जाती है। इनके नेतृत्व में भी कई आन्दोलन हुए। 1917 का श्री काकूलम का गैर-आदिवासियों से जमीन छुड़ाने का संघर्ष हो जिसमें महिलाओं ने हाथ में मिर्च पाउडर लेकर छापामार लड़ाई लड़ी थी अथवा 1970 का लाल निशान पार्टी के नेतृत्व में महाराष्ट्र में खेतिहर महिला मजदूर का संघर्ष हो अथवा करीम नगर (आन्ध्र) चामवासा (बिहार)

या मथुरा बलात्कार कांड जिसमें देश भर की महिलाएँ बलात्कार तथा पुरुष सत्ता के खिलाफ सड़क पर उतर आई थीं, आज भी महिलाओं के कारण ही जाने जाते हैं। अरुणा आसफ अली, विमला फारूकी, रेणु चक्रवर्ती, अहिल्या रंगणेकर, सुशीला गोपालन, पूर्णिमा बनर्जी, कमला देवी चटोपाध्याय, उषा मेहता, दुर्गा भाभी, विमला रणदिवे, डॉ सरोजिनी नायडू, मृणाल गोरे, तारा रेड्डी जैसे कई जाने-माने नाम उस समय के महिला-संगठन और संघर्ष के लिए याद किए जाते हैं। 1918 में एनीबेसेंट की अध्यक्षता में कांग्रेस समर्थित ऑल इण्डिया वीमेंस कौन्सिल का जन्म हुआ। यह संगठन मुख्य रूप से कानूनी सुधारों, शिक्षा और राजनीति में भागीदारी का पक्षधर था जिस कारण केवल मध्यमवर्गीय महिलाओं की भागीदारी ही इनके साथ हो सकी जो पारम्परिक ढाँचे की हिमायत थीं। इन पर महात्मा गाँधी का प्रभाव भी था जो सीता को आदर्श मानते थे। गाँधी की सोच तथा व्यावहारिक दृष्टि के कारण स्वतन्त्रता संघर्ष में हजारों महिलाओं ने भाग लिया। परन्तु महिला की स्वतंत्र अस्मिता तथा बराबरी की सोच इस लड़ाई में नहीं उभर सकी। 1927 में राष्ट्रीय स्तर पर ऑल इण्डिया वीमेंस कांफ्रेंस बनी, जिसकी सोच प्रगतिशील थी। इस संगठन ने जिसका नेतृत्व पूर्णरूप से महिलाओं के हाथ में ही था शिक्षा, बराबरी का अधिकार, बाल-विवाह, वृहद विवाह और विवाह-विच्छेद रोकने का अभियान चलाया। 1930 में नमक सत्याग्रह, 1932 में सविनय अवज्ञा आन्दोलन, 1942 में भारत छोड़ो आन्दोलन जैसे महत्त्वपूर्ण संघर्षों में भी हजारों महिलाओं ने घर-बार छोड़कर भाग लिया। 1941 में करीब 5 हजार महिलाओं ने पर्दा-प्रथा के खिलाफ एक सम्मेलन का आयोजन किया। 1905 में बंगाल विभाजन विरोधी आन्दोलन में महिलाओं ने 'राखी बाँधने' और 'रसोई बनाने' के बहिष्कार का नारा दिया जो तत्कालीन समाज के हिसाब से क्रान्तिकारी था। स्वतन्त्रता प्राप्ति के पश्चात् धीरे-धीरे राजनैतिक पार्टियों की महिला शाखा का प्रचलन बढ़ता गया और लगभग उनकी भूमिका पार्टी और उनके पुरुष साथियों की ताकत बढ़ाना ही रहा। इस कारण वे महिला मुद्दे पर भी एक साथ नहीं आ सकीं। बल्कि एक-दूसरे पर सोशलिस्ट, नारीवादी, वामपंथी, नारीवादी या भाजपाई नारीवादी जैसे आरोप लगाए जाने लगे। राजनैतिक ताकतें नारी-आन्दोलन का दोहन करने लगीं। इसका उभरा हुआ रूप आज महिला आरक्षण के मुद्दे पर स्पष्ट दिखाई देता है। कितने आश्चर्य की बात है कि कई पार्टियों के नेतृत्व में महिला सबसे ऊपर रही पर महिला हित के लिए उसने कुछ काम नहीं किया। आज भी पार्टियों से जुड़े महिला-संगठनों की अपनी छुट-पुट ताकत है पर एक साथ आने की कमी और आपसी दुश्मनी से उसका अहसास नहीं हो पाता। चूँकि धुर दक्षिण और धुर वाम के बीच एकता न तो संभव है और न होनी चाहिए पर वामपंथ के भी तो कई खेमे हैं ? पुरुषवादी वर्चस्व की स्थिति वामपंथी पार्टियों में भी आज उभर आयी है, तभी तो उनके नेतृत्व की पहली पायदान पर

आज एक भी महिला नहीं दिखती। उनके महिला-संगठन भी अब शोभा की सुपारी बन कर रह गए हैं। राजनैतिक महिला-शक्ति की इस निष्क्रियता और ठहराव के पश्चात् पिछले दो-ढाई दशक से स्वायत्त अथवा स्वतंत्र महिला-संगठनों की सक्रियता बढ़ी है।

स्वायत्त महिला समूह

1975 का साल पूरी दुनिया के समान भारत की महिलाओं के लिए भी मील का पत्थर सिद्ध हुआ है। यह वह साल था जब भारत में स्वतंत्र महिला-संगठनों की शुरुआत हुई। इन संगठनों का पहला महिला मुक्ति सम्मेलन पूना में इसी वर्ष आयोजित हुआ। 1975 में ही संयुक्त राष्ट्र संघ के आग्रह पर भारत में बने महिला आयोग की रपट भी प्रकाशित हुई जिसने सम्पूर्ण भारतवर्ष में काफी हलचल मचा दी। इसी साल को महिला वर्ष के रूप में भी पहचाना गया। इसी समय मैमिनिष्ट नेटवर्क और मानुषी जैसी महिला पत्रिका भी प्रारम्भ हुई। आगे 1975 से 1985 का दशक महिला दशक भी घोषित हुआ। निश्चित ही इन दो-ढाई दशकों (1975 से 1999) में गैर राजनैतिक महिला समूहों ने अपनी पहचान बनाई है और अपनी उपस्थिति दर्ज कराई है। इस दौर के कई सारे संघर्ष उनके हक में जाते हैं। देवराला सती की बात हो, मथुरा या भँवरीबाई के साथ हुए बलात्कार का मुद्दा हो, गर्भजल परीक्षण के खिलाफ संगठित संघर्ष हो अथवा परिवार-नियोजन के खतरनाक साधनों के खिलाफ उठी आवाज या अभी ताजा-ताजा महिला आरक्षण का मुद्दा हो, सभी के संघर्ष में इन स्वतंत्र महिला-संगठनों की भूमिका महत्वपूर्ण रही। दहेज कानून, विवाह कानून, बलात्कार कानून, अपराध कानून, सम्पत्ति कानून और समान वेतन अधिनियम में संशोधन, पारिवारिक अदालतों की स्थापना, महिला थाने की शुरुआत आदि इसी संघर्ष के दौरान हुई। उत्तराखण्ड में गौरा देवी के नेतृत्व में पर्यावरण के खिलाफ चला 'चिपको आन्दोलन' जिसमें 90 प्रतिशत महिलाओं की भूमिका थी या एक हद-तक बड़े बाँधों के विरोध में चला 'नर्मदा बचाओ आन्दोलन' भी महिला, संगठित संघर्ष की याद दिलाता है। ये आन्दोलन राजनैतिक न होते हुए भी राजनैतिक सोच के आन्दोलन थे। और इन्होंने राजनैतिक पार्टी तथा गैर सरकारी संगठन दोनों से हटकर अपनी स्वतन्त्र और स्वायत्त सोच विकसित की। इनका मानना है कि हम अपनी परेशानी, कष्ट को सही तरह से समझें, आपस में एकता बनाएँ और इस पुरुषवादी सत्ता के खिलाफ लड़ें। व्यक्तिगत समस्या को अपनी लड़ाई का हथियार बनाएँ। जबकि राजनैतिक पार्टी से जुड़े महिला संगठनों के लिए महिला का मुद्दा भी एक समग्र परिवर्तन की लड़ाई का मुद्दा है। यह व्यवस्था परिवर्तन की सोच तक जाती है।

1975 का साल इसलिए भी महत्त्वपूर्ण था कि भारत में पहली बार महिलाओं के हर पहलू का जायजा लेने वाली रपट प्रकाशित हुई जिसने आजादी के उपरान्त (और संभवत: उससे भी पूर्व) देश में महिला के सामाजिक, आर्थिक, शैक्षणिक, राजनैतिक,

सांस्कृतिक, स्वास्थ्य आदि पहलुओं की विस्तृत व्याख्या की। इसके बाद महिला मुद्दों को राजनैतिक, आर्थिक अथवा सामाजिक नजरिये से देखने की शुरुआत भी हुई। पहले महिला बराबरी या मुद्दों का मतलब मात्र दहेज या बाल-विवाह का विरोध ही था। इस रपट ने जहाँ देशभर में महिला की खराब हालत को उजागर किया वहीं उन्हें सक्रिय होने के लिए प्रेरित भी किया। वहीं भारत सरकार के आँख, कान खोलने में भी यह रपट महत्वपूर्ण रही। कहते हैं सबसे ज्यादा महिला-समूह संस्थाएँ इसी दौरान बनीं। परन्तु ये प्राय: महनगरों, नगरों तक ही सीमित रहीं और उनका नेतृत्व भी मध्यम, उच्च मध्यमवर्गीय महिलाओं के हाथ ही रहा। दिल्ली जैसे महानगरों में इस दौरान महिला-संगठनों की बाढ़-सी आ गई। यूनेस्को द्वारा घोषित महिला दशक के विराट कोष और विश्वस्तरीय आयोजनों में भाग लेने की सुविधा ने ऐसे ढेरों संगठनों को जन्म दिया। इन महिला-समूहों पर काफी हद तक पश्चिम के नारीवाद का प्रभाव था। यही कारण है कि ब्रा-बर्न्स सोसाइटी (चोली जलाओ समूह) से लेकर पुरुषों के समान सिगरेट एवं दारू (जो कि किसी के लिए भी सही नहीं है) पीने को स्वतंत्रता माना गया। सेक्स के मुद्दे को भी बहुत ही अराजक तरीके से प्रस्तुत किया गया और उसे महिला स्वतंत्रता कहा गया।

वास्तव में भारतवर्ष के नारीवादी (स्वायत्त) आन्दोलन ने अपने देश, समाज की जमीन को नकार कर जिस पश्चिम की नकल की वहाँ का समाज ऐतिहासिक विकास-यात्रा के परिणामस्वरूप काफी आगे निकल चुका था। वहाँ के समाज में पुरुष के स्वामित्व और वर्चस्व के रूप सूक्ष्म थे। पूँजीवादी जनतांत्रिक मूल्य होने के कारण वहाँ स्त्री शोषण का नग्न रूप दिखाई नहीं देता था। वहाँ प्रश्न नारी की अस्मिता का था, उपभोक्ता समाज की विकृतियों का था, सत्ता में भागीदारी का था, तथा इन सबके खिलाफ जनमानस तैयार करने का था। उसके एकदम विपरीत हमारे समाज में मध्ययुगीन नारी शोषण का घिनौना रूप कायम था जहाँ आज भी बहुएँ दहेज के लिए जलाई जा रही थीं, पति के साथ महिला को सती होने के लिए उकसाया जा रहा था, जहाँ बलात्कार और हिंसा की संख्या बढ़ रही थी, जहाँ डायन कह कर उसे मारा जा रहा था, और जहाँ आज भी महिला की भूमिका माँ, बेटी या बहिन की ही थी। समाज में विकास की गति धीमी थी। झूठे मूल्य, मान्यताएँ तथा नैतिकता पुरुष ने ही महिला के लिए बनाई थीं जिसे बाद में पूँजीवाद ने भी अपना लिया। समाज के अधिकांश क्रिया-कलापों में नारी की कोई भूमिका नहीं थी। ऐसी सब सच्चाइयों को नकार कर या अनजाने में ही खड़ा हुआ नारी आन्दोलन आखिर कितने दिन जिन्दा रहता ? गाँवों, कस्बों अथवा शोषित, पीड़ित, उपेक्षित तबके की महिला से कटे जाने के कारण भी इस आन्दोलन की सोच जिस जमीन से पैदा हुई थी वह मुट्ठी भर थी और वहीं तक सिमट कर रह गई। यह भी कहा जाता है कि यह महिलाओं की वास्तविकता को नहीं जान पाया। यह पूरा आन्दोलन आधी आबादी के आर्थिक शोषण, यौन शोषण, उत्पीड़न, पुरुष की गुलामी परम्परा और मूल्यों

की दिमागी गुलामी, अलगाव आदि को ठीक से अनुभव नहीं कर पाया। आज भी अधिकांश नारी-संगठन शहरों की मध्यमवर्गीय, शिक्षित औरत तक सिमट कर रह गए हैं। अभी भी किसान मजदूर औरत की व्यापक आबादी इनसे कोसों दूर है। आम मध्यम वर्ग की औरत भी ऐसे महिला-संगठनों को नहीं जानती है। शायद यही सब कारण है कि पर्याप्त समय के उपरान्त भी स्वायत्त महिला आन्दोलन लगभग ठंडा पड़ने लगा है (जिसकी स्वीकृति कभी-कभी यत्र-तत्र सुनाई भी देती है) अथवा सेमीनारों, भाषणों या संगोष्ठियों में सिमट कर रह गया है। अपने समाज को ठोस परिस्थितियों, जातीय परम्पराओं अथवा लड़ने वाले या पीड़ित समुदाय के व्यापकतम हिस्से के कटाव से खड़े हुए किसी भी आन्दोलन का शायद यह अनिवार्य परिणाम है। इसके अभाव में कोई भी संगठन या आन्दोलन जिन्दा नहीं रह सकता। आन्दोलन की कमजोरी का ही परिणाम है कि आज नारी के प्रताड़ित होने का घिनौना रूप पुन: उभर रहा है। सरे आम महिला को नंगा करने की बात हो, हर क्षण होने वाली बलात्कार की घटना हो, भ्रूण हत्या का मुद्दा हो, दहेज हत्या की बढ़ती संख्या हो या विज्ञापन में नंगे करने की बात, नारी लगातार पूँजीवादी पुरुष सत्तात्मक ढाँचे की शिकार होती जा रही है और उनको संगठित करने अथवा उनके साथ खड़ा-होने वाला कोई नहीं।

नारी मुक्ति सम्मेलन द्वारा जारी घोषणा पत्र

'स्वायत्त महिला-समूहों का छठवाँ सम्मेलन दिसम्बर, 1997 में राँची में सम्पन्न हुआ। इस सम्मेलन में छोटे-छोटे महिला समूह-संगठन और व्यक्तियों के अतिरिक्त कई नक्सलवादी महिला संगठनों ने भी भाग लिया। इस सम्मेलन में पारित घोषणा पत्र की कुछ प्रमुख बातें निम्न हैं-'

यह घोषणा पत्र हमारे विचारों, राजनीति और महिला आन्दोलन के प्रति हमारी वचनबद्धता की अभिव्यक्ति है। हम अलग-अलग महिला-समूहों व संस्थाओं से भी हैं व व्यक्तिगत रूप में भी इस सम्मेलन में सम्मिलित हुईं। हम अलग-अलग राज्यों, नगरों और गाँवों की विभिन्न राजनैतिक धारणाएँ लिए हुए अलग-अलग धर्म और संस्कृति को मानने वाली, अलग-अलग वर्ग, जाति और भाषाएँ बोलने वाली औरतें हैं। हम सभी समाज के अत्याचारी ढाँचे को चुनौती देने के लिए कार्यरत हैं। हम एक-दूसरे से जुड़ने की, अपने संघर्षों पर चर्चा करने की और हमारी एकता को अभिव्यक्त करने की आवश्यकता अनुभव करते हैं। हम कहना चाहेंगी कि औरतें पुरुषों से निम्न या कमजोर नहीं होतीं। समाज ने जैविक अन्तर का इस्तेमाल स्त्री/पुरुष के बीच एक क्रमबद्ध और अत्याचारी सम्बन्ध बनाने के लिए किया है। औरत होने के नाते हम सब एक प्रबल वर्ग, जाति और पितृसत्तात्मक ढाँचे के शोषण और दमन की शिकार हैं। घर और बाहर लिंग आधारित काम के बँटवारे से हमारे श्रम पर नियंत्रण किया गया है।

इसके अलावा हमारे शरीर को बाजारू व एक उपभोग की वस्तु बना दिया गया है। परिवार, बाजार, मीडिया, शिक्षा, धर्म तथा कानूनी संस्थाएँ इस उत्पीड़न को मजबूत करने में सहायता करती हैं।

हम वर्षों से महिलाओं संबंधी विशेष विषयों, जैसे—बलात्कार, दहेज हत्या, लिंग-जाँच-पड़ताल, मादा भ्रूणों का गर्भपात, परिवार-नियोजन कार्यक्रम की जबरदस्ती, अश्लील साहित्य आदि को संबोधित करते आ रहे हैं। इस आन्दोलन ने पर्यावरण, आवास आदि मुद्‌दों को भी उठाया है। हमारा विश्वास है कि ये सब मुद्दे महिलाओं से सम्बन्ध रखते है और हर विषय को औरतों के दृष्टिकोण से देखना चाहिए। बहुत सी औरतें आदिवासियों और किसानों के अधिकारों, भूमि अधिकारों, पर्यावरण और श्रमिक-वर्ग के संघर्षों में भाग ले रही हैं जिससे इन संघर्षों को ताकत मिल रही है। विभिन्न संघर्षों के बीच सम्बन्ध बनाना जरूरी है, इससे हम एक-दूसरे की ताकत बढ़ा पाएँगे।

हमें मौजूदा विकास मॉडल पर मूल रूप से आपत्ति है क्योंकि इसमें केवल प्रभावी वर्ग/जाति का निहित स्वार्थ सिद्ध होता आया है। इसके फलस्वरूप श्रमिक-वर्ग का एक बड़ा भाग कंगाल होता चला गया है व एक भयंकर संकट खड़ा हो गया है। महिलाओं, आदिवासियों, दलितों और निर्धन किसानों का सबसे अधिक शोषण किया गया है। विकास की विकृति की यह अवस्था है कि औरतों के विकास के लिए बने कार्यक्रमों तक में औरतों के श्रम का शोषण हो रहा है।

नई आर्थिक नीति तथा वर्तमान सुधार नीतियाँ इस सिद्धान्त पर आधारित हैं कि पूँजी को अधिकतम मुनाफा बनाने की हर सुविधा की जानी चाहिए क्योंकि इससे घरेलू और विदेशी पूँजी क्षेत्रों से अधिक पूँजी निवेश होगा। फलत: विकास की दर में वृद्धि होगी।

हम असहमत हैं कि पूँजी के लिए अधिकतम मुनाफे का रास्ता ही आर्थिक विकास का सबसे अच्छा मार्ग है। इस तर्क की वजह से खास नीतिगत बदलाव किये गए जो औरतों और मजदूरों के सदियों के योगदान को नकारते हैं। परिणामत: अमीर और भी अमीर हो रहे हैं जबकि गरीब और भी ज्यादा गरीब। यही नहीं, आज बाजार की महत्ता के फलस्वरूप बढ़ते उपभेक्तावाद व दृश्य संचार माध्यमों के व्यापक फैलाव ने मिलकर औरतों के अश्लील प्रदर्शन व वस्तुकरण को प्रोत्साहन दिया है। कई औरतें अनौपचारिक रूप से कम तनख्वाह पर असुरक्षित काम कर रही हैं।

वार्षिक बजट में स्वास्थ्य और शिक्षा जैसी सुविधाओं पर खर्च लगातार कम किया जा रहा है, हम इस नीति के खिलाफ हैं। नई आर्थिक-नीति और विकास नीतियों का औरतों के वैतनिक और अवैतनिक श्रम पर गहरा प्रभाव पड़ेगा। औरतों का घरेलू श्रम अदृश्य होता है, हम उन सब आर्थिक नीतियों के खिलाफ हैं जो औरतों पर बोझ बढ़ाती हैं और उन पर उल्टा असर डालती हैं।

हम एक ऐसे आर्थिक ढाँचे के प्रति वचनबद्ध हैं जो लोगों को रोजगार की गारंटी दे, आबादी के हर वर्ग की आर्थिक गतिविधियों में भागीदारी सुनिश्चित करे और इसके फायदे के सभी भागीदार हों। औरतें अपने शरीर और स्वास्थ्य पर नियंत्रण पाने की दिशा में संघर्ष कर रही हैं, क्योंकि वे जान गई हैं कि स्वस्थ होने का अर्थ केवल रोग की गैर मौजूदगी या शरीर का ठीक से काम करना नहीं है। इसमें व्यक्ति की सामाजिक-सांस्कृतिक और आर्थिक बेहतरी भी सम्मिलित है। हम सक्रिय रूप से अभियान चला रहे हैं—उन भेदभावों के खिलाफ, जिनसे औरतों का स्वास्थ्य स्तर गिर रहा है, हानिकारक प्रजनन तकनीकों द्वारा किए गए नुकसान व शारीरिक अत्याचार और दिन-प्रतिदिन घटती स्वास्थ्य सेवाओं के खिलाफ। औरतों के स्वास्थ्य को सिर्फ उनके प्रजनन-तंत्र के स्वास्थ्य तक सीमित करना हमें मान्य नहीं व यही संघर्ष का केन्द्र-बिन्दु है जो औरतों पर जबरदस्ती अपने लक्ष्य प्राप्त करने की कोशिश करता है। स्वास्थ्य-शिक्षा, आत्मसहायता, सुरक्षित गर्भ-निरोधक, स्वास्थ्य सुविधाओं की पहुँच और वैकल्पिक इलाज के तरीकों का समर्थन और मूल्याँकन हमारे वैकल्पिक स्वस्थ्य दृष्टिकोण का अहम हिस्सा हैं।

लिंग, जाति, देश, वर्ग, धर्म व यौनिकता, गहरी जड़ें पकड़ी हुई हैं जो प्रत्येक व्यक्ति में अभिव्यक्त होती है। इतिहास के प्रत्येक क्षण में व्यक्ति की कौन-सी पहचान उसे कब शक्ति देगी, यह सामाजिक सम्बन्ध निधारित करते हैं। हमारा संघर्ष ऐसी किसी भी पहचान के दावे के विरुद्ध है जो औरों की पहचान और अस्तित्व पर आक्रमण करे। जैसे कि हम कट्टरपंथी हिन्दुत्व के विरुद्ध हैं जिनका दम कुछ औरतें और मर्द भर रहे हैं। औरत होने की पहचान को मजबूत करना महिला आन्दोलन का अभिमुख बिन्दु रहा है। हम उन औरतों के सशक्तिकरण का समर्थन करते हैं जो पहचान के कुछ और कमजोर पहलुओं, जैसे—आदिवासी, दलित, निर्धन, श्रमिक, समलैंगिक या द्विलैंगिक आदि होने के कारण हाशिए पर धकेल दी गई हैं।

हम अपने जीवन, शरीर, लैंगिकता और आत्मीय सम्बन्धों के सम्बन्ध में चुनाव कर पाने के अधिकार की माँग करती हैं। हम में से कुछ एकल हैं, कुछ विवाहित हैं, कुछ औरतों के साथ भावनात्मक लैंगिक-शारीरिक-आंतरिक सम्बन्ध हैं, कुछ के मर्दों से और कुछ औरतों के दोनों से सम्बन्ध हैं। हमारे बीच ऐसी भी औरतें हैं जो किसी के साथ भी यौन सम्बन्ध नहीं रखतीं। हमें महसूस होता है कि हमें कुछ हिमायती ढाँचे विकसित करने होंगे जो हमारी इन भावनाओं को अर्थपूर्ण सच्चाई बनाने में मददगार हों।

औरतों के खिलाफ हिंसा का मुद्दा भी हमारी चिन्ता का विशेष क्षेत्र है। हमें विश्वास है कि औरतें हिंसा का शिकार इसलिए बनती हैं क्योंकि वे मर्दों के अधीन हैं। हिंसा का एक और व्यापक रूप अब दिखाई दे रहा है वह है यौन उत्पीड़न और आक्रमणशील पौरुष, जो आगे बढ़कर औरतों, बच्चियों और किशोरियों से बलात्कार और हत्या में परिवर्तित होता है।

हमें ऐसे संघर्षों को मजबूत बनाना है जो पीड़ित औरतों को लगातार मदद करते हैं। हमें देखना है कि कानूनों में परिवर्तन हो तथा उन्हें लागू किया जाए। इसी तरह पुलिस और न्यायविदों के पूर्वाग्रहों को दूर करने के लिए भी संघर्ष करना है। हम स्त्रियों और पुरुषों पर राजसत्ता द्वारा की गई हिंसा की निन्दा करते हैं। दोनों ही पुलिस, अर्द्ध-सैनिक बलों और सेना के हाथों कष्ट झेलते हैं विशेषत: अल्पसंख्यक, जैसे—आदिवासी, दलित, मुस्लिम और पंजाब, कश्मीर एवं उत्तरपूर्वी क्षेत्रों में निवास करने वाले लोग। सामूहिक बलात्कार को शासन और शक्तिशाली वर्ग दबाने के लिए एक हथियार की तरह इस्तेमाल करते हैं। जैसे-जैसे आर्थिक संकट आदि का दबाव बढ़ता जाता है वैसे-वैसे समस्याओं का हल खोजने की बजाय राजसत्ता जन संघर्षों को दबाने के लिए अधिक हिंसा पर उतर आती है।

देह व्यापार इस कदर बढ़ रहा है कि यह उद्योग धन्धे का रूप धारण करने लगा है। इसके अन्तर्राष्ट्रीय गिरोह हो गये हैं और इस धन्धे में लाखों औरतें काम करने लगी हैं। गली-गली में इसके अड्डे और दलाल मिल जायेंगे। अभी जयपुर बनीपार्क स्थित मसाज पार्लर की आड़ में देह व्यापार के अड्डे को पकड़ा गया जिसमें चार युवतियों सहित एक दलाल को गिरफ्तार किया गया। चारों युवतियाँ जयपुर की रहने वाली हैं। पुलिस ने मसाज पार्लर में कंडोम के पैकेट, अश्लील तस्वीर, ब्लू फिल्में भी बरामद की। पार्लर का संचालन दीपक गौतम करता था। महका भारत के 6 सितम्बर अंक में छपी खबर के अनुसार जयपुर शहर जैसे-जैसे विराट रूप धारण करता जा रहा है वैसे-वैसे यहाँ देह व्यापार भी बढ़ रहा है। उसका रूप भी विराट हो रहा है। सदर थाना जयपुर ने गत दिनों दो युवतियों को दलाल सहित गिरफ्तार किया था जिनके कब्जे से चार मोबाइल एक मारुति कार और एक हजार रुपये बरामद किये। गिरफ्तार दलाल दिल्ली से युवतियाँ लाता था। जयपुर के कबीर मार्ग से चुरु के बजरंग जाट को दो युवतियों के साथ गिरफ्तार किया था। बजरंग जाट उनको 15 हजार रुपये हफ्ते के हिसाब से दिल्ली से जयपुर लाया था। इसी प्रकार पुलिस ने वैशाली नगर से छह युवतियों सहित दो दलालों को गिरफ्तार किया था जिन्होंने पुलिस को बताया कि उन्हें दलाल 57 हजार रुपये हफ्ते के हिसाब से दिल्ली से जयपुर लाया था। इसी प्रकार मानसरोवर में भी देह व्यापार में लिप्त युवतियाँ पकड़ी गयी थीं। पुलिस का कहना है कि इस धन्धे में कर्त्ताधर्त्ता दलाल होते हैं, वे ही युवतियों की सप्लाई करते हैं। इनका बहुत बड़ा गिरोह है जिनका पता इनके पास पकड़े गये मोबाइलों से लगाया जा सकता है। पर ये पता लगाये कौन हर किसी के सामने ये दलाल इन युवतियों की देह परोस देते हैं। इन गिरोहों के सूत्र बहुत ऊँचे समर्थ लोगों के साथ जुड़े हैं जो इन देह व्यापारियों की रक्षा करते हैं। उन्हीं की छत्रछाया में देह व्यापार दिन-रात फल-फूल रहा है।

नारी उत्पीड़न और उसकी यातना अन्तहीन लगती है–कोई लड़की इस कारण लड़की होना नहीं चाहती पर प्राकृत व्यवस्था को कौन टाल सकता है? इसमें लड़की का कोई दोष नहीं जब समाज और समाज के कर्णधार ही गन्दगी फैलायें तो सफाई कैसे हो? आज के परिवेश में नारी जीवन जीना क्या अपराध नहीं लगता। उसके रास्ते में पग-पग समाज द्वारा खड़े किये कितने अवरोधक हैं वह उन्हें कैसे पार करे? ये तो सम्पूर्ण समाज के सोचने की बात है।

भूमण्डलीकरण के कारण पूरा विश्व परिवार जैसा हो गया है। उसका प्रभाव जीवन शैली पर भी पड़ा है। जीवन फैशन से प्रभावित होने के कारण खर्चीला हो गया है। मन की भूख और आदमी की आवश्यकता बढ़ गयी है जिसकी पूर्ति के लिए आदमी नये-नये तरीके ईजाद करने लगा है। यह प्रभाव नयी पीढ़ी पर अधिक है। लड़कियों को आकर्षित दिखना उसके स्वभाव में है इस के लिये वह कॉलगर्ल जैसा काम सहज कर सकती है, पैसा भी अच्छा मिलता है। इस मानसिकता ने शहरों गाँवों में सैक्स स्कैंडलों को अधिक बढ़ावा दिया है जिसमें दलालों की अहम् भूमिका है। इसमें नारी ही नारी को अधिक पटाती है, उसे लालच देती है और इस जघन्य मार्ग पर उतारती है। एक के बाद एक सामने आ रहे यौन प्रकरणों में राजनेता व अफसरों के अलावा समाज के प्रभावी लोग शामिल हैं।

कालजयी कवि माधव मुक्ति बोध ने अपनी कविता अँधेरे में, अपराधियों के संयुक्त परिवार की चर्चा की है जिसमें इलाके के गुण्डों, जनप्रतिनिधियों, अमीर आदमियों, अफसरों, वकीलों, पत्रकारों और आलोचकों आदि को शामिल किया गया है, फिर कौन शेष बचता? वही जिसका शोषण किया जाता है और वह बेचारा विवश समाज है जो कुछ नहीं कर सकता है। वेश्यावृत्ति में विवशता के साथ फैशन और दूसरे जैसा बनने दिखने की भूख ने भी नारी को इस धन्धे में उतारा है। यह धन्धा महानगरों में तो था ही छोटे शहरों से होकर गाँवों तक भी पहुँच गया है। जहाँ से भोली-भाली लड़कियों को बड़ा रोजगार दिलाने का लालच, शहरी लड़कियों की तड़क-भड़क शहर की ओर खींच लाती है। एक बार दलदल में फँसने के बाद फिर उनका बाहर निकलना मुश्किल हो जाता है।

जम्मू कश्मीर, उत्तरांचल एवं अब राजस्थान की राजधानी जयपुर में हाल ही सामने आये सेक्स स्कैंडलों पर नजर डालने से पता चलता है कि कमसिन लड़कियों का यौन शोषण करने के मामले में कोई पीछे नहीं है। हर कोई इस चुम्बकीय आकर्षण में बँधता फँसता नजर आता है। हालात बता रहे हैं कि ऐसे सेक्स स्कैंडलों की संख्या अभी और बढ़ेगी। युवा स्त्रियाँ खुलती हुई अर्थव्यवस्था में उत्तरोत्तर रोजगार की तलाश में घरों से निकलेंगी। मुम्बईया फिल्म इण्डस्ट्री ने बंटी और बबली की जो तस्वीर हमारे सामने रखी

है, बबली की महत्वाकांक्षी चतुर और चालाक लड़की की जो फेंटेसी पेश की है, वह तो आज और आने वाले कल की बबलियों के सामने पीछे रह जायेगी। इसमें उनका दोष नहीं, मीडिया जो अश्लीलता दे रहा है, समाज का वातावरण जो दे रहा है, और अर्थ की भूख फैशन जो दे रही है वही तो आज की लड़कियाँ ले रही हैं। आज आदमी का सोच देह से बाहर नहीं निकल रहा तो नारी का सोच देह से परे क्यों जाये? आज की जिन्दगी के केन्द्र में देह है, जो सब्जी से सस्ती है, जिसकी सब्जी मण्डी की तरह मण्डियाँ लगती हैं जहाँ जिस्म खुला बिकता है।

नारी उत्पीड़न, बलात्कार व छीना-झपटी की बढ़ती वारदातों पर सरकार चिंतित है वह इस पर विधेयक लाकर कानून को कारगर बनाना चाहती है पर कानून के रखवाले ही जब कानून तोड़ें तो फिर कानून विवश और नकारा हो जाता है, उसी अनुपात में अपराध और भ्रष्टाचार बढ़ जाता है। विशेष शोषण नारी की सहकर्मियों ऊपरी अधिकारियों या फिर परिचितों द्वारा होता है और किसी को शिकायत न करने की उनकी मजबूरी प्रतिष्ठा, बदनामी के डर के कारण बन जाती है। वे बहुत कम शिकायत कर पाती हैं और सहना तथा उत्पीड़ित होना अपनी नीयति मान लेती हैं। विरोध करने पर उसे और अधिक यातना सहन करनी पड़ सकती है। इस कारण चुप्पी साध लेती है। उनके पास विरोध का आधार वह ताकत नहीं रह जाती। ऐसी कामकाजी महिलाओं के लिए रात को काम न करने पर छूट कर दी है। वहाँ तमाम कानूनों में फिर से संशोधन कर सख्त और कारगर बनाने के लिए विधेयक लाने की सरकार सोच रही है जिससे साथिन भँवरी देवी के साथ घटी घटना जैसी कोई घटना न घट सके। इस विधेयक के आने पर शिक्षण संस्थाओं में शिक्षिका एवं छात्राओं के साथ होने वाला उत्पीड़न भी कम होगा। किन्तु उत्पीड़न से बचने का सही उपाय तो जम जागरण से आम आदमी की मानसिकता बदलने से ही सम्भव है। आदमी अपने सामन्ती अहं को छोड़े और नारी को अपने बराबर की भागीदार समझे। उसे पैर की जूती, दासी न समझे। उसे आदर दे तथा आगे बढ़ने से न रोके। उसे मानवी समझे और बराबर का दर्जा दे।

भारत की नारी जाग रही है। वह घूँघट छोड़ बाहर निकल रही है। वह छुई मुई होकर नहीं रहना चाहती। वह आदमी के साथ कदम मिलाकर चलना चाहती है। वह घघ्घर छोड़कर जीन्स पहनने लगी है। वह जानती है कि स्त्री-पुरुष जीवन यात्रा में बराबर के सहयोगी हैं एक-दूजे के पूरक हैं वह सहचरी होकर जीना चाहती है दासी होकर नहीं, भारत में भी भूमण्डलीकरण का पूरा असर है, उसकी जीवन शैली में बदलाव आ गया है। वह इस प्रतिस्पर्धा के युग में प्रतिस्पर्धी बनकर खड़ा होना चाहती है तथा अग्रिम पंक्ति में अपनी उपस्थिति दर्ज कराना चाहती है। वह नर से परस्पर सहयोग सहभागिता की कामना करती है संघर्ष की नहीं।

रेड़ियो स्टेशन से एक कहानी का प्रसारण हुआ जिसमें तीन पीढ़ियों की मानसिकता का चित्रण एक साथ किया गया। एक युवती के पिता गुजर गये। पिता की जगह उसकी माँ को नौकरी मिल गयी। उधर नाना-नानी के बीच झगड़ा हो गया और नाना नानी को अकेला छोड़ कहीं चले गये। युवती कॉलेज में पढ़ती खुले विचारों की है। उसका एक बॉय फ्रैण्ड भी है, वह उसको परखती है, वह उसकी दृष्टि में खरा उतरता है। इस कारण वह उस पर विश्वास करती है। युवती की माँ का बॉस विधुर है और उसकी माँ से प्यार करता है। उसे पूरे मन से चाहता है इसलिए युवती की माँ के सामने अपना जीवनसाथी बनाने का प्रस्ताव रखता है। युवती की माँ अपनी माँ के सामने इस बात को रखती है। युवती की नानी पुराने विचार एवं संस्कारों की है अत: अपनी विधवा बेटी को फिर से विवाह करने की इजाजत नहीं देती। इस कारण विवाह नहीं हो पाता है। वे मित्रवत् जीवन जीते हैं। इस बात को युवती भली प्रकार जानती है। वह नानी की अकेलेपन की पीड़ा को भी पहचानती है। वह नानी के पास जाकर नाना को मना कर लाने की बात समझाती है। नानी पीड़ा से भरी होती है। स्वीकृति दे देती है। फिर वह नाना के पास जाती है और उसे घर लौट आने को मना लेती है। उधर माँ के बॉस से सीधा संवाद कर माँ से विवाह के लिये राजी कर लेती है। इस बीच अपने साथी मित्र को फिर से परखती है कि वह जीवनभर साथ निभा सकता है कि नहीं।

तमाम परखने के बाद एक तिथि निश्चित करती है। उस दिन एक भोज आयोजित करती है जिसमें नानी से नाना को और माँ से अपने बॉस को वरमाला पहनाने को कहती है और स्वयं भी अपने मित्र साथी को वरमाला पहना कर एक साथ तीन पीढ़ियों का विवाह रचाती है। आज की नारी समन्वय में विश्वास करती है तथा अतीत, वर्तमान और भविष्य तीनों काल को एक साथ जीने की समझ रखती है। वह प्रतिभा में पुरुष से कहीं पीछे नहीं लगती है वह मानव समाज के लिए अभिशाप नहीं वरदान सिद्ध हो सकती है। आवश्यकता है नर-नारी को सही परिप्रेक्ष्य में समझे।

सृष्टि की रचना में प्रकृति ने नर-नारी में कोई भेद नहीं किया। दोनों को बराबर का सहचर व सहयोगी बनाया है तथा सृजन में बराबर का भागीदार भी। नर-नारी के सारे भेद आदमी के द्वारा अपनी स्वार्थपूर्ति के लिये रचे हुए हैं। कहने को कहा जाता है कि नारी को आर्थिक स्वतंत्रता मिल रही है। किन्तु अन्तर्राष्ट्रीय श्रम संगठन की एक रिपोर्ट बताती है कि दुनिया की 90 प्रतिशत पूँजी पर नर का ही कब्जा है। लगता है आर्थिक दृष्टि से नारी को नर के बराबर आने में हजार वर्ष और लगेंगे। पितृसत्तात्मक समाजों में जब तक पूँजी पीढ़ी दर पीढ़ी पिता द्वारा पुत्र को उत्तराधिकार में मिलती रहेगी नारी की यही गति बनी रहेगी। पिता उसे पराया धन ही समझता रहेगा तथा पति के घर जाकर वह दासी ही बनी रहेगी। आज भी उत्पादन और उत्पत्ति के तमाम साधनों पर आदमी का ही

एकाधिकार है जिसमें धरती और नारी देह भी शामिल है। विवाह संस्था की स्थापना पुरुष ने नारी को अपने अधिकार में रखने के लिये ही की है। विवाह के बाद नारी देह पर नर को पूरा अधिकार हो जाता है, वह चाहे जैसे उसका उपभोग करे, उसमें नारी का मन कहीं नहीं देखा जाता। एक तरह से यह नर को नारी के साथ बलात्कार करने की स्वीकृति है और नारी की यातना भोगने की नियति। उस पर यौन शुचिता, सतीत्व, नैतिकता की सारी मर्यादाएँ नारी के लिए, नर की स्वच्छन्दता पर कोई पाबन्दी नहीं है। नर किसी भी औरत के साथ सम्बन्ध बना सकता है। नारी यदि अपने पति के अतिरिक्त किसी और पुरुष की चाहना करती है तो व्यभिचार कहलाता है। नर के लिए कोई सम्बोधन अपराध नहीं, ऐसा क्यों? आदमी की इसी स्वच्छन्द प्रवृति के कारण ही व्यभिचार, वेश्यावृत्ति और कॉलगर्ल व्यापार फलफूल रहा है।

सारे कानून आदमी के पक्ष के बने हैं। ये कानून नारी की सुरक्षा नहीं करते, उसे आतंकित ही करते हैं। हर युग के केन्द्र में सदा एक बात महत्वपूर्ण होती है कभी समय के केन्द्र में शास्त्र थे। मनुस्मृति उस युग का विधान था और समाज शास्त्रों के बताये मार्ग पर चलता था फिर युग बदला, समय के केन्द्र में शस्त्र आये और तलवार, बन्दूक, भाले, बर्च्छियाँ महत्वपूर्ण हो गये। बल की प्रधानता के कारण जमीन, जोरु, बेची गयी। देह व्यापार के लिये वेश्यालय खोले गये। नारी को मनोरंजन का साधन बनाया गया। आज समय के केन्द्र में अर्थ है। जिसके पास पैसा है समर्थ है और समर्थ कुछ भी कर सकता है। धरती सदा से दो खण्डों में बँटी है। इस पर शासक और शोषित सदा से रहे हैं। शासकों ने सदा शोषण किया है और शोषित सदा उत्पीड़ित हुआ है। नारी सदा शासित रही है इस कारण उसका भरपूर शोषण हुआ है। नारी को इस शोषण के विरुद्ध एक लम्बी लड़ाई लड़नी होगी। पल में परिवर्तन आने वाला नहीं, आदमी की सामन्ती मानसिकता पल में नहीं बदलने वाली।

नारी का धर्मग्रन्थों ने बड़ा अहित किया है। सारे धर्मग्रन्थों के रचयिता नर है। धर्म को आदमी के लिये अफीम तथा नारी के लिये ज़हर कहा है जो धीरे-धीरे बेहोश करके मारता है। धर्म ने नारी के लिए नर को देवता-ईश्वर बना दिया। धर्मगुरुओं ने नारी को देवी बनाने के लिए ऐसी कहानियाँ रचीं और उन्हें सीता-सावित्री की कतार में खड़ा करना चाहा। सती की कहानी रची और यज्ञ कुण्ड में गिर कर मरना बता शिव के महत्व को प्रबल किया। मिथक रचे गये, शिव सती को कंधे पर उठा पूरे ब्रह्माण्ड में घूमे। जहाँ सती के अंग गिरे, शक्ति पीठ बने। पति को समर्पित सती शिव का अपमान सहन नहीं कर सकी थी। इस मिथक से ये समझाया गया कि पति को समर्पित होने में ही नारी गति एवं कल्याण है। आज भी भारतीय नारी अपने पति को अपना साथी सहचर न मानकर परमात्मा मानती है। चाहे वह उसे शराब पीकर पीटे, यातना दे। वह परमात्मा का उपहार

है। जब तक नारी नर को देवता मानकर पीड़ा सहती रहेगी उसका कल्याण नहीं हो सकता। उसे अपने विचार बदलने होंगे तो नर को भी। जब तक नारी नर के लिए केवल रति क्रीड़ा का साधन बनी रहेगी उसका कल्याण नहीं हो सकता।

नारी उत्पीड़न की कहानी पग-पग बिखरी पड़ी है। वह शोषण और विज्ञापन की चीज बनकर रह गयी है। उसे शारीरिक ही नहीं मानसिक उत्पीड़न भी पग-पग सहना पड़ता है। साबुन, माचिस, शराब, सिगरेट, नारियल तेल, साड़ियों एवं तौलियों पर ही नहीं, स्कूटरों, कारों तक के विज्ञापनों में उसकी नंगी, अधनंगी देह सहज देखने को मिल जायेगी। सिनेमाओं के बड़े-बड़े पोस्टर, पत्र-पत्रिकाओं में नारी के अश्लील चित्र समाज को क्या देना चाहते हैं? बाबी, सत्यम् शिवम् सुन्दरम् और राम तेरी गंगा मेली में नारी के उभरते उत्तेजक अंग प्रदर्शन क्या हैं? न्यायालय ने भी कह दिया कि नारी फूहड़ व नंगापन अश्लील नहीं है। बड़े अफसोस की बात है।

नारी की देह का शोषण तो प्रारम्भ से होता रहा है पर आज उसके नये-नये तरीके इजाद हो गये हैं, गली-गली में ब्यूटी पार्लरों, होटलों, ढाबों, झुग्गी-झोंपड़ियों, केफे हाऊसों कौनसी ऐसी जगह है जहाँ नारी की देह का व्यापार नहीं होता। कहीं कैबरे है तो कहीं वेश्यालय तो कहीं काल गर्ल्स, पास में पैसा हो तो ये मक्खियों की तरह जहाँ तहाँ मंडराती मिल जायेंगी। अब तो इनका चलन गाँवों तक फैल गया है जिसमें दलालों का महत्वपूर्ण हाथ है। स्त्रियाँ भी दलाली में पुरुषों के हाथों नाचती हैं। ये धन्धा शराब के बाद पहले नम्बर पर है जिसको उद्योग-धन्धे की तरह चलाया जाता है। इसके बड़े गिरोह हैं जिसमें नेता से लेकर पुलिस तक का हाथ है। नारी देह शोषण में सब की भागीदारी है तो यह व्यभिचार कैसे रुके?

रिश्तों में विश्वास की आवश्यकता है और पुरुष को स्वभाव में शंकालु प्रवृत्ति मिली है। अत: वह पग-पग अपनी पत्नी पर निराधार अविश्वास कर जीवन में कटुता घोल लेता है और अपनी ही आग में जलता रहता है। उसे समझना चाहिये कि नारी देवी या दासी होने से पहले मानवी होती है और मानव की तरह ही जीना चाहती है। आज के युग में आदमी का धर्म काटना, मारना, उजाड़ना और पीड़ा पहुँचाना रह गया है तो हम किस धर्म की बात करें जो मानवता की रक्षा करें। धर्म में कर्त्तव्य का बोध है जो कहीं दिखाई नहीं देता है। नारी को सुहाग के नाम पर बिंदी, चूड़ी, मंगल सूत्र से बाँधकर पति के हवाले कर दिया कि वही तेरी रक्षा करेगा। वह पति की आज्ञा मानेगी, उसका आदेश टालना ईश्वर की अज्ञा टालना होगा जिसकी सजा नारी को अवश्य मिलती है। पति की आज्ञा टालने पर नादान औरत को सजा मिलती ही है।

मंजू नामक लड़की जब विवाहित होकर पति के घर आई तो उसके ससुर ने उससे बलात्कार करना चाहा। मंजू के मना करने और बलात्कार को विफल करने पर ससुर द्वारा

वह मार दी गयी। सृष्टि के रचयिता ब्रह्मा ने नारी को रचकर उससे बलात्कार करना चाहा तो मंजू के ससुर ने कौन सा नया काम किया पुराणों में भाई के साथ बहिन के विवाह का प्रसंग आता है तो आज के समय में रिश्तों के टूटने की बात कौनसी नयी लगती है। इतिहास अपने को दोहराता है जिसके चलते रिश्ते टूट रहे हैं। आदमी फिर आदिम हो रहा है।

स्त्री वर्ग का समाजशास्त्र सब से अलग लगता है। देशकाल बदला पर नारी का शोषण नहीं बदला। नये-नये रूप बदलकर नये-नये ढंग से सामने आता रहा। नारी की अपनी अलग कोई पहचान नहीं। वह पति के नाम से ही जानी जाती है। वह सदा से पुरुष वासना की शिकार होती रही है। वह स्त्री होने के कारण ही सदा से मर्दों के हमले झेलती रही है, लुटती रही है। उसकी लूट स्वादिष्ट मिठाई जैसी रही है जिसे कोई भी मर्द खा ले। जिसके मालिक कमजोर और गरीब होते हैं ऐसी स्त्रियों को समर्थ लोग भोगते हैं। बहुत सी औरतें वेश्यावृत्ति करते वक्त अपना नाम बदल लेती हैं जिससे उनको कोई पहचान न सके।

वेश्यावृत्ति में स्त्रियाँ आजीविका कमाने के लिये उतरती हैं और अपनी देह की कीमत वसूलती हैं। पत्नी और वेश्या में इतना ही अन्तर है कि वेश्या की अल्पकालीन सेवा है तो पत्नी की जीवनभर की। अत: पत्नी-रोटी, कपड़ा और मकान और सुरक्षा माँगती है और वेश्या देह की कीमत। पत्नी की अपेक्षा ज्यादा स्वतन्त्र होती है। स्त्री कोई भी हो उसका जवान जिस्म ही उसकी पूँजी है। नारी निकेतन भी क्या है? केवल नारी गोस्त की दुकान है। नारी देह शहद लगी रोटी है जिसके लिए हर कोई ललचाता है।

यह युग सत्य है कि समर्थ को पूजा जाता है और उपयोगी को पूछा जाता है। नारी को उपभोग की वस्तु बना उपयोगी बना डाला इसके कारण मनोरंजन के लिए वह एक सर्वश्रेष्ठ साधन बनकर रह गयी। पति कैसा भी हो उसको मालिक मान कर उसकी आज्ञा पर चलना उसकी नियति बन गयी है। उसे तलाक लेना उनके वश की बात नहीं। हिम्मत करने वाली के लिये यातना का मार्ग खोल दिया जाता है। उसके पक्ष में कोई खड़ा नहीं दिखाई देता। सभी स्त्रियाँ फूलन तो हो नहीं सकती जो अन्याय के विरुद्ध बन्दूक उठा सकें।

निरक्षर नारी के चेहरे पर दो आँखे तो हैं पर समझ की रोशनी उनमें नहीं होने के कारण पग-पग पीड़ा भोगती है। फिर चतुर बन्दर बुद्धि के लोग नारी को लड़ती बिल्लियाँ बना अपना स्वार्थ गाँठते हैं। हर जगह आरक्षण के बाद भी नारी नर का ही हथियार बनकर खड़ी है। उसका अपना अलग अस्तित्व एवं असरदार व्यक्तित्व नहीं बन पा रहा है।

वह निरन्तर आगे तो बढ़ रही है। शिक्षा के क्षेत्र में पढ़-लिखकर नौकरियों एवं व्यवसायों में अपनी भागीदारी भी दे रही है उसका आगे बढना तब ही संभव हो सकता है जब उसके पति परिजन उसके सहयोगी बनें, आगे बढ़ने की हिम्मत दें, अपने भीतर किसी प्रकार का अविश्वास पनपने न दें। उसके मार्ग में कोई अवरोध खड़ा न करे। सास-ससुर को भी चाहिये कि वे परम्पराओं की दुहाई देकर किसी प्रकार की अड़चनें न डालें, समय के साथ अपने को बदले।

आज की नयी पीढ़ी की पढ़ी-लिखी लड़कियाँ जीवन के हर पहलू की समझ रखती है। उन्हें अपना कैरियर बनाने की चिन्ता है, आगे बढ़ना चाहती हैं हर क्षेत्र में स्वावलम्बन और आत्मनिर्भरता का सोच रखती हैं। अपने पुराने संस्कारों से भी टकराती हैं और नया रचने के लिए पुराने ढर्रे एवं परम्पराओं से ऊब भी होती है, फिर भी विवाहिता नये सोच की बहू को अपने पति को खुश रखने के लिए बिस्तर पर चादर की तरह बिछना ही पड़ता है।

भँवरी बाई ने एक रूढ़ परम्परा का विरोध किया जिस पर उसके साथ सरेआम बलात्कार हुआ। तमाम नारी सशक्तीकरण संगठनों ने क्या किया कैसे आन्दोलन शांत हो गया? चिल्लाने से नतीजे नहीं निकलते, कुछ कर गुजरने की हिम्मत से ही नतीजे फलित होते हैं। सिन्दूर से माँग भरने और गले में मंगल सूत्र की साँकल लटकाने से तो पुरुष का ही वर्चस्व बढ़ेगा। आवश्यकता है स्त्री-पुरुष दोनों का सोच बदले। आज के युग में सारी पवित्रताएँ पाप और धर्म ढोंग हो गये हैं देवी कहकर जिस कन्या को पूजा की जाती है उसी से छेड़खानी कर पुरुष किस शुचिता की बात करता है? किसी भी स्त्री के साथ कोई भी मनमानी करने से जब आदमी नहीं चूकता तो वह किस रिश्ते की बात करता है? आज के युग में सारे रिश्ते बेमाने हो गये हैं केवल देह रह गयी है और नर-नारी की जगह आदमी नर-मादा हो गये हैं। पशु में और आज के आदमी में क्या अन्तर रह गया है? स्त्री के शरीर में कोख लगी है। वह पति से इतना डरती है जितना यमराज से भी नहीं डरती क्योंकि यातना देने के लिए यमराज को यमलोक से आने में विलम्ब लगेगा पर पीड़ा पहुँचाने के लिए हथियार लिये पतिदेव तो छाया की तरह हरदम साथ ही लगे हैं।

सौन्दर्य के प्रति आकर्षण सदा से रहा है। आज भी विश्वस्तर पर सौन्दर्य प्रतियोगिताएँ कौनसी कम होती हैं। विश्व सुन्दरी के रूप में कितनी लड़कियाँ अपने नंगे जिस्म का प्रदर्शन करती हैं, मॉडल बनती हैं। पर्दे के सामने और पीछे क्या-क्या होता है, किससे छिपा है। नारी सजने-सँवरने की वृत्ति छोड़ कर्मक्षेत्र में नर की सहयोगिनी बन कदम मिला चलने को तैयार है पर नर अपनी शिकारी वृत्ति एवं सामंती विचारधारा का केंचुल कब उतारेगा? कोई भी यह बात विश्वास से नहीं कह सकता कि आदमी कभी सुधरेगा भी।

महादेवी वर्मा और कृष्ण सोबती क्रान्तिकारी लेखिकाओं का क्रान्तिस्वर उभर रहा है। नारी जग भी रही है पर उसे लोभ लालच की नींद की गोली देकर सुला दिया जाता है या राह से भटका दिया जाता है।

आज की नारी यह भली प्रकार जानती है कि निद्रा, भय, मैथुन, आहार जैसी चीजें प्राकृत हैं। ये प्राणी मात्र में होती हैं जिनकी आवश्यकता भी होती है पर इनका सौदा नहीं करना चाहिये। दोस्त भी जब पति की भूमिका में आता है तो सामन्त बन जाता है। कुछ ही दिनों में सब बदल जाता है। वैसे स्त्री-पुरुष भोग के लिए स्वतन्त्र प्राणी हैं। आदमी की मर्यादाओं के बन्धन ने उन्हें घेरे में बाँधकर रिश्तों का नाम दिया है। संस्कृति की भाषा में भ्रष्ट नारी को राक्षसी कहा है और संस्कारित समाज ने पथभ्रष्ट नारी को वेश्या, कुलटा कहा है। देश की प्रधानमंत्री इन्दिरा गाँधी रही पर उन्होंने नारी उत्थान व उत्पीड़न से मुक्ति के लिए क्या किया? उन्होंने अपने लिए राजकुमारी का जीवन जिया। वो चाहती तो पीड़ित नारी के उत्थान के लिए परस्पर सहयोग सहभागिता के मार्ग को विस्तार दे सकती थी और दे सकती थी बराबर का अधिकार एवं उत्पीड़न से बचाव का सक्त कानून।

आज के युग की माँग है कि नर नारी को अपनी बराबर की सहयोगिनी मानकर चले, दासी और देवी की गरिमा से मुक्त कर उसे मानवी बनने का अधिकार दे। अधिकार दे उसे आदमी की तरह जीने का तब ही जीवन कुण्ठारहित हो सकेगा।

स्त्री होना ही तबाही के लिए काफी है। लावारिस औरत की जिन्दगी सड़क पर आवारा फिरते कुत्ते से बदतर है। आँसुओं की आवाज नहीं होती मगर गीत में उद्गार भरे होते हैं। काल्पनिक संसार का आधार सपना है। सपने देकर ही नारी को लूटा जाता है। नारी के पास ऐसा शरीर है जो कभी भी लूट लिया जा सकता है। क्योंकि पुरुष अपने चसके को कभी लगाम नहीं दे सकता, वह स्वच्छन्द होकर नारी को समझा देता है कि तुम्हें सुरक्षा की आवश्यकता है। भय और आतंक का मिला-जुला रूप आतंक पैदा करता है। अन्याय के विरुद्ध खड़ी होने वाली स्त्री को भारत में बेशर्म बदचलन कहा जाता है। इस देश में सब कुछ बदला पर प्रेम का इतिहास नहीं बदला। इस देश की मान्यता रही कि प्रेम और पानी के बिना इन्सान सूख जाता है। औरत की अदा आदमी को उद्वेलित नहीं, उत्तेजित करती है। औरत का इतिहास हजारों वर्षों से पराधीनता के ताने-बाने का रहा है। आज की लड़की ससुराल में जाकर पिता द्वारा दिये जाने वाले दहेज पर अपना अधिकार जताने लगी है। वह खुलकर कहने लगी है कि यह साज समान मेरी सुविधा के लिए है और स्कूटर मेरे दफ्तर या कॉलेज जाने के लिए। वह यहाँ तक कहने में हिचक महससू नहीं करती कि मैं घर में कैद होकर नहीं जी सकती।

शिक्षित होने का अर्थ ही ये है कि नारी अपने विवेक से काम ले। भारतीय नारी की सबसे बड़ी त्रासदी यह है कि वह सब कुछ समझते हुए भी अपने पति के प्रेम में पड़ जाती है। ऐसे पतियों के प्रेम में जो प्रेम के काबिल होते ही नहीं वे घमंडी और सामन्ती

हो जाते हैं जिससे प्रेम परवान नहीं चढ़कर यातना बन जाता है। औरत सिर से पानी गुजर जाने तक अक्सर चुप ही रहकर सब सहन करती है। उसका विश्वास होता है कि धीरे-धीरे सब ठीक हो जायेगा। सदा समय एक जैसा नहीं रहता। यदि कोई अपने पति के उत्पीड़न से तंग आकर उसका विरोध करती है तो पुरुष के पास उसके चरित्रहनन का एक ही उपाय रहता है कि वह उसे बदचलन एवं कुलटा बताये। उसके विरुद्ध खड़ा होकर बदनाम करे कठिनाइयाँ और मार्ग में बांधाएँ खड़ी करें। स्त्री-पुरुष के सम्बन्धों को हमें मानवीय मूल्यों से जोड़ना चाहिये। इस लड़ाई में आखिर नारी को ही हारकर मौन हो जाना पड़ता है। क्योंकि घर में शांति बनाकर रखना भी तो नारी का ही दायित्व माना गया है। परिवारर को कुंठाओं और टूटन से बचाना स्त्री-पुरुष का बराबर का दायित्व है। किन्तु आदमी इस दायित्व से आँखें चुरा लेता है। वह साहस नहीं जुटा पाता। उसे अपना आचरण अपनी पत्नी के पक्ष में बदलना चाहिये, उसकी प्रतिस्पर्धा में खड़ा न होकर सहयोग के लिए आगे आना चाहिये उसका आदर करना चाहिये, बराबरी का दर्जा देना चाहिये, एकालाप की जगह संवाद करे। नियन्त्रण की जगह सम्प्रेषण दे बराबर का साथी समझ प्रेम दे तो घर आँगन स्वर्ग हो सकता है और जीवन सरस। नारी को आर्थिक सम्बल मिलना चाहिए। उसके पाँवों के नीचे स्वावलम्बन की जमीन होनी चाहिये। आत्मनिर्भरता नारी का बहुत बड़ा सम्बल हो सकता है।

कविता का लाभ पाठक को मिलता है कवि को नहीं। नारी के यौवन का लाभ उसके पति को मिलता है पिता को नहीं। यह युक्तियुक्त सत्य है। इसी सत्य को शाश्वत करने अपने पति को नवयौवना समर्पित होती है, प्रेम करती है। घर को स्वर्ग बनाने के लिए सब सहती है। पुरुष है कि नारी को अपना शिकार मानकर चबा जाना चाहता है। गंगा राजा शान्तनु का घर छोड़कर क्यों गयी? उसकी शर्त थी कि शांतनु गंगा के कृत्यों पर पूरा भरोसा करे, कोई शंका प्रश्न खड़ा न करे, वह अपने विवेक से स्वतंत्र जीना चाहती थी। शांतनु धीरज नहीं रख पाये, शंकालु हो गये और प्रश्न कर बैठे जिससे गंगा को फिर स्वर्ग लौट जाना पड़ा वरना वह शांतनु की पत्नी बनकर उनके साथ आजीवन रहती। उनके पुत्र भी सब जीवित हो जाते, पर आदमी की अधीरता ही उसे मार देती है और वह नारी की नजरों से गिर जाता है। नारी आदमी के धीरज की कसौटी है, उस पर खरा उतरना आदमी को सीखना चाहिए।

रिश्ते वे ही श्रेष्ठ होते हैं जिन्हें हम जी सकें। अगर रिश्ते ढ़ोने की स्थिति में आ जाये तो स्वतन्त्र रिश्ते कायम कर लेना शुभ होता है। अभिनेत्री कुनिका का मानना है कि जिन्दगी के पलों को किसी खूँटे से बँधकर रोते हुए नहीं बिताना चाहिये। उनका मानना है कि रिश्ते जिन्दगी से ऊपर नहीं होते, जिन्दगी में कोई आता है, प्यार देता है, जिन्दगी सरस करता है तो उसके साथ भरपूर जीना चाहिये और अगर ऐसा नहीं है, आपका पति कहीं और इश्क लड़ाये तो आपको इश्क लड़ाने में शर्म कैसी? वह स्वतन्त्र है यदि प्यार

करने में तो आप को बाधा कहाँ? उनका कहना है कि उन्होंने दो शादियाँ की, दोनों को तोड़ दिया, स्वतन्त्र जी रही हूँ। वह रिश्तों के ढोने में विश्वास नहीं करती। वे अपने रिश्तों की टूटन में न स्वयं को दोषी मानती है न दोनों पतियों को। वे जीवन को ईश्वर की देन मानती हैं जिसे चलाने के लिए अन्न पानी की आवश्यकता है वैसे ही साथ जीने के लिए भावना का होना, सहयोग, सहभागिता का होना जरूरी है।

कवि कालिदास को महापंडित एवं महाकवि बनाने वाली उनकी पत्नी विद्योत्तमा ही थी। परस्पर सहयोग और सहभागिता से प्रेरणा पाकर कौन है जो अपने लक्ष्य का भेद नहीं कर सकता। आदमी अपनी मानसिकता बदलकर सहयोग करे तो नारी अपने लक्ष्यों को सहज पा सकती है फिर उसको किसी भी अपराध बोध की पीड़ा नहीं होगी। वह धरती को स्वर्ग बनाने में नर की पूरी भागीदार हो सकेगी। आवश्यकता है नर अपनी मानसिकता और आचरण बदले।

देश में प्रतिवर्ष 20 हजार युवतियों एवं नारियों का अपहरण होता है जिनमें 70 फीसदी बालिकायें और महिलायें होती है जिनकी उम्र 10 से 30 वर्ष होती है। उनमें सुन्दर बालिकाओं से वेश्यावृत्ति व कुरूप से भिक्षावृत्ति कराई जाती है। राजस्थान पत्रिका जयपुर 23 सितम्बर के अंक में प्रकाशित आँकड़ों के अनुसार देश में हर 23 मिनट में एक अपहरण होता है विश्व अपहरण बाजार में भारत छठे नम्बर पर है और भारत में बिहार तथा उत्तर प्रदेश अव्वल नम्बर पर आते हैं। नेशनल क्राइम रिकार्ड के अनुसार अपहरण होने वाले राज्य में उत्तर प्रदेश, बिहार, राजस्थान, असम, आंध्रप्रदेश, दिल्ली, पश्चिम बंगाल, महाराष्ट्र, गुजरात और तमिलनाडु शामिल हैं। देश का कोई भाग ऐसा नहीं है जहाँ अपहरण की वारदात न होती हो। जम्मू कश्मीर उड़ीसा, झारखण्ड, कर्नाटक, हरियाणा, पंजाब भी अछूता नहीं है। जान को जोखिम में डालने के डर से बहुत से परिवार इन अपहरणों की जानकारी पुलिस को भी नहीं देते। अकेले बिहार में सन् 1992 से लेकर 2004 तक 32 हजार 85 अपहरण हुए पिछले साल वहाँ 1800 अपहरण हुए उत्तर प्रदेश में वर्ष 2006 में 2256 अपहरण की घटनायें हुईं। इन वारदातों में ज्यादातर युवतियों का अपहरण होता है जिन्हें कोई नशीली चीजें खिलाकर या रोजगार आदि का लोभ देकर उड़ाया जाता है। इस प्रकार के अपहरणकर्त्ताओं के लम्बे हाथ हैं जिनके देश-विदेश में बड़े गिरोह हैं। पुलिस भी इन गिरोहों की करतूतों के सामने निराश है। इस रिपोर्ट में कहा गया है कि इन गिरोहों के लोग गरीबों की बस्ती में जाकर युवतियों को अच्छी नौकरी का लालच देकर फँसा लेते है फिर उन्हें लाकर अड्डों में बेच दिया जाता है। कई लड़कियों को बंधक बनाकर रख दिया जाता है जहाँ उनकी दुर्गति होती है।

❑❑❑

10

महिलाओं के विकास पर एक व्यक्तिगत परिदृश्य

भारतीय नारी घरेलू दायरे से बाहर निकल दुनिया के बीच में जाकर अपनी समझ को बड़ा कर रही है। वह स्वयं दफ्तर, विद्यालयों एवं व्यवसाय में हाथ बढ़ा रही है और आत्मनिर्भर हो रही है, साथ ही घर पर काम करने वाली कामकाजी औरतों को रोजगार भी दे रही है। भूमंडलीकरण के इस दौर में देखा यह गया है कि मध्यवर्ग की शहरी नारी को इसका अधिक लाभ मिला। गाँव में रहने वाली नारियों के लिए अभी रोजगार के अवसरों का अभाव है। उन्हें रोजगार की तलाश में शहरों की ओर अधिक पलायन करना पड़ता है और वहाँ भी उन्हें रोजी-रोटी के लिए दर दर भटकना पड़ता है। मजबूरी में वे कभी गलत हाथों में पड़ जाने के कारण शोषित एवं उत्पीड़ित भी होती है। सरकार ने कानून बनाये हैं पर वे पूरी तरह कहाँ लागू होते हैं? फिर कानून बनाने वाले ही कानून तोड़े तो कौन रक्षा करे? जब रक्षक ही भक्षक बन बैठे तो नारी क्या करे? सरकार नारी उत्थान पर सुरक्षा और कल्याण कार्यों के लिए बजट भी पास करती है पर कितना पैसा ईमानदारी से उनके कल्याण में लगता है। तन्त्र किस तरह से बजट की बन्दर बाँट करता है, किससे क्या छिपा है? यह देश आस्थाओं का देश है। यहाँ सब कुछ रामभरोसे चलता है। यहाँ गरीब औरतें शिक्षा, स्वास्थ्य और नौकरियों के मामले में आज भी पिछड़ी हैं। नारी ने पिछले दो दशक से अधिकारों की बात उठाई है। बराबरी के दर्जे के लिए संघर्ष भी किया है। कानून ने भी मदद की है। पर इन सब प्रयासों के चलते उनकी संख्या घटी है, उनको भ्रूण हत्या के जरिये धरती पर आने से आदमी ने रोका है। आदमी के अनुपात में नारी संख्या कम है। आँकड़े बताते हैं, 1901 में आते-आते वह घट कर प्रति एक हजार पर 927 ही रह गई है हालाँकि सरकार ने भ्रूण हत्या को अपराध की संज्ञा देकर कानून भी बनाया है बात है लागू होने की, अपराध करने वाले को कड़ी सजा देने की, ऐसा नहीं है तो सब असहज चलता है और चल भी रहा है।

लड़की लड़के से कहीं कम नहीं है। अभी राजस्थान के सीकर जिले की छह लड़कियों ने अपनी माँ का अन्तिम संस्कार मिलकर किया। किसी परिजन को पास नहीं आने दिया। अर्थी को कन्धा भी उन्होंने दिया और मुखाग्नि भी उन्होंने दी। जो एक मिसाल है। देश में ही नहीं विदेश में भी इसकी चर्चा रही और सबने लड़कियों की हिम्मत को दाद दी। ऐसा ही अनूठा कर्म भीलवाड़ा के डॉ. सुमेर बाकलीवाल की दो बहादुर बेटियों अनुश्री एवं प्रियंका ने कर दिखाया पिता के स्वर्गवासी होने पर सारे कर्मकांड बेटियों ने किये। अर्थी को कन्धे तक दिये। लड़कियाँ शिक्षा के क्षेत्र में आगे बढ़ रही हैं, वैसे-वैसे उनमें जागरूकता आ रही है। वह सभी क्षेत्रों में अपना कीर्तिमान स्थापित कर रही है। शिक्षा के क्षेत्र में अब भी बहुत कुछ करना शेष है। पढ़ने के क्षेत्र में इनका प्रतिशत 39 प्रतिशत से बढ़कर अभी 54 प्रतिशत तक ही पहुँचा है। शिक्षा और ज्ञान ही चेतना जगाने का मार्ग है, जागरूक होना ही जरूरी है। घरेलू हिंसा के विरोध में सरकार ने एक विधेयक पास किया है किन्तु नारी उत्पीड़न का मामला गाँवों से लेकर शहरों तक एक जैसा है, कोई भी नारी इस उत्पीड़न से मुक्त नहीं है। वह घर और बाहर कहीं भी सुरक्षित नहीं है। उसके साथ कहीं भी और कभी भी कोई घटना घट सकती है। जिसके अनेक कारण हो सकते हैं- दहेज, बदले का भाव, फिरौती, पसन्द आने पर जबरन उठाना, कुछ भी हो सकता है। उन्हें उठाकर अपनी भूख मिटाने के बाद किसी भी वेश्यालय में बेचा भी जा सकता है। स्त्रियों के प्रति किये जाने वाले इन अपराधों में सैक्सुअल कहीं अवश्य छिपा है। एक रिपोर्ट के अनुसार देश में आपराधिक प्रवृत्ति निरन्तर बढ़ रही है पर सभी अपराधिक प्रवृत्तियों में सबसे अधिक नारी उत्पीड़न बढ़ा है उसके पीछे कारण टेलीविजन, सिनेमाघरों एवं अन्य विज्ञापनों में नारी का नंगा प्रदर्शन है। देश जाने किन किन प्रदूषणों की बात करता है पर उसका ध्यान सांस्कृतिक प्रदूषणों की ओर क्यों नहीं जाता जो देश के वातावरण में ज़हर घोल रहा है। आधुनिकता के नाम पर नयी पीढ़ी को नंगापन दे रहा है।

एक रिपोर्ट के अनुसार 1912 में कामकाजी महिलाओं का प्रतिशत 19 था वह बढ़कर 2001 में 25.26 हो गया है। सैक्स सहने से उनका स्वास्थ्य गिर जाता है। यथार्थ ये है कि नारी पराये लोगों के अनुपात में अपनों से ज्यादा सताई जाती है। खाना समय पर न बनाने, किसी काम में देरी करने, सेक्स के लिए ना कहने पर नारी को हिंसा का शिकार होना पड़ता है। नारी की विवशता यह है कि उसे समाज डर के कारण चुप्पी साधनी पड़ती है। कहीं रिपोर्ट करने, कहने की स्थिति में भी नहीं रहती। परिवार और समाज की संवेदना मर रही है। मिलकर साथ रहने साथ काम करने का भाव भी मिट रहा है जिसको फिर से कायम करने की आवश्यकता हो चली है। सुख-दुख में परस्पर सहयोग से जीवन सहज और सरस हो सकता है। नारी को इधर भी कदम बढ़ाने चाहियें।

नारी के समक्ष चुनौतियाँ

नारी का सबसे श्रेष्ठ रूप है माँ होना है। दुनिया पर पुरुषों का आतंकवादी प्रशासन चाहे कितना ही काबिज हो पर कम से कम बच्चों के दिल और आत्मा पर एकछत्र राज माँ का ही होता है। माँ, प्रेमिका, पत्नी, शिक्षिका किसी न किसी रूप में हर परिष्कृत पुरुष का सौन्दर्य बोध या नैतिक चेतना एक औरत ही गढ़ती है। तन के अलावा मन भी एक खास तरह की नैतिकता के गर्भ में औरत ही पालकर बड़ा करती है। स्त्री दृष्टि से ओझल होते ही पुरुष रसातल में चला जाता है। लेखिका अनामिका का कहना है कि स्त्री सदा अहिंसक होती है। उसका जीवन एक बाधा दौड़ है। पग-पग पर समाज ने काँटे बिछा रखे हैं और समाज उसको धरती पर आने से रोकने में भरसक प्रयत्न करता है। धरती पर आने पर उसे पीड़ा पहुँचाने का पुरुष समाज योजनाबद्ध प्रयास करता है। यह तो उसकी जीवन्तता है कि वह तूफान में भी दूब की तरह अपना वजूद बचाकर चलती है क्योंकि वह दूब की तरह विनम्र है, झुकना जानती है। पुरुष समाज कई बार इस झुकने को उसकी कमजोरी मान बैठता है और अपने मन को ठंडक पहुँचाने के लिये पैरों के नीचे दबाकर कुचलता है ये ही पुरुष की हठधर्मिता है। पुरुष को चाहिये कि उसे न्याय दृष्टि दे, करुणा का भाव दे बगीचे की दूब की तरह उसे अबाध बढ़ने दे, वह बढ़कर उसके घर की शोभा ही बढ़ायेगी। जिन्दगी है तो चुनौतियाँ भी हैं और उसकी संभावनाएँ भी हैं चुनौतियाँ और संभावनाएँ सगी बहने हैं, एक-दूसरी की पूरक, एक-दूजे का सम्बल भी।

पितृसत्तात्मक भाव हमारे संस्कार में है। ये भाव ही नारी को स्वतन्त्र नहीं होने देता। पुरुष वर्चस्व बनाकर रखना चाहता है। इसकी जड़ें बरगद के पेड़ की जड़ों की तरह बहुत गहरे तक फैली है ऊपर भी जाल बनाकर रखती हैं। बरगद उखाड़ना इतना सरल नहीं क्योंकि उसके साथ हमारे संस्कारगत भाव जुड़े हैं। उससे हमें छाँव और ऑक्सीजन दोनों मिलते हैं। ऐसे ही पीपल का पेड़ है। इन दोनों से हमारा गहरा लगाव है। आदमी के विवाह की तरह इनका विवाह भी रचाते हैं। लोकगीतों में इनको गाया जाता है। ये हमारे राग सम्बन्ध से जुड़े हैं। बड़ आदमी तो पीपली स्त्री का प्रतीक है। ये हमारे जीवन के प्रतीक बने हैं। हमारे संस्कार संस्कृति पश्चिम से भिन्न हैं। यहाँ आस्था पर बल दिया जाता है पर जहाँ गाली-गलौच, मारपीट, बलात्कार हो, शयन कक्ष में पति द्वारा और कार्य क्षेत्र में बॉस द्वारा उत्पीड़न हो, वहाँ त्रास का मुकाबला आँसुओं से नहीं एक प्रखर रणनीति अख्तियार करके ही हो सकता है। उसका इलाज प्रतिशोध में भी नहीं है। पति नाम का बच्चा सबसे बिगड़ैल बच्चा होता है, उसको रास्ते पर लाने के लिए विवेक और धीरज की आवश्यकता है, धीरज खोने से नहीं। पहले नारी तन-मन से घर चलाती थी, अब धन भी जुड़ गया है। अतः नारी के आँचल की छाँव तले ही यह दुनिया सुन्दर बन सकती है।

किसी ऐसे समाज को सुसंस्कृत कैसे कहा जा सकता है जिसमें एक मालिक हो और दूसरा गुलाम। नारी जीवन का इतिहास भी कुछ ऐसा ही रहा। उसको जन्म से मृत्यु तक आदमी ने गुलाम बनाकर ही रखना चाहा। आज के आदमी की दृष्टि वैज्ञानिक होनी चाहिये। जबकि स्त्री के दमन और अवमानना की प्रवृत्तियाँ कमोबेश समूची दुनिया में एक जैसी ही हैं। आर्थिक हैसियत सम्पन्न स्त्री को और ज्यादा शक तथा तिरस्कार से देखा जाता है। उसे हर हाल में कब्जे में रखने के प्रयास होते हैं। उपभोग और विलासिता के इस युग में लोग थक कर चूर हैं। मुट्ठी भर लोगों के इस स्वर्ग के नीचे भूख, बीमारी, और निस्सहायता में खत्म होती आबादियाँ हैं। ये दुनिया में हर जगह है और हर जगह लोकतन्त्र के मुकुट को चमकाया जा रहा है। मानव अधिकारों के झण्डे गाड़े जा रहे हैं। ऐसा भी नहीं है कि उस स्वर्ग में बसने वालों के यहाँ निष्फलताएँ या अतृप्तियाँ नहीं हैं। वे बहुत वैयक्तिक और अश्लील हैं।

आधुनिक और अर्थ सम्पन्न ऐश्वर्या राय मांगलिक है, उसका विवाह बच्चन परिवार में हुआ है। वह पति की मंगलकामना लेकर मन्दिर-मन्दिर भटकती है, उस पर परम्परा और रूढ़िवादी परिवार के संस्कार हैं। वह शीशे के सामने बैठ कर सजती-सँवरती है, अपने लिए नहीं पति के लिए। ऐसी आधुनिक सम्पन्न नारी का आचरण समाज के किस रूप का पोषण करेगा। स्त्री की अधीनता की नियति को समाज एक कठोर नियम की तरह निभाना चाहता है। पितृसतात्मकता का सबसे बड़ा दावा पुरुष की श्रेष्ठता की अवधारणा है। उनके अनुसार दुनिया पुरुषों ने पुरुषों के लिए ही बनाई है, उसने सारे नियम भी अपने ही हित के बनाकर नारी को पालतू बना दिया है। नारी के हिस्से में आया समर्पण, अकूत श्रम, यौन शुचिता और सहनशीलता आगे चलकर ये ही उसकी नियति बन गयी। उसकी जिन्दगी बदकिस्मती, गरीबी, दमन का शिकार हो गयी। यौन शोषण नारी का तयशुदा नरक हो गया। बाहर पूँजी की सत्ता का ताण्डव है तो भीतर मर्द पति के विकलांग पौरुष का विस्फोट। नारी की देहशोषण में नेता, समर्थ लोग, पुलिस शामिल है। नारी की विवशता यह है कि वह शिकायत किसको करे। वह हर मोर्चे पर अपने को अकेली महसूस करती है। नारी के साथ दुखद घटनाएँ पग-पग घटती हैं। सभी घटनाओं को वह प्राय: झेल कर पचा जाती है। नारी को कई मोर्चों पर संघर्ष करना पड़ता है दफ्तर के दायित्वों को निभाकर घर लौटती है तो घर के काम में उसको खटना पड़ता है। बाजार से सामान खरीदने का काम भी उसी के जिम्मे है तो रसोई का भी। उसे अपना जीवन जीने को पलभर नहीं मिलता है। ये कैसी आत्मनिर्भरता है जिसमें जीवन मशीन हो गया है। एक वृत्त में घूमना जिसकी दिनचर्या है।

पितृसत्तात्मकता का एक पैंतरा है। सामाजिकता से जानबूझकर काटी गई युवतियाँ, स्त्रियाँ ही निर्जीव वस्तुओं की तरह बेच दी जाती हैं या फिर जला दी जाती हैं, किन्तु वे

मरने तक घर की इज्जत बचाकर रखती हैं। वह घर की इज्जत का भार जरूर उठाये होती है पर यथार्थ में न घर उसका है, न परिवार और न समाज। किसी भी घर में श्रम और सौन्दर्य की अपनी उपयोगिता में स्त्री जैसे ही कमजोर पड़ती है, उसे कौने में डाल दिया जाता है। पितृसत्तात्मकता की स्त्री विरोधी प्रवृत्ति के संवाहक केवल पुरुष हैं, ऐसा नहीं है। सामन्ती प्रतिगामिता का यह अभेद्य किला ज्यादातर स्त्रियों की चेतना के पिछड़ेपन में अपना घर बनाकर बैठा है। आर्थिक निर्भरता से यह उम्मीद थी कि स्त्री की चेतना का संघर्ष अपने पक्ष में कुछ मजबूत होगा, सामन्ती किले टूटेंगे, रूढ़ियाँ, कर्मकाण्डों और जादू-टोनों को वापिस लाने वाले इस विकलांग समय को इस आधी आबादी के हिस्से से सशक्त चुनौतियाँ मिलेंगी मगर फिलहाल यह स्वप्न ही है।

स्त्री हर समय के समाज का संवेदनशील मुद्दा रही है, उसके प्रश्नों को हल करने के लिए यथार्थवादी नजरिए की ओर आना पड़ेगा। उसकी पराधीनता के कई इलाके हैं इसलिए लड़ाई भी दुष्कर है। जहाँ कहीं उसने शक्ति से काम लिया, परिवारों में तनाव बढ़े हैं, रिश्ते चरमराये हैं। इस प्रकार स्त्री को आधुनिक स्वाधीन छवि के प्रति सहज होने के प्रति समाज में तैयारियाँ कम हैं। जबकि अपनी ही बहू, बेटी, पत्नी के विश्वसुन्दरी मॉडल या अभिनेत्री बना देने में गुरेज नहीं है। आश्चर्य के साथ अनुभव किया गया है कि लोग फैशन के अश्लीलतम रूपों में अपने घर की स्त्रियों के ढलने का तो स्वागत करते हैं मगर वे ही स्त्रियाँ यदि सामाजिक-राजनैतिक बदलाव के किसी ठोस क्रान्तिकारी काम में शामिल होती हैं तो तमाम बाधाएँ खड़ी की जाती हैं। परजीविता और उपभोग की बाजार केन्द्रित संस्कृति को भी स्त्री में ही अपना सबसे आसान ठिकाना मिलता दिखाई देता है। नारी उपभोक्ता भी है और उपभोग्या भी। दोनों एक साथ। भारतीय समाज पूँजीवादी विलासिता के द्वारा नारी को वस्तु में बदल रहा है, मीडिया भी उसे नंगा दिखा रहा है फिर भी वह परेशान नहीं है। वह धीरज के साथ अपने मार्ग पर चल रही है। उसको अपने कैरियर के बनाने की चिन्ता हो चली है जिससे होकर वह स्वावलम्बन के लक्ष्य तक पहुँचेगी फिर उसे पुरुष बैशाखी की आवश्यकता नहीं रहेगी। अपनी पीड़ा को भूल जायेगी जिसके लिए महादेवीजी ने लिखा था 'मैं नीर भरी दुख की बदरी कल घुमड़ी थी आज बरस चली।'

लेखिका शशिकला त्रिपाठी का कथन है कि स्त्री का कोई घर नहीं होता वह पिता के घर में रहे या पति के घर में, क्या फर्क पड़ता है। नारी आन्दोलन से नारी की चेतना तो जागी है पर उसकी समस्याएँ तो जस की तस हैं। सवाल भी मुँह बाये वैसे ही खड़े हैं। माना कि भूमण्डलीकृत समाज में काम के अवसर बढ़े हैं। स्त्रियाँ अपनी प्रतिभा का परिचय देकर आसमान छू लेना चाहती हैं। किन्तु पीड़ाजनक सच्चाई ये है कि भारत के सभी प्रान्तों में पुरुष के मुकाबले स्त्रियों का ग्राफ घटा है। दूरदर्शन के आँकड़े ये ही कहते

हैं कि भ्रूण हत्यायें आज भी हो रही हैं। घर में स्त्रियों को निर्णय लेने का कोई अधिकार नहीं है। समाज में जब तब उसे उपेक्षा, उत्पीड़न एवं हिंसा का शिकार होना पड़ा है। कुछ महिलायें आर्थिक दृष्टि से सम्पन्न होने के बाद भी वे सांस्कृतिक, सामाजिक बन्धन की डोर में जाने अनजाने बँधी हुई हैं। समाज बना है स्त्री-पुरुष से लेकिन दोनों को सामाजिक स्थितियों में समानता कभी नहीं रही। स्त्री के प्रति किये जाने वाले दुर्व्यवहारों की पीड़ा महादेवी की रचनाओं में बहुलता से मिलती है। घरेलू औरत को परजीवी कहा गया है। वह पति की छाया बनकर ही जी सकती है वरना उसका जीना कठिन कर दिया जा सकता है।

महादेवी जी का कथन है कि स्त्रियां मिथ्या दम्भ, रीति-रिवाजों और रूढ़ियों से दबाई जाती हैं जिसके चलते उनकी मेधा, प्रतिभा और व्यक्तित्व का विकास नहीं हो पाता। वह श्रमिकाओं का उदाहरण देती हुई कहती हैं कि किसान की स्त्री घर में इतना परिश्रम करके खेती के अनेक कामों में पति का हाथ बँटा सकती हैं या साधारण श्रेणी के श्रमजीवियों की स्त्रियाँ घर-बाहर के कार्यों में सामंजस्य स्थापित कर सकती हैं। महादेवी को गाँधी जी की तरह भारतीय नारी की क्षमता पर पूरा विश्वास है। वे कहती हैं कि नारी पुरुष से किसी क्षेत्र में कम नहीं है। उनका विश्वास है कि भारतीय नारी सहनशील और बलिदानी है। स्वतन्त्रता संग्राम में उसका बड़ा हाथ रहा है। नारी के भीतर विशेष प्राकृत गुण हैं। वह उनकी रक्षा करते हुए नर के समकक्ष खड़ा होना चाहती है। वह नर के साथ कदम मिलाकर चलना चाहती है।

नारी की आर्थिक पराधीनता ही उसे दयनीय बनाती है। पुरुष जैसे अपने मनोरंजन के लिए रंग-बिरंगे पशु पक्षी पालता है वैसे ही नारी को पालना चाहता है तथा अपने मनोरंजन के लिए उसका उपभोग करना चाहता है। आज के युग में मानव की मानसिकता यह है कि नारी बाहर क्षेत्र में आत्मविश्वासी तथा घर में अनुगता रहे, उसे दोनों मोर्चों पर खरा उतरना है। इस दोहरी भूमिका में आज की नारी की मानसिकता तनावपूर्ण रहती है तथा जीवन टूटन भरा। वह अपने आपको थका महसूस करती है पुरुष को चाहिये कि वह नारी को सम्बल दे जिससे वह स्वावलम्बी बन सके। उसे किसी बैशाखी का सहारा न ढूँढ़ना पड़े।

जब नारी व्यभिचार का शिकार होकर सन्तान पैदा करती है तो समाज उसे स्वीकृति नहीं देता। महादेवी ने इसे अपराध नहीं समस्या माना। इसमें नारी का नहीं समाज का दोष है नारी का इसमें क्या दोष। अर्थ तत्व समाज का मूलाधार है। इसी से व्यक्ति परिवार और समाज की हैसियत निर्धारित होती है। महादेवी जी नारी की आर्थिक स्वतन्त्रता पर बल देती हैं और कहती है कि नारी का पिता और पति दोनों की सम्पत्ति पर अधिकार होना चाहिये। सरकार का इस ओर ध्यान गया है और अधिकारों को कानूनी जामा पहनाया

गया है। नारी हर युग में छली जाती रही है और आज भी छली जा रही है। यहां नारी को कभी देवी कभी दासी कहा गया तो कभी सम्पत्ति बनाया गया है तो कभी उसे केवल मनोरंजन का साधन ही माना है। आधुनिक नारी में जागृति तो आयी है पर पुरुष अहं उसके पंख काट उड़ान भरने से रोक रहा है। वह नारी की उड़ान से डर रहा है। वह नारी को सोने के पिंजरे में बन्द रखना चाहता है। बाहर नहीं निकलने देना चाहता। उसके बाहर निकलने के खतरों को वह पहचानता है क्योंकि वह नारी से ज्यादा चतुर है।

नारी नहीं चाहती वह घर की चार दीवारों में बन्द रहे। माना कि सामन्ती युग नहीं रहा पर आदमी का सामन्ती अहं भी मरा कहाँ है? वह आज भी नारी को बराबरी का दर्जा नहीं देना चाहता। गुलाम बना बनाकर रखना चाहता है। किन्तु नारी भीतर से जग रही है। वह अपना स्वत्व पाकर ही दम लेगी। ध्यान रहे उसे स्वतंत्र होना है, स्वच्छन्द नहीं। उसे अपने प्राकृत गुण गरिमा को भी बचाना है तथा चुनौतियों में भी खरा उतरना हैं।

कहने को संविधान ने नारी को स्वतंत्र मन जीने की छूट दे रखी है पर कहां होता है ऐसा राजस्थान पत्रिका के अंक 8 जनवरी 2008 में एक नारी की पीड़ा का चित्र कुछ इस प्रकार है। सीकर राजस्थान के युगल प्रेमी आर्य समाज पद्धति से विवाह कर लेते हैं तथा 3 दिसम्बर को उसको पंजीकृत करवा लेते हैं। प्रेमिका एक डॉक्टर की बेटी है वह एम.बी.बी.एस. फाइनल की छात्रा है। पिता के नर्सिंग होम में काम करने वाले कम्पाउण्डर से नजरें मिलती हैं प्यार हो जाता है ब्रह्मदत्त जोशी और शिल्पा सोनी जाति बन्धन तोड़कर एक दूजे के हो जाते हैं। किन्तु शिल्पा के समर्थ डॉ. पिता इस रिश्ते को नहीं स्वीकारते। पुलिस में रिपोर्ट करते हैं। पुलिस दोनों को पकड़ कर ले जाती है। शिल्पा बालिग है। उसे अपने भले बुरे का बोध है। वह ब्रह्मदत्त जोशी के साथ जीना चाहती है उसने पुलिस अधिकारियों से सुरक्षा की गुहार की है पर गुहार सुनने को कोई तैयारी नहीं दिखता। शिल्पा की पीड़ा है कि उसे नहीं लगता समाज बदल रहा है तथा संविधान ने नारी को जीवन जीने का मौलिक अधिकार दिया है।

वह आज भी सामन्ती विचारधारा के बीच घुट रही है। उसका वर्तमान और भविष्य किसी अन्य के हाथों में पराधीन है। उसे नहीं लगता ये समाज नारी को मुक्त जीने देगा। वहां ब्रह्मदत्त का कथन है कि मैं हरहाल में शिल्पा के योग्य बन कर उसके साथ जीना चाहता हूँ। देखना ये है कि समाज उनको जीने देगा कि नहीं। आये दिन की हत्यायें आत्महत्यायें ऐसी मन:स्थिति की उपज होती हैं जिनको हम आये दिन मिडिया के जरिये जानते हैं। प्रेम नर नारी की देह में दूब की तरह फूटता है और फूल की तरह खिलता है उसे मुक्त क्यों नहीं खिलने दिया जाता। आज की नारी अनचाहा बन्धन तोड़कर मुक्त होना चाहती है। उस पर टी.वी. का गहर असर है। जिसके चलते उस पर पश्चिम का दर्शन उतर रहा है। वह एक और अन्ध विश्वासों और रूढ़ियों की जकड़ में है तो दूसरी ओर यौन संत्रास व घुटन जी रही है उसकी कहीं भी गति नहीं है। वह जाये तो कहां जाये।

नव वर्ष 2008 के जश्न के दौरान मुम्बई में दो युवतियों को कुछ लड़कों ने अपनी हवस का शिकार बनाने के लिये नैतिक मूल्यों को तार तार कर डाला। हमारे देश में लड़कियों की इज्जत आज कहां तक महफूज रह गयी है। इस विषय में सोचने का नहीं कुछ करने का वक्त आ गया है। जो लड़के घिनौनी हरकतें करते हैं उन्हें कड़ी सजा दी जानी चाहिये। यहां चर्चा आदमी की मानसिकता के साथ सरकारी नीतियों की भी होनी चाहिये। मुम्बई में बार गर्ल्स की संस्कृति ने सबसे पहले जन्म लिया। वहाँ जाम ढालने के साथ नाचने गाने मस्ती मनाने का चलन रहा जहाँ लड़कियां नाचती हैं। सभ्य कहे जाने वाले लोग उनके साथ रातभर मौजमस्ती करते हैं वहां सब कुछ करना जायज है। इन बार गर्ल्स रेस्तरां के पीछे सफेद पोश लोग टोपियां धारण कर नेताओं के लिबास में काम चलाते हैं और मोटा कमीशन लेते हैं तब ऐसी घटनायें अखबारों की सुर्खियां नहीं बनती पर अब यह विकृति आम रास्तों पर फैलने लगी है जिसका असर आमजन और उसकी संस्कृति पर पड़ने लगा है तो पीड़ा स्वाभाविक है। लड़कियों से छेड़छाड़ अक्सर समर्थ और पैसे वाले लोग ही करते हैं जिनको पैसों के बल पर पूरी छूट है। छेड़छाड़ की विकृति दिल्ली और जयपुर होकर कस्बों गाँवों तक फैला रही है जिसे हम संस्कृति प्रदूषण की संज्ञा दे सकते हैं जो किसी जलवायु प्रदूषण से किसी अर्थ में कम नहीं है। इस प्रदूषण से नेताओं को कमीशन तथा दलालों को दलाली और लड़कियों को देह व्यापार का पैसा मिल रहा है। कुल मिलाकर सब इतना असरदार है कि सब कानून व्यवस्था इसका सामने बेसर है पर सोचने की बात यह है कि ये कब तक चलता रहेगा। कहीं तो इसके अन्त होना चाहिये। कानून एवं पुलिस प्रशासन के बुते पर नारी के साथ होने वाले अपराधो को नहीं रोका जा सकता इसके लिए जनजागरण और जीवन मूल्यों को बदलने की आवश्यकता है।

देश में लड़कियों का अनुपात घटकर प्रति 1000 पर 927 ही रह गया वहाँ दिल्ली महानगर में तो यह अनुपात प्रति 1000 पर 900 ही रह गया है। जब तक मनुष्य नारी को मानवी का दर्जा नहीं देगा, उसे अपने बराबर नहीं मानेगा इस बीमारी का कोई निधान नहीं लगता। शिक्षा नारी को सोचने समझने का विवेक देती है, आज नारी शिक्षित होकर अपना रास्ता तलाश कर रही है वह अपने पैरों चलने की हिम्मत जुटा रही हैं। पर आदमी की सहानुभूति सहयोग के बिना वह अपना गन्तव्य नहीं पा सकती हैं। एक ओर लड़की को यह देश देवी के रूप में पूजता है तो दूसरी ओर देह शोषण से दुखी कर रहा है। नारी की मनमानी और उद्दण्ड प्रवृत्ति से तंग होकर नारी सोचने लगी है कि क्या नारी होना धरती पर अपराध हो गया है वह अपना स्वतन्त्र जीने के लिए मार्ग तलाश रही हैं। देखना है नारी कब अपना जीवन अपने मन के मुताबिक जी पाती है।

भारतीय नारी विश्वास के आधार पर जीती है। घर के भीतर की टूटन और घुटन इस विश्वास पर जीती है कि समय पाकर सब ठीक हो जायेगा। किन्तु आदमी की मलिन मनोवृत्ति के कारण टूटन और घुटन कम नहीं होती। कोई नारी इस घुटन से तंग आकर अपना अलग वर्चस्व या अस्तित्व बनाना चाहती है तो उस पर पुरुषों द्वारा चारित्रिक आक्रमण होता है और उसे लांछित करने के प्रयास किये जाते हैं। भारतीय नारी की सबसे बड़ी त्रासदी यह है कि सब जानते हुए भी वह पति प्रेम में पड़ जाती है और पति द्वारा दी जाने वाली सब यातना सह जाती है। उसका पति जबकि प्रेम पाने का पात्र नहीं होता फिर भी नारी उसे अपना सम्पूर्ण प्रेम देती है। नर-नारी के सम्बन्धों को शोषक और शोषित के रूप में न देखकर मानवीय दृष्टिकोण से ही देखना चाहिये। पुरुष मित्रों को चाहिये कि वे अपने चिन्तन को बदलें और नारी को अपने ही समान मानवी समझकर सम्मान देना सीखें।

एक मनोवैज्ञानिक की दृष्टि में स्वभाव को बदलना कठिन हो सकता है, असंभव नहीं। आदमी अपना स्वभाव बदल सकता है वह प्रतिस्पर्धा और इर्ष्या भाव के स्थान पर सहयोग कर सकता है। आदमी को चाहिये कि वह नारी को दासी के भाव से मुक्त करे। उसे सहयोग कर अपनी जमीन पर खड़ा होना सिखाये। उसकी भावना को समझे और आदर दे। नारी की सबसे बड़ी विडम्बना यह है कि जो पुरुष नारी को ढ़के देखना चाहता है, वही उसके कपड़े उतारता है। वह नारी को शहद लगी रोटी समझता है या अपना फसली खेत जिसे जब चाहे जोते और फसल उगाये। उसमें नारी का मन नहीं देखा जाता। बड़े से बड़ा आदमी ज्ञान का गुमान करने वाला भी अपना विवेक खोकर नारी के लिए पशु हो जाता है। सामन्ती भाषा में बात करता है और नारी का मन तोड़ता है। हर आदमी औरत में जवान जिस्म देखता है, मन नहीं। जबकि प्रकृति नर-नारी में कोई भेद नहीं करती, भेद करता है समाज। लड़की कमल पत्ते पर पड़ी पानी की बूँद है पत्ता हिला कि बूँद का अस्तित्व ही मिट गया आदमी ने लड़की को लज्जा के साथ जोड़ लज्जा को नारी का गहना कहा। जो लड़की लज्जा नहीं करती अपनी बात खुले शब्दों में रखती है अपने पैरों पर चलने का प्रयत्न करती है, समाज उसे अच्छा नहीं मानता उसके चरित्र पर शंका कर उसे लांछित करने का प्रयत्न करता है। यह पुरुष प्रधान समाज का नारी के प्रति षड्यन्त्र है कि वह उसके चंगुल से कहीं निकल न जाये। आदमी का सोच है कि दुनिया में हर चीज आदमी के भोगने के लिए बनी है।

समाज नारी को आश्रय तो देता है आधार नहीं देता। वह नारी को सान्त्वना तो दे सकता है, उष्मा नहीं देता। समाज उसे पंगु तो बना सकता है पर मन से चलने को अपनी जमीन का आधार नहीं देता। उसे केवल उपभोग की वस्तु मानकर चलता है, बराबर का हक नहीं देता। आदमी परित्यक्ता नारी के साथ अड्डेबाजी तो कर लेगा पर विवाह करने

की हिम्मत नहीं करता। भारतीय धर्मशास्त्रों ने नारी को मानवी न मानकर गिद्ध, नेवला, छछूंदर, कुतिया की श्रेणी में रखा। आदमी ने सदा से नारी को दासी माना, उसका मानवीय अस्तित्व कभी स्वीकारा ही नहीं।

अपर्णा सेन का कथन है कि कोई किसी का गुलाम नहीं, नारी प्रेम करने में स्वतन्त्र है वह किसी से भी प्रेम कर सकती है। अपना जीवन स्वतन्त्र जी सकती है पर आर्थिक विपन्न नारी के लिए क्या ऐसा करना सम्भव है? आदमी की मनोवृत्ति को पढ़ने से क्या नहीं लगता कि यह समाज नरों का नहीं गिद्धों का है जो पल-पल नारी का माँस नोच रहा है। क्या बाजार में लड़कियों की देह गौश्त से सस्ती नहीं मिलती? आजकल लड़कियों के भीतर के गुण कौन देखता है हर कोई नाक नक्श देखता है या फिर देखता है रूप-रंग। औरत आदमी के लिए खूँटी पर टँगे कमीज की तरह है। जब तक मन करे पहनों, मन से उतरने पर दूसरी ले आओ। वह आदमी के लिये पलंग पर बिछी चादर से ज्यादा नहीं। चादर का पलंग पर बिछना मजबूरी है, यही मजबूरी औरत की है, उसे मन बेमन पलंग पर बिछना ही है। धर्म ने नारी को सबसे ज्यादा पीड़ा दी है फिर सभी धर्म नारी के विरुद्ध एक स्वर में बोलते हैं। दुनिया का कोई धर्म नारी का पक्षधर नहीं। धर्म ने आदमी की मानसिकता को सदा विकृत किया है और आज भी औरत नर की मानसिकता से डरती है। आदमी की खूँखार दृष्टि शिकारी जैसी है, उसके सामने नारी के मन में हिरणी जैसा डर है। उसे हर नर की दृष्टि उसका जिस्म खाने वाली लगती है। भीड़ में जब भी कोई नारी अकेली निकलती है तो सैकड़ों पुरुषों के हाथ उसके शरीर अंगों को छूने आगे बढ़ते नजर आते हैं। वहाँ नारी अकेली और विवश नजर आती है। कभी-कभी नारी को लगता है कि उसका नारी देह का धारण करना ही जैसे पाप हो गया है।

उसकी ऐसी सोच के पीछे कारण है कि उसे धर्म, समाज और राष्ट्र की ओर से आज तक सम्मान-सुरक्षा नहीं मिल पायी। नारी को नर ने सदा पर्दे में ढ़क कर रखना चाहा। इसी ढ़कने की प्रथा ने नारी के चेहरे को घूँघट दिया और घूँघट का आकर्षण भी। पुरुष में भी तो आकर्षण है पर उसके चेहरे पर घूँघट क्यों नहीं आया? स्त्री-पुरुष एक दूसरे के पूरक हैं। साहचर्य सुख दोनों की बराबरी की भागीदारी से प्राप्त किया जा सकता है। इस सुख की प्राप्ति के लिए विवाह को समाज ने संस्कार के रूप में स्वीकार किया है।

तस्लीमा नसरीन के अनुसार इस्लाम धर्म में भी बलात्कार को अपराध माना है पर उसमें अपराध को सिद्ध करने के लिये चार पुरुषों की आवश्यकता होती है। बलात्कार कोई भी पुरुष चार पुरुषों के सामने कभी नहीं कर सकता। कोई भी स्त्री चार पुरुषों को गवाह के रूप में प्रस्तुत न कर पाने के कारण अपराधी सहज बरी हो जाता है। यह पुरुष प्रधान समाज की चतुराई है जो हर धर्म, समाज और देश के कानून में मिल जायेगी। कमजोर को सदा सहारे की जरूरत होती है। कोई भी लता बिना सहारे के ऊपर नहीं चढ़

सकती। उसे पेड़ या ठूँठ किसी का भी सम्बल चाहिये। ऐसी ही नारी की दशा है। उसे पुरुष रूपी तने की सहारे की जरूरत है जो सहारा भी दे और रक्षा भी करे। नारी के जड़ संस्कारों का सदा से विकास हुआ। इस कारण उसकी चेतना का पक्ष सदा से कमजोर रहा आदमी का स्नायुतन्त्र सदा अशुभ की ओर ही दौड़ता है। शुभ का मार्ग संयम का है जो कठिन है। चढ़ाई से फिसलन सहज है, आदमी का बहाव नीचे की ओर अधिक है। यही कारण है कि अच्छाइयों से ज्यादा बुराइयाँ पनप रही हैं। स्वयं राम सीता के सम्बल नहीं बन पाये तो उसने समाने के लिए धरती माँ से प्रार्थना की। नारी की गति सदा पुरुष में रही और पुरुष सदा से नारी के प्रति अविश्वासी रहा है। आदमी अपने भीतर झाँक कर कभी अपना आकलन नहीं करता। महाभारत काल में नारी द्रोपदी को पाँच में बाँटा गया। उसे वस्तु की तरह उपभोग की वस्तु माना। स्त्री के प्रति अनेक रूपक धड़े गये। उसे भेड़, बकरी गाय की श्रेणी में रखा। जिसकी रस्सी किसी के भी हाथ में थमाई जा सकती है।

युग बदला, देश को स्वतन्त्र हुए 66 वर्ष से अधिक हो गये संविधान ने नर-नारी को बराबर का अधिकार दिया है फिर भी आज किसी लड़की के अकेले घर से निकलने पर पाबन्दी है, वह छत पर अकेली नहीं घूम सकती। खिड़की पर खड़ी नहीं हो सकती। किसी से हँसकर बात नहीं कर सकती तो कैसी बराबरी, कैसी स्वतंत्रता? लड़की को एक जायकेदार फल से ज्यादा कुछ नहीं समझा जाता। चरपरा रस के लिए वह इमली है कहीं अनार के दाने तो कहीं उसे अमरूद बन कर पग-पग कटना पड़ता है। आदमी के लिये पेय बनना पड़ता है।

सन्तान उत्पत्ति में नर-नारी की बराबर की भागीदारी होती है पर तमाम पीड़ा और जिम्मेदारी नारी के हिस्से में ही क्यों आती है? ये तमाम सामाजिक व्यवस्था की विकृति नहीं तो और क्या है? चरित्र नर और नारी दोनों के लिए मूल्यवान है पर नर चरित्र के क्षेत्र में सहज उच्छृंखल हो जाता है और सारी पवित्रता नारी के नाम हो जाती है। क्यों? क्या नर का नारी के प्रति कोई दायित्व नहीं? नारी नर की दासी बनकर कितने दिन जीयेगी? पुरुष सुरक्षा का डर दिखाकर नारी देह का सदा से शोषण करता रहा है। वह सदा से नारी देह का रूप, रस, गंध के नाम से रक्त पीता रहा है। नारी को लहरों वाली नदी कहा है जो दो किनारों में बंध कर चलती है। नारी शिक्षित हो रही है, अपने विवेक से सोचने भी लगी है तो कर्म क्षेत्र में भी पुरुष के बराबर उतरने लगी है पुरुष समाज उसके बढ़ते कदमों पर सन्तुष्ट नहीं है, उसके आचरण पर खोजी दृष्टि रखकर चलता है। आज की नारी का सबसे बड़ा शत्रु उसका डर और दुविधा है।

कोई भी समाज अपने आप नहीं बदलता। उसे बदलने के लिए संघर्ष करना पड़ता है। रूढ़ियों को तोड़ने के लिये खुद को तैयार करना होता है। मजबूरियों के जंगल से निकल आत्मनिर्भर होना पड़ता है। आधुनिक नारी दिशा पकड़ने के लिये संघर्षशील है।

नर को नारी की भावनाओं को समझते हुए समय के अनुसार अपने को बदल लेना चाहिये और नारी को सहचर समझकर साथ चलने की हिम्मत देनी चाहिये।

किन्तु आधुनिक शिक्षित युवक-युवतियाँ एक ऐसे दोराहे पर खड़े हैं जहाँ उनको दाम्पत्य जीवन से अधिक अपने कैरीयर की चिन्ता है। इस कारण वे एक दूजे के लिये समय नहीं दे पाते हैं। राजस्थान पत्रिका के परिवार अंक 26 सितम्बर, 2007 में संगीता चतुर्वेदी का एक लेख 'सँवरता कैरियर और बिखरता दाम्पत्य' छपा है जिसमें टूटते रिश्तों पर चिन्ता व्यक्त की गई है। इस तनाव एवं टूटन के कारण नये जोड़ों में तलाक का प्रतिशत 40 तक बढ़ा है जो चिन्तनीय विषय है। पाँच छह महीने साथ रहने के बाद अजनबी हो जाना कहाँ उचित है? इसके अर्थ ये हैं कि नई पीढ़ी की संवेदना मर रही है उनको अपने जीवनसाथी से ज्यादा चिन्ता अपने कैरियर की है। चतुर्वेदी का कथन है कि ये जोड़े आई टी और बीपीओ सेक्टरों में काम करते हैं जहाँ बड़ा वेतन मिलता है वेतन के अनुरूप ही उनसे काम लिया जाता है। काम की अधिकता के कारण वे अपने पार्टनर को समय नहीं दे पाते। वे मशीन की तरह काम करते-करते संवदेनाशून्य हो जाते हैं। अपने जीवन को मशीन बना लेते हैं। उनके पास करने को प्रेम जैसी कोई चीज नहीं होती। उनके जीने का एक अलग ही अन्दाज होता है अतः कहने को ये यंग कपल्स शादीशुदा होते हैं, पति-पत्नी भी होते हैं पर एक दूजे को प्यार नहीं दे पाते। इस कारण कुंठा जीते हैं और जीवन को कैरियर की धुन में नीरस बना लेते हैं फिर अलग जीने की सोचने लगते हैं। मद्रास हाईकोर्ट की एडवोकेट सुधा कहती हैं कि जो शहर आई टी कम्पनियों के हब बनकर उभरे हैं वहाँ की पारिवारिक अदालतों में तलाक के मामले 40 फीसदी से भी ज्यादा बढ़ गये हैं जिनमें ज्यादातर मामले आईटी और बी ओ सेक्टर के कर्मचारियों के अधिक हैं। ये लोग तलाक के मामले में कानून प्रक्रिया में नहीं उलझते। पश्चिम के पैटर्न पर आपसी बातचीत के जरिये अपना अलग रास्ता चुन लेते हैं। सुप्रीम कोर्ट के एडवोकेट के.के. पटेल का कहना है कि ये कपल्स कैरियर के ब्रेक न लगे ऐसा सोच अलग होते हैं जिसमें पुरुष ही आगे हो ऐसा नहीं है महिलाएँ भी कहीं पीछे नहीं हैं।

आईटी और बी ओ सेक्टर का गढ़ बनकर उभरने वाले शहर बंगलोर में 2004 में डिवोर्स की संख्या 526 थी। 2005 में यह संख्या 946 थी जो 2006 में बढ़कर 1240 हो गई। एक्सपर्ट्स ने साल के अन्त तक इस संख्या के तेजी से बढ़ने की आशंका जताई है। चैन्नई और उसके आस पास के शहरों में लगभग दो लाख से भी ज्यादा आई टी प्रोफेशनल और बीपीओ कर्मचारी हैं। जहाँ 40 प्रतिशत तलाक के मामले इन कर्मचारियों के हैं। ये यूथ 25 से 35 वर्ष की उम्र वाले हैं। अभी जयपुर में इसका इतना विस्तार नहीं हुआ।

संजय श्रीवास्तव कहते हैं मेरे पास महीने में 10-15 केस डिवोर्स के इस क्षेत्र से जुड़े कपल्स के आते हैं। पिछले कुछ वर्षों से तलाक के इतने मामले बढ़े हैं कि विवाह के बाद 50 प्रतिशत विवाह रिश्ते टूटने को होते हैं। इन टूटने वालों में ज्यादातर पढ़े-लिखे प्रोफेशनल नवविवाहित जोड़े हैं जिनकी शादी को 5 साल या उससे भी कम समय होता है। ऐसे कपल्स में तलाक की दर 67 फीसदी है। राजधानी दिल्ली तलाक के मामले में सब से आगे है। यहाँ हर साल 8-9 हजार से भी अधिक तलाक होते हैं। इसके बाद नम्बर है बंगलौर और मुम्बई। जहाँ तलाक के मामले में दुगनी बढ़ोतरी हुई है। यहाँ तलाक की संख्या 4000-5000 के बीच है। केरल में सब से ज्यादा पढ़े-लिखे लोग हैं, वहाँ भी तलाक के केसेज में 35 प्रतिशत बढ़ोतरी हुई है। तलाक का मुद्दा बड़े शहरों में ही है, ऐसा नहीं है। अब ये मामला गाँव और ढाणी तक पहुँच रहा है। तलाक का प्रतिशत बढ़ने के पीछे कारण को ढूँढ़ने पर पता चलता है कि युवा पीढ़ी में सहन करने की शक्ति में कमी आई है वहाँ एक दूजे के प्रति संवेदना का भी अभाव आया है। आज के युवा एक दूजे के प्रति लापरवाह व गैर जिम्मेदार हुए हैं। आर्थिक दृष्टि से दोनों का समर्थ होना शिक्षा के क्षेत्र में भी आगे होना, किन्तु फिर भी जीवन में 36 का आँकड़ा होना शुभ का संकेत नहीं। नारी शिक्षा के क्षेत्र में आगे बढ़ रही है। नौकरी से पैसा भी कमा रही है विवेक और अर्थ में पुरुष से आगे निकल कर वह कुंठा जी रही है, कहीं ऐसा तो नहीं नारी पुरुष वाला अहं तो नहीं पाल रही, जिसके कारण वह अपना चैन खो रही है। भारतीय नारी के जीवन का आधार सदा आस्था, विश्वास और प्रेम रहा है। उस आधार को नर तो पहले ही खो चुका पर उस आधार को नारी भी खोकर जीवन को मरुस्थल बना रही है।

साइकेट्रिस्ट ऐसोसिएशन के पूर्व अध्यक्ष एस. लाम्बी का कहना है कि मानसिक थकान का असर सैक्सुअल रिलेशन पर पड़ता है जिसके नतीजे से रिश्ते में दरार आती है। आज के युग के युवा आत्मकेन्द्रित होते जा रहे हैं। वे अपने और अपने कैरियर के बारे में ज्यादा चिन्तित हैं। वे अपने से निकल कर अपने लाइफ पार्टनर की कोई चिन्ता नहीं करते। आर्थिक दृष्टि से सम्पन्न होने पर नारी का सोच 'बिना पति के भी वह जी सकती है' हो सकता है तथा ऐसा ही सोच नर का भी हो जाये तो एक दूजे में टकराहट अवश्यम्भावी हो जाती है। इस टकराहट से बचने के लिये दोनों को ही समझना होगा कि सम्पूर्ण जीवन कभी एकाकी नहीं कट सकता। नर को नारी की तथा नारी को नर की शारीरिक स्तर पर आवश्यकता होती है। एक दिन ऐसा आता है तब पैसा सबकुछ नहीं कर सकता। आदमी को सहानुभूति की आवश्यकता होती है और वह सहानुभूति जीवनसाथी से ही मिल सकती है। इसलिए अपने जीवनसाथी के प्रति सहयोग सहभागिता का भाव रखते हुए ही जीवन के सफर में चलना चाहिए।

मानव मात्र का एक आत्मसम्मान होता है। वेश्या भी मानव है, उसका भी कहीं आत्मसम्मान होता है किन्तु हमारा कानून उसके पेशे को पाप मानता है। इसलिए ग्राहक को ललचाने के जुर्म में दो से पाँच साल की सजा का प्रावधान रखा गया है। ऐसा क्यों? सवाल हाल ही में प्रधानमंत्री की उपस्थिति में पर्यटन मंत्री रेणुका चौधरी ने संसद में उठाया था पुरुष मानसिकता की प्रधानता रखने वाले कपिल सिब्बल ने तर्क देकर कहा कि इसमें पुरुष ग्राहक का क्या दोष? और बात दो मंत्रियों के बीच उलझ कर रह गयी थी। रेणुका चौधरी का कथन ठीक था, उसका कथन था कि वेश्या तो शिकार है, यदि सजा दी जाय तो शिकारी को दी जानी चाहिये। दीपक सौलिया का मानना है कि नारी मजबूरी में या फिर दलालों के फरेब में आकर ही इस दलदल में फँसती है। रेणुका चौधरी की दलील थी कि वेश्या को सजा देने का विचार ही अपने आप में अपराध है। उसका तर्क था कि वेश्या के पास जाने वाले को कम से कम सात साल की सजा हो जिसका कपिल सिब्बल ने कड़ा विरोध किया। उनका तर्क था कि यह सैक्स वर्कर द्वारा पुरुष को दी जा रही सेवा है सेवा पाने वाले को सजा क्यों? यह कैसी लाचारी है कि औरत अपना जिस्म जो उसकी इज्जत है बेचने को मजबूर होती है जिसमें दलाल उसके श्रम का शोषण करते हैं। देश में लाखों ऐसे दलाल हैं जो नारी देह की मजबूरी का लाभ उठा रोजी-रोटी कमाते हैं। बहुत से देशों में इस धन्धे को करने की पूरी छूट है। इसे अपराध की संज्ञा नहीं दी गयी। प्राचीन काल में आम्रपाली और चित्रलेखा जैसी सुन्दर विदूषियाँ नगरवधूएं थीं उनका अलग रूप था। पर नारी देह आदिकाल से नर के लिए उपभोग की वस्तु रही। इसे एक झटके में नहीं रोका जा सकता किन्तु दलालों पर तो रोक लगाई ही जा सकती है। दलाल ही भोली-भाली लड़कियों को बहला कर अपने स्वार्थ के लिये इस दलदल में फँसाते हैं। वेश्यावृत्ति देश में एक धन्धे के रूप में पनप रही है जिसको रोक पाना सहज नहीं है। दलाल शातिर और चतुर हैं जिनकी बड़े लोगों से साठ-गाँठ होती है। पुलिस भी इनको पकड़ती नहीं, अपने स्वार्थ के लिए मदद करती है। वेश्यावृत्ति नारी की लाचारी है। इससे मुक्त होने के लिए जरूरी है नारी की लाचारी खत्म कर उसे समर्थ बनाया जाये। स्वावलम्बन आत्मनिर्भरता के साथ नारी का आज के सन्दर्भ में समर्थ होना जरूरी है।

उन्नीसवीं सदी में कई महापुरुष हुए हैं जिनका ध्यान इस ओर गया था उनमें राजा राममोहन राय का नाम प्रमुख है जिन्होंने आन्दोलन कर सती प्रथा को कानूनन बन्द करवाया तथा विधवा विवाह को स्वीकृति दिलाई। सबसे बड़ी बात है कि ऐसे शोषण से मुक्ति के लिए समाज में जागृति लाना आवश्यक है तथा पुरुष समाज की मानसिकता को बदला जाना भी उतना ही जरूरी है।

देश नारी को लेकर पशुता की ओर जा रहा है। वह सभी मर्यादाएँ तोड़ने को आमादा हो रहा है। समय रहते अगर इसका निदान नहीं हुआ तो देश जंगलराज की ओर

चला जायेगा जिसमें मनमानी चरम पर होगी और नारी का इज्जत के साथ जीना दूभर हो जायेगा।

छह माह की लड़की से लेकर 80 वर्ष की बुढ़िया के साथ इस देश में बलात्कार होता है जिसमें अधिकतर परिजन, जान-पहचान और परिवार के लोग होते हैं। तन में काम का ज्वार उठता है तो आदमी पागल हो जाता है फिर उसके सारे रिश्ते बौने हो जाते हैं और भीतर का जानवर भयंकर बेकाबू हो जाता है। ऐसी स्थिति में कुछ भी करने को वह उतारू हो जाता है। हत्या अक्सर इसी मन:स्थिति के लोग ही करते हैं। मासूम बच्चियों के साथ व अन्य किसी जवान और बुढ़िया से बलात्कार करने के बाद आदमी अपने बचाव के लिए ऐसा कुकर्म करता है। इन सबके लिए जरूरी है कि आदमी अपनी मानसिकता बदले।

पिछले दिनों सरकार की ओर से समाज में स्त्रियों की स्थिति को जानने के लिए एक सर्वे किया गया है। उसमें कई प्रकार के प्रश्न उठाये गये जिनमें अश्लील व नारी की व्यक्तिगत अस्मिता पर चोट करने वाले प्रश्न थे। ऐसे प्रश्नों में जैसे पहला सम्भोग किसके साथ हुआ और अन्तिम कब हुआ? पहला सम्भोग पति से हुआ या परपुरुष से? सीधा नारी की अस्मिता का चीरहरण लगता है। इस सर्वे का निष्कर्ष जो छापा उसमें ये बताया गया कि 45 प्रतिशत स्त्रियाँ ये मानती हैं कि स्त्री का पति द्वारा पीटा जाना सही है। इस सर्वे के विरुद्ध नारी समाज में आक्रोश फूट कर सामने आया जिसमें नारी को सरकार द्वारा जलील करने की साजिश कहा गया और कहा गया कि नारी की अस्मिता पर नर की कलुश भावना का सीधा प्रहार है। दैनिक भास्कर 17 अक्टूबर, 2007 के अंक में अभिव्यक्ति स्तम्भ के अन्तर्गत कुछ शिक्षित नारियों के विरोध छपे हैं। शिक्षाविद् रंजना जेटली का कथन है कि सर्वे में व्यक्तिगत प्रश्न क्यों उठाये गये? इससे सर्वे से क्या नतीजा निकला जा सकता है? उनका कथन है कि हजारों प्रकार के प्रश्नों से नारी के सामने उलझन पैदा कर यह कहलवाना कि पुरुष द्वारा नारी को पीटा जाना जायज है कौन नारी स्वीकारेगी। रंजना जेटली ने इस सर्वे को केन्द्र में बैठे बीमार मानसिकता वाले लोगों की साजिश कहा, वहाँ शिक्षाविद् सम्पत्ति मिश्रा भी इस फेमिली हेल्थ स्टेडी सर्वे को सही नहीं मानती उन्होंने नारी के सामने लज्जाजनक प्रश्न खड़े करना उसकी ईज्जत पर प्रहार माना उनका कथन था कि पश्चिम के तर्ज पर भारतीय नारी के सामने प्रश्न खड़े करना असांस्कृतिक एवं अमर्यादित ही कहा जायेगा। इस देश की कुछ अनूठी परम्पराएँ हैं एवं मर्यादाएँ जिन पर कोई भी नारी प्रहार पसंद नहीं करेगी। वे इन प्रश्नों को उसको बेइज्जत करने जैसा मानेगी। नारी को अश्लील प्रश्नों में उलझाकर सर्वे करना उचित नहीं मानतीं। ऐसे प्रश्नों को वह नारी का अपमान मानती है।

उत्पीड़ित नारी की एक तस्वीर

नारी पीड़ा की एक कहानी जो कथा क्रम जुलाई-सितम्बर 2007 के विशेषांक में छपी है। कहने को किरण अग्रवाल की इस कहानी में एक नारी मन की पीड़ा है पर यह कहानी सम्पूर्ण नारी समाज की पीड़ा को उकेरती है एक पत्र के माध्यम से एक लड़की अपने मन की पीड़ा अपनी माँ से कहती हैं मैं उसका कुछ अंश पाठकों के सामने रखना चाहता हूँ।

मेरी प्यारी माँ जानती हूँ जो कुछ मैं लिख रही हूँ उसे पढ़कर तुम मर जाओगी। अगर किसी तरह बच भी गयी तो मृत्यु के और अधिक करीब पहुँच जाओगी और अधिक मैं इसलिए कह रही हूँ क्योंकि बीमार तो तुम हो ही एक अर्से से। शायद इसी वजह मैं तुम से कुछ नहीं कह पायी। तुम्हें कई बार कुछ-कुछ आभास सा हुआ। आखिर तुम माँ थी मेरी लेकिन मैंने बड़ी सफाई से कोई न कोई खूबसूरत कहानी गढ़ दी उन क्षणों में मैंने तुम्हारी आँखों में एक सुकून सा उतरते देखा था और मैं वह सब कुछ भूल गयी थी जो असह्य होता जा रहा था मेरे लिए। आज मैं तुम्हारी आँखों का सुकून तुमसे छीन रही हूँ। आज तुम्हें मैं जीवित मृत्युदण्ड दे रही हूँ। तुम पूछोगी कि मेरा गुनाह क्या था? तुम्हारा गुनाह। सबसे पहले तो यह कि तुमने मुझे जन्म क्यों दिया और अगर जन्म दिया ही था तो उसी समय मार क्यों न डाला? जानती हूँ तुम मुझे अपनी ममता की दुहाई दोगी। तुम ऐसा कैसे कर सकती थी। ठीक है तुम ऐसा नहीं कर सकती थी और तुमने ऐसा नहीं किया लेकिन फिर तुमने मेरा विवाह क्यों किया? क्या कोई स्त्री बिना विवाह किये अपनी अलग दुनिया नहीं बसा सकती। तुम कहोगी कि सभी लड़कियों के विवाह होते हैं, कि माँ-बाप का सबसे बड़ा सपना होता है कि अपनी बेटी को डोली में बैठा देख लिया आखिरकार और कर ली अपने मन की हसरत पूरी। इसके बाद तुम्हारा काम खत्म। अब लड़की के साथ जो कुछ गुजरता है वह लड़की का भाग्य। ये ही कहोगी न तुम। जिन यंत्रणाओं के बीच से गुजरी मैं, कायदे से मुझे मर जाना चाहिये था अब तक, लेकिन मैं मरी नहीं, वैसे मरने में कसर ही क्या रह गयी थी। देह का मरना ही मरना होता है क्या? औरत को मिट्टी का तेल या पेट्रोल छिड़ककर जला देना यही मरना होता है? और किसी को तिल-तिल करके मारना उसका होना तक उससे छीन लेना इसे क्या कहती हो तुम? तुमने देख लिया कि लड़का अच्छा-खासा पढ़ा लिखा है, परमानेंट जॉब में है। वास्तव में उसमें ऐसा वैसा कोई ऐब नहीं था। और तुमने मुझे झट ब्याह दिया उससे। वैसे इसके अतिरिक्त तुम देख भी क्या सकती थी? देखा जाय तो उसमें ऐसा-वैसा कोई ऐब था भी नहीं, न जुआरी, न शराबी, न लड़कियों का कोई चक्कर, यूनीवर्सिटी में उसकी अच्छी-खासी पढ़ाकू किस्म की रेपुटेशन थी लेकिन...।

कभी-कभी लगता है कि कमी मुझमें ही थी। अगर मैं अपनी अस्मिता को मर जाने देती और सिर्फ एक देह बन जाती तो यह समस्या ही नहीं होती। न दिल न दिमाग जो कुछ चाहे या कुछ सोचे। एक देह सिर्फ जो मालिक की आज्ञा की गुलाम हो, वह कहे खड़ी हो जाओ, वह खड़ी हो जाये, वह कहे बैठ जाओ वह बैठ जाए, वह कहे मेरे लिए खाना बनाओ वह खाना बनाए, वह कहे मेरे कपड़े धोओ वह कपड़े धोए, वह कहे मेरे दोस्तों का मनोरंजन करो वह एक सैक्सी आधुनिक गुड़िया बन जाये, वह कहे सोलह सदी की स्त्री में तब्दील हो जाओ वह सिर पर घूँघट खींच ले, वह कहे मेरे नीचे बिछ जाओ और वह झट बिस्तर बन उसके नीचे बिछ जाये, और यही सब करती रही दिल और दिमाग दोनों को ताक पर रख कर। सच कहूँ तो मैं कोई ऐसी दुःखी भी नहीं थी। बीच-बीच भीतर में कुछ जरूर कसकता सा था लेकिन ओवरऑल सब कुछ ठीक-ठाक ही था।

पहला झटका मुझे उस रात लगा जब मैंने अमन से कहा- आज नहीं प्लीज-मेरा मन आज ठीक नहीं है, उस दिन ही दोपहर निक्की की चिट्ठी मिली कि रिया नहीं रही। तुम्हें याद है न रिया की वह पतली-दुबली चुलबुली सी लड़की जो मेरे साथ कॉलेज में पढ़ती थी। दो एक बार मेरे साथ घर भी आयी थी। निक्की ने लिखा था कि पता नहीं कैसे रींया की साड़ी में आग लग गई पड़ौसी तो कह रहे थे उसके ससुराल वालों ने उसे जला दिया। उसे जब हॉस्पिटल ले जाया गया तब तक अस्सी प्रतिशत जल चुकी थी। घंटे भर बाद ही उसने वहाँ दम तोड़ दिया। पत्र पढ़कर मन जाने कैसे कैसे हो गया। पुरानी यादें जो जब-तब आकर प्यार और शरारत से सहला गयी यकायक दिल में चुभन सी होने लगी। इसलिए अमन से बोल दिया-

आज नहीं प्लीज-मेरा मन कुछ ठीक नहीं है। इतना कहना था कि अमन के हाथ मेरी देह पर सरकते हुए ठहर गये। एक ही क्षण में जैसे दुनिया दो खानों में बँट गयी। अमन ने मुँह से कुछ नहीं कहा पर उसकी भौंहे हल्की सी सिकुड़ गई। बिजली की गति से उन्होंने करवट मुझसे विपरीत दिशा में बदल ली और बिस्तर के दूसरे छोर पर खिसक गये। एक गहरी खाई हम दोनों के बीच उत्पन्न हो चुकी थी। अगली सुबह हर रोज की तरह ताजी और खुशनुमा थी। चाय बनायी तो अमन पहली घूँट भरते ही उखड़ गये 'यह चाय है कि पानी' और प्याला जस का तस सरका कर घर से बाहर चले गये। मेरे बनाये खाने की तारीफ करते वे अघाते नहीं थे। आज वही खाना उन्हें दुनिया की सब से फूहड़ स्त्री के हाथ का बनाया सा लगने लगा। मेरा जो कुछ भी अच्छा था वह सब का सब बुराई में तबदील हो गया दिन धूप छाँव की तरह बीतते चले गये पर हर घटना छाप छोड़ती रही। मैं दूसरी बार गर्भवती हुई पाँचवाँ महीना था हालत ठीक नहीं थी मैं विवश थी, मैंने कहा, अमन आज नहीं प्लीज। वह उखड़ गया बोला, क्या बोली हरामजादी? मैं काँप

गयी भीतर तक वह बोला यारों के पास जाते दर्द नहीं होता और जब मैं कहूँ तब इन्कार करती है। जब मैं चाहूँगा तब तेरे साथ करूँगा और यदि नहीं करने देना था तो शादी क्यों की? मेरा सम्पूर्ण अस्तित्व तार-तार होकर बिखर गया। वह लड़की जो कविताएँ लिखती थी, कहानियां लिखती थी, वह लड़की जो रेडियो और टेलीविजन पर बोला करती थी, वह लड़की जो कॉलेज में सत्तर अस्सी की क्लास को सभ्यताओं के उत्थान-पतन पर लेक्चर दिया करती थी वह लड़की जो देश-विदेश की बड़ी से बड़ी समस्याओं पर बेझिझक बहस किया करती थी, मर चुकी थी। शेष बची थी बस एक गंदी नाली एक भिनकती हुई योनि। कितने आश्चर्य की बात है न कि मेरा सब कुछ मिट्टी हो चुका था लेकिन फिर भी यह योनि साबुत बची थी। भौंडेपन से मुझ पर हँसती हुई और मेरे सामने वह पुरुष बैठा था मेरा पति परमेश्वर हाईली, क्वालीफाईड, कैम्ब्रिज यूनिवर्सिटी का पी.एच.डी. एक बड़ा भारी इन्टलैक्चुअल और समाज सुधारक जो कहा करता है जो अपराधी है उसको लाइन में खड़ा करके सूट कर दो उसे कोड़े मारो वह तड़फ-तड़फ कर मरे। वही अब कहता है यह जो तेरे पेट में पल रहा है न वह हमारे प्यार की निशानी नहीं विष-बेल है। चली जा यहाँ से तेरे लिये यहाँ कोई जगह नहीं, मैं टूट कर बिखर गयी फिर उन्होंने माफी माँगी मैं घर मैं ही रही पर कभी अपने पति से जुड़ नहीं पायी। मेरे पास पति को देने के लिए बहुत कुछ था पर वे मुझसे कुछ भी ले नहीं सके। वे मुझमें देह और देह में सिर्फ योनि ढूँढ़ते रहे। वे मेरे पास ऐसे ही आते रहे जैसे कोई मर्द वेश्या के पास जाता है। आज मैं सोचती हूँ विवाह के वक्त जो प्रेम मेरी खुशबू था वह आज गाली है। उनकी दृष्टि में विवाह एक मौज मस्ती है जबकि मेरे लिए दायित्व जिसको मैंने पूरी निष्ठा से निभाने का प्रयत्न किया है। मैंने अपना जीवन अपने लिए कभी नहीं जिया औरों के लिए ही ढोती रही। मैं अपने आपको इतना भूल गयी हूँ कि मैं चीजें रखना भी भूल जाती हूँ। माँ, औरत का जीवन उसके पति की सनक पर निर्भर करता है कभी गले का हार बना लिया तो कभी गटर में फेंक दिया।

किरण अग्रवाल की यह कहानी सम्पूर्ण नारी समाज की पीड़ा है। हर भारतीय आधुनिक नारी इस संत्रास को भोग रही है।

पुरुष सत्तात्मक वर्चस्व का आतंक सारी दुनिया में है जबकि स्त्रियाँ सभी क्षेत्रों में आर्थिक स्वाधीनता सहित बहुत कुछ पाने के लिए संघर्ष कर रही है। शिक्षा, प्रशासन, पत्रकारिता सभी क्षेत्रों में स्त्रियाँ आगे आना चाहती हैं फिर भी स्त्री विमर्श उलझन भरा है। स्त्री के लिए केवल आर्थिक स्वतंत्रता ही काफ़ी नहीं है। यह एक त्रासद सच्चाई है कि कामकाजी महिलाएँ हर समय घेरे में बंद दिखती हैं। परिवार में देर से आये तो उसका आचरण संदिग्ध माना जाता है। वयस्क होने पर अपने ही बच्चे अभिभावक हो उठते हैं। स्त्री का मूल्यांकन कोल्ड हॉट से हो रहा है प्रेम और सैक्स का फर्क मिटता जा

रहा है। आजकल के लड़के-लड़कियाँ शुचिता भूलकर सेक्स के चक्कर में हैं। वे उड़ रही हैं और उनकी कोई मर्यादा नहीं है। वहाँ प्रभुत्वशाली पुरुषों के लिए आचार संहिता अलग है। उनके लिए पूरी छूट है, वे नारी मुक्ति को देहमुक्ति ही मान कर चलते हैं, ऐसे लोगों को ये भी पता नहीं कि स्वतन्त्र देह व्यापार करने वाली औरतें वेश्यायें होती हैं और उनके पास जाने वाला ग्राहक पुरुष जब तक स्त्री को अपनी सम्पत्ति मानता रहेगा तब तक नारी का मुक्त होना सम्भव नहीं लगता। प्रतिभा वान नारी को भी माल कहा जाता है और माल सदा बिकने के लिए होता है। तमाम विज्ञापन नारी देह के बहाने माल ही तो बेच रहे हैं। दुनिया के अधिक विकसित देशों में भी स्त्री उत्पीड़न आम है। चीन में स्त्रियाँ यौन वस्तु के रूप में देखी जाती हैं। स्त्रियों के लिए पुरुष सत्तात्मक दम्भ को चुनौती दिया जाना जरूरी है और विमर्श से ज्यादा जरूरी है व्यवहार। भूमण्डलीकरण के दौर में एक ओर स्त्रियाँ अन्तरिक्ष यात्रा पर हैं दूसरी ओर बसों, ट्रेनों, में सुरक्षित नहीं हैं हर कहीं स्त्री उत्पीड़न है? विश्व मंडी में आज भी स्त्री सबसे अधिक बिकाऊ वस्तु है।

शिक्षित एवं भद्रपुरुषों ने ही नारी को वेश्यालय तक पहुँचाया है। दलित वर्ग का पुरुष भी अपनी पत्नी को दबाकर रखना चाहता है। प्रशासनिक पदों पर काम करने वाली स्त्रियाँ अधिकारियों के लिए सहज उपलब्ध बताई जाती हैं। फिल्मों के माध्यम से काम उत्तेजना के चित्र दिखाये जाते हैं जो आदमी की मानसिकता को बीमार करते हैं।

स्त्री मुक्ति यौन मुक्ति नहीं, इसका निहितार्थ व्यापक है। मैत्रीय पुष्पा के अनुसार स्त्रियाँ अन्तर्विरोधों की पिटारी हैं। बहुराष्ट्रीय कम्पनियों ने नारी मुक्ति का दायरा बड़ा बताया है। इनमें प्रेम को सहज माना है। डेट पर जाने की आजादी है। इसमें सहजीवन तक के अवसर हैं। कभी सैक्स पर चर्चा करना वर्जित था आज ये सब वर्जनाएँ खत्म हैं। देह की स्वतन्त्रता दिमाग की स्वतन्त्रता का दूसरा पहलू है। स्त्री सशक्तीकरण में ये स्वतन्त्रताएँ अभिन्न हैं। 'कैरियर' वूमन यौनिकता के तमाम पूर्वाग्रहों को लेकर जिरह करने में आगे हैं। प्रेम और मित्रता में भेद नहीं रहा। वहाँ रूढ़िवादी परम्परा इसे बर्दाश्त नहीं कर रही। एक लड़की प्रेम प्रसंग में भागकर प्रेमी से विवाह कर लेती है। परिजन स्वीकृति के बहाने घर बुलाकर दोनों को मार देते हैं।

आलोचक विजय मोहन सिंह नारी मुक्ति को व्यापक दृष्टि से देखते हैं। उनका कथन है कि मुक्ति नारी के पूरे अस्तित्व से जुड़ी है। वह जितनी बाहरी है उतनी भीतरी भी। शरीर के रूप में कोई भी आपको गुलाम बना सकता है। मानसिक उत्पीड़न भी दे सकता है पर आजादी तो नारी को स्वयं हासिल करनी पड़ेगी। स्त्री आन्दोलन की शुरुआत करने वाली प्रमुख महिला सिमोन दी बुआ ने कहा कि पहले स्त्री का एक मालिक होता था पर अब दो हो गये हैं। दफ्तर में बॉस और घर में पति, ऐसी स्थिति में

वह विभाजित हो गयी अपने कर्त्तव्यों में भी और उत्तर दायित्वों में भी, एक तरफ घर दूसरी तरफ दफ्तर। उसे दोनों छोरों को मिलाना पड़ता है। उसके कारण उसका बोझ बढ़ गया है। वह दुविधा में फँसी हुई है। दफ्तरों में बॉस द्वारा शोषण किया जाना आम हो गया है। घर से बाहर निकल कर अगर औरत ये सोचने लगे कि वह मुक्त हो गयी है तो ये उसका भ्रम है। दो प्रतिभाएँ एक साथ नहीं रह सकती इस कारण टकराहट स्वाभाविक है। पुरुष यदि दस सम्बन्ध बना सकता है तो नारी क्यों नहीं वह भी अपनी दोस्ती का दायरा बढ़ाती है परिणामस्वरूप झगड़े होते हैं। भूमंडलीकरण में जो महिला अपने आप को ज्यादा स्वतन्त्र मानती है वही ज्यादा आत्महत्या करती है। सभी जगह नारी मुक्ति की कहानी देह से ही शुरू होती है। इतिहास वे ही रचते हैं जो फैसले खुद लेते हैं।

एकनिष्ठ व्यक्ति का क्षेत्र बड़ा नहीं हो सकता। नारी प्रजाजन मोह के कारण विवाह बन्धन में बन्धती है फिर वह एक बन्द पिंजरे का पंछी बन जाती है। लेखिका राजी सेठ नारी को आर्थिक सम्बल देने की पक्षधर है। उनका कथन है कि रूढ़िवादी परम्परा तोड़ने के लिए तेज आवाज की जरूरत है। नर और नारी के बीच दोस्ती का रिश्ता बना कर चलना एकदम सम्भव है। स्त्री मुक्ति के दो महत्वपूर्ण बिन्दु हैं देह दूसरा अर्थ नारी का संघर्ष पुरुष से नहीं उसकी मानसिकता से है। आधुनिक नारी का कथन है कि शुचिता की बात नारी पर ही क्यों लागू हो पुरुष पर क्यों नहीं। नारी अर्थ और काम के क्षेत्र में पुरुष के अधीन होकर रह गयी वहाँ धर्म और शुचिता ने भी नारी को बन्धन ही दिया। नारी को सन्तान की वैधता भी सिद्ध करनी होती है पुरुष को नहीं। वह सीता सावित्री बन कर जीने के लिए अभिशप्त है उसकी मुक्ति का मार्ग आर्थिक और दैहिक मुक्ति से होकर निकलता है। सम्भोग और सहवास में जिस सह और समभागिता की अपेक्षा की गयी है, जीवन व्यवहार में वह एक सिरे से गायब है। स्त्री की इच्छा, अनिच्छा, अपेक्षा का यौन व्यवहार में कोई अर्थ ही नहीं क्योंकि वहाँ भी नारी दोयम दर्जे की पार्टनर होती है। नारी पैसा कमाने के लिये तथा अपना कैरीयर बनाने की हैसियत से बाहर निकली तो उसका कद बढ़ा है। वहाँ उसका संघर्ष भीतर बाहर दोनों क्षेत्रों में भी बढ़ा है, उसके तथाकथित नैतिक मूल्यों की इमारत भी हिली है, उस पर दोहरे दायित्व का भार भी आया है। उसके साथ बलात्कार, देहशोषण उसकी देहयष्टि की विवशता है।

सिमोन मानती हैं कि स्त्री और उसके अंतर्संसार के बारे में स्त्री ही अच्छी तरह जानती है। पति, पत्नी का प्रेमी नहीं हो सकता, वह प्रेमी का अहं पाल बैठता है। प्रभा खेतान का मानना है कि भूमंडलीकरण ने स्त्री को जितना लाभ पहुँचाया है उससे ज्यादा हानि पहुँचाई है। उनका कथन है कि सैक्स का लुत्फ पुरुष ही अपनी सीमाओं से बाहर जाकर उठाते हैं। विश्व बाजार में सब कुछ बिकता है। जहाँ पूँजी है, वहाँ विलासिता है। देह बेचना गरीब के लिए मजबूरी है तो धनिक के लिए शुद्ध मनोरंजन। जहाँ पैसा है,

खरीददार है वहाँ देह बिकने को बेकरार है। देह व्यापार का रूक पाना सहज कर्म नहीं। केवल मात्र आदमी के विचार बदलने से ही देह का न बिकना सम्भव हो सकता है।

मैत्रीय पुष्पा जीवन के साथ खड़ी होती हैं और गति का समर्थन करती हैं। वह आदमी की घिनौनी मानसिकता का भी विरोध करती हैं। वह मनुस्मृति के श्लोकों को भी अस्वीकार करती हैं जिसमें नारी को एकनिष्ठता से बाँधा गया है। उनका कहना है कि सम्मानजक जीवन शादी से नहीं, सार्थक श्रम से मिलता है। आज की आधुनिक नारी अपनी रक्षा आप कर सकती है। समाज आवारा औरतों वाली छवि में पेश करता हैं ऐसे लोग देह को मापदण्ड मानकर ही सोचते हैं। सभी लड़कियाँ आवारा नहीं होतीं। मैत्रीय कहती हैं कि पुरुष सत्ता ईश्वर की तरह सर्वत्र व्याप्त है।

सामन्तवादी पुरुष और उपभोक्तावादी संस्कृति की लपटों में घिरी नारी सदा से तिल-तिल मरती रही है। वैसे नारी समाज का नैतिक प्रतीक होती है। नासिरा शर्मा का मानना है कि नारी जागृति नारी की मानसिकता में ही निर्भर है। पिछले पाँच हजार वर्षों में व्यक्ति का व्यक्तित्व उतना नहीं बदला जितना औरत का। ये बदलाव ही वस्तुत: सामाजिक चेतना को प्रेरित करता है। मर्द और औरत समाज की दो इकाइयाँ हैं दोनों शोषित हैं मर्द कुछ कम और औरत कुछ ज्यादा। प्रेम जीवन स्रोत तो हो सकता है केन्द्र नहीं। आज औरत की मंजिल केवल मर्द नहीं है। पश्चिम में औरत आगे बढी है पर उसका लक्ष्य मर्द बनना हो गया है। वह अपने भीतर के नारी गुणों की रक्षा करने में असमर्थ लग रही है। अमेरिका में एक नया नारी वर्ग उभर रहा है। जो जागृति आत्मविश्वास, स्वावलम्बन और दान बलिदान की राह पर चलने लगा है। हमारे देश में औरत का इतिहास पौराणिक मिथकों का शिकार रहा है। नारी की महत्वाकांक्षा मुख्यत: पति, पुत्र, परिवार और निजी इच्छाओं पर केन्द्रित थी जो धीरे-धीरे बदल रही है। भारत की नारी भी विश्व की नारी के साथ कदम मिलाकर चलने के लिए अपने को तैयार कर रही है। उसे समझदार लोगों का सहयोग लेकर आगे बढना चाहिए। प्रतिक्रिया और प्रतिहिंसा से कोई बड़ा निर्माण नहीं हो सकता पुरुष सत्ता के विरोध के नाम पर अपने सम्बन्धों का नकारना उचित नहीं। बदला लेने की भावना सदा समरसता को तोड़ती है और टूटन कोई भी हो, सदा पीड़ा देती है। नारी आन्दोलन से अपना नाम उजागर करने की गरज से अतृप्त नारी मुक्ति आन्दोलन लोग ही जुड़ते हैं। जिनके भीतर पीड़ा हैं आग है वे नहीं। जिसके कारण वह चल नहीं पा रहा है, कहीं चल भी रहा है तो गति नहीं पकड़ रहा।

एक छाता बनाने वाले की पत्नी की शिकायत है कि उसका पति उसको इतना ही महत्व नहीं देता जितना वह छाते को देता है। लोग सड़कों पर नारी के समर्थन में नारे लगायेंगे और घर जाकर अपनी पत्नी को पीड़ा देंगे। आदमी का आचरण सदा से नारी के

प्रति दोहरा रहा है। आदमी के कथनी और करनी में अन्तर होने के कारण ही नारी को अपनापन नहीं मिल रहा। आदमी शोषण के नये-नये तरीके ईजाद कर लेता है आज कौन सा घर है जहाँ नारी का शोषण व उत्पीड़न नहीं हैं।

प्राकृत दृष्टि से नारी नर से कहीं कम नहीं है। बहुत से काम पुरुष नहीं कर सकता वह नारी कर सकती है। उसके कारण ही यह सृष्टि चल रही है। वह जननी है। मातृत्व स्त्री की सबसे बड़ी शक्ति है। यह शक्ति बच्चे को अपार जिजीविषा और कल्याणकारी ऊर्जा देती है। मातृत्व ही नारी को मोह के बन्धन में बाँधकर रखता है। मातृत्व शक्ति का स्रोत हो सकता है तो शोषण का माध्यम भी बन सकता है। आर्थिक कारणों से गाँव के लोगों को अपना गाँव छोड़कर शहर की ओर पलायन करना पड़ता है। वहाँ उनको नियमित रोजगार न मिलने के कारण रोटी तक को मोहताज होना पड़ता हैं। ऐसी स्थिति में गाँव से पलायन कर गये गरीबों की औरते मजबूरी में देह व्यापार करने लगती हैं। उनके बच्चों का अपहरण भी हो जाता है तो वे किसी से शिकायत करने की स्थिति में नहीं होते। ऐसे बच्चों में कुरुपों को और कुरुप बना भिक्षावृति के लिए मजबूर करते हैं। सुन्दर बच्चियों को वेश्यालयों तक पहुँचा दिया जाता है। हमारे देश में परिवार के भरण-पोषण का भार ज्यादातर नारियों पर ही होता है। वे परिवार के गुरुतर भार के नीचे दबी होती हैं। घर की जिम्मेदारी चलाने के लिए वह कुछ भी कर सकती है, और करती भी है। इसलिए पुरुष से अधिक अन्याय शोषण व पीड़ा सहती आई है। उसे हर काल में हिंसा, बलात्कार, और यौनिक अत्याचार सहना पड़ा है। वह समाज में अपनी बदनामी से डरती है। वह जितनी डरती है समाज उसे उतना डराता है। नारी के लिए असुरक्षा का वातावरण हर जगह व्याप्त है। दफ्तर में, यातायात में, सड़क पर, हर उस जगह जहाँ स्त्री पुरुष का आमना-सामना होता है।

सुरक्षा और आत्मनिर्भरता के लिए नारी को पिता और पति की सम्पति में अधिकार मिला है। नारी गर्भपात कराने व धारण करने में भी स्वतन्त्र होनी चाहिए। भारतीय नारी मुक्ति आन्दोलन पश्चिम से प्रभावित है जिसका मुख्य लक्ष्य देह को भोगने की स्वतन्त्रता से है किन्तु भारत की जमीन और संस्कार भिन्न हैं। जिन्हें एकदम उतारकर नंगा नहीं हुआ जा सकता। यहाँ समर्थता से जीवन जीने की शैली है जिसमें संस्कार प्रमुख हैं तथा साथ में सात जन्म साथ जीने का वादा है जिसे एक झटके में नहीं तोड़ा जा सकता। भारत की जमीन पर नारी की मुक्ति का आन्दोलन देहमुक्ति का आन्दोलन होना सम्भव नहीं। देह भोगना आदिम वृत्ति है, आदमी इससे आगे है। हमारा जोर नारी शिक्षा, सुरक्षा, रोजगार और कानूनी अधिकारों पर अधिक होना चाहिये जिससे नारी दासी की भूमिका से निकल सहचर बन सके।

मराठी साहित्यकार मेघना पेठे नारी की नैतिकता पर लगी पाबन्दियों को नकारती हुई कहती हैं कि नारी की नैतिकता का शिवधनुष जब भी टूटता है पुरुष का परशुराम जागकर क्रोधित होता है और अपने सीने पर क्रोध का फरसा घिसता है। उसके शिकार राम नहीं होते नारी होती है क्योंकि पुरुष अहं कभी टूटा ही नहीं, उसका क्रोध कारण-अकारण सदा नारी पर ही निकलता रहा है।

महाराष्ट्र में एक पूजा होती है, उसमें स्त्रियाँ अपने कपड़े उतार नंगी होकर पाँच किलोमीटर चलती हैं और पुरुषों के लिए तमाशा बनती हैं। धर्म के नाम पर ये कैसा तमाशा है? समय के साथ इसका विरोध होना चाहिये तथा इस प्रथा को बदला जाना चाहिये। यह अन्ध श्रद्धा है, जो विज्ञान के युग में चले, कैसी विडम्बना है? देवदासी के रूप में वर्षों से वेश्यावृत्ति की जाती रही है। आखिर औरत ने जान लिया कि भिक्षा पात्र हाथ में थामे बंधुआ मजदूर के दर्जे सी सराबोर औरत अपना शक्ति रूप दिखा रही है वह घर और दफ्तर दोनों मोर्चों पर लड़ रही है और अपने आपको आत्मनिर्भर तथा स्वावलम्बी बना रही है। किन्तु अभी भी उसे अपने पति का सहयोग उतना नहीं मिल पा रहा है जितना मिलना चाहिये। वहाँ अनबन तक हो जाती है और वातावरण कसैला हो जाता है। आर्थिक आजादी नारी को जहाँ कहीं भी मिली है वहाँ उसके सामने दोहरी तिहरी जिम्मेदारियाँ आ खड़ी हुई है और पुरुष औरत की आर्थिक आजादी से चुनौती पाकर अपनी असुरक्षा को ढ़ाँपने के लिए न सिर्फ गैर जिम्मेदार हो जाता है बल्कि उसके भीतर पत्नी के प्रति शक का फन फुफकारता है जो आदमी को हिंसक बना देता है। नारी प्रताड़ना का स्तर यहाँ भी है। काम से लौटने में देर हो गयी तो परिवार में बवाल उठ खड़ा होता है। पत्नी को नौकरी में अगर प्रमोशन मिलता है तो पति इसका श्रेय उसकी काबलियत को न मानकर बॉस को खुश रखने के इतर कारणों में ढूँढ़ता है। यह शक की लाइलाज बीमारी हर वर्ग के पुरुषों में है। बिल्कुल निचले तबके से लेकर उच्च वर्ग के पुरुष तक। इससे कतई कोई मुक्त नहीं है। ये देशी-विदेशी कम्पनियों के एम.डी. और चेयरमैन से लेकर करोड़पति व्यवसायी तबके तक फैली है। बेचारी नारी को पता तक नहीं चलता कि उसकी मिलनसारिता, विनम्रता उसके लिए अभिशाप कैसे बन जाती है?

दरअसल औसत पुरुष अपने भीतर की हीन ग्रंथियों से ग्रस्त इतना बेचारा और असुरक्षित जीव है कि वह हमेशा इस आशंका से संत्रस्त रहता है कि शक्ति रूपा नारी उसको छोड़कर किसी और के साथ चली जायेगी। पुरुष खुद एकनिष्ठ, समर्पित और ईमानदार नहीं होता। एक औसत पुरुष को प्रकृति ने ऐसा ही स्वभाव दिया है और उस पर पुरुष होने का अनुपात से कहीं बड़ा और बेडोल दम्भ, जो उसके अपने सम्भाले नहीं सम्भलता। इसलिए वह अपनी पत्नी के भी एकनिष्ठ समर्पित होने पर विश्वास नहीं कर

सकता जबकि एक औसत औरत को यह प्रकृति की देन है कि वह अपने पुरुष के प्रति एकनिष्ठ और समर्पित होती है। कुछ मेनका, उर्वशी, रम्भाओं को छोड़ दें जो विश्वामित्रों का तप भंग करती हैं। ये हर सदी में होती हैं, अपवाद कहाँ नहीं होता?

औरत भावनात्मक लगाव से ताउम्र मुक्त नहीं हो पाती। भारतीय समाज में पुरुष वर्चस्व की जड़ें इतनी दूर तक और इतनी गहरी पसरी हैं कि अपने अगल-बगल, दाएँ-बायें, गली नुक्कड़ जहाँ नजर जायेगी आपको हर औरत में इस पितृसतात्मक समाज से मिले अवांछित दबाव की अलग-अलग किस्में नजर आयेंगी। एक औसत पति अपनी पत्नी को अपने बराबर की स्थिति में देखना नहीं चाहता। वह अगर एक सीढ़ी भी ऊपर दिखती है तो ईर्ष्या के डंक से ग्रस्त उसे नीचा दिखाने में जुट जाता है। प्रतिभावान् औरतों से हर कोई सम्बन्ध जोड़ना चाहेगा, अपना बनाना चाहेगा। जिस किसी ने उनकी कला पर रीझ कर उनसे शादी की, अपना बनाया, शादी के बाद उन्हें कला को छोड़ने की बात कही और अपने लिए देह जीने को मजबूर किया फिर शादियाँ टूटी और नारी ने अलग होकर साधना के पथ चलकर बुलन्दियाँ छुईं। कहा जाता है हर कामयाब आदमी के पीछे एक औरत होती है। और हर कामयाब औरत के पीछे एक दम्भी असहयोगी पुरुष पर यह तब ही सम्भव होता है जब वह अपने दम्भी पति की कारा तोड़ती है। कामयाब औरत को बिरला आदमी ही बर्दाश्त कर सहयोग करता है।

एक ओर कार्यक्षेत्र में शोषण से राहत नहीं है, दूसरी ओर घर में पति की हिंसा से जूझे बिना निजात नहीं है। मध्यवर्गीय औरत के साथ यह स्थिति ज्यादा है क्योंकि उसके लिए घर को सुचारु रूप से चलाने के लिए बाहर काम करना उसका चुनाव नहीं विवशता है। औरत ने बाहर के कार्यक्षेत्र में हस्तक्षेप किया। अपनी योग्यता और प्रतिभा से प्रतिष्ठा भी अर्जित की पर घरेलू मोर्चे पर उसके दायित्वों में कोई कटौती नहीं हुई। बाहर काम करने के बावजूद घर की उसकी जिम्मेदारियाँ जहाँ की तहाँ हैं। आज की युवा लड़कियों के दिमाग में एक कोना अपने लिये तय है वे शादी से ज्यादा महत्व अपने कैरियर को देती हैं और वहीं से मनुस्मृति बगलें झाँकती दिखाई देती है। ये लड़कियाँ अपनी शर्तों पर अपनी जिन्दगी जीती है और अपने पर अपने पति को हावी नहीं होने देती। केरियर को पति से ज्यादा महत्त्व देते ही पुरुष को अपना आसन डोलता दिखाई देता है। आज की नारी ने कल की नारी को बहुत पीछे छोड़ दिया है।

आज की युवा लड़कियाँ शादी से पहले ही ये जाहिर कर देती हैं कि उनकी कमाई पर पति का हक नहीं है। इससे सम्बन्धों का भावनात्मक संतुलन बिगड़ जाता है। आधुनिक पूँजीवादी समृद्ध देशों में दोनों कमाने वाले साथी पैसा अर्जित करने की अपनी अंधी दौड़ में दिन-रात एक कर रहे हैं। नौ से पाँच बजे की नौकरी की अवधारणा टूट रही

है। आधी-आधी रात तक काम करना रोज़मर्रा के रूटीन में आ गया है और मानवीय सम्बन्ध बिगड़ रहे हैं। नवदम्पत्ति बच्चे पैदा करने की जगह कुत्ता पालना अधिक पसन्द करते हैं। भौतिक सुविधाओं की अन्धी दौड़ ने आपसी रिश्तों की गर्माहट और नमी को पूरी तरह सोख लिया है। आर्थिक रूप से आत्मनिर्भर औरतें भी प्रताड़ना के कितने स्तरों को झेलती हैं इसका उदाहरण भारतीय मध्यवर्गीय परिवार के हर तीसरे घर में मिल जायेगा।

❑❑❑